CPSIA information can be obtained
at www.ICGtesting.com
Printed in the USA
LVHW041435251020
669765LV00031B/1295

9 781792 342691

صبرِ تلخ

تاریخ شفاهی چپ ایران

گفتگو با محمدعلی عمویی

درباره

حزب توده ایران
۱۳۵۷-۱۳۶۲

(جلد اول)

Bitter Patience

Oral History of the Iranian Left

Conversation with Mohammad Ali Amooi

About the Tudeh Party of Iran

1979-1983

(Volume 1)

First Printing, 2020
Publisher: Nashre Valeh, Berlin
Price: €25 ($28)
ISBN: 978-1-7923-4269-1

صبر تلخ

تاریخ شفاهی چپ ایران

گفتگو با محمدعلی عمویی

درباره حزب توده ایران

۱۳۵۷-۱۳۶۲

(جلد اول)

چاپ نخست، ۱۳۹۹
ناشر: نشر واله، برلین
بها: ۲۵ یورو (۲۸ دلار)
شابک: ۱-۴۲۶۹-۷۹۲۳-۱-۹۷۸

با یادی از همهٔ جان باختگان حزب و جنبش،
اما این تلاش کوچک تقدیم می‌شود به
پروفسور یرواند آبراهامیان
که تاریخ حزب و جنبش را برای نسل ما حفظ کرد.

انجمن تاریخ شفاهی چپ ایران

از تاریخ خویشتن

سخن گو از دشواری پرش نخستین

بر این شیارهای زرد و تشنه لب! *

*چهار سال پیش از نگارش این مقدمه و پس از چاپ کتاب «شورشیان آرمانخواه» فرصتی پیش آمد که مصاحبه‌ای با **مازیار بهروز** داشته باشیم. از بخت یاریمان بود که دوستی ایشان را به ما معرفی کرده، امکان چاپ مصاحبه را در روزنامه‌ای اصلاح‌طلب (یاس نو) فراهم آورده بود.*

*پس از چاپ آن مصاحبه و بازخوردهایی که از چاپ آن گرفتیم، تلاش کردیم تا مصاحبه‌هایی از این دست ترتیب دهیم و گذشته چپ را به مدد انتشار رسمی کتاب «شورشیان آرمانخواه» به بحث و فحص عمومی بگذاریم. از این رو از زنده یاد **طاهری** خواستیم که به سبب آشنایی با آقای **عمویی**، وقت مصاحبه‌ای از ایشان بگیرد. آقای **عمویی** درخواست ما را برای پاسخگویی به شبهات **مازیار بهروز** ناکام گذاشت. اما در پاسخ به این درخواست که «چه کسی سؤالات ما را نسبت به رفتار حزب و جنبش پاسخگو خواهد بود؟» گفت:*

درِ خانۀ من به روی هر کس که پاسخ پرسش‌هایش را می‌خواهد، باز است.

---

* اشعار متن مقدمه، سروده زنده‌یاد **طبری** است.

این گونه، اولین دیدار ما شکل گرفت. نخستین مصاحبه با **محمدعلی عمویی،** سخت‌ترین مصاحبه‌ای بود که تا به حال (زمان نگارش این مقدمه) داشته‌ایم. مردی روبه‌رویمان نشسته بود که از اسطوره‌های زنده هیچ کم نداشت. وقتی سؤالی از او می‌پرسیدی، اجزای صورتش ظاهراً هیچ تغییری نمی‌کرد؛ با کمال دقت گوش می‌داد؛ اندکی مکث می‌کرد و پاسخش را روان و سلیس با کلامی شمرده بیان می‌کرد.

وقتی نگاهمان می‌کرد، اضطرابی ناخواسته در فضا می‌خلید. این چشم‌ها به چه بازجوها و شکنجه‌گرانی که در این مملکت دوخته نشده است؟ همهٔ فعالا ن سیاسی سال‌های ۲۰ ، ۳۰ ، ۴۰ ، ۵۰ و ۶۰ و اوایل دههٔ هفتاد روزی با این مرد روبه‌رو شده‌اند. این نگاه پس از این همه سال و این مقدار تجربه، نگاهی عادی نمی‌توانست باشد: تا درونی‌ترین لا یه‌های پرسش‌ها نفوذ می‌کرد و انگیزه‌های پنهان در پس آن را می‌کاوید و پاسخی گاه محتاطانه و گاه رادیکال را برمی‌گزید و بیان می‌کرد. گویی که «شخص»ی به نام **محمدعلی عمویی** با انگیزه‌ها، حب و بغض‌ها و دلا یل شخصی وجود ندارد و فقط سخنگوی **حزب تودهٔ ایران** در برابر ما نشسته است و مواضع حزب را تبیین و گاه نقد می‌کند.

البته این نوع مصاحبه، مطلوب ما نبود. ما از تاریخ شفاهی مقصودی جز این داشتیم. ما تلاش می‌کردیم بدون دراماتیزه کردن مسائل و بی‌آنکه در سانتامنتالیزم بغلتیم "فرد" **محمدعلی عمویی** را در تاریخ بجوییم ، از احساساتش ، از کنش‌ها و واکنش‌های درون تشکیلاتی، از درگیری‌ها و انتقادات و از همهٔ احوالاتی که درون **حزب تودهٔ ایران** داشته است، باخبر شویم.

اما نفوذ در این سد، که بسیاری ناتوان از رسوخ به آن بوده‌اند، کاری دشوار بود. ما با بازجویی پس داده‌ترین فرد زندهٔ ایران روبه‌رو بودیم! کسی که می‌توانست ماجرایی را ده بار تکرار کند بی‌آنکه تفاوت چندانی در این ده روایت دیده شود. کسی که چنان دیوارهای

حبس را تاب آورده که دیوار، بخشی از وجودش شده. قلعه‌ای عظیم که کلید دروازه‌اش کلام کوچک دوستی است* ...

چرا به ما اعتماد کرد و بسیاری از مطالب ناگفته را گفت؟! شاید هیچ‌وقت نتوانیم همهٔ این پیچیدگی را به درستی از هم تفکیک کنیم. شاید ضرورتی تاریخی در پاسخگویی حس می‌کرد . شاید ما جوانان را بازیگر آینده‌ای می‌دید که بی‌گذشته ناتمام بودند یا شاید شور و شوق ما او را به وجد آورده بود که، پس از این همه آوار ناکامی و مرگ، جوانانی را می‌دید که با همهٔ علاقه، هر صبح سه‌شنبه سر ساعت مقرر و با نظمی نظامی زنگ در خانه‌اش را به صدا در می‌آوردند، بساط ضبط را می‌گشودند و به کاوش در تاریخی که خود را متعلق به آن می‌دانستند می‌پرداختند. کاوشی گاه دردناک و بیشتر صریح ...

او ما را امانتدار خود دانست و بسیاری از مسائل حزب و جنبش را پیش روی ما گشود. امانتی سنگین و تلخ! سنگین از آن روی که حفظ آن توان زیادی می‌طلبید و تلخ از آن روی که همهٔ کسانی که از آنان نامی برده شد، آشنایان دیرین ما شدند، به خواب‌های ما راه یافتند و سرگذشتشان تلخی بسیاری به کام ما ریخت. اینگونه بود که ما نیز آشنایانی در «خاوران» و «لعنت آباد» و «کوت عبداله» و ... یافتیم . آشنایانی دیر هنگام ...

از کدامین جایگاه

گذشته چپ ایران، به ویژه در سال‌های پس از بهمن ۵۷، بافته‌ای از درد و رنج، ایثار و ناکامی است که نیشتر زدن بر هر گوشه‌ای از این ساختار، دردی شدید را بر این پیکر تاریخی تحمیل می‌کند. پرسش از بازیگران عصر انقلاب نیز در برخی از مسائل، چون کشیدن خنجر بر این تار و پود است. اما مگر چپ طی سال‌های بسیار این همه درد و رنج را بر خود ناگزیر ساخته تا قدیسی بر قدسیان این مرز و بوم بیفزاید؟ مگر «نقد» جزیی جدایی‌ناپذیر از تفکر چپ نیست؟

---

* قطعه‌ای از شعر **شاملو**.

*این طرز تفکر بود که ما را به کاوش در تاریخ خود خواند. زیرا چون «فرقه‌گرایان» بری بودن اندیشه و عمل خود و گذشتگانمان را از خطا و اشتباه بر نمی‌تابیدیم و توجیه‌گر گذشتهٔ خود بودن را خطا می‌پنداشتیم. پس آنگاهی که به سراغ آقای **عمویی** (و بعدها **عموجان**) رفتیم، کوله‌باری از پرسش به دوش می‌کشیدیم. این پرسش‌ها را شاید پس از گذشت زمان و نگاهی از دور بتوان به چهار بخش کلی تقسیم کرد:*

***الف)** پرسش‌هایی که دغدغهٔ مصاحبه‌کنندگان محسوب می‌شد: بررسی روابط دموکراتیک درونی، ساختار تشکیلاتی (چه سازمان مخفی و نظامی و چه بخش‌های علنی). بحث‌های انتقادی در داخل هیئت سیاسی یا کمیته مرکزی، نوع رابطه افراد تأثیرگذار حزب با سایر اعضای حزب، روانشناسی اعضای فعال در مواجهه با مسائل مختلف و از همه مهمتر یادکردی از جانباختگان و هزینه دادگان و ...*

***ب)** پرسش‌هایی از عملکرد حزب در برههٔ مورد نظر: این سؤالات که گاه با لحنی تند بیان شده و همیشه هم با صبوری میزبان همراه بوده است، به واکاوی رویکرد حزب، تحلیل طبقاتی آن، برداشت‌ها از رفتار «حزب جمهوری اسلامی» و رهبری نظام، رفتار نسبت به رفقای شوروی، نسبیت با اردوگاه، رفتار نسبت به دیگر سازمان‌ها یا گروه‌های چپ، موضعگیری‌های حزب نسبت به رویدادهای مهم یا حتی بحران‌های مقطعی (اشغال سفارت آمریکا، انقلاب فرهنگی، خرداد ۶۰، ادامه جنگ و ...) می‌پردازد.*

***ج)** پرسش‌هایی از عملکرد حزب ولی این بار از ناحیه منتقدان حکومتی یا دیگر احزاب اپوزیسیون: داشتن سازمان مخفی و نظامی، رفتار نسبت به **جبههٔ ملی** یا **نهضت آزادی** (به طور کلی لیبرال‌ها)، رفتار حزب نسبت به تداوم جنگ و ...*

لازم به تذکر نیست که اکثر این انتقادات از جناح چپ منشاء گرفته است و با اینکه مصاحبه کنندگان خود را تا حدی متعلق به این بخش از جنبش می‌دانند اما لزوماً از زاویهٔ دید خود به طرح این پرسش‌ها نپرداخته‌اند و سعی شده است که در حاشیهٔ هر کدام از

این سؤالات «موضع» مصاحبه کنندگان مشخص شود؛ که اگر در مواردی انجام نشده است، اینک در این مقدمه تدقیق می‌شود.

د) بخش مهمی از این مصاحبه‌ها ذکر خاطرات **محمدعلی عمویی** است: خاطرات سفرهای خارجی به لبنان، سوریه، افغانستان، آلمان، شوروی و ... هر یک از این خاطرات در خود نکته‌هایی بس عمیق دارد. نوع رابطه‌ای که حزب با سایر احزاب خاورمیانه داشته، ملاقات‌های صورت گرفته، دیدارهای حزبی و غیر حزبی و داوری‌ها نسبت به این افراد. یا خاطرات آزادی از زندان (که هر چند از نظر زمان مصاحبه متأخر است، از انتهای کتاب به اوایل آن آورده شده است). زندگی خانوادگی و از همه دردناکتر خاطراتی از سرکوب و زندان، شکنجه و اتاق تمشیت ...

در انتهای کتاب نیز مصاحبه‌ای به پیوست آمده که گفتگویی با **نسرین نافعی** (همسر **محمدعلی عمویی**) است. این بخش از آن روی اهمیت دارد که علاوه بر وجهۀ ایشان در زندگی خصوصی و خانوادگی، تاثیر آنچه را که بر **حزب تودۀ ایران** و کوشندگانش رفته است، در خانواده بررسی می‌کند.

مصاحبه‌کنندگان اینک و در این مقدمه باید اعتراف کنند که پس از خواندن متن‌های پیاده شده، گاه از لحن تند سؤالات و تحمل مخاطب شگفت‌زده‌اند! مردی که با سابقه ۶۰ سال فعالیت حزبی و تحمل ۳۷ سال زندان به جوانانی از نسل چهارم چپ چنان جواب می‌دهد که گویی در پلنوم حزبی، عضوی از هیئت دبیران به انتقادات سایر رفقا پاسخ می‌گوید. این سعۀ صدر و تحمل میزبان را البته خوانندۀ آگاه درک خواهد کرد و مصاحبه کنندگان مطمئن‌اند که دیگر توان چالشی این چنین و با لحنی این گونه را نخواهند داشت!

ویرایش

نوشتن این بخش از مقدمه البته بر عهدهٔ ویراستاراست. اما ویراستار این کتاب با همهٔ زحمتی که برای به سامان رساندن این مصاحبه‌ها کشیدند، حتی از گذاشتن نام خود نیز خودداری کردند. این رویکردِ بسیاری از فعالان چپ و کادرهای حزبی است. کسانی که نامشان در تاریخ نمی‌آید، بازیگرانی گمنام که آوار ناکامی‌ها را صبورانه تحمل می‌کنند و به آرمانشان پای‌بند می‌مانند.

در ویرایش این اثر با توجه به محاوره‌ای بودن کلام، ناگزیر پاره‌ای اصلاحات جزیی در متن مکتوب صورت گرفته، اما بیان گوینده چنان شیواست که به ویرایش ادبی کمترین نیاز را داشته است.

از سویی متن پرسش‌ها، تغییرات انشایی بسیاری را متحمل شده زیرا پرسش‌کنندگان در این مصاحبه‌ها از مثال‌ها، موضوعات و نکاتی استفاده کرده‌اند که گاه فقط برای دو طرف گفتگو قابل فهم بوده و برای آنکه خواننده نیز بتواند با پرسش‌ها ارتباط برقرار کند، هنگام ویرایش، با هماهنگی مصاحبه‌کنندگان، توضیحاتی به آن اضافه شده است. اما می‌توان اطمینان داشت که محتوای پرسش‌ها هیچ‌گونه تغییری نکرده و از تندی و صراحت آن‌ها به هیچ‌وجه کاسته نشده است.

برای حفظ پیوند موضوعی ـ تاریخی مطالب، جابه‌جایی‌هایی در بخش‌های گوناگون انجام گرفته است. مثلاً بخشی که مربوط به آزادی از زندان ستمشاهی و آغاز فعالیت‌هاست از پایان کتاب به ابتدای آن آورده شده است. البته خوانندهٔ آگاه می‌تواند به روشنی تفاوت لحن را ببیند و دریابد که این تغییر، حاصل اعتماد گوینده به مصاحبه کنندگان است. همچنین بخش‌های تکراری تا حد ضرور حذف و در صفحه‌ای که آن مطلب به طور کامل آمده، ادغام شده است.

در تفکیک بخش‌ها بیشتر «موضوع» گفتگو مطرح بوده است و نه تاریخ مصاحبه‌ها. مثلاً موضوع «خط امام» در جلسات گوناگون مورد پرسش قرار گرفته که تقریباً همهٔ آن‌ها در یک بخش آورده شده است. البته تفکیک زمانی مصاحبه‌ها در هر قسمت مشخص است.

ذکر بازتاب حالات سخنگو (و البته مصاحبه کنندگان) چون **عشق** و کین، مزاح و نیشخند، بغض و درد، ناکامی و **امید** و ... در متن مکتوب مقدور نبود ولی بی‌تردید آن کس

که دستی بر آتش داشته و دارد همهٔ این نشانه‌ها را از دل واژه‌ها احساس خواهد کرد و تاریخی را که سراسر درد بر پویندگان جنبش چپ گذشته است، خواهد شناخت.

در پایان، دست‌اندرکاران تهیه این کتاب آرزو دارند که روزی امکان دسترسی به همهٔ اسناد و مدارک موجود در سازمان‌های امنیتی ـ اطلاعاتی جمهوری اسلامی فراهم شود تا این کتاب علاوه بر آنکه در معرض نقدی منصفانه قرار گیرد، با افزوده شدن استنادات و مدارک، ارزش تاریخی بالاتری پیدا کند

***

نگارندگان این مقدمه به روشنی بر این امر واقف‌اند که این کتاب حاصل تلاش جمعی است که بی‌چشمداشت، خالصانه هر آنچه از دستشان بر می‌آمد در طبق اخلاص نهادند. کسانی که در پیاده کردن نوارها، در حروف‌چینی و غلط‌گیری و ویرایش و ... نقش داشتند. پس امید است که خوانندگان و تاریخ پژوهان، کژی‌ها و کاستی‌های این کتاب را بر عهدهٔ نگارندگان بدانند و لاغیر ...

من بازپسین برگ بودم بر درخت
با جانی پرملال
تنها و در آستان زوال
روز را می‌جستم
ولی شب را می‌یافتم
تا سرانجام عشقی بزرگ در رسید.
اینک از دلهرهٔ جاودانی رسته
نخستین برگم بر شاخ
چشم به راه خورشید بهاران نشسته‌ام

انجمن تاریخ شفاهی چپ ایران

توجه ضروری:

کتابی که در دست دارید حاصل گفتگوی طولانی‌ام در «انجمن تاریخ شفاهی چپ ایران» است که از میانه سال ۱۳۸۲ آغاز، و به مدت یک سال و نیم ادامه یافت.

این «تاریخ شفاهی» که با نام «صبح تلخ» چاپ و منتشر می‌شود بارها در معرض بازنگری قرار گرفته است، بی‌آنکه تغییری اساسی در متن ایجاد شده باشد.

به این ترتیب به منظور پیشگیری از هرگونه سوء تفاهم یا سوء استفاده احتمالی تأکید بر این نکته ضروری است که «آخرین بازنگری و ویرایش» تا تاریخ ۱۳۹۸/۱۲/۲ پایان یافته و یگانه نسخه مورد تأیید اینجانب است.

محمدعلی عمویی

۱۳۹۸/۱۲/۲

فهرست

فصل **موضوع** **صفحه**

جلد ۱

فصل	موضوع	صفحه

جلد ۲

مواضع حزب

جبهه متحد خلق

جلد ۳

بهانه‌های سرکوب

سرکوب

حزب و خانواده

تقدیم به همسر و دخترم
که آنها نیز چون من صبر کردند.

ــــ محمدعلی عمویی

خـون مـی چکـد ای سـایه در این کنـج صبوری
ایـن صبـر کـه مـن می‌کنم افشـردن جان اسـت

ــ هـ . ا. سایه

۱

نوزایی حزب توده ایران

نگاهی به گذشته

۸۲/۸/۱۳

□ *آقای **عمویی** ، با توجه به انقطاعی که در حافظه تاریخی نسل جوان این دوره زمانه به‌وجود آمده ، لطفاً به صورت اجمالی سوابق مبارزاتی ، عضویت در **حزب توده ایران** یا بخش‌هایی از حزب را به طور اخص ـ چه سال‌های پیش از انقلاب و چه سال‌های بعد از قیام بهمن ـ به اختصار برای نسل جوانی که شاید **محمدعلی عمویی** نام چندان آشنایی برایش نباشد بفرمایید .*

■ متشکرم! البته سابقه فعالیت سیاسی من در کتاب «دُرد زمانه» آمده است . اما برای عزیزانی که در این گفتگو خواستار آشنایی با این مطلب از زبان خود من هستند، به‌اختصار توضیح می‌دهم :

پس از شهریور ۱۳۲۰ ، **حزب توده ایران** ، نظیر بسیاری از سازمان‌های سیاسی دیگری که از فضای نسبتاً باز بعد از جنگ جهانی دوم استفاده کردند ، پایه‌گذاری شد. این حزب توسط کمونیست‌ها و کسانی از گروه معروف به «پنجاه و سه نفر» که از زندان‌های رضاخانی آزاد شدند ، بنیان‌گذاری شد .

سال ۱۳۲٤ ، زمانی که دانش‌آموز سیکل دوم متوسطه بودم ، آغاز عضویت من در «سازمان جوانان توده» بود . پس از آن ، به علت حوادثی که در تظاهرات گوناگون کرمانشاه رخ می‌داد و منجر به تیراندازی شد و تقریباً دیگر ادامه تحصیل آزادانه برای من در کرمانشاه مقدور نبود ، به تهران عزیمت کردم . در تهران تحصیل را

ادامه دادم . درواقع کلاس ششم متوسطه را در تهران طی کردم و دیپلم گرفتم . در اینجا هم با مراجعه به حزب ، در **سازمان جوانان حزب توده ایران** فعال بودم و پس از فارغ‌التحصیلی از دبیرستان ، به تعقیب رشته پزشکی در دانشگاه تهران علاقه داشتم . کارت هم گرفته و در کنکور هم شرکت کرده بودم ؛ ولی یک تصادف صرف ، موجب شد که مسیر زندگی من به کلی تغییر کرد :

مجله‌ای ، مقاله‌ای درباره قیام افسران خراسان داشت ؛ (قیام افسران خراسان ، واقعه‌ای بود که در سال ۱۳۲٤ ـ پایان جنگ جهانی دوم ـ در مشهد رخ داد . تعدادی از افسران پادگان خراسان حرکت کردند ، به مراوه‌تپه رفتند ، واحد مستقر در مراوه‌تپه را خلع سلاح کردند ، به سوی گنبدکاووس رفتند و در آنجا با نیروهای ژاندارمری درگیر شدند ؛ تعدادی کشته ، تعدادی دستگیر و عده‌ای هم فراری شدند.) قرائت آن مقاله تاثیر عجیبی در من به جای گذاشت .

آن زمان من مرتب ، همه هفته در حوزه‌های سازمان جوانان شرکت می‌کردم و در کنفرانس‌هایی که در کلوپ حزب دایر می‌شد ، حاضر می‌شدم . از لحاظ مبانی تئوریک ، استفاده قابل توجهی از مسئولان حزبی نصیب و عاید ما می‌شد . اما واقعیت این است که نکته‌ای که توجه من را جلب کرد این بود که وجود یک افسر آگاه در شرایط بحرانی و سرنوشت‌ساز ، نقشی به مراتب بیش از حتی صد یا دویست نفر سیویل(غیرنظامی) دارد .

سنین جوانی تماماً شور و احساس است . در مخیّله آن زمانِ من که جوان بودم و بر اساس پاره‌ای مبانیِ اصولیِ فعالیتِ سیاسی ، به یک سازمان سیاسی راه پیدا کرده اما عمدتاً تحت تاثیر این شور و حرارت جوانی بودم ، غوغایی برپا شده بود ! بالنتیجه با یک ارزیابی ساده راه خود را تغییر دادم . مستقیماً به دانشکده افسری رفتم ، شرایط ورودی آنجا برای من خیلی دشوار نبود . یک سری امتحانات نظری

خاصی بود که مشکلی نبود . آزمایشات جسمانی و ورزش و ... به هر حال من وارد دانشکده افسری شدم . اما از طریق سازمان به من توصیه شد که «اگر شما بخواهید مسیر ارتشی را طی کنید باید اصولی را رعایت کنید! » توصیه‌هایی دربارهٔ پنهان‌کاری ، فاش نشدن نگرش سیاسی ، قطع ارتباط با کلیه دوستانی که تا آن زمان در سازمان جوانان حزب داشتم ، عدم مراجعه به دفتر حزب و کلوپ حزب در خیابان فردوسی و ... علی‌ایحال ، دو سالی بر من بسیار سخت گذشت!

حقیقتاً برای پاره‌ای از دوستان هم حوزه و همفکر من در سازمان جوانان ، خیلی حیرت‌انگیز بود که «چگونه **عمویی** با آن علاقه و شور و حرارت حزبی‌اش یکباره سر از ارتش در می‌آورد ؟!» آن زمان ما واقعاً ارتش را مظهر فساد می‌دانستیم . اصلاً با لفظ خیلی زشتی از این افسران جوانی که یک ستاره بر دوششان بود ، یاد می‌کردیم ! و این دوستان حیرت می‌کردند که « چطور شد ، کسی که این‌طور فکر می‌کرد ، حالا ناگهان در این کسوت در آمده ؟!» و من به ناچار از موضع یک ناسیونالیست با این دوستان مواجه می‌شدم و بیان می‌کردم که تمام آن مفاسدی که ما در سازمان جوانان در حزب برای رژیم برمی‌شمردیم ، به قوت خود باقی است - و واقعاً هم همین‌طور است - اما من تشخیص دادم که کانون حفظ و نگهداری این فساد اجتماعی ، ارتش است . این نیروی ارتش است که توانسته این نظام را حفظ کند و باقی نگه دارد. من اعتقاد دارم که باید به درون ارتش رفت و آن را اصلاح کرد ...

□ *شما چه سالی دقیقاً وارد شدید ؟*

■ سال ۱۳۲٦

□ *یعنی بعد از وقایع آذربایجان و کردستان ؟*

■ بله ، بله

□ *پس ارتش از نظر اعضای حزب منفورتر هم شده بود ؟*

■ بله همین‌طور است .

... و به‌خصوص اینکه نمونه‌هایی از افسران ارتش که در مبارزه برای تحقق حقوق مردم جانبازی کرده بودند، همچون **قاضی اسداللهی**‌ها ، **مرتضوی**‌ها ، **رصدی**‌ها ، **روزبه** ... اصلاً چهره‌های برجسته و نمایانی بودند که برای جوانان الگو می‌شدند . به هر جهت ، من سال ۱۳۲۶ که بایستی از دبیرستان فارغ‌التحصیل می‌شدم و دیگر می‌خواستم به دانشگاه بروم ، وارد دانشکده افسری شدم .

آن زمان ، دوره دانشکده افسری دو سال بود و ما آخرین دورهٔ دو سالهٔ دانشکده افسری بودیم . بعد از دورهٔ ما دانشکده افسری سه ساله شد .

شما نمی‌دانید ، واقعاً این دوره دانشکده توصیف‌ناپذیر است . بارها تصمیم گرفتم از دانشکده فرار کنم ؛ چون با آن روحیه جوانی ، وارد چنین محیطی شده بودم . به ویژه زمانی که آن تق و لقی فواصل سال‌های ۲۵-۱۳۲۴ دیگر پس از حوادث آذربایجان از میان رفته بود و به دستور **رزم‌آرا** انضباط ارتش تشدید شده بود . شما نمی‌دانید واقعاً با ما در سال اول دانشکده چه رفتار عجیبی می‌کردند ! اهانت ! حتی فراموش نمی‌کنم که یک شب ما را به عنوان تنبیه ، به روشویی آسایشگاه فرستاده بودند . سال دومی‌ها ـ که آن زمان به آنها « خدایان سال دو » می‌گفتند ـ دستور دادند که هر دانشجو پای یک شیر آب بایستد . گفتند «شیر را باز کنید!» باز کردیم . گفتند «بخورید تا وقتی دستور بدهیم ایست !» ما خوردیم . دیدیم اصلاً نمی‌شود . در حدی می‌شد . سرم را بلند کردم . فریاد دو سه نفر بلند شد که «جدیدی

بدبخت آب بخور!» دوباره به خوردن ادامه دادم ، دیدم یک جرعه بیشتر دیگر جا ندارم . گفتند «اطاعت کن ! سرت را ببر پایین !» گفتم سرکار نمی‌توانم . گفت «نمی‌توانی ؟! خدای تو به تو دستور می‌دهد! باید اطاعت کنی!» گفتم نمی‌توانم .

خیلی عجیب بود ، وقتی من مکرر اصرار کردم که نمی‌توانم ، یکی از اینها به ناگاه محکم به گوش من سیلی زد! من هم آدم کتک نخورده ، اهانت ندیده ، بدون اینکه تصمیم گرفته باشم ، یک وقت متوجه شدم که من هم سیلی را برگرداندم و زدم تو گوش خداوند سال دویی! آقا چشمتان روزگار بد نبیند! مثل زنبور که از لانه بیرون می‌ریزند ، ریختند سر من . من هم تنها کاری که می‌توانستم بکنم این بود که آن کسی که به من سیلی زد ، یقه‌اش را گرفتم و کشیدم زیر خودم . آن موقع هم من تا اندازه‌ای ورزشکار بودم . از آن ده پانزده نفر می‌خوردم و به این یکی می‌زدم .

تا اینکه ناگهان صدای آشنایی را شنیدم ، با همان گویش کرمانشاهی «چه خبره؟ چه شده؟ بروید کنار ببینم کی بوده به خودش جرئت داده همچین غلطی کرده ...» صدای کسی بود به نام **محمد آهنچی** که آن‌موقع کشتی‌گیر کرمانشاه بود و یک سال از من جلوتر و جزو خدایان سال دو بود . همه کوچه زدند و آمد جلو ، من را که دید با همان لحن کرمانشاهی گفت «داش علی تونی؟!» بعد شروع کرد به همدوره‌ای‌های خودش بد و بیراه گفتن «خجالت بکشید! با فلان کس این‌طور رفتار می‌کنید...؟» و من هم با عصبانیت هر چه از دهانم درآمد گفتم که «چی لفظ خدایی به خودتان می‌دهید؟ شما کی هستید؟ این‌قدر حقیر هستید ...» دست من را گرفتند و برای استمالت به آسایشگاه سال دویی‌ها بردند .

از آن به بعد من در یک موقعیت خاصی قرار گرفتم . وقتی که خدایان سال دو به آسایشگاه ما می‌آمدند که ـ به قول خودشان ـ مانور بدهند ، به من می‌گفتند «برو کنار پنجره بایست ، ستاره‌ها را بشمار !» یعنی درواقع از آن کارها معاف شده بودم .

مانورشان هم عبارت از این بود که بپریم روی کمد ، از کمد بپریم به زیر تخت ، کهنه را بگیریم و به دو، ظرف دو ثانیه برویم دستشویی و آن را خیس کنیم و ... بازی‌های عجیبی در محوطه دانشکده راه می‌انداختند ، از جمله یک قوطی‌کبریت خالی می‌دادند که مورچه جمع کنی تا پر بشود ، حالا چه‌قدر ؟! ...

□ *یک سازمان عقده‌سازی و عقده باز کنی !*

■ واقعاً این‌طور است ... و شکستن شخصیت افراد . من فلسفهٔ این «قدم آهسته» را بررسی کردم ؛ اگر خدمت ارتش رفته باشید ، متوجه می‌شوید که این گروهبان‌ها و افسرهای جزء اصرار عجیبی در هر چه محکم‌تر کوبیدن این پا ، آن هم با فرمان یک ، دو ـ یک ، دو دارند ...

□ *حالا جدیداً طبل است*

■ ... و یواش یواش این در ذهن آدم حالت بازتاب شرطی می‌شود و به هنگام شنیدن فرمان آتش ، بی‌توجه به اینکه این ماشه را که می‌کشی گلوله‌اش به سینهٔ چه کسی می‌نشیند ، چه اتفاقی می‌افتد ، بدون فکر ، بدون توجه ، دستور را اجرا می‌کنی ! این خاصیت همه ارتش‌های غیرمردمی است .

□ *مثل همان چیزی که **روزبه** در «اطاعت کورکورانه» می‌گوید .*

■ اطاعت کورکورانه ! اطاعت کورکورانه !

دوره دانشکدهٔ افسری را من به این ترتیب گذراندم و واقعاً شناخت پایه‌های پرورش و تربیت افسران، درس بزرگی برای من بود . این افسرانی که از دانشکده

فارغ‌التحصیل می‌شوند ،چه جانورهایی می‌شوند ؟! افرادی که هرگز مسئله و مقولهٔ «اندیشه و تفکر» برایشان مطرح نیست . فقط «دستور و فرمان !» همان اطاعت کورکورانه که **روزبه** اشاره می‌کند .

من سال ۱۳۲۸ با درجه ستوان دومی از دانشکده افسری فارغ‌التحصیل شدم و درست آن زمانی که داشتند تقسیم ماموریت و تعیین محل ماموریت می‌کردند که چه کسی کجا برود ، من با آن ذهنیت خودم ، فکر کردم افسر جوانی هستم و انرژی دارم، بروم دوره بد آب و هوا را ببینم . می‌خواستم بروم خاش ! ولی چون نمراتم بالا بود ، خود دانشکده افسری رضایت نداد و خودش من را به عنوان سهمیه دانشکده انتخاب کرد . یعنی دانشکده افسری می‌توانست حق انتخاب را از طرف بگیرد و برای خود نگه دارد .

بر اساس قراری که از سوی حزب ، در آغاز ورودم به دانشکده ، با من گذاشته شده بود که « کسی می‌آید با تو صحبت می‌کند ...» از سالن آمفی‌تئاتر دانشکده افسری که خارج شدم ، افسری آمد جلو من و پس از سلام نظامی ، «جملهٔ قرار» را آرام بیان کرد . من اصلاً متوجه نشدم ، دست و پایم را گم کردم ، خودم را گم کردم، اصلاً مثل اینکه ناگهان رعشه‌ای بر اندام من نشست ! بعد از دو سال انتظار ! ...

... در یک چنین موقعیتی که من دو سال همین‌طور زجر و شکنجه کار دانشکده را دارم تحمل می‌کنم ،حالا یک افسری آمده پهلوی من ، یک کلمه رمزی را ادا می‌کند ! واقعاً برای من مثل یک راه نجاتی است . بعد از آن شوک اولیه که به من وارد شد ، افسر مجدداً رمز را تکرار کرد و من پاسخش را دادم . گفت که «برویم توی سالن کافه دانشکده بنشینیم یک چای با هم بخوریم .» من آن موقع ستوان دوم بودم ، ایشان ستوان یکم بود که سال بعد سروان شد . **محقق‌زاده دوانی** .

محقق‌زاده دوانی ، یکی از چهره‌های برجسته حزبی ماست . به جرئت می‌توانم بگویم که همراه با **سرگرد وکیلی** ، بهترین چهره‌های سازمان افسری ما بودند ؛ چه از لحاظ دانش سیاسی ، چه از جهت منش فردی . دارای کاراکتر (شخصیت) بسیار قوی ، بسیار توانا ، بسیار کارآمد و مؤمن و فعال بودند .

محقق‌زاده دوانی ، از همان لحظه‌ای که ارتباط سازمانی من را به وجود آورد، تا سال ۱۳۳۳، زمانی که ما دستگیر شدیم ، همواره مسئول سازمانی من بود . منتها در درجات گوناگون با هم بالا رفتیم . آن موقع یک مسئول بود . بعد مسئول ردیف یک و بعد عضو هیئت دبیران شد . من هم عیناً همین مراحل ـ مرحلهٔ عضویت آزمایشی ، عضویت رسمی ، مسئولیت و مرحله مسئول ردیف یک ـ را در شاخهٔ دانشکدهٔ افسری طی کردم .

از اولین ارتباط به بعد ، من را به یک حوزه حزبی دعوت کرد . در این حوزه همه نظامی و از افسرها بودند . آنجا بود که اساسنامه مربوط به «سازمان افسری» را در اختیار من گذاشتند ؛ که با عنوان اساسنامه فرهنگیان نوشته شده بود تا اگر احیاناً از جیب یکی افتاد اسم «افسر» در آن نباشد ...

☐ *ببخشید ! سؤالی پیش‌می‌آید ، (فکر می‌کنم در پلنوم سال ۱۳۲۶ بود) در اثر حوادث آذربایجان ،و آن مسائلی که پیش آمده بود ، **خلیل ملکی** و یک عدّه دیگر هم به کمیته سیاسی آمدند و یکی از چیزهایی که تصویب شده بود ، منحل کردن «شوراهای افسری توده» بود که دلیل این را هم کم کردن امکان سرکوب ذکر کرده بودند . آیا آنها منحل شده بودند ، مخفی شده بودند؟ یا اصلاً ربطشان فرق کرده بود؟ یعنی که ارتباطشان با حزب ، تبدیل شده بود به ارتباطشان با یک سازمانی که حالا مثلاً **روزبه** مسئول مرتبطشان بود؟*

■ درست است ، مطلب به این ترتیب است که بعد از حوادث آذربایجان ، در درون حزب انتقادات زیادی متوجه رهبری حزب شد . بحث‌های زیادی انجام می‌گرفت و حتی توسط کسانی مثل **خلیل ملکی** و امثالهم ، ایرادات خیلی حاد بود ؛ که پیش از آن خود اینها به علت آذری بودنشان ، تعصبی بیشتر از سایر رفقای رهبری نسبت به وقایع آذربایجان نشان می‌دادند . به همین علت هم خود **خلیل ملکی** اصلاً مدتی برای کار کردن به آنجا (آذربایجان) اعزام شد . ولی به هر جهت ، یکی از مسائلی که آن زمان مورد توجه رهبری حزب قرار گرفت ، همین مسئله حساسیت رژیم نسبت به وجود و فعالیت افسران ارتش در حزب ، یا عکسش را بگویم ، فعالیت حزب در درون ارتش بود . و به همین علت ، به پیشنهاد و اصرار **خلیل ملکی** ، تصمیم گرفتند که «ما این سازمان نظامی را منحل و اعلام می‌کنیم که حزب در درون ارتش هیچگونه فعالیتی ندارد .»

□ *جزوه‌ای را یکی از تئوریسین‌های حزبی که تازه از آکسفورد برگشته بود ، به نام* ***اسحاق اپریم*** *منتشر کرده و پیشنهاد داده بود که حزب دو شکل داشته باشد ؛ یک شکل بیرونی و علنی که در کارهای دموکراتیک شرکت می‌کنند ، احیاناً وارد دولت و مجلس می‌شوند ، و ... و شکل دیگر که سازمان اصلی و آن بن مایه‌ای است که قرار است آن خیزش لنینی را اجرا بکند؛ و این از خالص‌ترین و بهترین نیروهای حزبی تشکیل بشود.*
آیا این سازمان افسری ، ایجادش و سازماندهی‌اش در حقیقت در راستای همان توصیه‌های دکتر ***اپریم*** *بود؟*

■ خیر ! دکتر **اپریم** در واقع طرحش ، یک طرح توطئه‌گرانه بود . یعنی حزب یک سلسله برنامه‌هایی را اعلام کند و فعالیت علنی‌اش را انجام بدهد ولی یک هستهٔ پنهانی آن طرف داشته باشد...

□ *برای روز مبادا*

■ ... رفقا بر این عقیده بودند که این ، لاجرم لو می‌رود و «عدم صداقت» برچسبی برای حزب می‌شود . و حال آنکه حزب اعتقاد دارد که اصلاً فراهم آمدن شرایط انقلابی ، مربوط به داشتن این هسته یا آن هسته نیست ؛ شرایط عینی است که تعیین می‌کند این خیزش عمومی انجام می‌گیرد یا نمی‌گیرد . و حزب طبعاً رهبری آن را بر عهده می‌گیرد .

مهم این است که حزب یک ارتباط تنگاتنگ با توده‌های مردم داشته باشد . آموزه‌های خودش را میان مردم ببرد ، این نگرش -چه از نظر کمی ، چه از نظر کیفی- گسترش پیدا کند تا این نهال به آن مرحله‌ای برسد که باردهی بکند .

چگونگی سازماندهی تشکیلات افسران ، صرفاً به لحاظ این مقوله است که یک اندیشه وقتی به زبان بیاید ، مکتوب شود ، ابعاد گسترش این اندیشه دیگر محدودیت‌بردار نیست . این اندیشه مثل همان سخنی است که گفته می‌شود ، مثل تیری است که از چله کمان که برخاست ، دیگر برنمی‌گردد .

سازمان **حزب توده ایران** ، بعد از سال ۱۳۲۰ پا گرفت . روزنامه‌ها و نشریاتش منتشر و جلساتش علناً برگزار می‌شد . عده کثیری ، بدون اینکه عضو حزب باشند ، این روزنامه‌ها را قرائت می‌کردند . بحث روز جامعه ایران شد . لاجرم این بحث‌ها به همه جا می‌رفت ، منجمله دیوارهای بلند پادگان‌های ارتش هم نتوانست جلو این اندیشه را بگیرد .

□ *در حقیقت سازمان افسری یک پروسه بود ، نه یک پروژه ...*

■ دقیقاً این‌طور است ! دقیقاً !

جمعه‌ها در کلوپ مرکزی حزب که در خیابان فردوسی بود، یک برنامه تئاتر، زیر نظر **نوشین** اجرا می‌شد و یکی از رهبران حزبی هم که آن روز سخنرانی داشت، معمولاً شرکت می‌کرد. به همین علت، عدهٔ کثیری می‌آمدند.

رفته‌رفته رفقای حزبی شاهد این بودند که نظامی‌ها هم جزو مراجعین هستند . یعنی یک افسر روزنامه «رهبر» را خوانده و می‌آید آن مرکزی که این روزنامه را بیرون داده پیدا می‌کند و می‌بیند عده کثیری جمع می‌شوند ، می‌آیند و می‌روند . می‌خواهد بداند چه خبر است ؟ اینها چه می‌گویند؟ سؤالی دارد . رفته رفته مراجعات این‌گونه افراد ، با لباس رسمی و درجه بر دوش ، زیاد می‌شود .

این مسئله در رهبری حزب مطرح می‌شود که «رفقا ! حضور نظامی‌ها در کلوپ حزب ، هم برای خودشان خطرناک است هم برای حزب . یک فکری در این زمینه بکنیم . » و اینجا بود که به ابتکار **عبدالصمد کامبخش** ، سازماندهی این افراد آغاز شد . قرار می‌شود که فرد مورد اعتمادی را جلو دفتر حزب بگذارند و به هر نظامی که می‌خواهد بیاید بگویند «دوست عزیز ! شما صلاح نیست اینجا بروید . اگر مطالبی دارید، سؤالی دارید و ... لطفاً تشریف ببرید فلان جا و ...» و **کامبخش** ، رأساً با اینها در تماس قرار می‌گرفت .

به دنبال نشست‌های مکرری که انجام گرفت ، هسته‌های اولیهٔ نهاد نظامی حزب شکل گرفت که بعد به «سازمان نظامی حزب» ، «سازمان افسری» و ... معروف شد ولی اسم رسمی‌اش «تشکیلات افسران حزب توده ایران» بود .

با قیام افسران خراسان و مسئله گنبد ، بخش قابل توجهی از افسران از این طریق رفتند و تعدادی از آنان شهید و تعدادی دیگر به آن طرف مرز برده و نگهداری شدند؛ تا قیام سال ۱۳۲٤ رخ داد و فرقه سر کار آمد. رهبری فرقه دموکرات با همکاری رفقای افسر ما هم در آنجا هسته‌های اولیه ارتش آذربایجان را شکل دادند.

□ *آن گروه‌های فدایی «به اصطلاح» آذربایجانی عضوگیری کردند . می‌گویند (در کتاب **آبراهامیان** آمده) پنج‌هزار نفر از آذربایجان شوروی آمدند داخل این فرقه و شروع به فعالیت کردند . این جوری بود یا نه ؟ آذربایجانی‌ها بودند یا نه ایرانی‌هایی بودند که آنجا بودند ؟*

■ آن گروه‌ها اتباع ایرانی بودند. من نمی‌دانم **آبراهامیان** این سند را از کجا آورده؛ ولی این را می‌دانم که آن زمان ارتش شوروی ـ ارتش سرخ ـ در ایران بود و یکی از مراکز حضورش هم آذربایجان و کردستان بود . ما عدهٔ زیادی ایرانی از قبل ، اصلاً قبل از انقلاب مشروطه ، در قفقاز داشتیم که کار می‌کردند . اصلاً برای کار آنجا بودند . اینها همواره یک ارتباط تنگاتنگی با آذربایجان ایران داشتند . حتی خویشاوند بودند . الان هنوز هم داریم . من نمی‌توانم اطلاع دقیقی در این زمینه بدهم . می‌تواند این‌طور باشد که آن کسانی که بستگانی این طرف داشتند و پیش از این اصلاً نمی‌توانستند هیچ دیداری با هم داشته باشند ، در این شرایط امکانش فراهم شد .

حاکمیت فرقه یک وجه قضیه ، و وجه دیگر دلبستگی‌های فامیلی و علایقی که با هم داشتند بود . خاله ، خواهرزاده ، عمو و ... می‌خواستند دیداری از هم بکنند و موقعیتی بود که اینجا بیایند . ضمن اینکه طبعاً کادرهایی هم در فرقه کمک و همکاری می‌کردند .

□ *آن موقع که اتحاد بین فرقه و حزب می‌خواست اتفاق بیفتد ، یک اصطلاحی به کار می‌بردند ، می‌گفتند «سپاراتیزم» یعنی جدایی‌طلبی ، سپریت شدن ، خودگردانی . **ناصر زربخت** (در یکی از پلنوم‌هایی که در شوروی تشکیل شده بود ، که یکی دو سال بعد هم منجر به اخراجش شد) ، رفته بود در آن پلنوم گفته بود این «سپاراتیزم» نبود ، «سفاراتیسم» بود ! بعد کلی **احسان طبری** و ... ارشادش کرده بودند که این چه حرفی است که تو زدی ... ؟ !*

■ ببینید ! ذکر مطالبی این چنین در خاطرات برخی از آقایان ، ضمن اینکه بعضاً مستند است ، اما با ادبیات ویژه‌ای تعقیب می‌شود . و بیش از اینکه به خود آن مقوله سیاسی مربوط باشد ، به تغییرات بینشی گوینده ربط دارد . آقای **ناصر زربخت** عوض شده بود . **ناصر زربخت** دیگر آن ناصر زربختی نبود که به آذربایجان رفت . آنی نبود که به شوروی اعتقاد داشت . آنی بود که دیگر می‌خواست به غرب برود و بالاخره هم رفت . و وقتی هم که به ایران آمد ، شروع کرد به همراهی و همگامی با آن کسان و جریاناتی که سالیان دراز علیه شان کار کرده بود!

من نمونه‌های متعددی از این قبیل دارم و دوست ندارم به تحلیل نگرش و اصولاً منش اینها بپردازم . اعتقاد دارم که حتی افرادی که با ایمان و اعتقاد و صداقت تام و تمام عمری را گذراندند ،می‌توانند در معرض تغییر عقیده قرار بگیرند . من این را یک مقدار ضعف شخصیتی می‌بینم ... به هر جهت ، این حاشیه مطلب بود .

سازمان نظامی به این ترتیب پایه‌گذاری شد . اما بعد توسط رهبری حزب تصمیم گرفته شد که فعالیت در درون ارتش متوقف و هر آنچه هم که سازماندهی شده ، منحل شود . و از آن حساسیتی که می‌توانست ضربات مهلکی را وارد کند پرهیز بشود ؛ به ویژه بعد از حوادث آذربایجان که موقعیت نیروهای راست خیلی قوی شده بود .

واقعیت این است که رفقای نظامی ما در سازمان نظامی ، اصلاً به این دستورالعمل روی موافق نشان ندادند و مخالفت خود را اعلام کردند . حزب همچنان در تبعیت از این امر و به اجرا گذاشتن این تصمیم ، مصرّ بود . **روزبه** و تعدادی از رفقای نظامی ما ، سازماندهی خودشان را حفظ کردند و هیچ‌گونه ارتباطی هم با حزب نداشتند .

پاره‌ای بر این عقیده هستند که نوعی ارتباط خیلی خیلی مخفی ، همچنان حفظ شد. اما نظر رسمی عبارت از این است که **روزبه** هیچ ارتباطی با رهبری حزب نداشت .

□ *کی این ارتباط دوباره برقرار شد ؟ بعد از همان سال ۱۳۲۷ که با هم از زندان فرار کردند ؟*

■ بله ، بله . سال ۱۳۲۷ دوباره ضرورت سازماندهی مورد توجه قرار گرفت . به خصوص در فاصله سال‌های ۱۳۲۵ تا ۲۷ اساساً تحولات خیلی چشمگیری در جامعه ایران رخ می‌داد . کم‌کم آثار آن لطمات و هجومی که در آذر ۱۳۲۵ و سرکوب جنبش آذربایجان ایجاد شده بود ، از بین رفت . اگرچه در بدو امر ، با بروز انشعاب ـ انشعاب **خلیل ملکی** و دوستانش ـ به نظر می‌رسید که لطمه‌ای به حزب وارد می‌شود، ولی درواقع یک مقدار خالص‌تر شد . شاید اگر آن بگومگوهای درونی حزب همچنان باقی می ماند ، به شکل حادی تداوم پیدا می‌کرد و آن رویه‌ای که موجب گسترش هرچه بیشتر اندیشهٔ **حزب توده ایران** در جامعه می‌شد ، حاصل نمی‌آمد . به‌خصوص از سال ۱۳۲٦ تا اواخر ۱۳۲۷ که آن واقعهٔ تیراندازی به شاه رخ داد ، اصلاً یک اوج قابل توجهی در مبارزات حزب در درون جامعه و روی آوردن مردم به این سو ایجاد شد .

سازمان نظامی حزب مجدداً شکل گرفت . و این درواقع ، عمدتاً توسط **مبشری** ، **سیامک** و **روزبه** انجام شد . شناختی که اینان از افسران ارتش داشتند ، سبب شد تا با یک مراجعهٔ سادهٔ خصوصی به کسانی که طی این یکی دو سال هیچ‌گونه پیوند سازمانی نداشتند ولی علاقه‌مند بودند ، هسته‌های اولیه را شکل دهند .

اما از همان ابتدا اساسنامه‌ای تنظیم شد که از آن حالت تقریباً ...

□ هیئتی

■ ... هیئتی ؟! بی‌ضابطه بودن قبلی ، به کلی خارج و بسیار منضبط شوند .

یک برگی بود به نام برگ «کاراکتریستیک» این برگ شامل چند سرفصل می‌شد . اول مشخصات شخصی آن فرد که اسمش ، فامیلش ، درجه‌اش چیست ؟ بعد موقعیت اجتماعی ، در چه خانواده‌ای بزرگ شده ؟ حدود مطالعاتش چیست ؟ دوستانش چه کسانی هستند ؟ چه خصوصیات اخلاقی دارد ؟ دیگری به نگرش سیاسی فرد مربوط می‌شد که آیا اساساً موضعگیری سیاسی دارد ؟ سلطنت‌طلب است ؟ ـ به رغم اینکه آدم بسیار خوبی است ولی واقعاً به شاه علاقه‌مند است ، فکر می‌کند که برای حفظ ایران ، برای سعادت مردم ایران ، سلطنت موهبتی است و واقعاً باید باشد . نگرش عده‌ای از افسران واقعاً این‌طور بود ـ یا اصلاً اهل روزنامه خواندن هست؟ اگر می‌خواند چه روزنامه‌ای می‌خواند ؟ آیا تا حالا پیش آمده که نظری راجع به تحولات جهانی بدهد ؟ در این عرصه ،امریکا را چه‌جور می‌بیند ، انگلیس را چگونه می‌بیند ، شوروی را چه‌طور ؟ اصلاً هیچ‌وقت تا حال دربارهٔ نقش اینها در تاریخ این مملکت صحبتی کرده ؟ یا اگر با او گفتگو کنیم می‌تواند نظری در این عرصه ارائه بدهد ؟

□ در حقیقت وارد شدن نیروهای ـ به اصطلاح می‌شود گفت ـ طبقات متوسط و پایین، به درجات افسری و رشد اینها در سیستم ارتش ، به حزب توده برای این کار کمک کرد . مثلاً در سی سال قبلش شاید اصلاً نمی‌شد چنین کاری کرد . چون افسران یک عدهٔ خاصی بودند ، باید حتماً از یک خانواده خاصی می‌بودند ، به اصطلاح یک الیگارشی بر ارتش ایران حاکم بود . مخصوصاً افسران ارشد در زمان رضا شاه . ولی به نظر می‌رسید که با وارد شدن طبقات متوسط و پایین به ارتش ،به اصطلاح ، شعارهای حزب توده ، مسئله عدالت ، مسئله آزادی یا ... گرایش بیشتری را در آدم‌ها می‌پروراند و باعث می‌شد که آنها جذب شوند . این را چه‌طور ارزیابی می‌کنید ؟

■ بله درست است . من به یاد ارتش تزاریستی قبل از انقلاب اکتبر می‌افتم . به‌ویژه آن زمانی که حملهٔ **ناپلئون** به روسیه انجام می‌گیرد و **نیکلا** برای علاقه‌مندی ارتشی‌ها و خوب جنگیدنشان یک سلسله مواعیدی نظیر آنچه که انقلاب کبیر فرانسه به فرانسویان داده بود ، می‌دهد . و واقعاً هم آن زمان خاستگاه طبقاتی افسران ارتش، نُجبای روسیه بودند . خانواده‌اش قطعه ملکی با عده‌ای «موژیک» داشت . اصلاً نظام «سرواژ» آنجا حاکم بود . و اینها به کلی از توده مردم متمایز بودند . اینها اندیشه‌های انقلاب کبیر فرانسه را حمل کردند و بالنتیجه جریان «دکابریست»ها شکل گرفت .

ارتش ایران هم یک‌چنین چیزی بود . اگر دقت می‌کردید می‌دیدید که دیگر تک‌توک فرزندان امرای ارتش، افسران را تشکیل می‌دادند. و اگر درصد فارغ‌التحصیلان دانشکده افسری را در هر سال بررسی می‌کردید ، رقم عمده‌اش میانهٔ پایین بود . خانواده‌هایی که درآمد اندکی داشتند . اینقدر داشته که فرزندش را به دیپلم رسانده ، اما اینقدر ندارد که بتواند هزینه تحصیلات عالیه و دانشگاه تهران و .. را بدهد . الان می‌خواهد او را بفرستد ارتش چون همان موقع هم که در دانشکدهٔ افسری است حقوق می‌گیرد . یعنی دیگر برایش خرجی ندارد . و دقیقاً این ، آن پایگاه اجتماعی است که پذیرای اندیشه‌های عدالت خواهانه است و به همین علت است که در ارتش ، این زمینه وجود دارد . یعنی خودبه‌خود و خودجوش به طرف حزب می‌آیند .

حزب سازمان نظامی نداشت . افسرها به طرفش می‌آمدند . پس از اینکه در سال‌های ۲۷-۱۳۲۶ سازمان نظامی را منحل کرد ، اصلاً در ارتش غلیانی در جریان بود! افسران پی جاهای معینی می‌گشتند و بالنتیجه حزب می‌بیند که نه فقط خود را از یک نیروی جوان و پویا محروم می‌کند ، بلکه یک نیروی جوان کارآمد ، به علت اینکه آموزش سیاسی و حزبی نمی‌بیند هرز می‌رود ، هدر می‌رود ، بلافاصله برچسب مظنون و ... به آنها می‌زنند و اصلاً ، هم جلو ترقی‌شان گرفته می‌شود و هم پُست

درست و حسابی به آنان نمی‌دهند. من می‌خواهم دقیقاً به شما بگویم اینکه ما سال‌های بعد در دانشکدهٔ افسری با پدیدهٔ تشکیل حوزه‌های خودبه‌خودی میان دانشجویان مواجه شدیم ، نشانه درستی این نظر است.

خوب، اشاره می‌کردم که طبق آن برگه «کاراکتریستیک» که بیست و یکی دو ماده داشت، ما با ضوابطی مواجه شدیم که بر اساس طبقه‌بندی، شامل جنبه‌های شخصی و مسائل خانوادگی و مسائل اجتماعی و مطالعاتی و .. بود . کسی که می‌خواست این تحقیقات را در مورد افسری بکند ، واقعاً برای همهٔ این موارد باید پاسخ پیدا می‌کرد .

وقتی که سازمان نظامی در آن طرح کلی همهٔ جواب‌ها و نگرش‌هایش را مساعد می‌دید، یعنی اهل مطالعه است ، از لحاظ خصوصیات فردی آدم برجسته و خوبی است، مسلم است که دزد نیست و ... آن‌وقت از طریق یکی از اعضاء با او در میان می‌گذاشت که «فکر نمی‌کنی که باید فکری برای این مملکت بکنیم ؟ حالا چه بکنیم ؟ بخوانیم ، ببینیم این حزب‌ها چه می‌گویند . » و بعد آرام آرام مثل اینکه هر دو با هم دارند مطالعه می‌کنند ، به نتیجه می‌رسیدند .

من در کتاب «دُرد زمانه» به روند عضوگیری رفیق شهیدمان **واله** اشاره کردم ـ واقعاً با هر کدام از آنها این روند طی می‌شد ـ تا آخرین روزی که من اساسنامه سازمان را با او در میان گذاشتم ، فکر می‌کرد ما هر دو با هم داریم راهگشایی می‌کنیم . داریم می‌گردیم تا راهی پیدا کنیم . حتی زمانی **واله** ـ که حالا یک مقدار مطالعه کرده بود ـ به من گفت که سرکار **عمویی** من فکر می‌کنم باید یک راهی برای ارتباط با حزب توده پیدا کنم. گفتم **واله** جان این کار خطرناک است ، اصلاً چنین کاری نکنید ! گفت که مگر ما نباید هزینه‌اش را بپردازیم ؟ خوب احتیاط می‌کنیم ، حالا من واقعاً به ذهنم نمی‌رسد چه‌جور این ارتباط را پیدا کنیم . گفتم اگر تو مُصّری ، من موقعی که در دبیرستان پهلوی بودم ، دو سه تا دوست داشتم که در سازمان جوانان

آنجا بودند ، بگذار ببینم می‌توانم اینها را پیدا کنم ؟ ولی باور کن این خطرناک است ! گفت نه آقا چه خطری دارد ... ؟!

خوب ، به این ترتیب همه این رعایت‌ها می‌شد برای اینکه کسی که حالا می‌آید دورهٔ سمپاتیزانی را طی می‌کند ، دقیقاً از هر جهت مطمئن باشد . یعنی این لِک و لِکّی که ما به ظاهر برای عضوگیری می‌کردیم ، طوری بود که آن طرف دیگر عصیان می‌کرد . می‌گفت من می‌روم یک جایی ، یک کسی را پیدا کنم ... و ما می‌گفتیم دست نگه‌دار ، بگذار ...

□ *ببخشید ! حالا توی این افراد که مثلاً عضوگیری هم می‌کردید ، این‌قدر وقت و ... می‌گذاشتید ، خائنی که از اول مثلاً خائن باشد هم بود ؟*

■ حتی یک نمونه نداشتیم ! حتی یک نمونه ! در تمام حوزه‌های سازمانی ، درجات پایین ، بالا ، همه و همه سالم بودند . تنها بعد از ضربه بود که طرف تحمل چنین فشاری را نداشت .

من همواره گفته‌ام که بنا نیست در مبارزهٔ سیاسی ، کتک‌خور آدم هم خوب باشد ! خوب ، کسی آمده با یک اندیشه و به خاطر عدالت‌خواهی ، با یک رژیمی مبارزه می‌کند . حالا اگر بردند ، شلاقش زدند ، یکی می‌تواند ده تا بخورد یکی می‌تواند بیست تا بخورد ، اصلاً گناهی ندارد اینها همه قربانیان ستم هستند . و تا وقتی در بند است، اگر حتی دهانش هم باز بشود ،بد و بیراه به گذشتهٔ خودش هم بگوید باز هم قربانی این جریان شده .

مثل داستان شو تلویزیونی که دورهٔ جمهوری اسلامی در مورد خود ما اجرا کردند ! واقعاً اگر یک روزی ، یک روزی امکان ...

آقای **حسین شریعتمداری** ، مدیر کیهان گفته بود که «من گفتگوهایی با **احسان طبری** ، **گلاویژ** ، **پورهرمزان** و ... داشتم و نتیجه‌اش هدایت اینها شد !»

تقی رحمانی بعد از چندی در مجله «ایران فردا» در مورد ادعای مدیر کیهان در مقاله‌ای نوشت که «اگر روزی فلان کس ـ یعنی من ـ زبانش باز شود که چه بر اینها گذشته ، به‌جای اشک ، خون از چشم همه جاری می‌شود !» خوب ، آقای **رحمانی** چوبش را دارد می‌خورد !

تقی رحمانی مدتی در زندان اوین با من همبند بود . یک مقداری از من شنیده بود که چه به روزگار بچه‌های ما آوردند تا آن برنامه‌ها را اجرا کردند . اما همان جلسه ، همان جا که همهٔ اینها ضبط تلویزیونی شد ، ما رو در روی اینها گفتیم که شما به ضرب کتک ، ما را به اینجا رساندید و ما اعتقادمان همانی است که بود . و بارها بعد از آن هم همین بود . تا سال ۱۳۶۷ هم که رفقای ما شهید شدند، همین نگرش را داشتند که آن روز داشتند.

من واقعاً امیدوارم که شرایطی پدید آید که همگان بتوانند آنچه را که فکر می‌کنند و آنچه را که بر آنها گذشته بیان کنند . نه صرفاً برای اینکه بیان بکنند ، برای اینکه مردم مملکتمان ببینند چه خبر بوده ؟! و جوان‌ها راه خودشان را انتخاب کنند . می‌توانند رد کنند ، می‌توانند پذیرا باشند . به هر جهت ، تاریخ مقاطعی دارد که به نحوی تکرار تاریخ را به ما گوشزد می‌کند . ولی اصلاً تکرار نیست . وجوه بارز متمایز از گذشته دارد که مهر و نقش تاریخی خودش را دارد . زمان خودش را دارد .

به این ترتیب در سال ۱۳۲۷ ، سازمان افسری با یک نظم قابل توجهی، با رعایت همهٔ جنبه‌های پنهان‌کاری ، از نو پایه‌گذاری شد .

من در مهرماه ۱۳۲۸ از دانشکده فارغ‌التحصیل شدم و بلافاصله همان موقع به عضویت سازمان افسری حزب فراخوانده شدم . علت اساسی‌اش هم این بود که من

سابقه داشتم . قبلاً در سازمان جوانان فعال بودم و یک عضو ساده هم نبودم . موقعی که کنفرانس عمومی سازمان جوانان در تهران برگزار شد ، من به عنوان نماینده حوزه‌های جنوب شرق تهران انتخاب شدم و به کنفرانس آمدم . و بعد هم که می‌خواستم به ارتش بروم ، همین‌جور سر خود نرفتم . صحبت کردم . به من هشدار داده شد ! باز من اصرا کردم . بالنتیجه «پارولی» (جمله رمز) محرمانه و مستقیم بین من و حزب رد و بدل شد . من نامه‌ای به مسئول حزبی‌ام دادم که کسی به آن دست نمی‌زد . خواسته بودم که مستقیماً به کمیته مرکزی حزب داده شود و در آن گفته بودم که من با این نظر می‌خواهم وارد ارتش بشوم . «پارولی» هم که به من دادند ، هیچ‌کس دیگر در این سلسله مراتب ، قرائت نکرده بود . چیزی بود بین من و آنجا .

بالنتیجه وقتی **محقق‌زاده** آمد و آن جمله را به من گفت ، معلوم بود که دقیقاً از کمیتهٔ مرکزی حزب به سازمان افسری داده شده و **محقق‌زاده** را فرستاده‌اند که با من این ارتباط را برقرار کند . به این ترتیب آن مراحل ابتدایی عضوگیری دربارهٔ من انجام نگرفت و مستقیماً قرار گذاشته شد که دو روز بعد از آن بروم جایی که حوزهٔ سازمان نظامی بود . ما هفته‌ای یک جلسه حوزه داشتیم که نظیر همان حوزه‌های حزبی ، مزید بر ویژگی‌های خاص پادگان‌های نظامی ، بحث اخبار و مطالعه بود . کتابی قرائت می‌شد . کسی که مطالعه کرده بود مطالبی بیان می‌کرد ، سؤالاتی مطرح می‌شد ...

□ *آیا آن‌موقع در این حوزه‌های حزبی در مورد کودتا بحثی می‌شد ؟ مثل یک‌سری افسرهایی که در عراق (حالا آن‌موقع **عبدالکریم قاسم** در عراق نبود ، این سال‌های بعدش اتفاق افتاد) کودتا کردند و آن حکومت‌های مثلاً کمپرادور(وابسته) را کنار زدند و خودشان به اصطلاح خیزش لنینی انجام دادند . یا مثل آن اتفاقی که در روسیه افتاد و... آیا اصلاً در این مورد بحث می‌شد که این کار اگر بشود چقدر خوب*

است؟ حالا نه اینکه یک کار عملی و...

■ تعمیم امر کودتا به روند انقلاب اکتبر به کلی نادرست است.

ببینید! این مسائل، مسائلی است که درواقع بیشتر از دههٔ پنجاه میلادی به بعد مطرح بود. **ناصر**، بعد **قاسم** و مواردی این‌چنین، یواش یواش خودش را به ما نشان داد. نمونه تاریخی که داشتیم همان جنبش «دکابریست»ها بود که جنبشی از نجیب‌زادگان بود، فرزندان نجبا بودند.

یعنی نه اینکه یک سازمان متصل یا عضو حزب کمونیست، با یک نگرشی بخواهد عمل کند. اصلاً بحث این‌چنینی نبود. همواره روند، روندی بود که **حزب توده ایران**، فعالیت سیاسی می‌کند که شرایط معینی را برای تحقق عدالت اجتماعی فراهم سازد. سازمان نظامی هم عیناً مثل خود اعضای حزب است. هیچ فکر اینکه کار ویژه‌ای می‌خواهد بکند، مطرح نبود. مگر زمانی که یک حادثهٔ خاصی بخواهد رخ بدهد، حزب بخواهد قیام بکند ـ نه اینکه جداگانه ـ حزب بخواهد همراه توده مردم قیام بکند، آنگاه این سازمان نظامی از امکانات رزمی‌اش به نفع آن جریان، آن خیزش، استفاده می‌کند.

□ *چنانچه گفتید که اگر زمان ۲۸ مرداد دکتر* ***مصدق*** *همراهی کرده بود، پیغامی داده بود، مردم را فرا خوانده بود، سازمان افسری هم پیشاپیش حاضر بود که همراهی بکند و ...*

■ بدون تردید! بدون تردید! کما اینکه همان جا هم اشاره کردم، من آن‌موقع در دانشکده افسری فرمانده گروهان بودم. روز ۲۸ مرداد به من ماموریت داده شد که با گروهانم آرامش منطقه راه‌آهن را حفظ کنم. من با واحدم رفتم در آنجا مستقر شدم و بسیار خوشحال بودم که چنین ماموریت خوبی به من داده شده! چرا که منطقهٔ کارگری بود و فردایی، پس فردایی طبعاً وقتی این خیزش عمومی آغاز می‌شد، یک نیروی نظامی می‌توانست پیشاپیش باشد، سد آتش رژیم را بشکند و این مردم بتوانند جلو بروند. به قدری از این بابت شاد بودم که حد نداشت! ولی خوب ...

□ آقای عمویی ، اجازه بدهید به سراغ سال‌های بعد از زندان برویم . آن ۲۵ ساله ماجراهایی که بر شما در زمان حکومت پهلوی گذشته بود را در «دُرد زمانه» آوردید . ولی شما به عنوان یک تصمیم گیرنده در ردهٔ بالای حزبی نبودید که پاسخگوی اعمال حزب باشید و در «دُرد زمانه» هم اشاره کرده‌اید که انتقادات زیادی ، خصوصاً به عملکرد حزب در ۲۸ مرداد داشتید . حتی بعد از اینکه ***حکمت‌جو*** *و* ***خاوری*** *هم می‌آیند و دستگیر می‌شوند ، نمی‌توانند به سؤالات شما (و یارانتان) پاسخ قانع‌کننده بدهند ! و از آن‌طرف هم در پلنوم بازگشت ، (پلنوم ۱۶) شما و رفقای افسر به عضویت کمیته مرکزی و بعد به عضویت هیئت سیاسی و خود شما هم به عضویت هیئت دبیران، انتخاب شدید؛ آیا این انتقاداتِ شما جوابی گرفته بود ؟ در حقیقت شمایی که خود را شریک مسائل حزب در گذشته کردید ، آیا قانع شده بودید که مسئولیت‌ها را پذیرفتید؟*

■ سؤال جالبی است ! چرا که ما در دوران بیست و پنج سالهٔ زندانمان در زمان شاه ، به لحاظ طول مدت ، با آیندگان و روندگان فراوانی مواجه می‌شدیم ، چه با اتهام توده‌ای ،چه با اتهامات دیگر . به ویژه از دههٔ چهل به بعد ، نمایندگان جریانات دیگری وارد زندان می‌شدند . این افراد غالباً علاقه‌مند بودند از گذشتهٔ حزب آگاه شوند . نظرات ما را دربارهٔ فعالیت و نقاط گرهی تاریخ حزب بدانند . مثلاً موضع حزب دربارهٔ وقایع آذربایجان ، دولت **قوام‌السلطنه** ، نهضت ملی ، مسئله نفت، ۲۸ مرداد و ... نقاط گرهی معینی در تاریخ حزب است که بررسی تاریخی یا احیاناً نقد سیاسی‌اش می‌تواند راهگشا باشد . حزب در گذر از این گردنه‌ها غالباً عده‌ای را از دست می‌دهد و کسانی را جذب می‌کند . نیروهایی به مقابله با آن برمی‌خیزند و برخی دیگر آن را محق می‌دانند .

اینها مطالبی بود که ما غالباً با آن مواجه می‌شدیم و دوستان جوان ما یا جریانات سیاسی دیگر ، به صورت سؤال‌هایی با ما مطرح می‌کردند و ما ، لاجرم بایستی پاسخ می‌دادیم . اینها پرسش‌ها و افکاری بود که خود ما هم در جریان مبارزهٔ قبل از زندان

با آن درگیر بودیم . به‌ویژه آن یک سال بعد از ۲۸ مرداد ، در درون سازمان نظـامی ، دربارهٔ این مسائل واقعاً غلغله بود! ما به‌طور قطع در موقعیتی ویژه قرار گرفته بـودیم که ناگزیر نماینده‌ای از طرف کمیتهٔ مرکزی به حـوزهٔ مـا آمـد و در توجیـه جـزوهٔ ۲۸ مرداد که نظـر کمیتـه مرکـزی را اعـلام می‌کـرد ، مطـالبی گفـت کـه مـا آن نظـرات را نپذیرفتیم . اما به‌رغم آن ، همچنان عضو حزب باقی مانده بودیم . تـا آنکـه بـه زنـدان افتادیم .

در زندان هیچ ارتباطی با حزب نداشتیم ، خودمـان بـودیم . بالنتیجـه بـا خودمـان سبک سنگین کردیم . روی تک‌تک این موارد بحـث درونـی خودمـان را داشـتیم و بـه آنچه ارزیابیمان بود ، قانع بودیم . اینکه آیا نظر حزب هم همـان اسـت یـا نـه ، اطـلاع نداشتیم و به هیچ‌وجه هم موافق داشتن ارتباط مستقیم با حزب نبودیم .

در سنواتی ، کوشش‌هایی انجام گرفت برای اینکه با ما ارتباط برقرار کنند . ولی ما معتقد بودیم که نه ما نظراتمان برای فعالیت حزب می‌تواند چندان پربار باشـد ، چـون مربوط به زندان است و فضـای زنـدان از تجربیـات بیرونـی و آنچـه در میـان مـردم می‌گذرد ، عاری است ؛ و نه رهنمودهای حزب به درد ما می‌خورد ؛ برای اینکـه آنهـا نمی‌دانند در داخل زندان چه خبـر اسـت . بنـابراین مـا خودمـان تصـمیم می‌گیـریم و متناسب با همین عمل می‌کنیم . مضـافاً اینکه این ارتبـاط فقـط و فقـط می‌توانـد بـه آن رفقایی که با ما تماس می‌گیرند لطمه بزند ؛ چون ما در زندان آدم‌های شناخته شده‌ای هستیم و موضع داریم . در مقابل دشمن ، هیچ پنهان هم نمی‌کنیم . بالنتیجه هر کسی ، زیر هر پوششی بیاید ، تعقیبش می‌کنند و اینکه از کجا فرستاده شده را پیدا می‌کننـد . بنابراین ما به هیچ وجه صلاح نمی‌دیدیم . گفتیم آقایان ! خودتان بیرون فعالیـت خـود را بکنید، بدون اینکه بدانیم چه کار می‌کنید ، مورد تائید هم هستید . و ما هم آن نگرش حزبی خودمان را داریم .

به این ترتیب ما در فضایی قرار گرفتیم که جوان‌هایی به زندان می‌آمدند و علاقه‌مند بودند نظرات ما را دربارهٔ این مسائل بدانند . ما هم صادقانه ، آنچه که واقعاً باور خودمان بود ، اگر انتقادی بود ، جایی اشتباه شده بود ، بدون هیچ رودربایستی در میان می‌گذاشتیم . یا به انتقادات ناواردی پاسخ می‌دادیم که کسانی ، احیاناً بدون اطلاع کافی از آنچه که رخ داده بود ، مطرح می‌کردند .

سال ۵۷ از زندان بیرون آمدیم . رفقا هم از خارج آمدند . بدون اینکه ما اطلاع داشته باشیم ، در پلنوم شانزدهم ، مسئولیت‌هایی را برای ما در نظر گرفته بودند . ما در نشستی میان خودمان مطرح کردیم که «رفقا ! آیا ما واقعاً می‌توانیم این مسئولیت را پذیرا باشیم ؟ آن رفقا این مدت چه کردند؟ آیا نظراتشان با نظر ما یکی است ؟ آیا آنها انتقاداتی را که ما نسبت به تاریخ و نقاط گرهی حزب داریم ، اصلاً قبول دارند ؟ نظرشان چیست ؟ ما اطلاع داریم که در پلنوم‌های مختلف ـ به‌ویژه در پلنوم چهارم ـ بحث شده . حتی مطرح شده که در پلنوم چهارم خودزنی شده! افراط شده! اطلاع داریم که در پلنوم‌های بعدی مسئله اصلی، مسئله فراکسیونیسم بوده. بالاخره این مسائل به کجا رسید؟ نظر حزب نسبت به این مطالب چیست؟ آیا ما بدون اطلاع از همه این مسائل می‌توانیم بار این مسئولیت را به دوش بکشیم؟

پس اولین بحثی که ما با رفقا خواهیم داشت ، روشن کردن این مسائل است. ما یک سلسله نظراتی داریم که آنها را هم بیان کرده‌ایم . بسیاری از جوان‌ها طی این مدت به زندان آمدند و رفتند . از زمانی که ما از وضعیت زندانیان منحصر سازمان نظامی خارج شدیم و با رفقای غیرنظامی مخلوط شدیم و بعد با زندانیان غیر توده‌ای از چپ‌های جدید تا مذهبی‌ها و ملی ـ مذهبی‌ها همبند شدیم ، با همهٔ اینها مراوده و گفتگو داشتیم . حالا شما ما را به عنوان عضو کمیته مرکزی انتخاب کردید . اول باید مشخص شود که آیا ما هویت واحدی داریم ؟ نظرات یگانه‌ای داریم ؟»

پس از طرح این دیدگاه‌ها ، رفقا خیلی ساده گفتند «بله بله ، ما نظرات شما را قبول داریم.» گفتیم نه ! این کافی نیست !

□ *یعنی قبل از اینکه پذیرش عضویت داشته باشید ؟*

■ بله .

□ *یعنی مثلاً در جلسه‌ای آنها گفتند خوب تشریف بیاورید به جلسه شورای دبیران یا هیئت سیاسی . شما گفتید قبل از آن ، انتقادهای ما را جواب بدهید بعد ما بیاییم ؟*

■ نه این‌طور نبود . چون هنوز همهٔ رفقا از خارج نیامده بودند . اول **جوانشیر** آمد ، بعد **کیا** . همان ابتدا که **جوانشیر** آمد و با ما ارتباط برقرار کرد ، ما این مطالب را با او در میان گذاشتیم . **جوانشیر** گفت «رفقا شما انتخاب شده‌اید . حزب بر اساس یک شناختی شما را انتخاب کرده ، درست است که شما در زندان بودید ، ولی از زندان سُفرای بسیاری بیرون می‌آمدند و ما درباره رفقای زندانی و وضعیتشان از آنها پرس و جو می‌کردیم .»

بنابراین آنها کم و بیش از حال و احوال ما خبر داشتند . ما بودیم که از آن طرف بی‌خبر بودیم . رفیق **جوانشیر** گفت : حزب با شناختی که از رفقا داشته ، در کنگره و پلنومش به این نظر رای داده . حال ما می‌خواهیم نظر رفقا را بدانیم . فعلاً ما بایستی هر چه زودتر روزنامه را بیرون بدهیم . علت اینکه مرا زودتر فرستاده‌اند ، برای این است که هر چه سریعتر «نامهٔ مردم» را منتشر کنیم . **کیا** هم به زودی ـ شاید تا ما مقدماتش را فراهم کنیم ـ خواهد آمد .

گفتیم رفیق **جوانشیر** ما از بذل هر کوششی که بگویی دریغ نداریم . ولی نه به عنوان عضو کمیته مرکزی ، بلکه به عنوان یک سرباز سادهٔ توده‌ای . تاکنون هم ما

خود را یک توده‌ای ساده می‌دانستیم . همه جا و به هر کسی هم می‌گفتیم ما یکی از سربازهای این حزب هستیم ، هر کاری از دستمان برآید با طیب خاطر انجام می‌دهیم. اما پذیرش مسئولیت عضویت کمیتهٔ مرکزی منوط بر این است که ما بدانیم حزب طی این مدت نسبت به انتقادات ما چه موضعی داشته است ؟ آیا اصلاً روی این مسئله کاری کرده ؟ اگر نکرده ، در نظر دارد بکند ؟ یا اینکه اصلاً مخالف است ؟

رفیقمان **جوانشیر** ، برای اینکه کار راه بیفتد می‌گفت ما همه نظرات شما را قبول می‌کنیم . ما می‌گفتیم آخر شما که نمی‌دانید نظر ما چیست ؟ و او می‌گفت ما اطمینان می‌دهیم آنچه که شما پیشنهاد بکنید عملی می‌کنیم !

به گمان من علت اساسی‌اش این بود که برای کار کردن و به راه‌انداختن چرخه کار حزبی یک مقدار دست و بال ما بازتر بود تا رفقایی که از خارج می‌آمدند . زیرا آنها چون سالیان دراز از ایران دور بودند ، تا حدودی با محیط اجتماعی بیگانه بودند. بعضی از آنها سی سال خارج از وطن بودند .

□ *سی سال ؟ !*

■ به همین علت هم گاهی رفتارهایی خیلی خیلی بیگانه با محیط اطراف از آنها سر می‌زد . فراموش نمی‌کنم که اوایل انقلاب ، روزی عده‌ای حزب‌اللهی جلو دفتر حزب آمده بودند و شعار می‌دادند «حزب فقط حزب‌الله ، رهبر فقط روح‌الله» یکی از همین رفقا که از خارج آمده بود ، رفته بود جلو پنجره و شستش را به آنها نشان می‌داد . من او را به عقب کشیدم و گفتم رفیق این چه کاری است می‌کنی ؟ می‌دانی این فحش است ، زشت است ! گفت آخر یعنی اینها هیچ غلطی نمی‌توانند بکنند . گفتم عزیز من ما با اینها دیالوگ داریم. اصلاً این کارها زیبندهٔ ما نیست !

خوب ، مشابه این گونه موارد باز هم بود . تا این رفقا آرام آرام با محیط اجتماعی ما آشنا بشوند ، زمان لازم بود .

برای توجیه شدن و هماهنگی با شرایط ، پر استعدادتر از همه **کیانوری** بود . من تصور می‌کنم علتش این بود که او سال‌ها مسئول تشکیلات غرب بود . یعنی **کیا** با ایرانیانی که در اروپای غربی بودند در تماس بود و فقط محدود به اروپای شرقی نبود . کسانی که همهٔ دوران مهاجرتشان در کشورهای سوسیالیستی گذشته بود ، به کلی با ایرانی جماعت قطع مراوده داشتند ، مگر آنکه یک ایرانی خودش به آن طرف رفته باشد . ولی پیوندی که **کیا** با ایرانی‌ها ، در آلمان غربی ، اتریش ، فرانسه و... داشت ، موجب می‌شد که حال و هوای ایرانی و ایرانیت داشته باشد . به همین علت هم از آن روز اولی که آمد ، با شناختی که داشت ، خیلی راحت خودش را با شرایط تطبیق داد .

به هر جهت ، چون همهٔ رفقا نیامده بودند ،جلسهٔ رسمی برای طرح نظرات ما تشکیل نشد . اما میان ما چند نفر که از زندان آمده بودیم و رفقا **کیانوری** ، **بهزادی** و **جوانشیر** نشست‌های زیادی برگزار شد و آنها پاسخگوی یک سلسله مطالب ما بودند. اگرچه به گفتهٔ آنها در صورت جلسات پلنوم‌ها کمابیش به این مطالب پاسخ داده شده بود ولی سؤال ما این بود که این پاسخ‌ها تا چه اندازه در دسترس جماعت قرار گرفته و تا چه حد پذیرفته شده ؟

بنابراین رفقا عمدتاً چندنکته را متعهد شدند ، از جمله اینکه دربارهٔ نقاط گرهی تاریخ حزب جزواتی منتشر کنند و به یک‌یک آنها پاسخ گویند . مثل ۲۸ مرداد ، مسئله طلاها ...

□ *طلاها ؟*

■ بله ، ایران مطالباتی از اتحاد شوروی داشت .

□ *آن یازده تن طلا ؟*

■ بله . مسئله نفت ، ما و دکتر **مصدق** و ... که بعدها **جوانشیر** جزوات کوچکی در این زمینه‌ها نوشت . البته بگذریم که روی بعضی از آنها ما باز هم حرف داشتیم .

از نکات دیگری که ما مطرح کردیم مسئله فراکسیونیسم بود . آنها اشاره کردند که «همهٔ رفقایی که به ایران می‌آیند ، متعهد شده‌اند که وحدت رهبری را حفظ کنند . » این به هیچ‌وجه به معنای این نیست که اگر رفقایی در رهبری نظراتی داشته باشند نباید مطرح کنند . چرا ، حتماً باید مطرح کنند . مهم این است که دسته‌بندی انجام نگیرد . خارج از ارگان مربوطه ، یارگیری نشود . فراکسیونیسم به این معناست . والا وجود نظرات متفاوت در رهبری طبیعی است و باید هم این‌طور باشد . به‌هر حال آن چیزی که نظر واحد است...

□ *سانترالیسم دموکراتیک*

■ سانترالیسم دموکراتیک رعایت شود . اقدامات فردی و تک‌روی ممنوع است!

ما اطلاع داشتیم که در حزب یک چنین اتفاقاتی رخ داده بود . از این‌رو ما بر اصل رهبری جمعی اصرار داشتیم و رفقا هم تعهد به این اصل را کاملاً تایید کردند . همهٔ تصمیمات در هیئت سیاسی اتخاذ خواهد شد و هیئت دبیران، مجری تصمیمات هیئت سیاسی خواهد بود.

□ *وقتی شما با دکتر **کیانوری** ـ به قول شما **کیا** ـ در مورد انتقاداتتان بحث می‌کردید ،جوابی داشت ؟ آیا جزوه‌ها یا حرف‌های ایشان شما را قانع کرد ؟ آیا این پاسخ‌ها با آنچه شما و رفقای افسر به جوانانی می‌گفتید که در زندان نزد شما می‌آمدند و سؤالاتشان را مطرح می‌کردند ، شباهتی داشت ؟آیا این پاسخ‌ها واقعاً نشانهٔ تغییر موضع و نقد گذشته بود ؟ ...*

*من خاطره‌ای نقل می‌کنم از **ایرج کشکولی** ، او پس از حوادث سال ۶۰ از طرف «رنجبران» به کردستان پیش **قاسملو** می‌رود و از او کمک و پناه می‌خواهد . **قاسملو** می‌گوید شما بعد از این همه همراهی با رژیم ، جایی در کردستان ندارید . **کشکولی** هم در پاسخ می‌گوید «خوب ، از خودمان انتقاد می‌کنیم !» **رحمان** هم که آدم رُکی بود، برمی‌گردد می‌گوید «شما هم عین حزب توده در انتقاد از خود کاغذ سیاه می‌کنید و بعد با تف آن را می‌چسبانید به دیوار !» که یعنی انتقاداتتان واقعی نیست و درس آینده نمی‌شود !*

■ دوستی داشتیم ـ **تفرشیان** ـ وقتی کاری می‌کرد که ایرادش را می‌گرفتیم که سید ! آخر این چه حرکتی است توی زندان ؟ می‌گفت که رفقا! انتقاد وارد است . تعهد می‌کنم بعد از بیست سال ... [خندهٔ حضار]

□ *از امشب و فردا شب و شب‌های دگر ...*

■ به‌هر حال **کیا** وعدهٔ نوشتن آن جزوه‌ها را داده بود . ولی هنوز نوشته نشده بود . بعداً نوشتند . که برخی پاسخگو بود ولی بعضی واقعاً پاسخگو نبود . اما **کیا** اعتقاد بر این داشت ـ تا آخر هم همین‌طور بود ـ که همه انتقاداتتان درست است و باید از همین موضع هم برخورد کرد . یعنی بهترین دفاع از سیاست حزب ، پذیرش انتقادات سالم و درست است .

منظورم این بود که ما پذیرش مسئولیت را منوط به شنیدن نظرات رفقا کرده بودیم . اما چون همهٔ رفقا همزمان نیامدند و بیشتر ارتباط ما با رفقایی بود که اول آمدند ـ **جوانشیر** ، **کیا** و **منوچهر بهزادی** ـ و ما با اینها صحبت داشتیم ،این رفقا خیلی صمیمانه نظرات ما را قبول داشتند . در مجموع پذیرش رفقا صادقانه بود و به طور نسبی ادامه داشت.

*□ یک مثالی **خانبابا تهرانی** می‌زند ؛ می‌گوید که عموماً وقتی جمع ما به جایی می‌رسید که می‌خواستیم کنار بکشیم ، آن‌وقت ترس از تنها ماندن و دوری تشکیلاتی باعث می‌شد که مثلاً جلسهٔ خود انتقادی بگذاریم و همه بنشینیم و به کارهای گذشته‌مان نقب بزنیم که یکی قالی‌های باباش را می‌فروخته و به عنوان پول کار به حزب توده می‌داده و حالا پشیمان است ! و ... خلاصه شوق مذهبی برای خودشان ایجاد می‌کردند و با خودانتقادی ، تزکیه می‌شدند !*
***خانبابا تهرانی** مسئله‌ای که مطرح می‌کند این است که در کار سیاسی وقتی دوستانی در سازمان یا حزبی پیدا کردید و لحظات سخت را با هم گذراندید ، دیگر کنار کشیدن و تنها ماندن خیلی سخت می‌شود ! آیا در مورد شما هم چنین مسئله‌ای بود ؟*

■ ببینید! این حالت برای ما پیش نمی‌آمد . چون مسئله کنار کشیدن یا نکشیدن ، مطلقاً برای ما مطرح نبود .

□ آقا شما ۲۵ سال دفاع کرده بودید ... !

■ مسئله «پذیرش مسئولیت» یا «عدم پذیرش مسئولیت» مطرح بود . یعنی عضویت کمیته مرکزی ، یا نه ، در جنب کمیته مرکزی کار کردن و فعالیت کردن .

□ *یعنی شما در اصل قضیه که عضو حزب باشید یا نباشید، اصلاً شک و شبهه‌ای نداشتید؟*

■ اصلاً، اصلاً! هرگز برای ما یک چنین نقطهٔ ابهامی وجود نداشت. هرگز!

۲

در آستانه انقلاب ۱۳۵۷

۸۳/۷/۲۸

☐ *جلسه دیگری از تاریخ شفاهی چپ را در خدمت شما هستیم.*

در سیر آزادی‌هایی که رژیم شاه برای زندانیان سیاسی تدارک می دید، شما از زندان عادل آباد، آبان ۱۳۵۷ آزاد شدید. هر زندانی سیاسی که آزاد می‌شود، اول به خانواده می‌رسد، بازدیدی با دوستان دارد و... ولی شتاب حوادث آن روزها آنقدر زیاد بود که به احتمال زیاد ، شما دقیقا بعد از آزادی به سیر انقلاب پیوستید.

برای ما نحوه ارتباط گیری را شرح بدهید، با چه کسانی دیدار کردید؟ و چگونه وارد مبارزه در بیرون زندان شدید؟

■ بله، زندگی زندان، به ما چند افسر به جا مانده از **سازمان نظامی حزب توده ایران** آموخته بود که، بودن سازمان حزبی و نبودنش، از ما رفع تکلیف نمی‌کند! طی سالیان درازی که در زندان شاه بودیم ـ در حدود سال ۱۳۳٤، ۳۵ ـ کوشش‌های نخستینی از طرف حزب شد که تماسی با داخل زندان داشته باشد. توصیه ما به رفقا این بود که: از برقراری تماس با ما خودداری کنید!

و از آن به بعد، ما هرگز با مرکز حزب ارتباط نداشتیم. البته گاه کسانی که در ارتباط با حزب بودند، به زندان می‌افتادند و مطالبی را با ما در میان می‌گذاشتند . یعنی خیلی ناقص، کسب اطلاعی می‌شد. یا آن دورانی که «رادیو پیک ایران» برنامه‌هایی اجرا می‌کرد، چیزی که از نقطه نظر تشکیلاتی اهمیت داشته باشد، طبعا هرگز در آن برنامه‌ها نبود. مختصر مطالبی درباره مسائل فلسفی مطرح می‌شد و مقداری در مورداقتصاد سیاسی گفته می‌شد و برخی از مقالات «نامه مردم» قرائت می‌شد .

به این ترتیب ما ناچار بودیم که متناسب با شرایط داخل زندان و هر آنچه که رخ می داد ، خودمان موضع اتخاذ بکنیم . و زندان یکی از ویژگی‌هایش این است که پا به

پای حوادثی که در جامعه رخ می‌دهد، بازتابش در زندان در شیوه رفتار زندانبان منعکس می‌شود! به رغم اینکه در روزنامه‌ها منعکس نمی‌شد که در خیابان‌ها و روستاهای ایران چه حادثه‌ای رخ داده ، شیوه برخورد زندانبان نشان می‌داد که بیرون جو ملتهب شده است یا اینکه ساکن و آرام است.

بعد سعی می‌کردیم به انحاء مختلف در ملاقات‌ها پرسش‌هایی بکنیم؛ معلوم می‌شد که مثلا ایامی که فعالیت‌های چریکی در ایران آغاز شده بود، در فلان خیابان درگیری شده ، در فلان محل چند نفر کشته شده اند ، یا به فلان کلانتری ضربه وارد شده. چیزهایی از این قبیل، کمتر در روزنامه ها منعکس می شد یا اگر هم می شد ، یک چیز کلی و ناقص بود که خود مطبوعاتی های شاه می خواستند منعکس بکنند.

خوب، موقعی که شاه تغییراتی در دولت های وقت داد، **هویدا** را برداشت، **آموزگار** را گذاشت، آزمونی یک ساله بود که شاید قدری بحران را تسکین بدهدو به نتیجه‌ای نرسید! **شریف امامی** را آورد، **شریف امامی** که نسبت به سایر جریانات سیاسی ، به اصطلاح روش ملایمی داشت، اقداماتی انجام داد که با حوزهٔ علمیه و روحانیت سروکار داشته باشد! می دانید که **شریف امامی** در راس لژ «فراماسون» ایران بود و بالنتیجه از همان ترفندهایی که معمولا عوامل انگلستان در به‌کارگیری‌اش خیلی استاد هستند، برخوردار بود! کوشش هم کرد و یک رشته وعده‌هایی به مردم داد، فضا را ملایم تر کرد، منجمله آزادی زندانیان سیاسی را از شاه طلب کرد و در جریان آبان ماه که من و دوستانم آزاد شدیم ، او چیزی در حدود هزار نفر را از زندان آزاد کرد .

فراموش نمی‌کنم، یک شب روزنامه کیهان به زندان آمد و در بالای آن زده بود که «آقای **طالقانی** ، آقای **منتظری** و آقای **عمویی** جزو لیستی هستند که آزاد می‌شوند!» بچه‌ها می‌خندیدند و می گفتند: خوب، آن دو تا که عمامه به سر هستند ، تو چرا آزاد

می‌شوی؟ گفتم«خوب، به هر حال برای جور شدن جنس هم شده ، ما را کنار اینها گذاشتند! » دوستان ما واقعا خیلی خوشحال بودند! با اینکه آزاد شدن ما مسلم نبود، اما شبِ واقعا خاطره انگیزی بود! بعدا ابلاغ آزادی را خود رئیس زندان اعلام کرد.

اصلا چیز خیلی عجیبی است! گاهی وقت‌ها زندانبان‌ها چهره ای از خودشان نشان می‌دهند که هرگز ... . من این زندانبانی که می‌گویم، سرهنگ شهربانی بود، **قهرمانی**. این واقعا به قدری خشن، به قدری تند بود که حد نداشت! ولی در برخورد با ما پنج، شش افسر باقی مانده از سازمان نظامی خیلی محترمانه و حسابگرانه رفتار می کرد! اما در جریان شورش زندان ، همان طور که در کتاب «دُرد زمانه» اشاره کردم، دقیقا همین **قهرمانی** بود که به این کماندوها اشاره می کرد که بزنید و در حالی که چشم من بسته بود، بعد از اعتصاب غذا هم بود، داشتند می بردند اعتصاب شکنی و خیلی هم بی حال و بی جان ... . خیلی سست بودم، به نحوی که وقتی آن کماندو یک لگد، در واقع یک اردنگی به من زد ، همین جوری با دهان افتادم زمین و خیلی عصبانی شدم! مدت ها بود که از کتک خوردن ما گذشته بود، خوب، دورهٔ بازجویی جوانتر بودیم و هنوز حال و هوای افسری داشتیم، چیز مهمی نبود که به خاطر آرمانمان شکنجه بشویم یا شلاق بخوریم و فحش بشنویم! ولی حالا دیگر چیزی در حدود ۲۰ سال از این ماجراها گذشته بود و زندان‌های مختلف رفته بودیم و عمری گذشته بود، حالا روز از نو روزی از نو ! مردک بیشرم، آن طور لگد بزند؟! خیلی عصبانی شدم، بی اختیار چشم بند را بالا کشیدم ، همان لحظه چشمم به سرهنگ **قهرمانی** افتاد که بالای پله‌ها ایستاده بود و اشاره می کرد «بزنید! » تا دید من چشم بند را برداشتم گفت: آقا چه کار می کنید؟! دست بردارید! گفتم«شرم بر تو سرهنگ ! خجالت نمی‌کشی؟» خیلی روابط خوبی با من داشت، خیلی روابط محترمانه! اما معلوم شد که چقدر مزور و ریاکار است این مرد!

خوب، تا سال ۱۳۵٤ هر بار او با من مواجه می شد، سلام می کرد و من رویم را آن طرف می کردم . بارها و بارها رفقای همبندمان به من توصیه می‌کردند «فلانی، یک قدری روابط را ملایم کن که به نفع همهٔ ماست! » تا مدت ها، درهای اتاق ها را قفل می‌کردند! عید ۱۳۵۲ این حادثه رخ داد و تا اواسط سال ٥٤ ما گرفتار بودیم و من شش ماهی را در انفرادی بودم.

حالا جالب این است که واقعا در آن شرایط، در آن اوضاع شورش زندان عادل آباد ، من و **حجری** و **کی منش**، کسانی بودیم که کوشش می کردیم درگیری بالا نگیرد و جلو تندروی ها را بگیریم! چرا که می دانستیم خطرات جانی برای بچه ها دارد! باور کنید وقتی که تشک ها را ازهمهٔ اتاق‌ها آورده و چیده بودند ، تا نزدیک سقف رفته بود. اگر شعله کوچکی به این تشک های ابری زده می‌شد، اصلا معلوم نبود چه فاجعه ای رخ می داد! وقتی که من به آن دوست عزیزجوانمان گفتم: فلانی، این کبریت را اینجا گذاشتی که چکار بکنی؟ گفت: اگر خواستند حمله کنند آتش بزنیم! گفتم: خوب، آنها که آن طرف ، پشتشان باز است و عقب می روند، ما جایی توی این بند نداریم برویم و همه مان ذغال می شویم، فقط این آتش خودمان را می سوزاند! این چه حرکتی است؟

که بالاخره توانستیم رضایتشان را جلب کنیم و تشک ها به اتاق ها برگشت، و مذاکره با رئیس زندان آغاز شد.

به هر جهت، جوان دارد زور می شنود، عصیان می کند! این تنها وسیله ای است که واکنش خودش را نشان بدهد. ولی حیف است ، جان او حیف است! او ارزشمند تر از این است که در یک جریان عصبی ، جان خودش را فدا کند! حال آنکه می تواند سال‌های سال ... کما اینکه بسیاری از آنهایی که ماندند، سال‌ها مفید به حال این

مملکت واقع شدند. توده‌ای هم نشدند ، در جریان سیاسی خودشان کار کردند ولی بسیار آدم های مفیدی بودند.

به هر حال ما آن دوران را به همین شکل که هیچ ارتباطی با حزب نداشتیم ولی به اقتضای شرایط، مسائل را با نگرش خودمان توجیه می کردیم، پیش می بردیم.

در این لیست هزار نفری ، هر شش نفر ما و تعداد دیگری از رفقای ما که در زندان‌های دیگر بودند، قرار داشتند . در آن آبان ماه سال ۱۳۵۷ ما از زندان آزاد شدیم. ساواکِ آنجا، آقای **میرفخرایی**، بیم بیجایی داشت، و آن اینکه این جماعتی که جلو زندان عادل آباد اجتماع کرده اند و مرتب شعار می‌دهند و زندانیان که یک یک از زندان خارج می‌شوند، آنها را روی دست می‌گیرند، می‌گفت که «اینها را نمی‌شود همین جوری ازدر بیرون داد، چون اینها ۲۵ سال زندان کشیدند و ممکن است ناآرامی‌هایی به وجود بیاید و تظاهرات شکل خشونت آمیز به خودش بگیرد و ... » ما را معطل می کرد و در زندان را به روی ما باز نمی‌کردند. بالاخره همین سرهنگ **قهرمانی** آمد و به **میرفخرایی** گفت که «من مسئولیت دارم! تلفن گرام شده و تا ساعت معینی من می توانم اینها را در زندان نگه دارم. اینها دیگر زندانی نیستند ، من دیگر مسئولیت اینها را ندارم، من باید امروز اینها را از زندان بیرون بکنم. حالا شما مسئولیت بیرون را دارید، یعنی ساواک مسئول است. » او جواب می‌داد «من می‌دانم ولی بگذارید شب بشود و تاریک بشود و جماعت که متفرق شدند، آن وقت اینها را می‌بریم یک گوشه شهر شیراز رها می‌کنیم.»

قهرمانی اصرار داشت ما را بفرستد بیرون و بالاخره توافق کردند ، نه از در اصلی که سایر رفقای همبندمان خارج می‌شدند ، من را بردند جلو یک در فرعی که ما هیچ وقت ندیده بودیم، آن در را باز کردند و یک پاسبان هم همراه من آمد. آنجا توی بیابان داشتند ساخت و ساز جدیدی می کردند، هنوز هم کامل نشده بود. خرابه هایی

بود، خاک، آجر و سیمان و آهن ریخته بود، از لابه لای اینها مرا آورد و به انتهایش که رسیدیم گفت: آقای **عمویی** ، آن جاده عادل آباد است ، شما بروید تا به جاده برسید و از آنجا بروید شیراز! گفتم« آقاجان من اصلا اینجاها را بلد نیستم! »

مضافا اینکه، واقعا این را به شما بگویم ، از لحاظ روانی ـ عصبی، وقتی که مدت زیادی آدم در یک محیط بسته‌ای باشد، اصلا آن کنترل و توجهی که معمولا آدم در محیط‌های باز دارد ، ندارد. اصلا راه رفتن معمولی‌اش، خیلی طبیعی نیست!

گفتم : آقا جان من نمی‌توانم خودم را به شیراز برسانم. گفت: چطور نمی‌توانید؟ گفتم« من بلد نیستم! تو باش و من را هدایت کن ماشینی بگیرم، و بعد تو برو. » مشغول صحبت بودیم ، یکدفعه پاسبان فرار کرد و رفت و من تنها ماندم! حالا از کدام طرف بروم؟ واقعا جاده همین است که پاسبان گفت؟ چون هیچ مشخصه‌ای نداشت. کمی جلوتر آمدم، در آن بیابان برهوت ، یکدفعه صداهایی از آن جماعتی که جلو زندان اجتماع کرده بودند به گوشم رسید و متوجه شدم که جهت آنجاست. رو به آنجا خودم را توجیه کردم، کمی که جلو رفتم، یکدفعه دیدم کسی دوان به سوی من می‌آید، وقتی رسید، من با یک نظر او را شناختم که همان جوان قشقایی است که مدت کوتاهی در زندان عادل آباد پهلوی من بود!

او در زندان یک بار هم به من مراجعه کرده بود که یک مقدار راجع به جنبش برایش صحبت بکنم، واقعا این جوان هیچ نمی دانست و من فکر می کردم که از چه برای او بگویم؟ کدامش را توضیح بدهم که برای او واقعا مفید و مفهوم باشد؟ و هنوز آغاز نکرده بودیم که این جریانات رخ داد و نشد که کلاسی با او داشته باشم. من معمولا در عادل آباد روزی دو سه کلاس با جوان ها داشتم.

تا خواستم با او حال و احوال کنم ، فقط دیدم که یک حلقه گل انداخت گردن من و مرا بلند کرد! گفتم«چکار می‌کنی؟» من را به راحتی گذاشت روی دوشش! حالا

نمی‌دانم، او خیلی تنومند بود یا من سبک شده بودم؟! به هر جهت، خیلی راحت من را روی دوشش گذاشت، حالا من به او می‌گویم«عزیز من ، من را بگذار پایین، چه حرکتی است؟» و او گوش نمی‌داد و به دو داشت می‌رفت، دیدم یک عده از سمت جمعیت جدا شدند و به استقبال من آمدند و مرا از دوش او در آغوش خودشان گرفتند، طوری که واقعا پایم روی زمین نبود، زیر بغلم را گرفته بودند، هر کس به شکلی دستش را به جایی از بدنم بند کرده بود، یکی دستش به موهایم بود، البته آن موقع موهایم بیشتر از این بود و می شد به دست بیاید!

مرا بردند توی جمعیت، یکدفعه گفتند«سخنرانی! » بابا بعد از ۲۵ سال ما آمده ایم بیرون، نرسیده باید اینجا سخنرانی کنیم؟ چهار نفر دست هایشان را گذاشتند روی کتف همدیگر و زیر پای من را گرفتند بردند بالا و یکی دو نفر پاهایم را گرفتند ، مبادا تعادلم به هم بخورد! این کارها برای کسی که ۲۵ سال زندان کشیده، خیلی سخت است. حفظ تعادل روی زمین دشوار است ، چه برسد روی دست بچه‌ها ! یک عده هم دوربین داشتند و عکس گرفتند.

من شروع به صحبت کردم. تا آن حدی که صدایم می رسید، فریاد می زدم (آن موقع دندان مصنوعی نداشتم، می‌توانستم فریاد بزنم! حالا وقتی می خواهم سخنرانی کنم، می‌ترسم دندان مصنوعی‌ام بیفتد!) به هر جهت ، صدا نمی‌رسید، مرتب داد می‌زدند «بلند تر ، بلند تر! » کمی صحبت کردم و صحبتم حول این مطلب بود که«دوستان عزیز، گرچه پایان دیکتاتوری است ولی آغاز کار است! ما هنوز هیچ کاری نکرده ایم، فضایی به وجود آمده است که ما برای آرمانمان مبارزه کنیم.موانع بر سر راهمان فراوان است، برداشتن قدم اول هنوز انجام نشده است... »

داشتم این مقدمات را می چیدم که ریو های ارتش آمدند و میدان و جمعیت را دور زدند! بچه ها نگران بودند، مرتب به پای من می زدند که: رفیق **عمویی**! کوتاهش کن!

گفتم«پدر سوخته ها شما به زور من را فرستادید بالا، هنوز من هیچی نگفته می‌گویید کوتاهش کن؟» ما را کشیدند پایین که با عجله ببرند توی اتومبیل.

در همین زمان چشمم به برادرم افتاد. برادر کوچکم **امیر** در شرکتی کار می‌کرد و آن موقع به بوشهر رفته بود تا مقداری کالا ترخیص بکند؛ خودش را رسانده بود شیراز. یکدفعه دیدم توی جمعیت یکی داد می‌زند «داداش!» من به این دوستان گفتم: او برادر من است، هر کجا مرا می برید، بعدا او را هم بیاورید . گفتند: نگران نباشید، او را هم می‌آوریم.

سه چهار تا آمدند توی ماشین کنار من و از جاده عادل آباد رفتیم دراولین خیابان شیراز پیچیدند به کوچه ای. یک ماشین آنجا متوقف بود، مرا پیاده کردند و سوار آن یکی کردند (همین کارهایی که معمولا برای کارهای مخفی انجام می‌گیرد).

□ *بچه های «نوید» بودند، یا اینکه اصلا آنها را نمی شناختید؟*

■ آنها بچه‌های «سازمان رهایی بخش ایران» بودند، یعنی آنهایی که رهبرشان آن ساواکی معروف،... چرا اسمش را فراموش می‌کنم؟

□ ***سیروس نهاوندی***

■ **سیروس نهاوندی**. اینها شاخه فارس «سازمان رهایی بخش» بودند و **سیروس نهاوندی** شعبه تهرانشان را واقعا در یک اقدام رذالت آمیز به کشتن داد! جلسه ای با آنها در خانه ای ترتیب داده بود، همهٔ مرکزیتشان آنجا جمع شده بودند ـ من در کتاب «درد زمانه» اسامی همه شان را آورده‌ام ـ و تنها کسی که غیبت داشت، خود **سیروس نهاوندی** بود! که در همان موقع از بلند گو صدایی آمد که «شما همگی

شناسایی شده‌اید، تسلیم بشوید!در غیر این‌صورت ما شلیک می‌کنیم! » و آنها هم مقاومت کردند و در نتیجه آنها را به گلوله بستند و کشتند! **سیروس نهاوندی** بچه‌های اینجا را هم لو داده بود، که گرفتند شان و در راسشان آقایی بود به نام **حسینی** که شاید سی و چند سالش بود، وگرنه بیشترشان حوالی بیست سال و هیجده سال و نوزده سال و ... بودند. خیلی بچه های خوبی بودند ، خیلی خیلی علاقه‌مند و پرشور ولی مطالعه‌ای نداشتند ...

□ *همین اینها بودند که اتومبیل‌ها را آورده بودند؟*

■ بله ، آنها بودند.

□ *از زندان آزاد شده بودند؟*

■ بله. آنها زودتر از زندان آزاد شده بودند.

□ *از توده‌ای های شیراز کسی در مراسم استقبال نبود؟*

■ چرا. فراوان بودند. منتها چون اینها اهل محل و از بچه های شیراز بودند، مشکل کمتری داشتند. دکتر **زرکش** و **اسفندیار صادق زاده** و ... بودند، که الان آلمان هستند. اینکه چکار می‌کنند، دقیقا اطلاعی ندارم ولی آن موقع اینها همراه گروه دیگری به زندان آمده بودند و در زندان موضع حزب را پذیرفتند و خیلی بچه های فعال و اهل مطالعه بودند.

□ *کارهای تدارکاتی آن روز را بچه های «سازمان رهایی بخش» کرده بودند؟*

■ بله همین طور است. البته آنها در زندان مواضع و اندیشه دیگری یافتند و هوادار حزب شدند . یکی از بچه هایی که من می شناختم، **حسین** بود که فامیلی‌اش یادم نیست (**حسین پاک فطرت** ، در تصادف کشته شد.) ، پدرش شکارچی بود . به یاد دارم اولین شبی که ما منزل آنها بودیم ، پدرش یک شکار زد و آورد، همان جا در خانه آن را ذبح و کباب کردند و بین خیلی ها توزیع کردند. آن شب هم تعداد زیادی آنجا بودند که به تعداد افراد ، رختخواب نداشتند. گفتیم آقا هوا خوب است. رختخواب می‌خواهیم چه کار؟ همین جوری توی سالن همه می‌گیریم می‌خوابیم.

□ *شما با چه کسی آزاد شدید ؟ یعنی خودتان تنها بودید؟*

■ مرا به تنهایی آزاد کردند. بعد از من در همان روز رفیقمان **کی منش** آزاد شد، بعد رفیقمان **حجری** آزاد شد.

□ *همه به همان خانه می آمدند؟*

■ رفیقمان **حجری** پیش من آمد و رفیق **کی‌منش** را رفقای توده ای بردند. تعدادی از رفقا از تهران آمده بودند. پی ما می‌گشتند و آدرس ما را نداشتند ، ولی رفیقمان **کی‌منش** را که پیش رفقای حزبی بود، خیلی زود پیدا کردند و بالنتیجه آن رفقا، رفیق **کی‌منش** را از شیراز بردند .

□ *چند روز آنجا بودید؟*

■ دو روز و نصفی در شیراز بودیم ، که یک هیئتی از تهران آمدند . تلگراف زده بودند که خواهش می‌کنیم شما حرکت نکنید، همانجا باشید که ما می‌آییم شما را می‌بریم. خوب، ما تلفن زدیم گفتیم اینجا هواپیما هست، بلیت می‌گیریم و می‌آییم. گفتند نه، هر گونه توطئه‌ای احتمال دارد.

□ *آن هیئت که آمد اعضایش چه کسانی بودند ؟*

■ **همایون مهرانی** و برادر رفیق **حجری** و **هادی پاکزاد** متعلق به گروه «ساکا» بود. **همایون** از جوانانی بود که در زندان به حزب پیوسته بود، پیش از آن ، از بچه‌های هوادار چریک‌های فدایی بود. برادر **حجری** هم که توده‌ای بود.

□ *بعد رفتید تهران؟*

■ بله.

□ *اتفاق خاصی برای شما نیفتاد؟ سخنرانی؟...*

■ در شیراز اتفاق خاصی نیفتاد. زمانی بود که تظاهرات زیادی در شهرها رخ می‌داد. نیروهای نظامی و انتظامی مقابله می کردند . ما در آباده توقفی داشتیم. به یک مغازه کبابی رفته بودیم که ناهاری بخوریم. در همین موقع تظاهرات ، مورد تعرض نیروهای نظامی ـ انتظامی قرار گرفت. افراد از جلو این مغازه فرار می‌کردند، تعدادی از آنها به داخل مغازه هجوم آوردند، چون پی پناه می‌گشتند، آمدند توی مغازه و ما آنها را فرستادیم توی پستو و خودمان ... بعد یکدفعه رفقایی که همراهمان بودند گفتند: چی؟ شما تازه قدم از زندان بیرون گذاشتید، حالا بیایند و شما را به جای اینها

دوباره ببرند زندان؟ گفتیم«نه، ما می دانیم چطور برخورد بکنیم. » تعقیب کننده ها آمدند، ما گفتیم، داریم ناهار می خوریم. «آنهایی که آمدند کجا هستند؟ » گفتیم: رفتند. دو تا در داشت، از این در آمدند و از آن در بیرون رفتند.

اتفاق خاصی نیفتاد. اما رفقایی که آمده بودند، خیلی نگران این مطلب بودند که ما را صحیح و سالم برسانند تهران. هیچ حادثهٔ خاصی رخ نداد. به تهران که آمدیم قرار گذاشته بودند ما به یکی دو منزل برویم، که یکی منزل زنده یاد **مهمید** بود، نویسنده‌ای که چند سال پیش فوت کرد. با رفقای ما قرار گذاشته بود که« متعهد بشوید که وقتی آنها را آوردید، بیاوریدشان پیش من. » و ما هم رفتیم آنجا.

□ *آقایان افسران (فکر می کنم در مشهد) آنها هم آزاد شده بودند؟*

■ بله، آنها هم همزمان با ما آزاد شدند. آقای **شلتوکی** در مشهد آزاد شد. **لطف‌الله قوامی** که آنجا بود، ـ برادر **عبدالله قوامی** که پهلوی من بود - از همان جا **شلتوکی** را برداشته و برده بود کلاچای، به جای این که بیاورد تهران، برده بود محل خودشان! به نحوی که بعد از این که ما به تهران رسیدیم و رفقا جمع شده بودند، آنها هنوز مشغول گردششان در شمال بودند! که ما به آنها زنگ زدیم که بیایید اینجا، کلی کار داریم ... الان وقت گردش نیست!

رفقا **باقرزاده** و **ذوالقدر** در زندان اوین بودند که همراه سایر زندانیان از زندان تهران آزاد شدند و ما سه نفر هم که در زندان عادل آباد بودیم، بدین ترتیب آزاد شدیم... .

در منزل آقای **مهمید**، دوستان ما پرسیدند که ما کجا می‌خواهیم وارد بشویم؟ گفتم: من در وهله اول می خواهم مادرم را ببینم چون می‌دانم که او الان بی‌تاب است و نمی‌دانم چه تمهیدی دیده‌اند؟ چون او اگر خبر آزادی مرا بشنود، سکته می‌کند! من

با منزل صحبت بکنم و به برادران و خواهرانم توضیح بدهم که با مادر چگونه رفتار بکنند.

منزل برادر بزرگترم در کرج بود و معمولا مادر آنجا بود. من می‌خواستم به برادر کوچکم که در تهران بود بگویم که چگونه مرا به کرج ببرد. وقتی که تماس تلفنی گرفتم به من اطلاع داد که بسیاری از رفقای حزبی الان اینجا اجتماع کرده‌اند. مادر و دکتر **وفایی** هم هستند!

رفیقی داشتیم به نام دکتر **وفایی** که دستیار پروفسور **عدل** بود . خیلی پزشک خوبی بود و انصافا وقتی که **وفایی** از زندان آزاد شد ، تمام مدت زندان من ، پزشک مخصوص مادرم بود. یعنی رسیدگی‌های او سبب شد که مادر را زنده نگه داشت وگرنه امکان نداشت مادر تا بعد از آزادی من زنده بماند!

دکتر **وفایی** که از آزادی من مطلع شده بود، خودش رفته بود کرج و مادر را با اتومبیل خودش آورده بود خانۀ برادر کوچکم و نرم نرم به مادر گفته بود که یک خبرهایی هست! مادر پرسیده بود چه خبر است؟ گفته بود: والله من شنیده‌ام که می‌خواهند بعضی از زندانیان را آزاد کنند ، حالا نمی دانم فلانی هم جزو آنها هست یا نیست . حالا آمده‌ایم خانۀ **امیر** (برادرم) که اگر احیانا خبری شد ، شما کرج نباشید، بلکه اولین نفر باشید که او را می بینید!

ضمنا در اتاقی که دریچه اش به کوچه باز می‌شد (طبقه بالا) صندلی گذاشته و مادر را نشانده بودند آنجا و خودش هم کنار مادر نشسته و آماده بود که به محض اینکه سرفه ای کرد، زود به او برسند. تعدادی دیگر از رفقا هم آنجا بودند .

متوجه شدیم که این تمهیدات را به کار برده اند . گفتند: شما کجا هستید؟ ما با شیراز تماس گرفته ایم ، گفته اند از شیراز حرکت کرده‌اند ولی خبری از شما نشد. گفتیم: ما سلانه سلانه آمدیم، برای آمدن به اینجا عجله نداشتیم. ضمنا ما دلمان

می‌خواست توی راه همه جا را ببینیم، تا حالا که توی آن سوراخ‌ها بودیم، حالا مجالی پیش آمده همه جا را ببینیم، تازه خیلی هم گردش نرفتیم، هر جا سر راه بوده، یکی دو ساعتی آنجا توقف کرده و نگهی کرده و آمده‌ایم. چشم! ما الان در تهران هستیم و شاید یک ساعت دیگر بیایم آنجا. گفتند «حتما بیایید» و آدرس دقیق دادند.

آن موقع منزل برادرم در خیابان خواجه نظام الملک بود، که طبعا ما از خیابان معلم می‌آمدیم و از انتهای آن می‌پیچیدیم به آنجا. راهنماهای ما درست بلد نبودند و مدت زیادی در خیابان های فرعی آنجا گشتیم. ما هم که اصلا بلد نبودیم! هیچ کجای تهران را بلد نبودیم، مگر بافت سابقش مثل خیابان ری و گار ماشین و... را بله ، بلد بودیم ولی خیابان معلم کدام است؟ موقع دستگیری بیابان بود!

به هر حال رفقا حدس زده بودند که ممکن است ما آدرس را اشتباه بکنیم، همگی در فرعی‌های مشرف به خواجه نظام‌الملک پخش شده بودند، که یکدفعه من **ابراهیم یونسی** را دیدم که با آن پای لنگان داشت می‌آمد، گفت«بابا کجا هستید شما؟» آمدیم و روبوسی کردیم.

واقعا دوستان عزیزی بودند! **دکتر عظیم وهاب زاده** ، یکی از بهترین رفقای ما بود که متاسفانه بر اثر سرطان فوت کرد! عجیب است که در بازداشت این بارِ ما ، بسیاری از رفقای ما را هم گرفتند. اینها اصلا در دوره جمهوری اسلامی برای حزب کار نمی‌کردند. ولی هر رفیقی ما داشتیم ، گرفتند و آوردند ! حالا از ما می‌پرسیدند ، کلیه اطلاعات خود را دربارهٔ **دکتر وهاب زاده** بگویید!

گفتم: مگر **وهاب زاده** را گرفتید؟

گفت: بله بالاخره توده‌ای است!

گفتم: آقا یک وقتی او توده‌ای بوده و حالا استاد دانشگاه است، بهترین پزشک است!

همه اینها چند ماهی زندان بودند تا بالاخره ثابت شد ...! رفاقت شخصی سبب شده بود با ما مراوده و آمد و رفتی داشته باشند.

□ *ولی از گروه‌هایی که توده‌ای مانده بودند مثل گروه «ارانی» و «نوید» ، کسی تهران مانده بود که همان اوایل با شما تماس بگیرد؟*

■ کسانی بودند که ما نمی دانستیم در ارتباط با حزب هستند ولی آمده بودند آنجا.

□ *بعدا متوجه شدید.*

■ بله، بعدا متوجه شدیم. چون بعدها از طرف «سازمان نوید» همین شخص را فرستادند که پهلوی من باشد و باز هم من نمی‌دانستم. تعجب می‌کردم! کسی بود به نام **رحیم عراقی**. او پیش از سال ۵۷ دانشجوی پلی تکنیک بود. همراه با چند نفر دیگر در پروژه هواپیما ربایی دستگیر شدند و به زندان آمدند. خیلی سخت هم مائوئیست بودند ولی **رحیم** در زندان مشهد کنار رفیق ما **شلتوکی** بود و کم کم مشی حزب را پذیرفت و زندانش را که تمام کرد و بیرون آمد ، در ارتباط با «نوید» قرار گرفت.

البته متاسفانه **رحیم عراقی** در زندان این دوره، عملکرد چندان مطلوبی نداشت.

علی ایحال او را که من دیدم، گمان کردم به اعتبار این که در زندان آشنا شده بودیم، به آن اعتبار می‌آید ولی بعد معلوم شد که از طرف «سازمان نوید» ماموریت دارد که به جریانات و حوادث ناظر باشد تا فرصت مغتنمی دست بدهد که بتوانند یک دیدار رسمی با من داشته باشند.

خوب، واقعا این دیدار نخستین، بیشتر تحت الشعاع واکنش مادرم بود. همه نگران حال مادر بودند چون از سال‌ها قبل بیماری قلبی داشت و مراقبت‌های **دکتر وفایی** او

را زنده نگه داشته بود. همه در این لحظه نگران بودند، لحظه‌ای که ۲۵ سال انتظارش را کشیده یکدفعه تمام بشود!

گویی بنابراین بود که چهار سالی لذت دیدار را داشته باشد! البته اینکه بگویم چهار سال ، من یک بار دیگر هم اشاره کردم ، مادر یک وقتی از من گله کرد که «فلانی ، آن موقع که زندان بودی من تو را بیشتر می دیدم ، حالا ظاهرا آزاد شدی ولی هیچ وقت نیستی، کجایی تو؟» و راست می گفت. واقعا فشردگی کار آنچنان بود که اصلا مجال دیدار با فامیل را نمی‌داد. مرتب شب و روز مشغول بودیم... آخر سه چهار سال چی هست؟ ما در واقع همان سال ۱۳۵۸ تا اواسط ۱۳۵۹ یک مقدار آزادی عمل داشتیم، بقیه‌اش مدام باید کارهایی بکنیم که از نظر دستگاه امنیتی پنهان باشد و طبعا وقت‌گیر و انرژی بَر است و مقدار زیادی در آن وقت کشی می شود،به لحاظ پنهانکاری ، به لحاظ رد گم کردن دستگاه های مراقبتی و تعقیب ، که همواره هستند! به ویژه از زمانی که کار من با رفقای فدایی آغاز شده بود و وقت زیادی می برد. در نتیجه دیدار با فامیل تحت الشعاع قرار می گرفت.

□ *اولین دیدار؟*

■ به هر حال اولین دیدار به این شکل ، با رعایت‌های خیلی زیاد بود که مادر شوکه نشود.

هیچ نگفت! واقعا در این اولین دیدار، من به یاد آن دیداری که در پاسدار خانه عشرت آباد در سال ۱۳۳۳ با مادرم کردم افتادم! بعد از دادگاه تجدید نظر ، حکم اعدام داشتم، در روز ۲۰ یا ۲۱ آذر قرار بود ما را به میدان تیر ببرند، که مادر آمده بود و خودش را جلو کامیون ارتشی انداخته و گفته بود «اول من را باید بکشید بعد **علی** را بکشید! » به او گفتند چنین خبرهایی نیست! به هر حال آوردنش توی

پاسدارخانه ، (شرح آن را به تفصیل در «دُرد زمانـه» آورده‌ام، تکـرار نمـی‌کنم) آنجـا وقتی مرا برای دیدار مادر آوردند ، دیدم که چادرش افتاده روی دوشـش ، غـرق گِـل، موهایش آشفته، مبهـوت! هـر دو در آن سـحرگاه کـه هنـوز هـوا درسـت و حسـابی روشن نشده بود، من غافلگیرکه این موقع ، این ساعت، این روز ، مادر اینجا چـه کـار می‌کند؟! او باور نمی‌کرد من هنوز زنده هستم! فکر می‌کرد که تیربـاران انجـام گرفتـه است. همین جور همدیگر را نگاه می‌کردیم ، مدتی گذشت تا ایـن کـه مـادر خیلـی آرام گفت«**علی** جان بیا، علی جان بیا! » همین، و من را در آغوش گرفت و اشـکش سـرازیر شد!

این روز آزادی هم همین حالت پیش آمد. مادر وقتی مرا دید، من متوجه بـودم کـه نباید بگذارم زمان زیاد بگذرد، او باید خیلی زود مرا لمس کند و احساس کنـد کـه مـن سالم هستم ، زنده هستم!

به محض این که وارد اتاق شدم ، دویدم و او را در آغوش گرفتم ! مادر حتـی یـک کلمه هم حرف نزد ، همین جور سرش را گذاشت روی سینه من و گریه کـرد! خـوب، من به تجربه دریافته بودم که در این لحظات ، باید گذاشـت سـبک بشـود، گریـه‌اش را بکند که همین گریه او را تسکین می دهد و آرام می‌کند.

بسیاری از کسانی که آنجا بودند، همه اشک‌هایشان سرازیر شـد. مـن برگشـتم و گفتم «شما باید خوش باشید ، نگران هسـتید مـن از زنـدان بیـرون آمـدم؟ مثـل اینکـه آزادی ما را شما ها ..... » خوب، همهٔ آنها اشک شوق بود، تحت تاثیر حالت مادر بـود! اقلا روزی به یاد ماندنی برای من بود! و تشکر کردم از رفقا و گفتم: خواهش مـی‌کنم شماها بروید. من بایستی بروم کرج پیش برادر بزرگتـر و مـادر را ببـرم آنجـا، جـای استراحت و زندگی مادر آنجاست. من یک هفتـه‌ای در کـرج خـواهم بـود و بعـد از آن می‌آیم تهران.

با رفقای خودمان که همراه من بودند ، رفیق **حجری** و سایر رفقـا، قـرار گذاشـتیم که دو روز دیگر در منزل **هوشنگ قربان‌نژاد** همدیگر را ببینیم.

هوشنگ قربان‌نژاد یکی از رفقای سازمان نظامی ما بود که ۱۲ سال زندان کشـید و بعد از آزادی‌اش هر وقت امکان ملاقات بود، او پای ثابت ملاقات مـا بـود . بسـیاری از نیازها و سفارش‌ها و کارهایی که ما خـارج از زنـدان داشـتیم، او همـراه بـا سـایر رفقـایی کـه در بیـرون داشـتیم، انجـام می‌دادنـد ولـی مسـئولیت اساسـی‌اش متوجـه **هوشنگ** بود.

این روز هم قرار را بر این گذاشتیم که در واقع نشست ما و مرکـز حضـور مـا در تهران ، منزل **قربان‌نژاد** باشد. می‌دانستیم که حالا دوستان مراجعه خواهند کـرد، چـه آنهایی که علایق شخصی‌شان سبب این می‌شود که به دیدار ما بیایند ، چه آنهایی کـه طبعا با علایق حزبی و سیاسی‌شان می‌آیند، ما جایی داشته باشیم. نمی‌شـد در منـزل برادر و خـواهر و ایـن طـرف و آن طـرف باشـد . و بـه همـین ترتیـب ، همـه روزه و بسیاری شب‌ها هم، آنجا بودیم. من سعی می‌کردم شب ها را به منـزل بـرادرم بـروم. خانه **هوشنگ** در خیابان سرباز نزدیک میدان قصر بود.

□ *تهران را چطور دیدید آقای **عمویی**؟ آن روزها؟ حالت انقلابـی و حالـت شـور بـه چشمتان می خورد؟*

■ بله، بله، اصلا در روحیه مردم یک چیزی زنده شده بود کـه طـی سـال هـای سـال گویی به کلی از بین رفته ! یاد آور آغاز دهه سی بـود. یـاد آور ۳۰ تیـر بـود آن ایـام تظاهرات و میتینگ هایی که چه از طرف **حزب توده ایران** و چه از طرف «جبهه ملـی» و نیروهای هوادار دکتر **مصدق** انجام مـی گرفـت، یـک شـور و حـال ویـژه‌ای را القـا می‌کرد! و عمدتا هم در مقابل بهارستان ، خیابان فردوسی ، شاه آباد و اینجاها بود.

ولی سال ۵۷، تهران را من پرجمعیت‌تر و تظاهرات سال ۳۱ را پرخون‌تر دیدم! چون در واقع در آن زمان، دولت در دست خود متظاهرین و تجمع کنندگان بود. بیم کودتا و کودتایی هنوز رخ نداده بود و امید اینکه ضد کودتا، جلو کودتا را خواهد گرفت و آن را خنثی خواهد کرد ، طبیعتا حال و هوایش فرق می‌کند با شرایطی که مردم در مقابل یک رژیم تا دندان مسلح قرار دارند ولی آثار تزلزل آن نمایان شده است. رژیمی که اجازه اجتماع ۱۰ نفر را هرگز نمی‌داد، طی این سالیان دراز، حالا طوری شده که شما انبوه جمعیت را در هر میدان می‌بینید!

□ جوّ آن زمان ، همان طور که تاریخ نویسان جمهوری اسلامی می‌گویند، واقعا اسلامی بود؟ یعنی شعارهایی که مردم می‌دادند و پلاکاردهایی که جمعیت دست می‌گرفت ، خواستار اسلام و حکومت اسلامی بودند؟

■ خواستار حکومت اسلامی نبودند، اما بخش عمده، مذهبی ها بودند. رقم کمی از چپ می‌توانستند آنجا حضور داشته باشند! ولی همان که بود ، در نهایت شجاعت شعار خودشان را مطرح می کردند، حضور خودشان را در آن زمان عملی می کردند ، تقابل کمتر دیده می شد. یعنی ایجاد مزاحمت توسط نیروهای مذهبی در مقابل دگراندیشانی که اقدام به اجتماعی می کردند، کم بود.

خوب، یادم می آید که همان ایام بود که روزی تعدادی از این دوستان فدایی ما، در خیابان ستارخان تجمعی داشتند، (چون خانه‌ای که رفقا بعد از خانه **قربان‌نژاد** ، برای ما تدارک دیدند، یک آپارتمان بود مقابل نیروگاه برق آلستوم در ستارخان) ما آنجا بودیم، حرکتی توسط رفقای فدایی ما داشت انجام می گرفت (از این جهت می‌گویم رفقای فدایی که تعدادی از رفقای فدایی که از زندان آزاد شده بودند جلو

اینها داشتند حرکت می‌کردند) دستی هم برای من تکان دادند و گفتند بیا و من گفتم«کار دارم» و حقیقتش نرفتم.

خوب، نسبت به اجتماعات مذهبی‌ها اندک بود ولی همین حضور هم اهمیت داشت! شاید مثلا چیزی در حدود صد، صدو پنجاه نفر بودند. بیشتر از این نبودند. ولی مذهبی‌ها رقم چند هزار نفر در هر جایی بودند و آن وقتی که اجتماعات اساسی‌شان بود، تا چند صد هزار نفر بودند.

روز ۱۲ بهمن که آقای **خمینی** می‌آمد و مردم به استقبالش رفته بودند ، رفقا تدارکی دیده بودند که ما هم شاهد حوادثی که در آنجا رخ می‌دهد باشیم . خانه‌ای بود مشرف به خیابان آزادی . نزدیکی‌های میدان آزادی (شهیاد آن زمان) و ما بر بام آنجا مستقر شده بودیم و شاهد حرکت انبوه جمعیت به طرف میدان بودیم . از صبح زود این خیابان شاهد جمعیت زیادی بود که حرکت می‌کردند به سمت میدان شهیاد آن روز ، آن قدر که امکان تردد اتومبیل در آن نبود! در پیاده‌روها و سواره‌رو ها انبوه جمعیت آرام آرام حرکت می‌کردند.

جالب است که ظاهر این جمعیت ، مطلقا این نبود که همه افراد مذهبی و مسلمان هستند ، دخترهایی می‌آمدند که بی حجاب بودند ، فصل زمستان بود و طبعا پوشش، پوشش گرم بود اما سر برخی خانم‌ها برهنه بود. جوان‌ها و افراد زیادی با کراوات بودند . یعنی این طور نبود که در این جمعیت، همه مسلمان های ایران جمع شده اند برای استقبال از آقای **خمینی**! خیر، درست همان بافت جمعیتی که تهران داشت، شما شاهد همان بافت در مراسم استقبال بودید.

اما پدیده استثنایی که من در آنجا ناظرش بودم، یک جمعیت، یک گروه چهل پنجاه نفری که معلوم بود متشکل حرکت می‌کنند و با بقیه فرق دارند . با آن عده زیاد ولی پراکنده و منفرد فرق داشتند. مثلا یک عده خانواده‌ای بودند، مردی و همسر و دو

بچه اش که در حال حرکت‌اند و غالبا این طور بودند . اما اینجا، این گروه چهل ، پنجاه نفر کاملا معلوم بود، با صفوف منظم و دور خودشان هم کسانی بودند که مرزشان را با جمعیت مشخص می‌کردند ، یکدست شعار می‌دادند و در آنجا چیزی به نام اسلام در شعارهاشان نبود. و حال آنکه بقیه اگر گروهی بودند، معمولا از اسلام یادی می‌کردند. اینها شعارشان «استقلال ـ آزادی ـ عدالت اجتماعی»بود.

از آن چشم اندازی که من آنها را دیدم و در آن ترکیب جمعیتی توجهم معطوف شد، یکدفعه دیدم، اینها بچه‌های خودمان هستند! منظورم این نیست که حتما بچه‌های **حزب توده ایران**، چپ بودند. یعنی در چنین انبوه جمعیتی، چنین گروهی توانسته‌اند حضور نمایانی را نشان بدهند و طبعا در این جمعیت، محدود به این تعداد هم نیست، چه بسا اگر امکان پیش رفتن داشته باشند ، کسان دیگری مرتب به گروه بپیوندند و افزوده شوند! ولی عده‌ای از همین گروه‌های مذهبی، کم کم طوری این‌ها را هل دادند که به اولین کوچه‌ای که کنار خیابان بود، هدایت کردند!

خیلی منظره جالبی بود و برای من خیلی عبرت انگیز! ما کجای این جمعیت هستیم؟ و اگر بخواهیم حضور داشته باشیم ، چگونه می توانیم حضور داشته باشیم؟

□ *بعد از آزادی ، اولین دیدارها، اولین شاکله های حزبی که ایجاد کردید چه بود؟*

■ اولین گام‌ها را در همان خانه خیابان ستارخان که یکی از رفقا ، رفیق **کامیاب** ، در اختیار ما گذاشته بود، برداشتیم.

کامیاب از رفقای نظامی سال ۱۳۳۳ بود که در زندان بود و از زندان آزاد شد. مدتی در ایران در بوشهر کار می کرد، موقعی که ما در تبعید برازجان بودیم، خانواده **کامیاب** خیلی برای ما زحمت کشیدند! **کامیاب** دختر یک توده ای شرکت نفتی

را گرفت و در بوشهر ماندگار شد . بعد از این هم که ما از برازجان به تهران منتقل شدیم، آنها همچنان بوشهری شدند، ماندند آنجا تا بالاخره بچه هایش که کمی بزرگ شدند ، همگی رفتند انگلستان . به محض این که خبر آزادی ما منتشر شد، ، او بلیت هواپیما گرفت و آمد ایران ، یک آپارتمانی در خیابان ستارخان داشت، کلید آپارتمان را در اختیار من گذاشت و گفت «خداحافظ من باید بروم به زن و بچه‌هایم برسم» ما آنجا مستقر شدیم. من و **حجری** و **شلتوکی** و **باقرزاده** آنجا بودیم، معمولا **ذوالقدر** پیش خواهرش می‌رفت، **کی منش** هم پیش یکی از رفقا می‌رفت.

□ ***خاوری*** *چطور؟*

■ **خاوری** مدتی پهلوی ما بود ولی بعد، او هم به منزل دیگری رفت. آن هم دلیل داشت: خبری آمد مبنی بر اینکه ساواک دارد توطئه ای را برای حذف زندانی‌های سیاسی که تازه از زندان آزاد شده اند، تدارک می بینند! و بالنتیجه رفقای ما خیلی زود کوشش کردند ما را از آن جمع دور کنندو به جای دیگر ببرند. رفیق **خاوری** ، به منزلی در میدان کندی، که الان توحید نام دارد، منتقل شد، که آدرسش را به من دادند و من هم گاهی آنجا می رفتم. در واقع رفقای آن خانه ، **خاوری** را آنجا نگهداری می‌کردند و من جای دیگر بودم ولی آنجا همدیگر را می دیدیم.

روزی **هوشنگ قربان نژاد** آمد به من گفت که: **سیاوش کسرایی** با من تماس گرفته و گفته که **داریوش فروهر** مدتی است در به در پی **عمویی** می گردد و نتوانسته او را پیدا کند و بالاخره پیش خودش فکر کرده که **سیاوش کسرایی** توده‌ای است و قاعدتا باید آدرس **عمویی** را بداند ، پس به **کسرایی** مراجعه می‌کند . **کسرایی** می‌گوید «من نمی‌دانم، فقط همان روزهای اول منزل **قربان‌نژاد** بوده است ولی بعد غیبشان زده و نمی دانم کجا هستند. حالا می روم تحقیق می کنم. »

کسرایی به **هوشنگ** خبر می‌دهد که **داریوش فروهر** گفته با فلانی کار ضروری دارم و حتما باید در فاصله کوتاهی او را ببینم! **قربان‌نژاد** هم می‌گوید «من نمی‌دانم» در حالی که هر روز می آمد و ما را با ماشینش می برد جاهایی که بایستی می‌رفتیم... .

به هر حال ، به **قربان نژاد** گفتم «خانه ای را تعیین کنید که ملاقاتی با **فروهر** داشته باشیم و آدرس آن خانه را هم به **فروهر** بدهید! » قرار را گذاشتند و محل دیدار ما منزل آقای **به آذین (محمود اعتمادزاده)** بود.

خوب، من را همین **رحیم عراقی** به آنجا برد. بعد از هفت هشت دقیقه‌ای **فروهر** با یک گارد مسلح و اسلحه‌ها و چکمه‌ها و... آمد! مرا دید و آمد روبوسی کرد و گفت: محافظان شما کجا هستند ؟! گفتم«محافظان من رفته‌اند. » دید من می‌خندم . گفت: چرا! این روزها حتما باید محافظ داشته باشید . گفتم: آقای **فروهر** شما محافظ دارید، ما محافظمان کجا بود؟ می‌دانید چپ چه نیرویی را از دست داده است؟ چه سرکوب وحشتناکی نسبت به چپ روا شده است؟ ما تازه می‌خواهیم خودمان را پیدا بکنیم . نه محافظی داریم، نه تفنگی داریم.

البته بودند رفقایی که برای من پیغام داده بودند که اگر صلاح می دانید یکی دو نفر مسلح ، دورادور مراقب شما باشند . گفتم: نه ، اصلا نیازی نیست !

خوب، **فروهر** آمد و دیداری داشتیم و معلوم شد که به تازگی از اروپا آمده است و می‌گفت رفقای حزب می‌خواسته‌اند که اگر امکان داشته باشد، آنها هم به «نوفل لوشاتو» بروند و ببینند برنامه آقای **خمینی** چیست و چکار می‌خواهد بکند؟ و اگر قصد ورود به ایران است ، چگونه و با چه برنامه‌ای است و چه سخنرانیی می‌خواهد بکند؟ و... گویا پیشنهاداتی داشتند. اما ظاهرا برای این کار موفق نشده بودند. و از

فروهر خواسته بودند که وقتی پیش آقای **خمینی** می‌رود، نظرات و پیشنهاداتشان را در میان بگذارد.

فروهر رفته بود لایپزیگ، گفته بود: می‌خواهم بروم ایران ، می‌خواهم ببینم حزب چه برنامه‌ای دارد، چه کار می‌خواهد بکند ؟ ما با آقای **خمینی** این حرف‌ها را داریم و بنا هم بر این است که آقای **بازرگان** نخست وزیر بشود، آقای **خمینی** این مطلب را اعلام بکند، و دولت موقتی تشکیل بشود و به احتمال زیاد من هم در کابینه‌اش هستم، یکی از وزرای کابینه موقت هستم و ما فکر می‌کنیم که حزب توده هم می‌تواند حضور و نقش ارزنده‌ای داشته باشد!

خوب، تحلیل‌های خود حزب هم که معلوم بود ، پیشاپیش درباره انقلاب احتمالی ایران و نیروهایی که در مجموعه این انقلاب عملکردی خواهند داشت، در چارچوب همان شعار«جبهه متحد خلق» بود که حزب عمیقا اعتقاد داشت که سه نیروی مشخص: **حزب توده ایران** ، «سازمان چریک‌های فدایی خلق ایران» و «سازمان مجاهدین خلق ایران» به صورت متشکلش ، و نیروهای مذهبی خط امام که نزدیک به خود آقای **خمینی** هستند ، پایه‌های «جبهه متحد خلق» هستند و این مجموعه می‌تواند آن جبهه‌ای باشد که بعد از انقلاب ، روند حفظ دستاوردهای انقلاب و مهمتر از آن ، تعمیق دستاوردها را عملی کند.

□ *دیدار شما با آقای **فروهر** چه تاریخی بود ، آقای **عمویی**؟*

■دقیقا نمی‌توانم بگویم . ولی مدت زیادی بعد از آزادی ما نیست . فکر می‌کنم تازه کابینه **شریف امامی** عوض شده و **ازهاری** آمده بود، فکر می‌کنم آن موقع بود. یک مقدار محیط، نظامی شده بود . استاندارهایی که به استان‌های مختلف فرستاده بودند، همه امرای ارتش بودند.

□ *شما در آن دوره‌ای که خانه **کامیاب** بودید، غیر از ارتباط با دیگر افراد غیرحزبی و نیروهای انقلاب، برای جمع کردن شاکله حزب چه ارتباطـاتی گرفتیـد، چـه ترفنـدی چیدید؟*

■ ما هنوز کاری نکرده بودیم. ما در واقع در حال ارزیابی موقعیت بودیم، می‌دانستیم سازمان «نوید»ی وجود دارد. می دانستیم گروه‌های دیگری غیر از «نوید» هـم وجـود دارند مثل گروه «ارانی»، گروه «روزبـه» ، اینهـا بـر اسـاس اصـل عـدم تمرکـز ، هـر کدامشان مستقلا ارتباطی را با مرکز حزب در لایپزیک داشتند و مـا هـیچ آشـنایی بـا هیچ کدامشان نداشتیم،می دانستیم هسـتند و کـار مـی کننـد! گاهگـاهی کـه بعضـی از اعضا به زنـدان می‌آمدنـد، آدم متوجـه می‌شـد کـه چـه خبرهـا هسـت! امـا چگـونگی کارشان، چگونگی ارتباطشان یا آشنایی با اعضایشان، خیر، چنین چیزی نبود.

«سازمان نوید» عمدتا جوان بودند ، امـا در میـان گروه‌هـای دیگـر منجملـه گـروه «ارانی»، توده‌ای‌های قدیمی هم بودند که آنجا جمع شده بودند. ما تلاشی نداشـتیم کـه ارتباطی با رفقای حزبی داخل برقرار بکنیم. چون قبل از هر چیز باید تکلیف خودمـان روشن می‌شد.

□ *ارتباط با خارج چی؟*

■ همین را می‌خواهم بگویم . چون ما واقعا با رهبری حزب حرف داشـتیم! مـا ضـمن اینکه خودمان را طی این ۲۵ سال همواره توده ای می‌دانستیم، از مواضع حـزب دفـاع مـی کـردیم، تاریخچـه حـزب را بـا دوسـتان همبنـدی کـه علاقه‌منـد بودنـد در میـان می‌گذاشتیم، ولی بـه هـر حـال مطـالبی داشـتیم کـه بایـد بـا رهبـری حـزب در میـان می‌گذاشتیم.

اولا می‌خواستیم بدانیم رهبری حزب چه کسانی هستند ؟ این نام، آن نام، بله می‌دانستیم که در حال حاضر از دی ماه ۱۳۵۶، رفیق ما **کیانوری** دبیر اول حزب است ولی بقیه اعضای رهبری چه کسانی هستند؟ و نظراتشان نسبت به تاریخ حزب، نسبت به نقاط گرهی حزب، احیانا نسبت به اشتباهات حزب، نسبت به انتقاداتی که دیگران می‌کنند چیست؟ چه مقدارش را بجا می‌دانند؟ چه مقدارش را پاسخ داده اند؟ چه دفاعیه‌ای واقعا از حزب انجام گرفته است؟ همه اینها مسئله بود.

و خوب، حالا یک دوره جدیدی آغاز شده است که قاعدتا برآورد ما این بود که بایستی فعالیت حزب علنی باشد! هیچ دلیلی ندارد که ما برویم زیر زمین و فعالیت زیر زمینی بکنیم! با این آشنایی گسترده‌ای که با همهٔ فعالان سیاسی این مملکت داریم، حالا برویم زیر زمین و فقط ب‍ چهار نفر در ارتباط باشیم! به عشق اینکه این هسته را حفظ بکنیم؟ نه، عمیقا اعتقاد داشتیم بایستی علنی کار کرد.

اگر سرنگونی نظام شاه عملی بشود، که تمام اوضاع و احوالات نشان می‌دهد این روند ، روند اجتناب ناپذیر است و به هیچ شکلی نمی‌توان جلو آن را گرفت ، حتی کابینه **ازهاری** هم که آمده نتوانسته است آبی روی این آتش بریزد، و تمام شرایط نشان می‌داد که کار از دست اینها خارج شده است، چه خواهد شد؟

در ساده‌ترین شکل ، این بود که شاه مبانی قانون اساسی را رعایت بکند، حالا لفظا که قبول کرده بود ولی رعایت کند، یعنی واقعا کابینه‌ای را به وجود بیاورد که مورد پذیرش این مردم معترض باشد و آزادی احزاب و آزادی بیان و ... رعایت بشود .

اما این اجتماعات عظیم نشان می‌داد که اصلا مردم به چنین چیزی قانع نیستند ! اصلا دیگر شاه را نمی‌خواهند ، این نظام را نمی‌خواهند! به خوبی معلوم بود که در هیچ شهری ، این استاندارهای نظامی نتوانسته‌اند آرامش را برقرار بکنند. گزارشاتی

که روز به روز از شهرها می‌آمد، نشان می‌داد که درست است که عده‌ای کشته می‌شوند ولی واقعا اینها از ارتش برای سرکوب دربست مردم استفاده نکردند!

خوب، ما واقعا باورمان این بود که اگر بخواهد فعالیت حزب در داخل باشد، نباید غیر علنی باشد ، باید علنی باشد ، حضوری علنی باید داشته باشد! که بتواند بُرد کارش و حرفش هر چه وسیع‌تر و بیشتر باشد.

تلاش‌هایی داشتیم تا با برخی از رفقای قدیمی دیدارهایی داشته باشیم. این دیدارها غالبا در شکل مهمانی‌هایی بود که به مناسبت آزادی ما از زندان برگزار می‌شد و معمولا دعوت می‌کردند و مدعوین همه از رفقای قدیمی بودند؛ ولی نیت ما چیز دیگری بود . درست است که دیدن آنها مطبوع بود ، اما ما با اینها حرف داشتیم که ببینیم چکاره هستند؟ چه تغییراتی کرده اند؟ آیا اهل کار هستند ، اهل مبارزه هستند؟

و خوب، با کمال تاسف ، اندکی از اینها کسانی بودند که آمادگی ادامه فعالیت را داشتند! برخی از آنها بسیار تغییر کرده بودند! یعنی فقط پول برایشان مطرح بود! زندگی شخصی برایشان الویت داشت و زندگی مرفهی هم پیدا کرده بودند ! شوخی نیست، کسی که تخصصی دارد ، شرکتی هم زده است و ۲۰ سال هم هست که کار می‌کند ، ثروتی اندوخته، ساختمان‌های قشنگ ، اتومبیل‌های خوب، زن و بچه‌های مرفه، بچه هایی دارد که مهندس و دکتر شده اند، دنیای او عوض شده است، من چه انتظار عبثی دارم که او بیاید تمام زندگی را به خطر بیندازد، امکان ندارد!

همگان این طور نبودند ، برخی این طور بودند. برخی دیگر کسانی بودند که باورهاشان را داشتند ولی انرژی کار کردن نداشتند ، مثلا راضی بودند که اگر حزبی باشد ، دسترسی به مطبوعات حزب داشته باشند، کمک مالی به حزب بکنند ولی حزب از آنها نخواهد که به عضویت حزب در بیایند .

کسان دیگر هم بودند که می پرسیدند ما به کجاها باید مراجعه کنیم؟ به چه کسی خودمان را معرفی کنیم؟

خوب، اینها سبک و سنگین کردن‌های اولیه‌ای بود که باید انجام می گرفت و ما هم عجله نداشتیم که همین حالا چهار نفر ، ده نفر، بیست نفر که اظهار علاقه کردند ، زود به همدیگر وصلشان کنیم و بگوییم این شبکهٔ تو، آن شبکهٔ تو ، تو مسئول فلان ...! خیر، هیچ عجله ای نداشتیم.

کمااینکه همین دوره ، از روزی که در سال ۷۳ از زندان بیرون آمدم ، بارها و بارها رفقا به من گفتند رفیق **عمویی** چرا سازماندهی نمی‌کنی؟

گفتم: عزیزان من! این جلسه ای که هفت، هشت نفر نشسته ایم و درباره اهم مسائل این جامعه بحث می کنیم، نظر خواهی می‌کنیم، نظر می دهیم، چه فرقی می‌کند این اسمش «حوزه» باشد یا اینکه همین جور باشیم؟ شما فقط جنبه‌های امنیتی‌اش را زیاد می‌کنید و بیخود هم حرف‌های قلمبه سلمبه رویش می‌گذارید! همین دیدارها ، همین نشست‌ها مفید است ! من امروز اصلا به شیوه کار زیر زمینی باور ندارم! به نظر من زمان آن شیوه گذشته است. شیوه‌های دیگری لازم است که به طرف استقرار آزادی بیان ، آزادی عقیده، آزادی احزاب، حزب علنی و آزاد ... برود. نه زیر زمینی! فعالیت زیر زمینی ، هم هزینه سنگین‌تری را به افراد تحمیل می‌کند، هم حتما گرفتار خواهید شد!

یکی از ویژگی های جمهوری اسلامی این است که به جای آبادانی مملکت، فقط دستگاه امنیتی اش را تقویت کرده است! از ابزاری برخوردار شده که مسئله تعقیب و مراقبت ، اصلا چیزی کهنه شده است. آنچنان در ردیابی پیشرفته شده است که به ذهن آدمی نمی رسد!

این نیست که حالا شما از خانه بروید بیرون ، یک نفر شما را تعقیب بکند؛ شما کنار ویترین مغازه بایستید ، تحت عنوان اینکه مشغول تماشای وسایل داخل ویترین هستید، توی شیشه کسی را ببینید که از در خانه منتظر شما بوده، پس تا اینجا هم دنبالت آمده است! یا از جمله کارهایی که می‌کردیم ، بند کفش‌هایمان را شروع کنیم به بستن، ببینیم طرف آمد یا نیامد. نه، حالا این طور نیست . بلافاصله در دستگاهش می‌زند که «سوژه راس ساعت فلان از خیابان فلان حرکت کرد، به سمت میدان توحید می‌رود! » در میدان توحید منتظر شما هستند، با مشخصات ماشینتان، با مشخصات خودتان...! یا نه، اصلا با پارابلومش درست یک گلوله پلاستیکی کنار سپر ماشین شما می‌زند و هر جایی که رفتید ، خود این گلوله مخابره می‌کند که کجا هستید! در خانه‌تان جمع شده‌اید، یک چیزی می‌زند کنار پنجره اتاقتان ، به شعاع ۱۵۰ متر هر گفت و گویی که در خانه می‌شود، به بیرون مخابره می‌شود و طرف ضبط می‌کند! یعنی امکاناتِ زیرنظر گرفتن و ردیابی برای دستگاه جهنمی امنیتی خیلی زیاد شده است.

بی‌شک وجود یک هستهٔ متشکل ، منضبط، آگاه به پنهانکاری و دارای ارتباطات تعریف شده و منظم در مرکز یک حزب علنی و فعال ، امر تلفیق فعالیت مخفی و علنی را تامین می‌کرد ، ولی آنچه در آن لحظات اولویت داشت شناسایی و اطلاع از نظرها و مواضع رفقا برای ایجاد شبکه‌هایی بود که بایستی بعد از آن سازماندهی شوند. برای کار مخفی ، افراد نبایستی شناخت زیادی از دیگر اعضای شبکه داشته باشند و حداکثر با دو یا سه نفر آشنا باشند. حال آنکه در سازمان علنی حزب چنین ضرورتی در میان نیست.

☐ *ولی آقای **عمویی**، علت این که آن موقع شما نمی‌خواستید این تشکیلات را سازماندهی بکنید، همین اشکالاتی که به حزب داشتید نبود؟*

■ آن موقع اصلا مسئله امنیتی مورد نظر من نبود. آن موقع من معتقد بودم حزب باید کار بکند، حتی اگر شده مخفی! بعد از زندگی دراین ایام و تجربیات دیگری که کسب شد و موضوعات تشکیلاتی و سیاسی حزب در مهاجرت، مسائل جنبش جهانی کمونیستی، همه اینها من را به این نتیجه رسانده.

بله، آن ایام من می خواستم با حزب خودمان بیشتر آشنا بشوم. ما از لحاظ باورها و اعتقاد و ایمان ، همچنان توده‌ای بودیم ولی از لحاظ تشکیلاتی در چارچوب هیچ تشکیلاتی نبودیم.

من فراموش نمی‌کنم زمانی که رفقا ، **خاوری** و **حکمت جو** از آلمان آمدند و بعد توسط **عباسعلی شهریاری** لو رفتند و به زندان افتادند و پهلوی ما آمدند ، این رفقا علاقه‌مند بودند که ما وفاداریمان را به کمیته مرکزی ابراز و اعلام کنیم که همچنان پایبندیم!

ولی ما همان موقع نپذیرفتیم! گفتیم ما توده‌ای هستیم ولی ما نمی‌دانیم کمیته مرکزی کیست که وفاداریمان را به آن اعلام کنیم؟ الان در چه موضعی هست؟ آیا مشکلات درون رهبری حل شده یا نشده است؟ ما اینها را باید بدانیم. آیا مسائلی که درباره نقاط گرهی تاریخ **حزب توده ایران** هست وغالبا هم ، کانال حمله منتقدین است، خود رفقا در قبال آن چه می‌گویند؟ و چکار کرده‌اند؟ باید ما اطلاعاتی در این زمینه به دست بیاوریم. بعد چگونگی رعایت اصول مطرح است، اصولیت تا چه اندازه مرعی می‌شود؟

مثلا خود ما در داخل زندان ، برای اداره کمون زندان ، واقعا اصولیت را چنان رعایت می‌کردیم که حد و حصر نداشت! هر کس شرایط عضویت کمون را می‌پذیرفت ، داشت و رعایت می کرد، عضو کمون بود. حالا جزو هر گروهی

می‌خواهد باشد، آدم سالمی باشد! این اساس قضیه بود . ساواکی نباشد، رابط با زیر هشت نباشد، رعایت مبانی اخلاقی را بکند ، از لحاظ سیاسی هم آدم سالمی باشد، حالا متعلق به هر گروهی که می‌خواهد باشد. وفادار به جریان خودش باشد. در داخل ایجاد افتراق نکند. افراد آزاد بودند نظرات خودشان را داشته باشند. خوب، وقتی اختلافی پیش می‌آمد، ما امکان نداشت مزیتی برای رفیق توده‌ای قائل بشویم .

کسی که اصولی عمل می‌کند، این را می‌پسندد، این درست است. هیئت مدیره کمون، اگر همگی اعضای قدیمی **حزب توده ایران** هستند، به همین دلیل باید اصولی‌تر از همه عمل کنند. حقوق همه را رعایت بکنند، اگر نکردند، بر حق نیستند! اگر نکردند، در واقع تمام تجربیاتشان عبث است! فقط زمان بر آنها گذشته است.

ما واقعا طالب بودیم که با رفقای کمیته مرکزی ، رفقای رهبری حزب آشنا بشویم، با نظراتشان آشنا بشویم . مضافا این‌که بدانیم تحلیل‌ها چیست؟ ما برای خودمان در زندان تحلیل هایی داشتیم و بر مبنای همان هم مناسبات نسبتا گسترده‌ای با نمایندگان جریانات گوناگون داشتیم.

مثلا از همان زمان، مناسبات ما با رفقای چریکمان خیلی گرم و دوستانه بود. از همان زمان مناسبات ما با مذهبی‌های روشن ، مثلا با بچه‌های «حزب ملل اسلامی»، با همین **بجنوردی**، **سرحدی زاده** و **مهشید** ... خیلی خوب بود ! از میان دیگر مذهبی‌ها مثلاً با **طالقانی** ، با **منتظری** روابط گرمی داشتیم. ولی با **ربانی شیرازی** مطلقا ! مثلا با **ناطق نوری** هرگز! از همان زمان، تمایزی بین خط معینی از اینها می‌دیدیم! چون اصلا فرهنگ و ادبیاتی که به کار گرفته می‌شد فرق داشت. ادبیاتی که **طالقانی** به کار می‌برد، زمین تا آسمان با ادبیات **ربانی شیرازی** متفاوت بود!

شما در نظر بگیرید! مراسم یا جشنی به هر مناسبتی برگزار می‌شد، بلافاصله **طالقانی** از رفقای حزبی دعوت می‌کرد و در گفته‌هایشان چنان رعایت می‌کردند ،

حتما در صحبت‌هایشان، جایی برای دگراندیشان قائل می شدند! به احترام یاد کردن«زندان کشیدن‌هایشان به خاطر مردم ... ما دینمان چنین حکم می‌کند... . اینها عشقشان به مردم... » بارها چنین ادبیاتی به کار می‌بردند.

اما **ربانی شیرازی** تنها خواهشش از من این بود که آقا این تفسیر قرآن را شما بروید برای کمونتان ، برای رفقایتان بخوانید، که آن تفسیری که آقای **محمد جواد حجتی کرمانی** گفته ، با نص قرآن تطبیق نمی‌کند!

به او گفتم: آقای **ربانی** اصلا برای رفقای ما اهمیتی ندارد که این تفسیر باشد یا آن تفسیر باشد ! اگر ما در آن مراسم بودیم، روی حرمت به شماها بود، همبند ما در زندان بودید، ما خواستیم حرمتی به شما بگذاریم، توی آن جلساتتان شرکت کردیم . اصلا صحبت آقای **حجتی** برای ما ملاک نیست، فکر نکنید ما به استناد آن گفته‌های ایشان ...

گفت: حالا اگر من از شما خواهش کنم شما این را بگویید... چون من تکلیف شرعی دارم! وقتی که یک مفسر قرآن اینجا هست، تکلیف دارد وقتی که خلافش گفته می‌شود ...

گفتم: حالا شما اصرار دارید ، من می‌روم می‌گویم ولی مطمئن هستم واکنش رفقا همین است که من الان دارم می گویم!

من به اصرار آقای **علی بابایی** پذیرفتم. **علی بابایی** یکی از بچه‌های «نهضت آزادی» بود ، همراه **بازرگان (احمد علی بابایی)** بسیار مرد نازنینی بود.

واقعا هم تجربه ام درست نشان داد، چون وقتی آمدم سر سفره و برای رفقا گفتم، همه خندیدند. گفتند چه فرقی می‌کند؟!

□ *آقای **عمویی**، گفتید در منزل آقای **به آذین** با **داریوش فروهر** قرار گذاشتید. آقای **به‌آذین** یک سفری رفته بودند پاریس و لایپزیک و با اعضای رهبری حزب*

*توده صحبت کرده بودند. آقای **کیانوری** طی یک سری صحبت‌ها و بحث‌ها رهنمودهایی را به ایشان داده بودند! با آقای **به‌آذین** هم در مورد کمیته مرکزی و رفتارهای رهبری صحبت کردید؟*

■ بله، آقای **اعتمادزاده** همان روز به من گفت: من مطلع شدم که رفقای رهبری خیال دارند تک تک بیایند ایران! از شما خواهشم این است که اگر امکان تماس دارید، بگویید از آمدن خودداری بکنند و نیایند! گفتم: چرا نیایند؟ ما سال‌های سال است می گوییم ، چرا ماندید آنجا؟ بیایید ایران! حالا وقتی که خودشان می‌خواهند بیایند، بگوییم نیایند؟! گفت: آخر خطراتی برایشان وجود دارد! گفتم: هر خطری برای کسانی که اینجا هستند وجود دارد، برای آنها هم وجود داشته باشد! آنها تافته جدا بافته‌ای نیستند! به نظر من باید بیایند! و شرایط ایجاب می‌کند که حزب فعالیتش را گسترده‌تر بکند. بدون تردید حضور رهبری، امکانات بیشتری به رفقای اینجا می‌دهد و دست و بالشان بازتر می‌شود و آنها می‌توانند از نزدیک شرایط را ارزیابی بکنند.

دو نظر متفاوت داشتیم و ایشان گفتند که من حداقل اگر شده از طریق «وکس»VOX (انجمن فرهنگی و دوستی ایران و شوروی) به ایشان پیغام می‌دهم که نیایند! گفتم من از طریق مطمئن‌تر به ایشان می‌گویم بیایند!

□ *راجع به اعضای کمیته مرکزی و افرادی که دیده بودند ، نظرشان چی بود؟ چون در کتاب خاطراتشان تقریبا نظر منفی داشتند! یعنی در مورد«اتحاد دموکراتیک مردم ایران» حرف‌هایش را گوش نداده بودند!*

*مانیفستی چند ده صفحه‌ای نوشته و به آقای **کیانوری** داده بودند و آقای **کیانوری** همهٔ آن مانیفست را کنار گذاشته بودند و چند جمله‌ای را به آقای **به آذین** داده و گفته بودند«این مانیفست شما باشد، کوتاه و مختصر! »*

ایشان هم برگشته بود ایران و آن رهنمودها را کنار گذاشته بود و همان مانیفست

خودش را پی گرفته و به همان صورت پیش رفته بود.

کلا در خاطرات ایشان که می خوانیم ، حالا نه نقل دقیق ، ولی نقل به مضمون این است که نظرشان منفی بود! حداقل این که از منش اعضای رهبری خوششان نیامده بود! آیا این رایه شما منتقل کردند؟

■ نه، چیزی که به من منتقل شد، در واقع نه فقط جنبه‌های امنیتی مسئله بود ، بلکه جنبه های عدم تناسب روحیات آنها، به لحاظ دوری طولانی مدت از ایران هم بود. من در مذاکرات آن روز متوجه شدم که **به آذین** براین عقیده است که رفقای رهبری چندان با محیط ایران آشنا نیستند و بهتر این است که در بحبوحه این دگرگونی‌ها اینجا نباشند.

از گفته‌های او من استنباطم این بود. ولی چیزی که نشان از داوری منفی اش نسبت به آنها باشد، خیر دریافت نکردم.

□ *در آن دیداری که با شما داشتند ، هنوز هم خودشان را توده‌ای می‌دانستند؟*

■ بله، اصولا **به آذین** حتی آن موقعی که «اتحاد دموکراتیک مردم ایران» را هم به وجود آورد، خیلی اصرار داشت که آن را تعطیل کند و بیاید داخل حزب! رهبری حزب بر این عقیده بود که نه ، آن نهاد ، نهاد خوبی است. اگر شما حفظش بکنی و یک مقدار با حزب فاصله داشته باشی، خیلی می‌تواند مفید باشد.

□ *آقای **به آذین** در خاطراتشان در مورد همین کارهایی که در «اتحاد دموکراتیک مردم ایران» انجام داده بود، رابطه با نیروهای ملی را خیلی نشان داده است! این که با «جبهه ملی»، مخصوصا دکتر **سنجابی** ... رابطه داشته، حتی شاید قرار بر این بود که امکانش پیدا بشود که آقای **به آذین** بتواند در شورای «جبهه ملی» شرکت بکند و*

«جبهه ملی» را گسترش بدهند!

*مشی حزب توده بعد از انقلاب بهمن، بیشتر به سمت همکاری با نیروهای مکتبی و نیروهای مذهبیِ همراه آقای **خمینی** رفت. در آن دوره‌ای که رهبری حزب هنوز نیامده بود، شما مشی‌تان به چه صورت بود؟ یعنی با نیروهای ملی و بورژوازی ملی بیشتر همراهی می‌کردید یا نه، با نیروهای مذهبی رادیکال بیشتر تماس داشتید؟*

■ واقعیتش این است که اساسا سوابق گذشته، آشنایی‌ها و همدلی‌ها موجب می‌شد که ما روابط نزدیکی با نیروهای ملی داشته باشیم. آشنایی‌هایی که در زندان با شخصیت‌های ملی مثل **داریوش فروهر** ، دکتر **سامی**، دکتر **پیمان** و کسان دیگری از این طیف داشتیم، یک مقدار تفاوت داشت با آشنایی‌هایی که با آقای **طالقانی** و آقای **منتظری** و... داشتیم. درست است که مناسبات گرمی هم با آنها داشتیم ولی طبعا حرف ما با اینها خیلی راحت تر و خودمانی تر و در زمینه‌های مشترک شکل می‌گرفت. حتی با تعدادی از افراد «نهضت آزادی» مثل **حکیمی** و... مثل مهندس **سحابی** (که هنوز آن موقع از «نهضت آزادی» فاصله نگرفته بود) یا همین **احمد علی بابایی**، اینها کسانی بودند که ما مناسبات نزدیک با ایشان داشتیم.

واقعیت این است که ما اصلا نفس شکل گیری اتحاد دموکراتیک را در این راستا می دیدیم. اصلا اگر قرار بود «اتحاد دموکراتیک مردم ایران» همان مشی **حزب توده ایران** را داشته باشد، پس برای چه به وجود آمد ؟ این دقیقا برای ایجاد یک گستردگی بیشتر در ارتباطات و دربرگیری نیروهایی بود که در نهادی مثل «اتحاد دموکراتیک ...» می‌گنجید.

گذشت ایام بود که یواش یواش یک تفکیک جدی بین ملّیون و نیروهای رادیکال به‌وجود آورد. مقداری از آن به علت مشی خود آقای **بازرگان** بود. شما در نظر

بگیرید، با اینکه آشنایی‌ها و دوستی‌ها را حرمت می‌گذاشت ولی از لحاظ سیاسی صریحا اعلامیه داد که **حزب توده ایران** غیر قانونی است!

آخر آقای **بازرگان**! اصلا جمهوری اسلامی غیر قانونی است! اگر مبنا قانون اعلی‌حضرت همایونی است، همه ما غیر قانونی زنده هستیم! همه ما غیر قانونی حضور داریم! به استناد کدام قانون می‌گویید **حزب توده ایران** غیر قانونی است؟! ما قانونی هستیم و همچنان هم فعالیت سیاسی خودمان را ادامه خواهیم داد.

این نبود که فقط یک جا از دهانش این حرف پریده باشد! جاهای مختلف این را گفت. خوب، این شیوه رفتاررا ما می‌گذاشتیم جلو آن شیوه رفتار آقای **خمینی** که می‌گفت: مارکسیست‌ها هم می‌توانند باشند و حرف‌شان را بزنند ... .

□ *در صورت عدم توطئه!*

■ واقعا هم ما نمی‌خواستیم توطئه بکنیم!

□ *ولی او می توانست هر چیزی را ...*

■ بله، ولی فرق هست بین کسی که از همان اول می گوید تو غیر قانونی و آن یکی این طور ...! مضافا این که طیف نزدیک به آقای **خمینی** ، یک سلسله برنامه های اجتماعی ارائه می داد که اصلا در برنامه‌های «نهضت آزادی» نبود! مسئله اصلاحات ارضی ، مسائلی در زمینه قانون کار ، حقوقی که برای زحمتکشان مورد نظر است و ... از آن طرف **بازرگان** و... کوشش می‌کنند قراردادهایی که با آمریکا دارند حفظ بکنند! از طرف دیگر اینها می‌خواهند همه اش را لغو بکنند! اصلا در قلمرو رویارویی با امپریالیسم، آنها جداً لیبرالیسم را مطمح نظر داشتند! حالا با گذشت ایام و در روند

فعالیت‌ها، تحولاتی و نگرش‌هایی در آنها به وجود آمده که به گمان من ریشه دار نیست! شما آقای **ورجاوند** و امثال اینها را ببینید، اینها شیفته روابط با آمریکا هستند! حتی این امریکایی که امروزه چهره منحوسش را به همه نشان داده است!

شما نمی‌دانید، ما در ارتباط با «جبهه ملی» در دهه ۲۰ با چه محظورات عجیبی مواجه بودیم که کسی که تاریخ را مطالعه می‌کند ، حیرت می‌کند که چرا در مطبوعات **حزب توده ایران** این جور به اینها حمله می‌شد! برای اینکه اینها کشته مرده «اصل چهار **ترومن**» بودند ! اصلا **فریدون صالح**، پسر **الهیار صالح**، رفته بود عضو خود «اصل چهار **ترومن**» شده بود و در راس یکی از دوایر آن قرار گرفته بود! عمیقا اعتقاد داشتند که آمریکا یک کشور دموکراتیک است! به هیچ وجه خصایص استعماری، خصایص اعمال فشار روی... ندارد، سابقه استعمار ندارد!

تاریخ را نگاه نکرده بودند که آمریکای لاتین تمامش قرقگاه امپریالیسم آمریکاست! چه به روزگار زحمتکشان آنجا و مبارزین آنجا آورده است! و حالا بعد از جنگ دوم جهانی ، انگلیس ویرانه شده ، فرانسه ویرانه شده، آلمان ویران شده، شوروی ویران شده، دوره شکوفایی اقتصادی آمریکاست، تمام کارخانه‌هایش مشغول تغذیه تمام دنیاست و حالا می‌خواهد چنگ بیندازد به بازار تمامی جهان! از لحاظ اقتصادی برتر است، از لحاظ سیاسی هم می‌خواهد برتر باشد، حکومت ها را می‌خواهد در دست بگیرد و در ایران هم، همین هدف را دارد!

ما حرفمان با آقایان این بود که آمریکا امکان ندارد همچنان دربست اجازه بدهد که شرکت نفت مال انگلیسی‌ها باشد! حتما می‌آید و سهم می‌خواهد، چرا که او دارد طی «برنامه مارشال» خود انگلستان را تغذیه می‌کند، چطور می‌گذارد انگلیس نفت ایران را به تنهایی غارت بکند! نه فقط می آید، بلکه سهم شیر را هم می‌خواهد ! و دیدیم که بالاخره هم گرفت!

خوب، اینها باورشان نمی‌شد . مدام هشدار می‌دادند ، کمونیست‌ها ! کمونیسم خطرناک است ! ما بغل گوشمان خرس خوابیده و اینها هم عوامل آن هستند ، خطر اصلی اینجاست!

در «خاطرات **فلسفی**» هم از قول آیت الله **بروجردی** آمده است که: به پروپای شاه نپرید! خطر عمده امروز کمونیست‌ها هستند ! روی منبرهایتان همه‌اش به توده‌ای‌ها حمله کنید!

خوب، ما در معرض حمله مداوم از جانب آنها و «فداییان اسلام» و از طرف ملّیون بودیم! این نگرش ناسیونالیستی وحشتناکی که آنها داشتند و گرایش عجیبی که نسبت به آمریکایی‌ها داشتند ، نگرانی آور بود ! ما هرگز اعتقاد نداشتیم اینها مهره آمریکا هستند ولی با کمال تاسف در مطبوعات حزب از آنها به عنوان مهره‌های آمریکا یاد شد! خوب، واقعا نبودند! دکتر **صدیقی**، دکتر **شایگان** ، دکتر **سنجابی**، اینها هیچ کدام عامل آمریکا نبودند ولی شیفته نظام اقتصادی ـ اجتماعی آمریکا بودند!

□ *آقای **عمویی** رفتار نیروهای ملی، تا قبل از پیروزی انقلاب ، با نیروهای چپ مثل شما، یا در ارتباط گیری‌هاتان با آنها چطور بود؟ همان مرزها بود؟ مثل مرزی که **بازرگان** می‌چید: اصل تفارق؟*

■ ما ارتباطی با اینها نداشتیم . اینها که توی زندان نبودند و ما هم که بیرون نبودیم.

□ *رفتار **داریوش فروهر** چطور بود؟*

■ **داریوش فروهر** خیلی عالی بود ! به گمان من **داریوش فروهر** اصلا با آنهای دیگر فرق داشت! **داریوش** بین ملی ها توانست با آقای **خمینی** بسازد ولی آنها نتوانستند ! این دقیقا نگرش متفاوت اینها بود. **سنجابی** بلافاصله استعفا داد و رفت

ولی **داریوش** ماند. حتی آن زمانی که دولت موقت ساقط شد، آقای **خمینی** همچنان **داریوش** را به عنوان مسئول کار کردستان نگه داشت و **داریوش** هم اعتقادش را به او داشت. **فروهر** فرق داشت با آنها، **فروهر** حتی با کل «حزب ملت ایران» فرق داشت! **خسرو سیف** و... اصلا نمی توانند شیوه **داریوش فروهر** را ادامه بدهند. **داریوش فروهر** یک حالت مردمی پیدا کرده بود .

عجیب بود واقعا ! شما زندگی **فروهر** را اگر بررسی بکنید ، می بینید که آن اوایلش گردن کلفتی می‌کند! پس از سال ۱۳۷۳، روزی همین جا (یادش به خیر!) دست کرد توی جیب بغلش (**پروانه** هم کنارش نشسته بود) بریده روزنامه‌ای را درآورد. گفت «آقای **عمویی** این را ببینید!» من گرفتم دیدم عکس خود **فروهر** در حمله به یکی از میتینگ‌های حزب است که دستش را بلند کرده، درست مثل جاهل‌ها و ...

گفت «من هر وقت این را نگاه می‌کنم ، به یاد می‌آورم که از کجا به کجا رسیدم؟ » بعد خودش گفت: آن روزی که توسط خانمتان به شما در «اوین» پیغام دادم که«من شنیده‌ام **گالین دو پل** گفته که شما دادگاه دوم دارید و می‌توانید از وکیل مدافع هم استفاده بکنید! » اصلا به دلم افتاد که چرا من وکیل **عمویی** نباشم؟! و بلافاصله پیغام دادم به **نسرین** خانم که «به فلانی بگویید مرا به وکالت خودش انتخاب بکند! از موضع خودش از او دفاع می‌کنم! یعنی مثل یک وکیل توده‌ای! » با وجود اختلاف نظری که داشتیم!

گفت: من احساس کردم واقعا باید گذشته‌ام را ، به خصوص در ارتباط با شما و رفقای شما جبران بکنم!

به همین علت هم وقتی **فروهر** رفت اروپا ، خودش رفت لایپزیک، رفت پهلوی رفقای حزب. او بود که در آن دیدار ، اولین پیغام حزب را برای من آورد! البته

نمی‌دانست که پیغام حزب چیست. دفترچه‌ای سفید بود و همراه آن داروهای ظاهر کردن. با مرکب نامریی نوشته شده بود.

در همان جلسه گفت که «آقای **عمویی**، ما در این ایام بیشتر همدیگر را ببینیم» و با هم در این زمینه قراری گذشتیم و در اولین ارتباطی که با رفقای حزبی خودمان ایجاد شد، قرار گذاشتم که ضرورتا همیشه من به دیدار **فروهر** نروم، بچه های دیگر هم بروند.

□ *آن دفترچه مضمونش چه بود؟*

■ یک رشته توصیه‌هایی که از طرف حزب شده بود . اولینش تصمیمات پلنوم شانزدهم مبنی بر گسترش رهبری حزب و کمیته مرکزی و ابلاغ عضویت ما در کمیته مرکزی ، از سوی پلنوم شانزدهم بود! بعد تبریک عضویت کمیته مرکزی، تبریک آزادی از زندان، آرزوی تداوم مبارزه، و ...

من نمی‌دانستم بعد از این یکی دو صفحه، باز هم مطالبی هست و بالنتیجه آن دو برگی را که ظاهر کرده بودم کندم و پاره کردم و دور ریختم و دفترش را هم انداختم توی قفسه! چند وقتی گذشت، دیدم از طرف «سازمان نوید» ، چیزی برایم فرستاده شد . یادم می‌آید کتاب «ننه دلاور» را برای من آوردند! همین طور کتاب را نگاه کردم، چه دلیلی دارد اینها کتاب «ننه دلاور» را برای من فرستاده اند؟

□ *چه کسی برای شما آورد؟*

■ همان **رحیم عراقی**، حالا به من نمی گوید که سازمان داده ، ولی من بو بردم که این قدر این خودش را به ما می‌چسباند ، پس ماموریتی دارد. خودش هم خیلی علاقه‌مند بود و فعال بود.

من حدس زدم باید چیزی دیگر باشد! هی لابه لای خطوطش را نگاه کردم، قسمت داخلی جلدش را که دست کشیدم ، احساس کردم با جلد آن طرفش فرق می‌کند .کاغذ را آرام آرام کندم و دیدم یادداشتی زیر کاغذ پشت جلد هست. منتها اینقدر نازک کارگذاری شده بود که اصلا احساس نمی‌شد!

خوب، آنجا دیدم که رفقا از لایپزیک نوشته اند«درباره آن مطالبی که فرستاده شده بود و از شما سؤال شده بود، شما هیچ واکنشی نشان ندادید!» پیش خودم گفتم چه واکنشی باید نشان می‌دادیم؟ خوب، تبریک عضویت کمیته مرکزی بود، ما هم اظهار تشکر بکنیم؟ ما منتظریم بیایند دعواهامان را با هم حل بکنیم! (البته شوخی می‌کنم! دعوا که نداشتیم، توضیحی می‌خواستیم) فهمیدم هر چه هست، در آن دفترچه است. رفتم از کشو آوردم بیرون و با آن دارو (چیز زردی است) با پنبه کشیدم روی کاغذ، دیدم چند صفحه نوشته نمایان شد. رفتم پهلوی **حجری** گفتم که **عباس** ، کلی مطلب این تو بود و ما نگاه نکردیم. گفت: خوب، تو همان را علنی کردی، ما هم فکر کردیم فقط همان است!

به هر حال، در واقع سؤال شده بود: آیا شما صلاح می‌دانید ما تک تک به ایران برگردیم؟ فضا را چگونه می‌بینید؟ جو عمومی، نه فقط از لحاظ حزب، از لحاظ جامعهٔ ایران چگونه است؟ مردم مواضع ما را تا چه اندازه پذیرا هستند؟ واکنش مردم نسبت به جریانات مختلف سیاسی چیست؟ در تظاهراتشان، نوعاً آیا شعارها فقط همین‌هاست که در روزنامه‌ها منعکس می شود ؟ یا اینکه چیزهای دیگری هم هست؟ یا روی خواست‌های مردم چه جوانه‌هایی دارد زده می‌شود؟

سؤالاتی از این قبیل و در پایان هم این پرسش بود که: شما فکر می‌کنید در این روند، که منجر به سقوط رژیم سلطنتی می‌شود ، و به نظر ما تداوم پیدا خواهد کرد ، آیا حزب امکان فعالیت علنی را در ایران خواهد داشت؟ و اگر چنین اتفاقی افتاد، شما آمادگی دارید که جایی را فراهم کنید و تابلوی **حزب توده ایران** را روی آن بگذارید؟

سؤالات ، سؤالات جدی بود ! رفیق ما **باقرزاده** وقتی اینها را برایش خواندیم گفت: یعنی رفقا می‌گویند دفتری را فراهم کنیم و تابلو بزنیم «**حزب توده ایران**»؟ توی این اوضاع ؟! گفتم: بله **باقر**جان، اگر چنین اتفاقی افتاد ، ما باید چنین کاری را بکنیم! ما نباید انتظار داشته باشیم آنها بیایند و این کار را بکنند ! بالاخره ما را بیشتر از آنها رعایت می‌کنند! حداقل ما هر کدام ۲۵ سال پشتوانه داریم، اگر آن طرف بخواهد بزند، **کیانوری** ، و بقیه را، که از آنجا بیایند، با گلوله می‌زنند، من و تو را با باتوم می‌زنند!

□ *این زمان قبل از پیروزی انقلاب است؟*

■ بله.

□ *چون پلنوم شانزدهم، دی ماه ۵۷ بوده است. فکر می‌کنم شما گفتید دی ماه ۵۶ بوده است.*

■ بله. ۵۷ بوده است . اینها همه مربوط به بعد از دبیر اول شدن **کیانوری** است.

□ ***کیانوری** قبل از پلنوم، دبیر اول شده بود؟*

■ بله. در یک اجلاس هیئت اجراییه ، این تغییر انجام می‌گیرد.

□ *در آن یکی دو ماه که هنوز رابطه با آن طرف بر قرار نشده بود، شما چه عملکردی داشتید؟ در آن چند وقت؟*

■ فقط دیدارهای این چنینی که توضیح دادم بود. در واقع داشتیم مقداری شناخت خودمان را از محیط، از دوستان و ... به دست می‌آوردیم .

البته این را هم به شما بگویم، اصلا قرار گرفتن در فضای آزاد برای ما پدیدهٔ تازه‌ای بود! باورتان نمی‌شود، ما نمی‌توانستیم راحت از خیابان عبور بکنیم! واقع می‌گویم، مثلا از پیاده‌روی این طرف ، چند نفر می‌رفتند آن طرف، ما سه چهار قدم می‌رفتیم جلو، از صد متری که ماشین می‌دیدیم، بر می‌گشتیم. ارزیابی اینکه من ظرف چند ثانیه این فاصله را می روم و آن ماشین بیشتر طول می‌کشد تا بیاید ، برای ما دشوار بود ! حالا می‌توانیم کنترل کنیم و به راحتی از لابه‌لای ماشین‌ها می‌گذریم ولی آن موقع اصلا امکان کنترل نداشتیم!

مثالی برای شما بزنم که بیانگر روحیه آن زمان است: توی اتومبیل **هوشنگ قربان‌نژاد** نشسته بودیم، داشت ما را جایی می برد، یکدفعه **هوشنگ** گفت که بچه‌ها گرمتان نیست؟ گفتیم: چرا والله گرم است! گفت: پس چرا شیشه ماشین را پایین نمی‌برید ؟ گفتم: راست می‌گویی؟ شیشه را هم می‌شود پایین برد ؟! **هوشنگ** جان ، تو که دیگر پهلوی ما بودی، باید ما را درک کنی!

ما ۲۵ سال در شرایطی تحمیلی بودیم ، خودمان نمی‌توانستیم هیچ تغییری در آن بدهیم! مثلا ساختمانی که ما را می بردند، باید پنجره داشته باشد ، ولی بعضی از آنها اصلا پنجره نداشت! ما باید پتویی داشته باشیم که روی خودمان بکشیم تا گرممان بشود، اگر نداشتیم، با سرما سر می‌کردیم! تابستان برای خنک شدن لخت می‌شدیم! واقعا در برازجان ما لخت می‌گشتیم! فقط یک شورت پایمان بود .

بازرگان و... که آمدند، حیرت کردند! آبان ماه بود ، دیدند ما همه لختیم. چیزی نگذشت که خود اینها هم همین طوری شدند ! و تازه فصل خوبی آمدند . در فاصله آبان ماه تا خرداد سال بعدش، یعنی هفت ماه بودند، بهترین فصل برازجان ! اصلا آن جهنم را ندیدند ، نه آتش بادش را ، نه خاک بادش را ! آن شرجی‌های وحشتناکی که می‌شد، به مراتب از گرمایش آزار دهنده‌تر بود! واقعا گرمایش را راحت‌تر می‌شد تحمل کرد، تند تند می‌رفتی زیر دوش!

یادش بخیر! **کی‌منش** ما ، چاق بود، همین جور عرق می‌ریخت، هنوز از زیر دوش نیامده، خودش را خشک نکرده ، بر می‌گشت زیر دوش! این راه بین دوش و تختش را مرتب می‌رفت و می‌آمد. **باقرزاده** ما می‌گفت: **تقی** جان، آن طرف‌تر هم می‌توانی بروی. جواب می‌داد: می‌دانم ولی اینجا دوش است!

شوخی‌های داخل زندانِ ما هم واقعا مطلبی بود!

□ *آقای **عمویی** اگر اجازه بدهید بحث را همین جا خاتمه بدهیم . رفتن شما به دانشکده حقوق و تشکیل شورای انقلاب و دید شما نسبت به حاکم شدن جریان مذهبی و... را برای دفعه بعد می گذاریم.*

■ بله، اینها مربوط به بعد از ۲۲ بهمن است.

□ *شورای انقلاب که قبل از ۲۲ بهمن است.*

■ شورای انقلاب بله. ولی ما که با شورای انقلاب کاری نداشتیم.

□ *هیچ کدام از نیروهای چپ ، مجاهدین، هیچ کدام در آن شرکت نداشتند! تقریبا کسانی که شرکت داشتند ، کمترین اثر را در مبارزه داشتند، کمترین زندان را کشیده*

*بودند . فقط صرفِ رابطه‌شان با آقای **خمینی** ، یا رابطه‌ای که در این بند و بست‌ها پیدا کرده بودند، به شورای انقلاب کشیده شدند . عناصر صادقی هم در این میان بودند.*

*ولی این که دید آقای **خمینی** ، دید نیروهای مذهبی به چپ چطور بود؟ و درباره حذفشان ، اجازه بدهید جلسه بعد صحبت بکنیم.*

■ بله صحبت می کنیم. فراموش نکنید نیروی عمده ای که انقلاب کرد، نیروهای طرفدار آقای **خمینی** بودند. اصلا این گروه میلیونی که آن روز به میدان شهیاد آمدند، چه کسانی بودند؟ اینها چپ بودند؟ نه، آن بخش دیگری از نیروهای ملی هم که مال «جبهه ملی» بودند، مال «نهضت آزادی» بودند ، مال «جاما» بودند، مال «مسلمانان مبارز» بودند، همه اینها همراه نیروهای طرفدار آقای **خمینی** بودند.

□ خوب، همین بحث وجود دارد که چرا یک روزگاری وقتی حزب توده تظاهرات می‌گذاشت، از میدان بهارستان و سرچشمه‌و ... تا میدان مخبرالدوله و آن طرف ... کشیده بود؟! ولی حالا این حزب به این صورت...؟!

■ تاریخ پاسخ می‌دهد! ببینید از ۲۸ مرداد ۱۳۳۲ تا سال ۱۳۵۷ واقعا پیکر این حزب همین طور مدام تراشیده شد،... و در قبالش از فردای ۲۸ مرداد تمام تریبون‌های مذهبی، یعنی به تعداد مساجد این مملکت ، برای این جریان مذهبی تبلیغ کردند! شوخی نیست، یک تاریخ است... ۲۸ مرداد ۱۳۳۲ تا بهمن ۱۳۵۷!

طبیعی است، بعد از **حزب توده ایران** ، «چریک‌های فدایی خلق» ، سال ٥٤ حضورش قطع شد! یعنی در یک فاصله کوتاه ۱۳٤۹ تا ۱۳٥٤ قتل عامشان کردند، و باقی‌شان هم که زنده ماندند، در زندان بودند! «مجاهدین» هنوز هیچ کاری نکرده متلاشی شدند! چه افتراق درون خودش، و چه سرکوبی که نسبت به آن انجام شد.

یعنی چپی که واقعا در آستانه انقلاب بخواهد حضور موثری داشته باشد، نبود. خوب، واقعا رفقای فدایی ما خیلی تلاش کردند، سوار ماشین‌ها بشوند، تفنگ‌ها را روی دوششان بگذارند و بروند نیروی هوایی ... اما آنچه که جامعه را دگرگون کرد، آن انبوه مردمی بود که واقعا در صحنه آمدند! والّا اگر محدود به این چند نفر تفنگ به دست و حمله کردن به آنجا و دلخوش کردن به اینکه پادگان فلان جا را بگیرند... بود، نیروی ارتش آنچنان قدرتمند بود که به سادگی می توانست اینها را از بین ببرد!

ولی وقتی که در «نوفل لوشاتو» توافق‌هایی شد، از جمله قرار شد ارتش بی‌طرف باشد، به این ترتیب بود که انقلاب پیروز شد و خوشه چینانی که بعد از ۲۸ مرداد ۱۳۳۲ تدارک چنین روزی را می‌دیدند، میوه رسیده را چیدند و از آن خودشان کردند!

۳

آغاز فعالیت رسمی

□ *لطفا بحث جلسه پیش را ادامه بدهید!*

۸۳/۸/۱۲

■ در چارچوب پرسش‌های رفقای رهبری ، با رفقا **حجری** ، **باقرزاده**، **شلتوکی**،**کی‌منش**، **ذوالقدر** مشورتی داشتیم و به اتفاق آراء نظرمان این بود که ما با نظر مثبت به بازگشت رفقا به ایران نگاه می‌کنیم. حتی من به آن جمله افزودم که اصلا ضروری است رفقا به ایران برگردند و حضور داشته باشند!

نکته دیگر این بود که از ما خواسته بودند که دیدارهایی با کادرهای قدیمی حزب انجام بگیرد و آمادگی اینها را برای تجدید فعالیت اطلاع بدهیم. که به خودی خود ، این مسئله هم بخشی از برنامه روزهای آتی ما را تشکیل می داد.

نکته سوم این بود که اطلاعاتی درباره همین جریانات سیاسی مذهبی که در ایران هستند و روی هم رفته دارند خودشان را نشان می‌دهند که افراد موثرشان چه کسانی هستند و نوع آشنایی و مراودات ما و اینکه تا چه اندازه پذیرای ما هستند، بدهیم!

نکته بعد این که آیا امکان ایجاد یک مرکزی با مشخصه دفتر **حزب توده ایران** ، مثلا دبیرخانه کمیته مرکزی **حزب توده ایران** وجود دارد؟ آیا چنین چیزی امکان‌پذیر است؟ آیا می شود شما آزمایشی در این زمینه بکنید؟

تا آنجا که به یادم می‌آید ، چیزهایی در این حد بود. خوب طبعا این نه فقط به لحاظ نکاتی بود که در این یادداشت ما با آن مواجه شدیم، بلکه قبل از آن هم در ذهن ما بود. اصلا کار ما همین چیزها بود و بایستی هر چه زودتر انجام می‌دادیم . ما در نظر داشتیم که با آشنایی‌ها و شناخت‌هایی که از رفقای حزبی ، چه در زندان ، چه

کسانی که آزاد شده بودند و در گروه‌های مختلف حزبی بودند، داشتیم، تماس‌هایی بر قرار بکنیم. و زمینه‌های تجدید فعالیت علنی حزب را فراهم بکنیم.

همان موقع ما اطلاع داشتیم که غیر از «سازمان نوید»، گروه‌های دیگری هم بر اساس اصل عدم تمرکز وجود دارند و خودشان مستقیما با مرکز حزب در ارتباط هستند. بسیاری از آنها را ما نمی‌شناختیم ولی می‌دانستیم که چنین چیزی وجود دارد. اینها مخفی بودند ، ما می‌خواستیم چیزی علنی به وجود بیاوریم، بنابراین بهتر بود از همان کسانی که در زندان بودند ، آشنا بودند و در عین حال امتحان‌هایی را پس داده بودند و صلاحیت کافی داشتند، استفاده کنیم. بر این بودیم که دیداری داشته باشیم و بین رفقا تقسیم کار بکنیم! با کسانی که به دیدار ما می‌آمدند یا ما می‌رفتیم سراغ آنها ، یک سازماندهی مقدماتی انجام بگیرد تا وقتی که رفقا از مهاجرت بر می‌گردند، زمینه‌های اولیه‌اش فراهم آمده باشد.

مزید بر این، با توجه به اینکه آشنایی هایی در زندان با گروه‌های مختلف پیدا کرده بودیم ، در وهله اول ، ارتباط با چپ ایران، غیر از **حزب توده ایران**، و در وهله دوم نیروهای مذهبی مترقی ، ضروری بود. وقتی که می‌گویيم نیروهای مذهبی ، در آن زمان فعالترین آنها «مؤتلفه»ای‌ها ،گروه **مهدی عراقی** بودند . طبیعتا ما نمی‌توانستیم با آنها هیچ گونه مراوده‌ای داشته باشیم! آنچنان که در زندان هم نداشتیم. از مجموعه افراد اینها که کسانی مثل **عسگراولادی**، **امانی**، **حیدری**، **کلافچی** بودند. فقط **مهدی عراقی** بود که در زندان با ما مراوداتی برقرار و رفت و آمدی می‌کرد! والّا آنها همچنان در لاک خودشان بودند و ما هم اشتیاقی برای مراوده با آنها نداشتیم!

□ *این بعد از سال ۵۴ بود یا قبلش هم به همین صورت بود؟*

■ اینها اصلا تیپشان همین طور بود! مسائل سال ۱۳۵٤ عمدتا در ارتباط با «سازمان مجاهدین» مطرح می‌شود؛ اما در ارتباط با چپ، گروه مؤتلفه معتقد بودند که چپ نجس است! چپ کافر است! و آنچنان در لاک خودشان بودند که بدون این که تعرضی از جانب کسی انجام گرفته باشد ، محاجه خاصی یا حتی از لحاظ نظری مطلبی بیان شده باشد، اینها از همان ابتدا حساب خودشان را جدا کرده بودند!

چون مسئله مربوط به آن ایام و دهه پنجاه نبود، از دهه بیست اینها به روی چپ شمشیر را کشیده بودند! شما در نظر بگیرید که **نواب صفوی** ، به دست یک طفل صغیری مثل **عبد خدایی** ، هفت تیر داد که برود دکتر **فاطمی** را که رادیکال ترین فرد «جبهه ملی» بود، ترور بکند! اینها جایگاهشان این چنین بود!

مضافا این که به گمان من، «فداییان اسلام» بر اساس یک برنامه‌ای – نه صرفا از آنِ خودشان ـ بلکه با یک سیاست خارجی هدایت می‌شدند که: چه کار بکنند! چه کسی را ترور بکنند! و برای سرکوب آن موج جنبشی که در جامعه ایران اواخر دهه بیست شکل گرفته بود و منجر به آمدن **مصدق** در راس کابینه شد، چه صحنه‌آفرینی‌هایی بکنند!

□ *آقای **عمویی** ، شما این نیروهای «مؤتلفه» راکه می‌شناختید، تلقی‌تان نسبت به نیروهای مذهبی از نوع مترقی‌شان دو گانه نبود؟ یعنی بعضی‌ها را از بعضی‌های دیگر جدا نمی‌کردید؟ **مجتهد شبستری** و **گلزاده غفوری** را در همان دسته **هاشمی رفسنجانی** و **خامنه ای** و ... قرار می‌دادید؟*

■ مسلما خیر! امثال **هاشمی** را ما در زندان در ارتباط با خودش شناختیم! همان طور که من در «**دُرد زمانه**» هم، فکر می کنم طی جمله‌ای اشاره کردم، روحانی

جوانی بود ولی تیپش با آنهای دیگر فرق می کرد، مسائل سیاسی بیشتر در گفته‌هایش منعکس بود، تیپ فعالی بود و ما یک چنین شناختی از او در زندان داشتیم. روحانیون دیگری هم در زندان بودند، مثلا **ناطق نوری** هم بود، او هم خیلی حراف بود ولی تیپشان به کلی با همدیگر متفاوت بود!

کسی مثل **سعیدی** هم بود، که خیلی از آقایان برایش حرمت قائل‌اند! ولی از همان ایام ما متوجه شدیم که با آقای **طالقانی** به کلی متفاوت است!

مثلا آقای **طالقانی** معمولا نماز مغرب و عشا را در حیاط به صورت جمعی برگزار می‌کرد، جماعت به او اقتدا می‌کردند و امام جماعت بود. معمولا **طالقانی** بعد از این که نمازش تمام می شد، به طرف بقیه بر می‌گشت و صحبت می‌کرد. در صحبت‌هایش هم همیشه جلوه‌های خاص ستم ستیزی، عدالت خواهی و... بود. یعنی کمتر پیش می‌آمد چنین مطالبی در صحبت‌هایش نباشد.

سعیدی که آمد ، آقای **طالقانی** احترامی برایش قائل شد و خودش در اتاق نمازش را می‌خواند و نماز جماعت را به **سعیدی** محول کرد! چرا که در واقع **طالقانی** به عنوان یکی از رهبران «نهضت آزادی» شناخته شده بود و وجه ملی ـ مذهبی داشت، ولی **سعیدی** از طرفداران آقای **خمینی** در جنبش ۱۵ خرداد بود. او بیشتر برای دلجویی حضرات این کار را کرد.

از زمانی که **سعیدی** نماز جماعت را بر عهده گرفت ، از همان جلسه اول ، افتراق بین شیعه و سنی را مطرح کرد! ما هم معمولا دور حیاط راه می‌رفتیم و به مضمون کلام اینها توجه می‌کردیم، که به چه چیزهایی در صحبت‌هایشان می‌پردازند. به خاطر دارم یکی از جوان‌های خانواده **قاضی محمد** آنجا بود ، به اقتضای کرد بودنش، روابط ویژه‌ای با ما داشت ، دیدم که او برآشفته آمد پهلوی من ، به کردی گفت : آقای

عمویی ، این چه دارد می‌گوید؟ خوب، به همان علتی که او را گرفته اند، به همان علت هم من را گرفته‌اند!

خندیدم و گفتم: عاقل‌های اینها سعی در وحدت شیعه و سنی دارند، حتی اگر حسابگرانه هم باشد! اما این ، نشانه آن است که این آقا متوجه نیست، نمی فهمد، نمی‌داند که وجه سیاسی مسئله الان به مراتب مهمتر ازاین حرف‌هاست که یک زمانی شیعه و سنی اختلاف با هم داشتند! حالا اینها هم وسیله‌ای برای بسیج مردم در مقابله با دیکتاتوری هستند. حالا تو عصبانی نشو! من از طریقی به آقای **سعیدی** پیغام خواهم داد!

و همین کار را هم کردم. البته در صحبت‌های بعدی‌اش کمی تعدیل کرد. ولی از حوزه این صحبت‌ها اصلا خارج نمی‌شد. حالا مثلا دعوای بین شیعه و سنی را کنار گذاشت، پرداخت به احادیثی که اصلا ربطی نه به دنیا، نه به آخرت آدم دارد!

خوب، در زندگی مشترک زندان ، این تمایزات چشمگیر بود! آدم می‌توانست بفهمد چقدر فرق هست! مثلا آقای **منتظری** واقعا چه به لحاظ آن آشنایی‌هایی که در زندان دست داد و چه به لحاظ صداقت و سلامتی که از خودش در ارتباط با ما نشان می‌داد، شخصیت جالبی بود! وقتی صحبت می‌کرد کاملا معلوم بود که ریاکارانه نیست، حرف دلش و نظرش را بیان می‌کند! و به همین علت ما کوشیدیم که با شخصیت‌هایی از این قبیل، ارتباطمان را حفظ بکنیم.

بعضی دیگر از اینها را ما بیرون از زندان شناختیم. از جمله شخصیتی مثل مجتهد **شبستری** یا **گلزاده غفوری** را، من بیرون زندان ، بر اساس معرفی پاره‌ای از دوستان شناختم.

دوستی با بچه‌های «حزب ملل اسلامی» هم، برای شناخت نیروهای ترقی‌خواه آنها، به ما یاری می‌داد. چون اینها در دل همین نیروهای مذهبی بودند و از لحاظ

خانوادگی هم با همه اینها مربوط بودند، مثلا مادر **بجنوردی**‌ها، دختر مجتهد بزرگ شیعه، **آیت الله اصفهانی** بود، پدرشان هم یکی از آیت الله‌ها بود. که آشنایی و مراوداتشان با این گروه و صنف روحانیون زیاد بود و به همین علت هم شناختشان قابل توجه بود! خود به خود با این نوع شناخت‌ها، ما تفاوت‌ها و تمایزاتی را بینشان می‌دیدیم.

ولی بعد از پیروزی انقلاب ، تعدادی از اینها در موقعیت‌های رسمی و قانونی قابل توجهی قرار گرفتند! مثلا **هاشمی رفسنجانی**، آن زمان که در زندان با او آشنا بودیم کاره‌ای نبود،نسبت به خیلی از روحانیون هم جوان‌تر بود ، ولی بعد از انقلاب دیدیم خیلی به آقای **خمینی** نزدیک است!

□ *می‌دانید آقای **عمویی**! مسئله‌ای در مورد آقای **به آذین** هست، و آن این که ایشان در خاطراتشان کاملا حسابگرانه و با حواس جمع نسبت به آقای **خمینی** قضاوت می‌کنند! (خاطراتی که تا سال ۵۷ نوشته‌اند.)*

*قرینه دیگری که دارم، سخنان آقای **سپانلو** است، ایشان می‌گویند که وقتی می‌خواستیم پیش آقای **خمینی** برویم ، آقای **به آذین** اصلا با آمدن کانون نویسندگان و شعرا ... موافق نبود. ولی بعد از آمدن اعضای حزب به ایران، ناگهان این روند عوض می‌شود!*

*در کتاب آقای **به آذین** به نام «نامه‌هایی به پسر» (جدیدا در آمده است، به پسرش **زرتشت**- که بعدها در پاریس فوت شد- نوشته است) و نامه‌های پس از انقلاب که مملو از تعریف و تمجید و یک نوع حس عاشقانه مذهبی به آقای **خمینی** است که رهبری ملت را بر عهده گرفته است و... اصلا ما آن دقت و حسابگری خیلی روشنفکرانه قبل از انقلاب را در آنها نمی‌بینیم.*

*آیا چنین مسئله‌ای برای شما هم پیش آمد؟ یعنی قبل از اینکه اعضای حزب به ایران بیایند ، شما نسبت به آقای **خمینی** چه نظری داشتید؟*

■ بله، برداشت شما درباره نامه آقای **به آذین** درست است. **به آذین** اصولا مخالف اینها بود! حتی نمی دانم شما متن سخنرانیی که قبل از انقلاب ، در آستانه انقلاب، در همین اجتماعات انجام می‌گرفت، از **به آذین** شنیدید یا نه؟ آنجا دقیقا مسئله «دیکتاتوری نعلین» را مطرح می کند! که از طرف حزب به او یادآوری می‌شود که«در این زمینه افراط کردی و نباید چنین اصطلاحی به کار می بردی و... » پس از آن به گمان من ، یک مقدار تغییر لحن او ناشی از پذیرش موضع حزب در قبال روحانیون بود، نه حس عاشقانه مذهبی که شما مطرح می‌کنید!

واقعیت این است که ما شناخت دیگری نسبت به مذهبی‌ها داشتیم و این نه مربوط به سال ۱۳۵۷ و بیرون آمدن ما از زندان بود . در کتاب خاطراتم هم اشاره‌ای به این مسئله دارم ، پیش از اواسط دهه چهل ، زندان در انحصار چپ بود و قبل از دهه چهل، در انحصار فرزندان **حزب توده ایران** بود. اما از ۱۵ خرداد ۱۳۴۲ تا حدودی، ولی همین طور که جلو می رفتیم، تعداد زندانیان سیاسی مذهبی رو به افزایش بود. به ویژه این که روحانیون هم به تعداد قابل توجهی بینشان بودند .

با گذشت ایام و مذاکراتی که با برخی از اینها داشتیم ، منجمله بحث های زیادی که با **حجتی کرمانی** یا با بعضی از همین جوانان «حزب ملل اسلامی» داشتیم، به این نتیجه رسیدیم که فضای سیاسی ایران و مبارزین ، ترکیب جدیدی پیدا کرده است. درست است که گروه های جدید و جدیدتری از چپ به عرصه مبارزه آمدند و بعد به ویژه طرفداران مبارزه مسلحانه چریکی به میدان آمدند ، ولی فضا ، فضای دیگری بود!

البته این را اشاره کنم که صرف اینکه کسانی طرفدار مبارزهٔ مسلحانه بودند، توجه ما را جلب نمی‌کرد، این که از چه نگرشی و از چه موضعی بودند، مهم بود. مثلا موضع مائوئیست‌ها هیچ وقت به دل ما ننشست و عملا هم هر گروهشان به

ایران آمدند، بلافاصله تسلیم شدند! **کوروش لاشایی**، **پارسانژاد**، **پرویز نیک خواه**،... یکی دو تا نبودند! عمر چندانی هم نمی برد، چون اساس کارشان «محاصره شهر توسط روستا» بود و یک نفر روستایی بین اینها نبود، همه آنها تحصیلکرده‌های دانشگاه منچستر یا آلمان بودند! از مرز هم که به این طرف می‌آمدند بلافاصله دستگیر می‌شدند و یکی سه سال حکم می‌گرفتند و حتی سه سال هم نکشیده ، می بریدند! حالا بدشانسی آنها هم ، یک عده مثل ماها که سال ها در زندانیم، فراوان اینها را دیده‌ایم، از همان روز اول که به زندان می‌آید، می‌دانیم چه خواهد شد... بابا تو سال دیگر... یک قدری آرام باش، دو سه سالی بکش، بعد هر چی دلت خواست بگو!

خوب، درباره اینها ما این طور فکر می‌کردیم. اما واقعیت این است که از همان روز اول ، ما نسبت به چریک ها نگاه دیگری داشتیم. بچه های بسیار بسیار تمیز، صادق، منتها افراطی ! روی سنگ بخوابد، برای اینکه بتواند سختی را تحمل کند! که چریک خوبی باشد، شلاق را خوب بخورد! یادم هست به **رحیم صبوری** می‌گفتم: عزیز من! این جوری «تصحیح خصلت» نمی‌شود. شما یک اصطلاحی دارید به نام «تصحیح خصلت» ، با زجردادن خودتان و ریاضت کشیدن ، «تصحیح خصلت» نمی‌شود! شما ورزش بکنید، مطالعه بکنید! مبانی اندیشه‌تان را بالا ببرید، به کتاب‌های بهتر دسترسی پیدا بکنید، در عین حال هم جسمتان را قوی بکنید، اما غذا خوب بخورید! هیچ دلیلی ندارد شما آش بخورید، به علت این که فردا پس فردا در جنگل چیزی گیرتان نمی‌آید! نمی‌گویم پرخوری بکنید، در حدی که نیاز بدن هست و دارید ، بخورید!

و همین طور هم شد. که بعد این بچه ها به افراط افتادند! آن هم دقیقا به این علت که چند تا از بچه های مائوئیست بینشان بود! از اروپا آمده و آنجا خوشگذرانی کرده، حالا آمده به زندان ، سخت است! ابتدای کار یک مقدار چپ روی بچگانه! من واقعا

خصلت‌های ناجور برای اینها قائل نیستم، اما با مسائل ، بچه‌گانه مواجه می‌شدند و از انسان و روحیات بسیار بغرنج و پیچیده انسان ، اطلاعی نداشتند. فکر می‌کردند انسان موجودی ساده است که به راحتی می‌شود خصایصش را دستکاری کرد! ظرف یکی دو روز می‌شود آدم تنبل را زرنگ کرد! آدمی را که خوشگذران است و به آن عادت کرده ،اصلا در خانواده معینی بزرگ شده ، دوران تحصیل با افراد معین و در فضای معین بوده ، حالا که یک شبه عاشق چریک‌ها شد، پس یک آدم مقاوم و سر سخت می‌شود! اصلا چنین چیزی نیست! باید تمرین بکند و باید زمان بگذرد، باید معتقد بشود!

یادش به‌خیر! **علیرضا شکوهی** یکی از بچه‌های «ستاره سرخ» بود و بعد در زندان، طرفدار چریک‌های فدایی شد. از زندان که بیرون آمد ، به «راه کارگر» پیوست و مسئول تشکیلاتشان بود. دوران زندان را هم خیلی خیلی با شرف و مقاوم گذراند و مردانه هم شهید شد! او یک وقتی در عادل آباد از من می پرسید که بیشتر عامل فیزیکی است که آدم را مقاوم می‌کند یا باورها و اعتقادات؟ گفتم: تو رستم دستان هم که باشی ، اگر به راهت ایمان نداشته باشی، آن وقت که زیر شلاق هستی، درد دارد! هیچ گفتگویی ندارد! حالا بدنت مقاوم باشد یا ضعیف ، آنچه که تو را نگه می‌دارد، باور تو و ایمان توست! نه ایمان الکی، نه آن که یک موجی آمده و تو را کشانده ، بلکه واقعا روی آن مطالعه و بررسی کرده باشی، از لحاظ تاریخی سوابقش را سبک و سنگین کرده باشی و به این رسیده باشی که هیچ راهی جز این راه نیست! به قولی، «سوسیالیسم، یا توحش و بربریت! » اگر واقعا ما به این باور رسیده باشیم، آن را درونی کرده باشیم، آن وقت بله ، پارامتر جسم هم به کمک می‌آید. توانمندی آدم به آدم کمک می‌کند؛ و به همین علت هم هست که همواره توصیه می‌شود مبارزین از

ورزش ، راهپیمایی، کوهپیمایی و... غفلت نکنند! ضمن این که خود اینها پوششی است، ولی در عین حال توانمندی انسان را هم زیاد می‌کند!

خوب، ببینید من الان از ۷۶ سال گذشته ام، واقعا آن روزی که در بم خواستند ما را روی صحنه ببرند تا جوایزی را بدهیم و صحبت بکنیم، من خیلی دلم برای مهندس **سحابی** سوخت! از یک پله نمی‌توانست بالا برود! بعد زیر بغل **سحابی** را گرفتند که بالا بکشندش! یکی گفت: آقای **عمویی**، مهندس **سحابی** که از شما سنش کمتر است! خندیدم گفتم: خوب، به هر حال شاید ما نظامی بودیم، بیشتر دویدیم. گفت: آخر مگر شما چند سال نظامی بودید؟ بقیه اش را که در زندان بودید!

ببینید، من واقعا همواره توصیه‌ام به رفقا این است ، مخصوصا به جوان‌ها، که معتقدات، ایمان داشتن به راه ، آنچنان که «جز این، راه دیگری نیست! » بدون تردید پارامتر اول است. تا این حد آدم بایستی باورمند بشود! و بعد ، فیزیک نیرومند، توانمندی ها ... .

□ *آقای **عمویی**،آن سیر صحبت‌ها در مورد مذهبی‌ها را ادامه بدهیم و خواهش می‌کنم نظرتان راجع به شخص آقای **خمینی** را هم در آن بگنجانید.*

■ بله، من دنباله صحبتم درباره شناخت این آقایان بود، که خوب، این تفاوت‌ها سبب شد که بحث به جریانات دیگری بکشد که چه شناخت‌های متفاوتی به انسان دست می‌داد.

خوب، در بین این روحانیون، آقای **حجازی** را هم دیدیم! که چند ماهی پهلوی ما بود؛ وقتی که از زندان آزاد می‌شد و با من روبوسی می‌کرد، می‌گفت زندان همین‌قدر خوب است! یکی دو ماه، سه ماه آدم حبس بکشد و بعد برود. چیه که شما تا ابد تو

زندان باشید؟ من دو ماه کشیدم، حالا می‌روم بیرون ، منبر من هم اگر ۱۰۰ تومان بود، حالا شده ۲۰۰ تومان! گفتم: ناز شستت! اصلا بیخودی هم آمدی اینجا!

خوب، این فرق می‌کند با آقای **منتظری** که واقعا شکنجهٔ کمرشکن به او دادند و او همچنان روی اعتقادش باقی ماند! یا یک نفر مثل آقای **طالقانی**! اینها بدون تردید اختلاف ایدئولوژیک‌شان با ما، موجبات ایجاد یک فاصله جدی بین ما می شود ولی در یک مقطع معینی که عبارتست از مبارزه علیه ستم، علیه دیکتاتوری موجود و به وجود آوردن جامعه‌ای که آزادی بیان در آن باشد، او بتواند حرفش را بزند، من هم بتوانم حرفم را بزنم، این فاصله از بین می‌رود. و در این مقطع هم تمایز جدی هست بین **طالقانی** و **ربانی شیرازی**! بین **منتظری** و ...!

درباره آقای **خمینی**، واقعیتش این است که ما هیچ شناختی از او نداشتیم، تنها بعدها، بعد از این که از زندان بیرون آمدیم، بعد از این که رفقا از مهاجرت به ایران آمدند، بعد از این که نشست و برخاست‌هایی ، حتی با مذهبی‌های گوناگون داشتیم، شناخت ما نسبت به آقای **خمینی** شکل گرفت.

اما من صریحا بگویم که هیچ زمانی، آنچه که در ارگان حزب، به صورت تایید گفته‌های آقای **خمینی** بود، که غالبا در «نامه مردم» تیتر می‌شد، در باور من نبود! و نشانهٔ بارز این مطلب ، اعتراضی است که من به رفیقمان **بهزادی** درباره سرمقاله‌های «نامه مردم» کردم!

روزی یکی از شماره‌های «نامه مردم» را بردم پهلوی رفیقمان **بهزادی**، (او مسئول شعبه سیاسی و روزنامه «ارگان» هم زیر نظر شعبه سیاسی و سردبیر «نامه مردم» هم دکتر **بهزادی** بود.) گفتم: ببینید، این روزنامه چهار مقاله اصلی دارد که سه‌تای آن مربوط به آقای **خمینی** است! مگر روزنامه ما ارگان ایشان است؟ این روزنامه ارگان **حزب توده ایران** است! چرا باید این طور باشد؟!

بحثی درباره ضرورت هموار کردن راه همراهی، همگامی، پیشبرد انقلاب، حفظ دستاوردهای انقلاب و از این قبیل.... بین ما در گرفت. گفتم: این بحث، جدا از نوشتن این نوع مقالات است ، این مقالات اصلا کمکی به این هدف نمی‌کند، این مقالات یک مقدار ما را گمراه می کند، ما یک خط کلی داریم و آن خط کلی راهنمای ماست!

درست است، ما تلاش می‌کنیم .همه نیروهایی که در جهت تعمیق دستاوردهای انقلاب عمل می‌کنند متحد ما هستند و باید در این عرصه کار کنیم. ممکن است در این زمینه بعضی نیروها اشتباه بکنند، یعنی در مقطع کنونی حتی لطمه بزنند! عینا مثل رفتاری که دوستان چریک فدایی ما با تفنگ‌هایی که در ترکمن صحرا به دست گرفته بودند، یا جنگیدنشان در کردستان ، انجام می‌دادند! چقدر ما نشستیم و با اینها کلنجار رفتیم که بچه‌ها ، دارید هم به خودتان و هم به ما ، هم به کل انقلاب لطمه می‌زنید، این کار را نکنید!

ولی یک وقت هست که خیر، یک جریانی با یک اندیشه معین و مطالب معین، یواش یواش سنگینی شعارها را روی چیزی می‌گذارد که آن جنبه‌های مثبت را، تحت الشعاع قرار می‌دهد . ما در پذیرش «خط» همواره گفتیم که پذیرش موضع آقای **خمینی** ، در چارچوب «خط مردمی و ضد امپریالیستی امام» است. ما هیچ وقت طرفدار «خط امام» نیستیم و نخواهیم بود! چون خط امام علاوه بر «مرگ بر آمریکا» ،«مرگ بر شوروی» هم دارد! علاوه بر مبارزه به خاطر دستان پینه بسته دهقان، آن بازاری غارتگر دلال را هم همراه خودش و نزدیکتر به خودش هم دارد!

چون من بارها به رفقایمان گفتم نزدیک‌ترین گروه مذهبی به آقای **خمینی** در جماران، «مؤتلفه» است و به خاطر بسپاریم که اینها آن نیروی سیاه تباهی آوری هستند که از دهۀ بیست، همچنان در ایران مبارزاتی را علیه مارکسیسم کرده‌اند! اصلا با این اندیشه برای اتحاد اسلام، و با یک نگرش بسیار مرتجعانه و بر مبنای

روش‌های تروریستی، خیلی خطرناک اند! امروز ما شاهد جریانی به نام **بن لادن** و «القاعده» هستیم، هسته‌هایش همان موقع در ایران وجود داشت و الان هم وجود دارد!

نمی‌دانم شما این نوار آقای دکتر **حسن عباسی** را شنیده‌اید؟ برای من آورده اند، اصلا وحشتناک است! کجا پی «القاعده» می‌گردند؟ اینجاست! نشسته است! استاد دانشگاه، شما نمی‌دانید، یک ساعت سخنرانی و یک عده هم وسط کار یکدفعه الله اکبر و تکبیر و مرگ بر ... مرگ بر ... می‌گویند! صریحا می‌گوید: خطر پشت گوش ماست! بله، آقای **خاتمی**! گفتگوی تمدن‌های تو این بلا را به روزگار ما آورد! تساهل و تسامح تو این کارها را با ما کرد! دانشجوهای ما را منحرف می‌گویند، تو منحرفشان کردی! ما بسیج نیروهای خودمان را چنین می‌کنیم، چنان می‌کنیم، همین الان هم برنامه‌اش را ریخته‌ایم، تنگه هرمز را بموقع می‌بندیم، از بین می‌بریم!

یک مشت لاطائلات ردیف کرده است، آدم فکر می‌کند که بیخودی دارند دنبال آقای **زرقاوی** می‌گردند! همین جا نشسته است و آزادانه توی کشوری عمل می‌کند که **خاتمی** بیچاره هنوز رئیس جمهورش است! حالا پَر و بالَش را ریخته‌اند، این سید را به این روزگار نشانده‌اند! واقعا آدم دلش به حالش می‌سوزد! آن وقت او نامش رئیس جمهور این مملکت است، ولی این جور آزادانه توی CD چه اهانت‌های عجیب و غریبی به این مرد می‌کند؟!

خوب، من فکر می‌کنم دقیقا از بالا حمایت می‌شود و این فقط یک استاد دانشگاه به نام آقای **حسن عباسی** نیست، مجموعه‌ای است که در سپاه دست دارد، در روحانیت دست دارد، در بازار دست دارد، اینها سازمان یافته و گسترده عمل می‌کنند! و صریحاً می‌گوید (فردا پس فردا خواهید دید!) یعنی دارد تهدید می‌کند که (ما می‌آییم، ما فردا می‌آییم.) الان هم هستید! دارید همه کارهایتان را می‌کنید!

به هر حال وجود همین «هیئت مؤتلفه» که بسیار نزدیک به آقای **خمینی** بود، یک مقدار هشدار بود! و در واقع در بحثی که با رفیقمان **بهزادی** داشتم، گفتم: یک مقدار جانب احتیاط را رعایت بکنید! من در مجموع خط حزب را تایید می‌کنم. خط حزب درست است. اگر حزبی بخواهد فعالیت علنی و موثر داشته باشد ، باید حضور داشته باشد! تا بتواند مجموعه آن تاریخ مجعولی که طی دهه‌های گذشته برایش ساخته و در اذهان گنجانده و نشانده‌اند، بزداید! این که در ۲۸ مرداد این حزب توده بود که موجب این شکست شد! این که در سنوات بعد ، این حزب توده بود که موجب چنین و چنان ... . این حزب باید یک حضوری می‌داشت تا علنا بگوید «آقا، این چهره‌ای که از این حزب ترسیم کرده اند، آن چیزی است که جاعلین تاریخ درست کرده اند. حزب این است و حرفش این است! » و برای این، لاجرم باید هزینه پرداخت!

□ *آقای **عمویی** اگر من درست می گویم، یا اشتباه می‌کنم ، یادآوری بکنید! اولین کسی که از خارج آمد **جوانشیر** بود.*

■ بله.

□ *او نتایج پلنوم شانزدهم و مسائلی را که در مورد آقای **خمینی** مطرح کردند، آورد! آیا بحث‌هایی هم که با ایشان مطرح کردید، از همین موضع بود؟ یعنی فرق بین نیروهای مذهبی، عدم تایید خطی به نام «خط امام»و...*

■ بله، ما یکی از عمده‌ترین بحث هایمان با زنده یاد **جوانشیر** ، مسئله «آری یا نه» به جمهوری اسلامی بود.

■ نخیر، ما می‌گفتیم این اصطلاحی که الان تحت عنوان «جمهوری اسلامی» مطرح می‌شود، ما فکر نمی‌کنیم درست باشد! ما قبول داریم که نیروهای ترقی‌خواهی با معتقدات مذهبی در جریان انقلاب حضور دارند، عمل می‌کنند، کثیر العده هم هستند، خیلی زیادند و به لحاظ وحدت ایدئولوژیک، امکان بسیج بسیار بسیار بالایی هم دارند، و امروز وقتی که اینها تظاهرات می‌کنند از همه دستجات سیاسی، با همه سوابق دراز مدتی که دارند، بیشتر هستند، چه طیف‌های گوناگون مذهبی که به اینها می پیوندند، چه آن باورمندانشان، چه آنهایی که واقعا نیروهای انقلابی و در عین حال مذهبی هستند، چه آنهایی که فرصت طلب هستند و امروز که باد به این پرچم می‌وزد، به این سو می‌روند، این یک واقعیت است! اما به خاطر بسپاریم که این انقلاب اگر از لحاظ مضمون ، از نظر حزب یک انقلاب «ملی ـ دموکرتیک» تلقی می‌شود، بایستی نام خودش را داشته باشد ، بایستی شعارهای خودش را داشته باشد! منتها ما تعیین کننده‌اش نیستیم، درست است ، ولی باید شعارش را بدهیم، خواستمان را باید بیان بکنیم!

بنابراین از چهار مقاله «نامه مردم» نبایستی سه مقاله اش مطالب آقای **خمینی** و... باشد. ما مخاطبین خاص خودمان را داریم. فقط رفقای **حزب توده ایران** نیستند که مخاطب «نامه مردم» هستند. ما با چپ ایران طرف هستیم. ما با چپ پلمیک داریم، اینها نیروهایی هستند که خواهان سوسیالیسم اند! حالا تحلیل‌های مختلف دارند، نظرات گوناگون دارند، مخالف تحلیل ما هستند، پس ما باید با اینها صحبت بکنیم. طرف صحبت ما اینها هستند . مخاطب برخی از مقالات ما ملت ایران، مردم ایران است که اصلا از سوسیالیسم چیزی نمی‌داند، سوسیالیسم را نمی‌خواهد، شاه را هم

نمی‌خواهد، یک نظام آزادتر از رژیم پهلوی را می‌خواهد! بنابراین بایستی یک نگرش همه جانبهٔ این چنینی در مقالات «نامه مردم» باشد.

□ *ولی نظر آقای **جوانشیر** این نبود.*

■ کار ما بعدا به رفتن پیش رفیقمان **کیا** کشید.

□ ***کیا** اردیبهشت سال ۵۸ آمد؟*

■ بله، در واقع آن چند شماره «نامه مردم» قبل از این که ما وارد سال ۵۸ شده باشیم ، بیشتر انعکاس مصوبات پلنوم شانزدهم بود، اگر درست به خاطرم باشد، خیلی مقالات ساده و سبکی داشت. در واقع یک مقدار زمان می‌گذراند تا رفقا بیایند و آن مقالات اساسی و پلمیک لازم، انجام بگیرد.

□ *از چه تاریخی «نامه مردم» شروع شد، آقای **عمویی**؟ یعنی «نوید» تمام شد و اعلام شد که «نامه مردم» چاپ می‌شود. درست می‌گویم؟*

■ در «نامه مردم» اعلام شد که به جای «نوید» ، «نامه مردم» منتشر می‌شود. البته در شماره آخر «نوید» هم به این اشاره شده بود. فکر می‌کنم هفتهٔ آخر بهمن ۱۳۵۷ بود، نه، دهه اول اسفند ۱۳۵۷ بود.

خوب، هنوز «نامه مردم» چیز خاصی نداشت، فقط بحثی بود که با رفیقمان **جوانشیر** درباره عنوان «جمهوری اسلامی» داشتیم. چون آن موقع خیلی مطرح می‌شد.

مهندس **بازرگان** و... «جمهوری دموکراتیک اسلامی» را مطرح کردند. از طرف چپ، «جمهوری دموکراتیک» و بعضی ها، «جمهوری دموکراتیک توده ای» و... مطرح و بحث های گوناگون می‌شد. ما معتقد بودیم که ما دعوای «اسم» نداریم، ولی به هر حال «نام» باید محتوای یک مرحله تاریخی معین باشد. اگر ما اعتقاد بر این داریم که این انقلاب ، انقلاب مردمی بوده و انقلاب دموکراتیک بوده است ، این پسوند «اسلامی» یعنی این انقلاب اصلا اسلامی بوده است! و حال آنکه بار آن را چپ به دوش کشیده است! حال اگر میوه چینی شده، به قول **کسروی**، درباره انقلاب مشروطه ، حالا هم اینجا دوباره تاریخ به نوعی تکرار شده است.

خوب، این را بارها من تکرار کرده‌ام، آن موقع هم به رفیقمان **جوانشیر** گفتم: از بعد از ۲۸ مرداد ۱۳۳۲، چپ یا اعدام شد ، یا در زندان بود یا در به در بود! ولی این آقایان ، به تعداد مساجد ، بلندگو داشتند و از همان جا پایه های آینده خودشان را درست کردند! رژیم **پهلوی** و «ساواک» ، نهایت انعطاف را هم در قبال اینها به خرج داد! و بموقع هم حکومت را دو دستی تحویل آنها داد!

بعد ما مطلع شدیم که آقای **فردوست** «اداره هشتم ساواک» را دست نخورده تحویل آقایان داده است! یعنی توافقاتی انجام گرفت. واقعا وقتی که امپریالیسم ، به خصوص آمریکا متوجه شد که شاه دیگر ماندنی نیست و نیاز به یک آلترناتیو (جایگزین) دارد، خیلی کوشید، از سال ۱۳۵٦ شروع به تلاش کرد! در سطح بالای رژیم جابه‌جایی‌هایی انجام گرفت، **آموزگار** جای **هویدا** آمد، بعدش **شریف امامی** آمد، بعدش **ازهاری** آمد، کوشش کردند دکتر **صدیقی** را بیاورند.(البته ، **صدیقی** می‌گوید من نپذیرفتم! ولی پذیرفته بود، کابینه‌اش هم... به هر حال اختلاف بینشان افتاد، بگذریم، ماهیت این دوستان ملی ما هم یک مقداری...! ما همیشه سعی می‌کنیم که حرمتشان را حفظ بکنیم!) خوب، رسید به **بختیار**!

آمریکا خیلی کوشش کرد که تحولات را در آن سطح متوقف کند! ولی واقعا به این نتیجه رسید که در ایران غلیانی رخ داده است که زمینه هایش سال‌ها قبل فراهم آمده است، تودهٔ میلیونی را ظرف یکی دو ماه نمی شود بسیج کرد، یک زمینه تاریخی از لحاظ اندیشه فراهم آمده است! خوب، حسابش با دو دوتا چهارتا روشن بود:

آقای **خمینی** خودش بود! یعنی مامور اینها نبود که طی سال‌ها او را آماده کرده باشند و حالا بخواهند تحویل بدهند! خیر، اما کسی بود مورد پذیرش میلیون‌ها آدم این مملکت که از ۱۵ خرداد در جامعه چهره شده است! تبعید هم شده ، و این جریان در مملکت ادامه پیدا کرده است. ولی ضد کمونیست است! اقتصادش ، هر قدر بگوید «اقتصاد اسلامی» ، همان اقتصاد سرمایه داری است!

شما واقعا کتاب هایی را که آقای **محمدباقر صدر** در زمینه اقتصاد نوشته است ، بخوانید! چه آن و چه کتاب‌هایی که **بهشتی**، **باهنر** و بقیه نوشته اند ، (در واقع رونوشتی از نوشته‌های او را تحت عنوان نظرات اقتصاددانان آورده‌اند) همان است!

بنابراین از نظر دنیای سرمایه‌داری جای هیچ نگرانی نیست که اگر آقای **خمینی** بیاید، مهم این است که با این آقایان طی قرار بکنیم که ارتش ایران را دست نزنند!

□ *شما تحلیلتان را، چنین مضمونی را به **کیا** گفتید؟*

■ نه ، واقعیتش این است که شناخت ما بعد بیشتر شد. منتها در سطح، نسبت به همین مسئله «اسلامی بودن» چرا، ما احساس نگرانی می‌کردیم! به ویژه آن منظره ۱۲ بهمن، موقع استقبال از آمدن آقای **خمینی** که دیدیم چقدر راحت اینها یک گروه چپ را دوره کردند و کنار زدند ، فکر کردیم در آینده هم ما با چنین مشکلی مواجه هستیم . خوب، از جانبی واقعیت بود ، از جانبی پذیرش این واقعیت دشوار بود !

رفقای ما که از مهاجرت آمده بودند ، این واقعیت را راحت پذیرفتند. ولی ما خیلی برایمان پذیرش آن سخت بود. ما سال‌ها در زندان با اینها زندگی کرده و به این مطلب رسیده بودیم که ما با اینها یک حد و مرزی داریم ، یک مرزبندی‌هایی را بایستی رعایت بکنیم که اگر نمی‌کردیم، یا در زندان مرتب در حال اصطکاک بودیم ـ که از آن پرهیز می‌کردیم ـ یا اینکه در آنها حل می‌شدیم. ما این مرز را همواره حفظ کردیم . به همین علت هم در یک عرصه کلان، اگر آنجا یک کمون بود، یک زندان بود و یک عده معدودی در حدود سیصد، چهار صد نفر، حالا در عرصه یک کشور است و مسئله میلیون‌ها آدم است و سیاستگذاری گسترده ...

□ *نظر **کیا** چه بود؟*

■ **کیا** به جد معتقد بود که روی «جبهه متحد خلق» خیلی باید تکیه بکنیم! که ما هم به این امر اعتقاد داشتیم، ولی ترکیبش قابل توجه بود که کیا روی عنصر مذهبی‌اش خیلی تاکید می‌کرد، یعنی جایگاه خاصی برای نیروهای مسلمان طرفدار **خمینی** قائل بود!

□ *چرا؟*

■ اتخاذ تاکتیک ها، لاجرم در بعضی مواقع تغییری در ترکیب نیروهای استراتژیک می‌دهد. شما وقتی می‌خواهید استراتژی‌تان را تعریف کنید، یکی از پارامترهایش، توضیح نیروهایی است که در این استراتژی هستند ، نیروهای اصلی، نیروهای عمده، نیروهای کمکی ، نیروهای دشمن و ... اینها در استراتژی تعریف می‌شوند. اما موقعیت‌های تاریخی معینی پیش می‌آید که شما الزاما بایستی تاکتیک های خاصی را

اتخاذ بکنید. در اتخاذ این تاکتیک ، بر اساس آن تعریفی که از نیروها کرده اید، آثار ملموسی پدید می‌آید که حتی مقداری از آن دور می شوید.

به گمان من ، بعد از انقلاب، این تعریف نیروهای دوست، همراه و همگام ، در اتخاذ مشی ، اتخاذ روش و تاکتیک‌ها یک مقدار اثر نامطلوبی گذاشت. به نظر من ، رفیق ما **کیانوری** بهایی بیش از آن حدی که در خور بود، برای روحانیت قائل شد ! من **کیا** را هوشیارتر از آن می‌دانستم که دستخوش یک احساسات موقتی بشود یا احیانا فریب یک دسته شعارهای مردم پسند ، عامه پسند را بخورد! خوب، وقتی که آقای **خمینی** درباره «دست پینه بسته دهقان ، بهترین سند مالکیتش است! » حرف می‌زند، باید بداند که این خیلی هم بیانگر اعتقاد این چنینی نیست. یا وقتی که کسی مثل آقای **خمینی** می‌گوید که مارکسیست‌ها هم می‌توانند حرف‌هایشان را بزنند...

□ *در صورت عدم توطئه ، یعنی شرط را خودش تعیین می‌کند!*

■ همان موقع، به نظر من رفقای ما امکانات زیادی برای شناخت و دستیابی به تاریخچه زندگی آقای **خمینی** داشتند. من بعدها به **کیا** گفتم به نظر من شما کوتاهی کردید! ما باید آقای **خمینی** را بیشتر می‌شناختیم. اکتفا کردیم به همین شعارهایی که داده است، قاطعیتی که در برخورد با شاه و آمریکایی‌ها ، در برخورد با «سنتو» و بیرون ریختن مستشاران نشان داده. اینها همه جنبه‌های مثبت او بود ولی چرا بررسی نشد که سابقه تاریخی آقای خمینی چیست؟! به ویژه این که در یک چنین موقعیت استثنایی قرار گرفته است!

مسئله این است که وقتی یک شخصیت کاریزماتیک در راس یک جنبش انقلابی قرار می‌گیرد، در مقاطع معین ، همه چیز منوط به تصمیم او می‌شود! نقش شخصیت در تاریخ ، اینجا خیلی خیلی گویاست!

درست است که تاریخ شخصیت‌ها را خلق می‌کند ولی در مقاطع معین تاریخی، این شخصیت ها تعیین کننده هستند! واقعا بایستی گذشته آقای **خمینی** معلوم می‌شد! که، بعدها ما مطلع شدیم ایشان از دهه بیست، در ارتباط نزدیک با آقای **بروجردی** بوده است. ماموریت‌های ویژه از جانب او اجرا می‌کرده است. به هر جهت... .

□ *علت این فرصت طلبی ...، حالا نمی‌خواهیم که خیلی هم منفی در نظر بگیریم، علت این رفتار اپورتونیستی (اگر بخواهیم لغات چپ را به کار ببریم) رفیق **کیا** چی بود؟ یعنی امید داشت که نخست وزیر شود؟*

■ ابدا، نه، اصلا جاه طلبی رسمی ، مقام و این چیزها ، هیچ وقت برای **کیا** واقعا مطرح نبود! اعتقادش این بود که این نیرو الان در جامعه تعیین کننده است و اگر ما سیاست حزب را یک مقدار تعدیل بکنیم و بر خلاف موضعی که سایر نیروهای چپ، در مقابله با جمهوری اسلامی اتخاذ کردند، ما موضع ملایمی اتخاذ بکنیم، این امکان فراهم می‌آید که یک حزب کمونیستی علنی وجود داشته باشد و مبانی‌اش را در اختیار تودهٔ مردم قرار بدهد! چون اگر این حزب توده ای نشود، چپ ، توده‌ای نشود، همیشه «محفل» است! بُردش خیلی کم است. یک عده روشنفکر را با خودش دارد، به علت این که روشنفکر با قضیه تعقلی برخورد می‌کند، دودوتا چهار تا می‌کند، منطقش را می‌شنود، قانع می‌شود، می‌پذیرد! ولی در عرصه فعالیت روزمره و تاریخی، توده‌ها، شعارها و برنامه‌ها و ... هست و باید «حزب» باشد که این برنامه‌ها را ارائه کند و توضیح بدهد که : من این را می‌خواهم، او این را می‌خواهد . بیایید مقایسه کنید که کدام می‌تواند آینده را برای شما درست ترسیم کند؟!

این امر تنها در شرایط فعالیت علنی امکان پذیر است! این ریشه‌هایی که **حزب توده ایران** در تاریخ جنبش چپ ایران گذاشت، آن چند سال فعالیت علنی‌اش در دهه بیست بود، درست است که آن زمان هم محدودیت‌های بسیار زیادی داشت، همین چاقوکش‌ها می‌ریختند، چقدر ما جوان‌ها را واقعا چاقو خورده به بیمارستان‌ها می‌بردیم ! خود ما به عنوان اعضای سازمان جوانان، چقدر کتک خوردیم! در سنین ۱۵، ۱٦ ، ۱۷سالگی... واقعا با چنان چماق‌هایی اینها می‌افتادند به جان ما که اگر رفقای کارگرمان از ما حمایت نمی‌کردند ، همان جا جان به جان آفرین تسلیم می‌کردیم!

همان سال‌های علنیت کمک کرد که این اندیشه به میان توده مردم برود، و به واقع توطئه ۱۵ بهمن سال ۲۷ دقیقا حساب شده بود! نه اندیشه شاه و اطرافیانش ، بلکه اندیشه اداره کنندگانش! یعنی دقیقا سیاست انگلستان بود که اولا چپ را از عرصه خارج کند، ثانیا جنبش ملی را زیر فشار قرار بدهد ، که این کار را کرد...!

خوب، حالا هم در ایران انقلابی شده است ، بعد از سال ها اختناق، جامعه به مرحله‌ای رسیده است که فرهنگ انقلابی بتواند در داخلش گسترش پیدا بکند. این جزوه های مختلفی که نوشته می‌شد، بحث‌هایی که در می‌گرفت، مطبوعاتی که چاپ می‌شد، اینها نه آن چهره تام و تمام چپ ایران ، منجمله **حزب توده ایران** بود، بلکه تازه شرایطی پیش آمده بود که همه عجله داشتند سریع جلوتر بروند! آن جریان چپی که رادیکالیسم ویژه‌ای آن را به حرکت در می آورد ، می خواهد حقوق خلق کرد را به دست بیاورد، حقوق ترکمنان، حقوق خلق عرب و آذربایجان و...

خوب، به هر جهت هر جریان سیاسی که سال‌های سال لبش را دوخته بودند، دست و پایش را شکسته بودند و اصلا امکان حضور نداشت، حالا که یکدفعه همه چیز به هم ریخته و نوعی آشفتگی، که نمی‌شود گفت آزادی ، هرج و مرج سال‌های

اول انقلاب بروز کرده ، حالا در این روند ، هر جریانی می‌خواهد موقعیت خودش را تثبیت بکند! حزب هم این فرصت را مغتنم شمرد.

من واقعا فراموش نمی‌کنم که غالبا رفقا می‌گفتند (۲ سال دیگر...) آن دو سال می‌گذشت، دوباره می‌گفتند (۲ سال دیگر...) یعنی همان موقع هم ما اصلا امید اینکه تداوم داشته باشد و بتوانیم ادامه بدهیم، نداشتیم! می‌دانستیم روند به سوی خرابی می‌رود. یعنی این نیست که واقعا آن اغتنام فرصت، یک اپورتونیسم (فرصت‌طلبی) ریشه دار و باورمند باشد! نه ، منتها لطمات آن را باید می سنجیدیم. در واقع اینجا باید حساب هزینه و فایده ، توسط یک جریان سیاسی و رهبری اش انجام بگیرد؛ آیا لطمه اصولی نمی خوریم؟ اصولیت نباید دستخوش یک چنین محاسباتی بشود.

□ *پس این طور شد که برای اولین بار شما نظرات خودتان را کامل کنار گذاشتید و نظرات **کیا** را پذیرفتید.*

■ تا حدودی

□ *آقای **عمویی** ، الا ن من می خواهم از شما در مورد وقایع تاریخی که از حدود دی ماه، اواخر دی ماه ۱۳۵۷ تا آمدن رفقا رخ داده، بپرسم.*
شما چند بار دانشکده حقوق رفتید؟ دو بار یا یک بار؟

■ یک بار

□ *مراسمی در تجلیل از شما بود که به این صورت ... این مراسم چطور بود؟*

■ این مراسم تنها مربوط به من نبود، ما اطلاع نداشتیم. ظاهرا رفقای «نوید» تدارک چنین کاری را دیده بودند. بعدها فهمیدیم آن کسی که غالبا ما را این طرف و آن طرف می برد، از طرف «نوید» این ماموریت را دارد! بله، **رحیم عراقی** . بچه خیلی فعالی بود، آدم واقعا نمی‌تواند اظهار تاسف نکند! از بچه‌هایی که یک زمانی در دوره شاه جزو گروهی بود که می‌خواستند هواپیماربایی بکنند، بعد در زندان به حزب پیوست و از وقتی که از زندان بیرون آمد، خیلی زود«نوید» را پیدا کرد و وفادارانه با «نوید» کار می‌کرد. و بعد از انقلاب که ما از زندان بیرون آمدیم، او همواره با ما بود، واقعا زحمات بسیار زیادی کشید، اکثر مسافرت‌هایی که من به نقاط مختلف ایران برای وظایف حزبی انجام می‌دادم، همین آقای **رحیم عراقی** زحمتش را می‌کشید! و برای آدم سخت است که جوانی با یک چنین شور و علاقه ، با یک چنین سابقه‌ای که عمری به پای آن گذاشته، بعد شرایط زندان چهره‌ای از او بسازد که یاد کردن از او سخت باشد!

به هر حال یک روزی همین آقای **رحیم عراقی** آمد و گفت: «سوار شوید برویم دانشگاه و بچه‌ها را ببینید و بچه‌ها هم علاقه‌مند هستند شما را ببینند! هم شما فضا را ببینید. » بدون اینکه اصلا اطلاع داشته باشیم که برنامه‌ای تنظیم و از قبل فراهم شده است! رفتیم به دانشگاه. گروه‌های مختلفی بودند و هر کدام بساطی داشتند ، جزواتشان و کتاب‌هایشان و.. ما را به طرف دانشکده حقوق هدایت کردند. جمعیت زیادی سالن آنجا را پر کرده بود و عده زیادی هم بیرون بودند.

□ *چه کسانی با شما بودند؟*

■ من بودم و زنده یاد **حجری**، زنده یاد **کی منش**، زنده یاد **باقرزاده** بود، درست یادم نیست که **ذوالقدر** بود یا نه ولی احتمالا بوده است. ولی **شلتوکی** نبود و به کرمانشاه رفته بود و رفیقمان **خاوری** ....

□ ***به آذین** هم ...*

■ نخیر، **به آذین** نبود، **خاوری** بود. خوب، برای ما جالب بود که بدانیم چه مراسمی است؟ این همه جمعیت برای چه جمع شده اند و چه خبر است؟!

به هر جهت ما رفتیم داخل و همان ابتدای در ورودی، کنار دیوار ایستادیم، دیدیم افراد مختلفی روی صحنه حضور دارند، **سیاوش کسرایی** آنجا بود، طنزپرداز آن زمان ، **فریدون تنکابنی** و جوان دیگری بود که گویندگی خیلی قوی داشت، بعدها اشعار ایام انقلاب را می‌خواند ، بیشتر به صورت دکلمه مطالب را ادا می‌کرد، صدای خیلی خوبی هم داشت. این افراد روی صحنه بودند و داشتند برنامه اجرا می‌کردند.

یکی دو تا از دوستان آمدند گفتند: «شما اینجا ناراحت هستید، شلوغ است و آمد و رفت هست! » ما را به طبقه بالا هدایت کردند. نگو که اینها برنامه داشتند! ما ایستادیم که چند لحظه‌ای باشیم و بعد هم برویم. خوب دیگران دارند برنامه شان را اجرا می‌کنند و... ما چه دلیلی دارد اینجا باشیم؟! که یک وقت دیدیم که از بلندگو اسامی ما قرائت شد که «اطلاع پیدا کردیم فلانی‌ها اینجا حضور دارند و از آنها خواهش می‌کنیم که تشریف بیاورند اینجا! » جریان چیست؟

ما جلو رفتیم ، ما را معرفی کردند . از پایین صداهایی بلند شد که «خودشان، خودشان را معرفی کنند! » چه فرقی داشت ؟! هر کدام خودمان را معرفی کردیم و من کمی بیشتر حرف زدم، بنا به عادتی که در زندان کرده بودم، چون سخنگوی کمون بودم و مطالب رفقا را می گفتم، اشارات مختصری کردم.

سیاوش کسرایی اظهار علاقه کرد شعر «آرش کمانگیر» را بخواند و در مقدمه‌اش بیان کرد که: آرش کمانگیر در شرایط ویژه دهه سی، پس از اعدام **خسرو روزبه** سروده شد و جزوه اش هم با نام مستعار سراینده‌اش «کولی» پخش شد! «کولی»، مدت‌های مدید اسم مستعار من بود، چون این گونه اشعار را نمی‌توانستم با نام خودم بیرون بدهم! و برای اولین بار است اعلام می کنم که «آرش کمانگیر» را من به مناسبت اعدام **خسرو روزبه** سروده‌ام!

به واقع، این سروده تاثیر شگرفی داشت! آدم باید زندانی سال ۱۳۳۷ می بود تا مطلع بشود که آن جزوه کوچک، با آن مقدمه جالب توجه **به آذین** ، چه تاثیری داشت! نمی‌دانم شما این جزوه به دستتان رسیده یا نه؟

□ *اصلش را نه ، ولی ما خودمان در دانشکده توزیعش کردیم.*

■ با همان مقدمه؟

□ *نه، فقط آرش کمانگیر.*

■ نه، اصلا **به آذین** آنجا یک نثر فخیمی به کار برده است! اگر نه بیشتر از خود آرش کمانگیر، ولی دست کمی از آن ندارد! خیلی سنگین! و بعد **آرش کمانگیر** ...! شما نمی‌دانید، بعد از دستگیری **روزبه** در سال ۱۳۳٦ و خاک مرده‌ای که در این جامعه

پاشیده شد، «آرش کمانگیر» سال ۱۳۳۷ فضا را تکان داد! خیلی دشوار است، قبل از کودتای ۲۸ مرداد، یک دوران پر شور و التهاب با فعالیت‌های فراوان بود. روزی نبود که در این مملکت میتینگ و تظاهرات و حضور زنده مردم، اعم از فعالیت‌های حزب، فعالیت احزاب مختلف، ملی‌ها و... نباشد! بعد کودتا به دنبال کودتا ، اعدام ها و سرکوب‌ها، گرفتار شدن شبکه ها پشت سر هم !

البته این فشارها که می‌گویم بیشتر متوجه حزب شده است. از احزاب دیگر هم می‌گرفتند، اما برای آنها مثل «حزب ایران» یا «پان ایرانیست» اتفاق خاصی رخ نداد! چون اولا اینها کثیر العده نبودند، ثانیا مسئله‌ای نداشتند که خیلی خیلی بازتاب داشته باشد. ولی درباره حزب، امروز این شبکه، فردا آن شبکه و به همین ترتیب... .

دیگر **روزبه** به صورت یگانه امید جنبش انقلابی ایران در آمده بود و واقعا رسوخ دستگاه اطلاعاتی، از طریق خریداری کردن عناصری که تسلیم شده بودند، به قدری زیاد شده بود که هیچ جای امنی باقی نمانده بود! بعدها من اطلاع پیدا کردم که **روزبه** در منطقه ونک، در این تپه‌های شمال تهران ، شب‌ها را به سر می برد. مرتب جابه‌جا می‌شد، امکان نداشت دو شب در یک جا باشد! کار ساده ای نیست!

امیدوارم برای شما پیش نیاید! زندگی مخفی، شرایط بسیار بسیار دشواری دارد ! از جانبی شما می‌خواهید وظایف تشکیلاتی‌تان را انجام بدهید، از جانب دیگر لحظه به لحظه بیم دستگیری‌تان می‌رود! به همه چیز مشکوک هستید! حتی بیش از آن حدی که باید بدبین باشید، بدبین می‌شوید! یک صدای کوچک سبب می‌شود شما احساس ناامنی بکنید و زود ترک محل کنید. مگر محل دیگری ذخیره هست که آدم برود؟ یک جا، دوجا، سه جا، بعد از سه شب تمام می شود .

روزبه در این فاصله ، خیلی روزهای سختی را گذراند. ولی به هر جهت ، سال ۱۳۳۶ که دستگیر شد واقعا بسیاری از امیدها به نومیدی گرایید! و وقتی که آرش

کمانگیر را **سیاوش کسرایی** سرود و آن نقش حماسی که برای او قائل شد، مثل این که خون تازه‌ای را در رگ جان ها دمید! به واقع ما شاهد بودیم بچه‌هایی که بعد از سال ۳۷ به زندان می‌آمدند ، با چنان عشقی از «آرش کمانگیر» و از **خسرو روزبه** یاد می‌کردند که ما بعدها در چریک‌ها این را دیدیم!

یادم می‌آید اولین روزی که **رحیم صبوری** پیش ما آمد ، با من روبوسی کرد و گفت: آقای **عمویی**، مثل این که من **روزبه** را در آغوش گرفتم! خندیدم و گفتم: نه ، **روزبه** چیز دیگری است، **روزبه** قهرمان ملی ماست!

نوروز سال ۱۳۵۰ ما با دو مراسم مواجه بودیم، یکی انجام مراسم سنتی نوروز و یکی شهادت رفقای فدایی مان . بچه‌های چریک معتقد بودند که «ما مراسم نداریم، ما عید نداریم! » ما اعتقاد داشتیم که ما تحت هر شرایطی این مراسم را برگزار می‌کنیم! چرا که اینجا بهانه‌ای است برای اینکه حرف‌هایمان را بزنیم. یعنی امکان ندارد مناسبتی باشد و ما در این مناسبت، درباره شهدا صحبت نکنیم! ما نوروزمان را داریم ، این روز سراسری مردم ایران است! ما علاوه بر این که عضوی از اعضای این مملکت هستیم، با مردم هستیم و در شادی‌هایشان هم شریکیم ولی خاطره گرامی شهدایمان را هم اینجا یاد آوری می‌کنیم! پس ما می توانیم مراسم داشته باشیم.

به هر جهت ، در آن مراسمی که ما برگزار کردیم، یکی دو تا از رفقای چریکمان شرکت کردند، اما فردای آن روز دعوت کردند که ما نشسته ایم! و ما رفتیم آنجا. یادم هست **رحیم صبوری** گفت: آقای **عمویی** از **روزبه** برای ما صحبت بکن! گفتم: خیلی خوب، شما یک مقدار راجع به **علی اکبر** و... برای ما بگویید - رفقایی که در سیاهکل شهید شده بودند- ما واقعا اطلاع کمی داریم!

هیچ کدامشان را نمی‌شناختیم، مثلا از **مسعود احمدزاده** ، از **امیر پرویز پویان**، هیچ چیز نمی‌دانستیم. متاسفانه خود اینها هم چیز زیادی نمی‌دانستند. حالا، صرف

نظر از شناخت شخصی ایشان، از آثارشان هم اطلاع زیادی نداشتم. خیلی علاقه‌مند بودم که رفقا راجع به «مبارزه مسلحانه. هم استراتژی، هم تاکتیک» برای ما توضیح بدهند! بعد معلوم شد که نه، این رفقا که شعارشان این بود، هم تاکتیک‌شان بود و هم استراتژی‌شان بود، توضیح روشنی نداشتند! یا اینکه منطقش چی بود؟ نمی‌دانستند! ظاهرا می‌شود طی چند جمله آن را بیان کرد، ولی این جزوه نمی‌شود. جزوه که همین چند کلمه نبود.

یا « رد تئوری بقا» . خوب، از فحوای مطلب زود می‌شود درک کرد که یعنی چه؟ و از آن می‌رسد به مبارزه چریک شهری! خوب می‌شود فهمید که از نظر آنها هر شیوه‌ای جز این ، مردود است! و مبارزه سیاسی، یعنی «همه تلاش تو برای حفظ خودت است» ولی این مختصر، یک جزوه نمی‌شود! جزوه باید بر مبنای یک منطقی باشد! به هر حال، اطلاع چندانی نبود!

اما خود این، برای من بیانگر این بود که چه بچه‌های با صفایی هستند! ما مارکسیست‌ها را با مطالعاتشان در زمینه کلاسیک‌های مارکسیستی، مثال آوردن از **مارکس** و **انگلس** و **لنین** و اینکه چند جلد از این کتاب‌ها خوانده اند؟ چقدر می‌دانند؟ می‌شناختیم. اما اینها را با این صفایشان و با این سلامت و صداقتشان می‌شناختیم! با همین مختصر رفتی جانت را در مقابل گلوله ساواک گذاشتی! من واقعا شناختم را از این بچه‌های چریک، از همان برخوردهای اول به دست آوردم و تجربه زندگی‌ام هم نشان داد که درباره آنها اشتباه نکرده‌ام.

□ *آقای **عمویی** ، بچه‌های چریک هم در آن مراسم با پلاکارد و ... بودند یا اینکه نه، فقط حضور داشتند؟ به شما گفتند که مثلا بچه‌های فدایی هم هستند؟*

■ نه معرفی نکردند.

□ *به نظر نمی‌آمد باشند؟ شما کسی را آشنا ندیدید؟*

■ بله، بله، به نظر من ترکیب آنجا عمدتا ترکیب بچه های هوادار حزب و بچه‌های فدایی بودند. از بچه‌های دیگر چپ من یادم نمی‌آید. بیرون بودند، چیزهایی داشتند ، بساط داشتند. جالب اینجاست که به ویژه بچه‌های «سازمان انقلابی» که تحت عنوان «رنجبران» آنجا بودند، اساس چیزی که ارائه داده بودند کتاب«من متهم می کنم کمیته مرکزی حزب توده را» جزوه دکتر **کشاورز** بود! یعنی اصلا به ایران آمده بودند ، برای افشای«**حزب توده ایران**» گویی رسالت اینها فقط و فقط دشنام دادن به حزب بود!

□ *مراسم چیز خاص دیگری که نداشت، داشت؟*

■ یک مقدار من صحبت کردم ، یک مقدار **خاوری** صحبت کردو دیگر رفقا از صحبت کردن عذر خواستند. خوب، خیلی خیلی با شور مواجه شدیم، همه جمعیت دست ها را تکان می دادند و... معمولا در فضای انقلابی، شور انقلابی خیلی خیلی اوج می‌گیرد و هوشیاری در اینکه آن موج ، فراتر از آنچه که باید باشد نرود ، خیلی اهمیت دارد!

خیلی مواجه شدم با مبارزینی که در حد معینی مبارزه می‌کنند ولی وقتی که در این فضا قرار می‌گیرند، اصلا یکپارچه آتش می شوند و شعارهایی می‌دهند که وقتی یک ساعت بعد می‌پرسی می‌گوید: خودم هم متوجه نشدم که این چیزها را گفتم!

ما آنجا در واقع خیلی با ملاحظه صحبت کردیم. با ملاحظه ، از این که آن حرارت و التهابی که در مجموعه حاضرین وجود داشت، حقیقتش ما را آتشی نکرد! ضمن اینکه بسیاربسیار برای این احساساتشان ارزش قائل شدیم.

صحبت من عمدتا تکیه بر این داشت که سخن بر سر این نیست که ما چند سال زندان کشیدیم و چه رژیمی سرنگون شد ، سخن بر سر راه ما و تلاش و کوشش ماست و این که چه وظایفی در برابر مان است ! نگاه نکنیم خارج از این سالن بساط‌هایی هست، کسان دیگری هستند و بر مبنای اتهامات نسبت به حزب سخن می‌گویند؛ اینها کسانی هستند که مدعی طرفداری از سوسیالیسم هستند، اگر در چنین چیزی حتی ذره‌ای صداقت باشد، ما در قبال اینها وظیفه داریم.

صحبت‌هایی که آنجا کردم را خوب به خاطر دارم، چون واقعا باورم بر این بود که «چپ» در صورت وحدتش می‌تواند موجودیت قابل توجهی داشته باشد! در غیر این صورت ، پاره پاره‌هایی است که یا در مواقع مقتضی از طرف دشمنانش حذف می‌شود یا اینکه همچنان به صورت یک جزء کوچک و کم اثر در جامعه باقی می‌ماند . فقط برای مدت معینی حامل یک اندیشه می‌شود، ولی اینکه به صورت یک جریان سیاسی قابل توجهی بشود، فقط در وحدتش ممکن می‌شود!

□ *آقای **عمویی**، نوشته شده که دفتر حزب، قبل از آمدن اعضا ی کمیته مرکزی تاسیس شده و تابلویش بالا رفته بود.*

■ بله.

□ *شما در تاسیس این دفتر مشارکت داشتید؟*

■ همان طوری که در بدو گفتگوی امروز اشاره کردم، از جمله چیزهایی که رفقای رهبری حزب ـ در همان جزوه‌ای که فرستاده بودند و من رمزگشایی‌اش کردم ـ از ما

خواسته بودند ، یکی همین ایجاد محلی آزمایشی بود که ببینیم آیا تحمل می‌شود؟ آیا می‌شود آن محل را نگهداری کرد؟

ما به خیلی جاها مراجعه کردیم، واقعا امکانات ما خیلی محدود بود، یعنی در واقع هیچ بود! ما حتی جایی برای زندگی کردن نداشتیم! که رفیقمان **کامیاب** از انگلستان آمد و آپارتمانی داشت که ما چند نفری آنجا زندگی می‌کردیم، چه برسد به اینکه جایی را بخواهیم برای حزب فراهم کنیم! خوب، به خیلی از دوستان ، آشنایان گذشته مراجعه کردیم و سرانجام من و رفیقمان **خاوری** پهلوی زنده یاد **محمود هرمز** رفتیم.

محمود هرمز سابقه دیرینه ای دارد . مدتی در دهه بیست دبیر کل «جمعیت هواداران صلح» بود، یکی از وکلایی بود که غالبا در دادگاه‌های رفقای توده‌ای ما به عنوان وکیلشان شرکت و از آنها دفاع می‌کرد و همچنان پایبند به هواداری خودش ماند. ما گفتیم سری هم به **هرمز** بزنیم.

با او صحبت کردیم و گفتیم که ما می‌خواهیم دفتری برای حزب تدارک ببینیم و ببینیم که آیا امکان پذیر است یا نه؟ و رفقا که از خارج می‌آیند ، دفتری برایشان آماده شده باشد .

گفت: والله من امکانات چندانی ندارم ولی برادری دارم، **جمشید هرمز**، مهندس است و از آلمان آمده و ظاهرا هم **جمشید** در بخش غربی اروپا با شبکه حزب ارتباط داشته است و حالا در خیابان ۱۶ آذر به اتفاق یک مهندس دیگر، ساختمانی را بالا برده‌اند . به تازگی ندیدمش ولی تا آنجایی که اطلاع دارم ، تقریبا آماده است، فقط یک سری کارهای داخلی دارد، مثلا رنگ آمیزی، سیستم حرارتی و تلفن و... با او صحبت می‌کنم ببینم چه کار می توانم بکنم. به او گفتیم« امکانات مالی ما در واقع در حال حاضر هیچ است! تا بعد رفقا بیایند ، شاید آنها امکانات بیشتری داشته باشند »

رفت و با برادرش صحبت کرد . در دیدار مجدد گفت که من چند میلیون از **جمشید** طلبکار هستم، به او گفتم که چند میلیون مال خودت و اجاره مختصری را تعیین بکن تا حزب این اجاره را ماهیانه به تو بدهد. او هم گفته است که باشد تا رفقا بیایند.

ما در مورد مسائل مالی حزب هیچ نمی‌دانستیم ولی به هر حال روی این مسئله توافق شد و قرار شد برویم آنجا را ببینیم.

من بودم، **خاوری** بود، **حجری** بود. ما هیچ فکر نمی کردیم چنین ساختمانی را ببینیم! ما دنبال دکه ای ، جای کوچکی بودیم که تابلویی بزنیم و هر روز برویم آنجا بنشینیم. داشتیم آزمایش می‌کردیم . با یک ساختمان چند طبقه که موقعیت محلی آن درست روبه روی در غربی دانشگاه تهران است، یک ساختمان مناسب ، حسابی، با تعداد زیادی اتاق روبه رو شدیم! اصلا یادم می آید آنجا با **خاوری** صحبت می‌کردیم که خوب، اینجا شعبه تشکیلات باشد، اینجا شعبهٔ فلان باشد ، اتاق فلانی اینجا باشد ، اتاق **طبری** آنجا باشد و... واقعا از شادی نمی‌دانستیم چه کنیم! باور نمی‌کردیم که یک چنین امکانی به این سهولت برایمان فراهم می‌شود!

خوب، حالا چکار کنیم؟ گفتیم به **جمشید** سفارش بدهیم برود یک تابلوی فلزی تهیه کند که رویش بنویسند «دبیرخانه کمیته مرکزی **حزب توده ایران**» یک تابلوی دیگر هم آن طرف بگذارند«دفترِ **نامه مردم**، ارگان کمیته مرکزی **حزب توده ایران**» منتها اینها آماده باشد، تا وقتی کارهایی که داخل ساختمان در حال انجام است، تمام شود. واقعا هم شب و روز بچه‌ها آنجا کار می‌کردند.

اسم مهندس همکار **جمشید** را فراموش کرده‌ام، مادری یونانی داشت و مدت‌ها ما جلسات هیئت سیاسی را در منزل آنها برگزار می‌کردیم. بعد یکدفعه گزارشی به حزب آمد که مذاکراتی که ما در یکی از جلسات هیئت سیاسی انجام دادیم، در جایی بازگو

شده ! ما پیگیری کردیم ، متوجه شدیم مادر یونانی که فارسی بلد بود ، معمولا همه چیز را خودش رو به راه می‌کرد و بعد می‌رفت طبقه بالا، خیلی علاقه مند بود ، می‌رفت حرف های ما را آنجا تعریف می‌کرد! و ما دیگر به آن خانه نرفتیم. واقعا خیلی هم مادر خوبی بود ! پیر زن جالبی بود! پسرش، مهندس، خیلی زحمت می‌کشید، درست مثل یک کارگر سیم کش ، تمام سیم کشی‌های داخل دفتر مرکزی حزب را او انجام داد و خوشبختانه از جمله کادرهایی بود که توانست به سلامت از ضربه سال ۱۳۶۱ و ٦۲ نجات پیدا بکند.

□ *مهندس **هرمز** چطور؟ او هم توانست؟*

■ خیر، مهندس **جمشید** را گرفتند، در زندان بود، خیلی هم سختی کشید! خیلی کوشش کرد ساختمانش را پس بگیرد. گفتند «این ساختمان حزب توده است، این ادعا که مال توست ، پوشش است! » چقدر من به **لاجوردی** گفتم: آقا ما ماهی ۳۰ هزار یا ۳۵ هزار تومان به **جمشید هرمز** بابت اجاره خانه می‌دادیم.

گفت: آخر یک چنین ساختمانی اجاره‌اش ۳۵ هزار تومان است!

گفتم: به علت اینکه خودش هم عضو حزب بود، در واقع این ۳۵ هزار تومان را هم نمی‌گرفت!

رفیق **کیا** گاهی اوقات به **جمشید** نق می‌زد که بی غیرت! تو پول حزب را می‌گیری؟! به او می‌گفتیم: بابا، میلیون‌ها سرمایه‌گذاری اینجا شده ، اگر این پول را فقط می‌گذاشت بانک، بهره‌اش را می‌گرفت، خیلی بیشتر از اینها نصیبش می‌شد! و بعد حزب کجا یک چنین ساختمانی گیرش می‌آمد؟!

به هر جهت ، واقعا **کیا** برای ذره ذره دارایی حزب جانش در می‌رفت! مثلا بر سر همان هزینه ای که این آقای **بناکننده** (**پورپیرار**) برای کاغذهای روزنامه حساب بالا

آورد، شما نمی‌دانید چه دعوایی با او کرد! فقط مانده بود با او گلاویز شود که ما پادرمیانی کردیم. که او هم آنچنان کینه حزب ، کینه شتری به دل گرفت که هنوز...

☐ *وقتی که تابلوی کمیته مرکزی را زدید، حمله ای صورت نگرفت؟*

■ نه، آن موقع نزدیم. یادم است ۱۴ اسفند برای رفتن به مراسمی در احمد آباد ما یک اعلامیه دادیم و یک پرده بزرگ تهیه کردیم. حالا کسانی که می‌آمدند، نمی‌دانستند این ساختمان که جلو آن با همه قرار گذاشتیم ، فردا پس فردا دفتر **حزب توده ایران** خواهد بود! ولی به این ترتیب ما خواستیم همه آدرس اینجا رابفهمند. ضمنا محل سهل الوصولی بود، مرکزیت داشت، غالبا بچه ها آن ایام در دانشگاه جمع می‌شدند ، با هم بحث می‌کردند ، دعواهاشان را آنجا انجام می دادند ، آشتی‌هایشان را آنجا می‌کردند. جای خوبی برای قرار گذاشتن بود . چند تا اتوبوس هم سفارش داده بودیم، بعضی رفقا هم با ماشین های خودشان یا ماشین های دیگر آمده بودند . به هر حال از آنجا به سمت احمد آباد حرکت کردیم.

برای اولین بار با پرده «**حزب توده ایران**» بچه‌ها حضوری ترتیب داده و آنجا ایستاده بودند . از من خواستند که گردانندگان مراسم فرصتی هم برای صحبت و اظهار نظر به ما بدهند، که خوب، موفق نشدیم، جمعیت خیلی زیاد بود ، عذر خواهی کردند! در واقع نخواستند . غالبا نخواستن‌ها زیر پوشش نتوانستن‌ها قرار می‌گیرد.

به هر حال این اولین حضور رسمی حزب بود. خوب، مثلا بچه‌های «نوید» آن مراسم دانشکده حقوق را هم برگزار کردند، ولی هیچ پرده ای آنجا نبود. فقط ما در آنجا عنوان «**حزب توده ایران**» را مطرح کردیم، ۲۵ سال در زندان، نام حزب را عنوان کرده بودیم، حالا که انقلاب شده چرا نکنیم ؟ گفتیم و گوش‌ها شنید و چشم‌ها

دید که یک توده‌ای بعد از این مدت طولانی بر صحنه آمده و راجع به **حزب توده ایران** صحبت می‌کند. آنجا هم باز اصرار داشتیم که نام حزب مطرح شود.

بچه‌ها بعد از مراسم سرود «برشکن... » را، همین طور که به سمت اتوبوس حرکت می‌کردند، می‌خواندند.

□ *شما این سرود را حفظ هستید؟*

■ من، نه .ولی می‌توانم برایتان فراهم کنم. حتی نوارش هست. چون در واقع سرود ما، نسل قدیم حزب ، سرود «برخیز از جا ای ستمکشان... » اولین سرود حزب بود، بعد حزب دو سه تا سرود داشت که آن زمان، سرودش همین «برشکن هر سد اگر خواهی آزادی... » بود.

از مزار دکتر **مصدق** به طرف اتوبوس‌ها مسافتی بود. در حین حرکت ، تعدادی از رفقای ما با حزب اللهی ها درگیر شدند! یعنی ببینید کی؟ ١٤ اسفند ١٣٥٧!

□ *تابلوی حزب را چه زمانی نصب کردید آقای* ***عمویی****؟*

■ فکر می‌کنم همزمان با اولین شماره «نامه مردم» . الان دقیق یادم نیست ولی در اسفند ماه بود. خیلی بعد از چهاردهم اسفند نیست. یعنی تصور می‌کنم بین چهاردهم و بیستم اسفند است که این تابلوها زده شد.

شما نمی‌دانید چه حال و هوایی داشت! این کارگرهای قدیمی ما، درست مثل زائرین حرم ، که همان ابتدا سجده می‌کنند و سنگ صحن را می‌بوسند ، رفتار می‌کردند! من می‌رفتم زیر بغل کارگر را می‌گرفتم او را بلند می‌کردم و می‌گفتم: بیا

ما همدیگر را ببوسیم ، چرا سنگ را می‌بوسی! می‌گفت: رفیق **عمویی** ۳۰ سال انتظار کشیده‌ام، پیر مرد شده‌ام!

ما رفقای چریک منشعب از فداییان را به عنوان انتظامات دفتر حزب گذاشته بودیم و از همان روز اول واکنش‌های تند یک دسته از حزب اللهی‌ها نمایان شد! به همین علت ما از همان اول تعدادی از هواداران حزب را به عنوان محافظ گذاشتیم، تعداد اندکی علنی که مراقب بودند و هر کس که می آمد باید بازرسی بدنی می شد و به درون می‌آمد. و یک عده هم ظاهرا جزو جماعتی بودند که دم دفتر ایستاده‌اند! یکی مشغول خواندن روزنامه است ، یکی لب جوی نشسته سیگار می‌کشد و... تعدادی هم به این شکل مراقب بودند که اگر کسی قصد تعرض داشت، جلوش را بگیرند.

خوب، واکنش حزب‌اللهی‌ها بعضی وقت‌ها جنبه جزئی و فردی یا چند نفری داشت، و بعضی وقت‌ها جمعی بود. در جمعی‌هایش معمولا یک روحانی اینها را هدایت می‌کرد که غالبا هم همین چهرهٔ بنام این آقایان، آقای **هادی غفاری** بود! به هر جهت پیش بینی می‌شد که با یک چنین برخوردهایی مواجه بشویم.

روزی که اولین بار رفیقمان **طبری** به دفتر آمد، وقتی شنید که چه کوشش‌هایی انجام شده ، به ما تبریک گفت! به ویژه به من و **خاوری**! بعد رو کرد به **کیانوری** و گفت: این رفیق **عمویی** ما تبدیل به ویترین حزب شده است، اولین چیزی که بشکند ، شیشه ویترین است! ما همه جا او را جلو می‌فرستیم! گفتم : نه . جاهایی که من رفته‌ام، هیچ جا خطرناک نبوده است! همیشه هم با رفقا به آنجاها رفته‌ایم.

خوب، به تدریج رفقای ما از مهاجرت می‌آمدند.

□ *اولینشان **جوانشیر** بود.*

■ **جوانشیر** قبل از سال ... عجیب است! این مقطع سال ۱۳۶۱، ۶۲ چنان در ذهنم نشسته است که آغاز فعالیت حزب را هم ۱۳۶۱، ۶۲ بیان می‌کنم، آغازش و پایانش! بله، قبل از سال ۱۳۵۸، یعنی در فاصله انقلاب و پایان سال ۱۳۵۷، تا آنجا که به خاطر دارم، فقط رفیق **جوانشیر** آمد. بعد از آن **مریم** خانم آمد، او قبل از **کیا** آمده بود .

آمدند به من گفتند **مریم** می‌خواهد تو را ببیند! آن موقع ایشان در منزل دخترش **افسانه** بود. اولین بار بود من **مریم** را می‌دیدم. تا قبل از آن هرگز ندیده بودمش. خوب، پیش از زندان رفتنمان، که ما افسر بودیم، طبعا نمی شد با او دیداری داشته باشیم، بعدش هم که دیگر او به خارج از کشور رفت و ما در زندان بودیم. خیلی از دیدنش خوشحال شدم ! او هم همین طور. صحبت‌های خوبی با همدیگر داشتیم. مطلب جدی بین ما مطرح نشد. بیشتر دیدار بود و مسائل عاطفی و احساسی.

البته تعداد دیگری در فاصله نوروز ۱۳۵۸ تا آمدن رفیق **کیا** آمدند . تیمی مامور بود که در فرودگاه مهرآباد مراقب باشد تا رفقایی که می آمدند، آنها را به خانه هایی که تعیین شده بود هدایت کنند.

حالا دیگر یواش یواش فهمیدیم که ما خیلی جا داریم! یک روز به خاطر یک دکه، یک دفتر برای حزب ، در فاصله دی و بهمن و اسفند ماه ۱۳۵۷ همه جا را می‌گشتیم و دستمان هیچ جا را نمی‌گرفت! تا بالاخره زنده یاد **هرمز** را پیدا کردیم. حالا می‌دیدیم که چرا ، رفقایی هستند که خانه یا ماشین دارند.

معمولا این تیم با اتومبیل به مهرآباد می‌رفت. رفقایی هم که می‌آمدند، هیچ کدام پاسپورت نداشتند. بدون گذرنامه می‌آمدند و اتفاقی هم نمی‌افتاد. بلافاصله با بیان جمله‌ای که معمولا قرار بود، می‌فهمید کسی که به استقبال آمده ، از حزب است و خودش را در اختیار او می‌گذاشت و او هم به خانه‌ای که تعیین شده بود می‌بردش.

تا یک روز ما به خانه‌ای در گیشا رفتیم، **بهزادی** بود و **انوشیروان ابراهیمی** بود و **بهرام دانش** بود. اینها یک یک آمده بودند . در جاهای مختلف بودند ولی آن روز به آنجا آمدند که ما با هم آشنا بشویم. ما چند نفر رفقای افسر قدیمی، من و **شلتوکی** و **کی منش** و **حجری** و **ذوالقدر** و **باقرزاده** ، همین چهار، پنج نفری که همیشه با هم بودیم ، رفتیم و دیداری داشتیم و آشنایی پیدا کردیم و گفتیم : رفقا، از فردا شما به دفتر بیایید! رفقا گفتند: یعنی ما هم می‌توانیم بیاییم؟! گفتم: اصلا دفتر خانه شماست ! مال شماست! مال ما نیست، مال **حزب توده ایران** است. هر کس که خودش را توده‌ای می‌داند، آنجا می‌آید!

که دیگر،یک یک رفقا روزشان را در دفتر حزب می گذراندند. تا اینکه **کیا** آمد و سرو سامان بیشتری پیدا کرد . گرچه قبلا وقتی که **جوانشیر** آمده بود تا حدودی تقسیم کارها انجام گرفته بود، ولی چون هنوز در واقع سازمان حزب شکل نگرفته بود، ضرورت نداشت که تقسیم کار بسط پیدا کند. طبعا متناسب با شعبی که باید به وجود می‌آمد، مسئولین شعب معلوم می شدند.

ولی از همان بدو تولد فعالیت علنی حزب، دو بخش «تشکیلات» و «روابط عمومی» خیلی مشخص بود. از همان موقع، هر دو هم حی و حاضر بودیم، یکی **جوانشیر** بود ، با همیاری و کمک سایر رفقا، منجمله **حجری**، **شلتوکی**، **ذوالقدر** و... بخش دیگر که «روابط عمومی» بود، من و **خاوری** بودیم. و دقیقا هم این انتخاب به لحاظ میزان آشنایی بود که ما با خارج از حزب داشتیم. در واقع هر قدر شناخت من از درون حزب کم و آشنایی من با بیرون بسیار بود، آشنایی **جوانشیر** با رفقای قدیمی‌مان بیشتر بود.

جریانات گوناگونی طی این ۲۵ سال به زندان آمده و رفته بودند ، زندان درست مثل کاروانسرایی بود که کاروان‌ها می‌آمدند و می‌رفتند و ما آنجا کاروانسرادارش

بودیم. و این آشنایی ها واقعا به روابط عمومی حزب کمک می‌کرد. ابتدا واقعا خیلی درها اقلا به روی من باز بود. بعضی درها، وقتی به عنوان نماینده حزب می‌رفتم، بسته می شد ولی به عنوان خودم باز می‌شد. کوشش‌های زیادی شد تا از این آشنایی‌ها استفاده بشود تا این درها را باز نگه داریم.

توضیح درباره مواضع حزب، توضیح درباره خط فکری و عملی حزب و اینکه اصولا حضور یک حزب کمونیست، در جامعه‌ای که تازه دارد شکل می گیرد، به خصوص جامعه‌ای که چهره مذهبی دارد، از لحاظ جامعه جهانی ، می‌تواند نقش و تاثیر بسزایی داشته باشد! این منطق ، عقلایشان را خیلی زود قانع می‌کرد.

به این ترتیب، با آمدن رفقایی که در مهاجرت بودند، در واقع زمینه های اساسی شکل‌گیری ارگان‌های سنتی حزب پدیدار شد و هیئت دبیران، هیئت سیاسی و کمیته مرکزی ، شعب جنب کمیته مرکزی ـ به نسبت نیازی که داشت ـ شکل گرفتند.

آن چنان که دوستان اطلاع دارند، از لحاظ چارت تشکیلاتی حزب، علاوه بر شعبه تشکیلات ، شعبه ایدئولوژیک، شعبه سیاسی، شعبه روابط عمومی، شعبه مالی و بخش های شعب دیگرش شکل گرفت.

از همان زمان، ما علاوه بر نشست‌های رسمی که مربوط به هیئت سیاسی و هیئت دبیران بود، یک سلسله نشست‌های خصوصی هم با رفقای معینی، منجمله رفیق **کیا**، **جوانشیر** و **بهزادی**، بر سر آشنایی هر چه بیشتر ما با مواضع حزب و گذشته حزب، تحلیل خود حزب نسبت به گذشته اش، نقد تاریخ گذشته‌اش و نظرات خودمان و مواضعمان در قبال این مطالب، داشتیم. اگر ما را به عنوان اعضای جدید کمیته مرکزی در پلنوم شانزدهم انتخاب کرده‌اند، این عضو کمیته مرکزی باید نظراتش را بگوید و ببیند تا چه اندازه وحدت نظر وجود دارد.

۴

ساختار حزب توده ایران

تشکیلات

۸۳/۴/۲۳

□ *امروز ۲۳ تیرماه ۱۳۸۳ و اولین جلسه بحثمان در مورد تشکیلات و ساختار* ***حزب توده ایران*** *است. آنچه مد نظر ماست ، بررسی تطبیقی بین «حزب کمونیست اتحاد جماهیر شوروی» و* ***حزب توده ایران*** *، البته در چارچوب زمانی سال‌های ۱۳۵۷ تا ۱۳۶۲ است.*

آیا اصولاً چنین مطابقتی بوده؟ یعنی تغییرات تشکیلاتی یا ساختاری به وجود آمده در حزب کمونیست شوروی که ناشی از شرایط آنجا بوده ، در حزب توده به شکل رهنمود از بالا یا داوطلبانه ، تاثیر می‌گذاشته یا خیر؟

■ شیوه پرسش شما پیشداورانه و نادرست است.

واقعیت این است که امر تشکیلات و سازماندهی نیروهای سیاسی معتقد به ایدئولوژی معین وبرنامه‌معین ، از آنچنان‌اهمیتی برخوردار استکه غالبابیان‌می‌شود که **طبقه کارگر با «سازمان» همه چیز است و بدون «سازمان» هیچ چیز نیست** !

در اهمیت تشکیلات و سازمان، همین قدر بس ، که انبوه توده‌ها را به صورت (مَس mass) غیر سازمان یافته هر کس می‌تواند هدایت کند و چون هر کس دارای نگرش ویژه خودش هست ، لاجرم به یک هرج و مرج و درهم ریختگی کشیده می‌شود. نیرو، عجیب مصرف می‌شود ولی در نهایت هدر می‌رود.

این «سازمان یافتگی» است که یک پرورش و تربیت سازمانی به وجود می آورد؛ به این معنی که همگان از یک انضباط ویژه‌ای برخوردار می‌شوند که درچارچوب

برنامه معینی عمل کنند ؛ چرا که با باور واحدی در چارچوب این سازمان شکل گرفته‌اند و فعالیت می‌کنند.

بسیار امکان دارد که افراد زیادی هوادار و برخوردار از یک ایدئولوژی معین باشند، ولی بدون پرورش سازمانی، هر کدام متناسب با برداشت‌های خودشان یا اولویت‌هایی که برای تاکتیک‌های گوناگون قائل هستند ، یا حتی اگر تاکتیک‌های واحدی هم تصادفا به نظرشان برسد ، شعارهایی که در مرحله معینی بایستی سر بدهند و از آن پیروی بکنند، می‌تواند متفاوت باشد و این خودش تقابل نیروهایی را بین کسانی که دارای هدف واحدی هستند به وجود می آورد.

اطلاع دارید که در تاریخ «حزب کمونیست اتحاد شوروی» ، دوران آغازینی به نام پایه گذاری «حزب سوسیال دموکراسی روسیه» وجود داشت. این تجربه در روسیه تجربه اولیه‌ای است. پیش از آن گروه‌های سیاسیی بودند که علیه تزاریسم مبارزه می‌کردند ولی عمدتا این گروه‌ها متاثر از نگرش‌های «نارودنیکی» بودند، به ویژه از بین این مجموعه گروه‌ها، گروهی به نام «نارودنایا ولیا» (ارادهٔ خلق) عمل می کرد که جوانان بسیار متهور، شجاع، علاقه‌مند برای فروافکندن نظام تزاریستی و به شدت معتقد به رهایی روستایی‌ها بودند؛ که واقعا برای کسی که معتقد به رهایی انسان است ، سخت هیجان انگیز بود! چون واقعا در زندگی موژیک روسی هیچ نشانی از رهایی انسان وجود نداشت و وابستگی عجیبی به سرواژ داشتند!

اما شیوهٔ کار این گروه ، به رغم اینکه نام «ارادهٔ خلق» را داشتند، در پیوند با خلق نبود، در ارتباط با خلق نبود. چرا که شیوه‌هایی که برای مبارزه علیه تزاریسم در پیش گرفته بودند در واقع بیشتر ولونتاریستی (اراده گرایانه) بود.

گردش زمانه تابع ارادهٔ افراد یا گروه‌ها نیست. باید یک سلسله شرایط و پیش شرط‌های اجتماعی معینی فراهم بیاید تا روشنفکران یا پیشگامانی که در جهت معینی

می‌خواهند حرکت اجتماعی را به پیش ببرند ، در آن شرایط بتوانند حرکت کنند! و چون چنین ارتباط و پیوندی با تودۀ مردم برقرار نمی شود ، لاجرم شیوه‌هایی برای کار اتخاذ می‌شود که به دور از آگاهی ، به دور از درک کافی تودۀ مردم از علت این حرکت و اهداف این حرکت است.

خوب، مردم روسیه آن زمان چندان دل خوشی از تزاریسم نداشتند ولی کوششی که «نارودنیک»ها برای ترور تزار انجام دادند و از قِبَلش صدمه سنگینی را هم متحمل شدند، به هیچ‌وجه برای مردم مفهوم نبود که چه می‌خواهد بشود؟ چرا این چنین بشود؟ و حتی اگر می‌شد ، چه چیزی جایگزین آن می‌شود ؟

به همین علت بود که کسانی که نگرش مارکسیستی پیدا کردند و با توجه به اینکه - به خصوص در بخش اروپایی روسیه- به سرعت یک حرکت صنعتی شدن به وجود آمد و بالمآل پیدایش طبقه کارگر، کارگرانی که به تعداد انبوه زیر یک سقف کار واحدی انجام می‌دادند و استثمار برایشان ملموس می‌شد و توضیح مبارزۀ طبقاتی بیانگر زندگی روزمره شان بود، لاجرم اقدام برای شکل دادن به این نیروهای ناراضی کردند که در واقع به خاطر منافع طبقاتی حاضر به مبارزه علیه نظام موجود بودند و شرایط مساعد برایش پدید شده بود.

خوب ، اولین سازمان سیاسی سوسیال دموکراسی در سال پایانی قرن نوزدهم شکل می‌گیرد و در نخستین دهه قرن بیستم به صورت یک سازمان بسیار گسترده‌ای در روسیه در می‌آید به نام «سوسیال دموکراسی».

اما در همان آغاز در کنگره‌ای که در سال ۱۹۰۲ تشکیل دادند ، بحث‌های خیلی زیادی در گرفت و معیارهایی برای عضویت اعضا مطرح شد. بعد از مجموعه بحث‌ها دو نظر مورد توجه قرار گرفت ؛ نظری از آنِ **مارتوف** و جریان دیگری که **لنین** در راسش بود.

مارتوف یکی از سران سوسیال دموکراسی روسیه بود و سابقه نسبتا زیادی داشت ، واقف به تئوری‌های مارکسیستی بود، به خصوص با اندیشه‌های **پلخانف** بسیار آشنایی داشت . در واقع **پلخانف** پدر آشنایی جریانی در مجموعه روسیه است که با مارکسیسم آشنا شدند .

اینها در واقع در درون کنگرهٔ سوسیال دموکراسی روسیه ، دو نظر متفاوت برای شرایط عضویت افراد مطرح کردند: **مارتوف** بر آن بود که هر کس برنامه حزب را پذیرا باشد خود به خود عضو حزب است.

لنین براین بود که یکی از شرایط اساسی عضویت، پذیرش برنامه حزب است ولی شرکت مستمر در یکی از حوزه های حزبی و پرداخت حق عضویت هم لازم است.

لنین به خوبی می دانست که پرداخت حق عضویت ، رقم چندانی نمی شود ولی همین قدر که کسی مقید باشد بر این که در هزینه این حزب سهیم باشد ، یک تعهدی را ایجاد می کند؛ حتی اگر مبلغش بسیار ناچیز باشد.

با شرکت مستمر هم ، طرف می‌داند متعلق به چه خانواده‌ای است.

به آن حالت بی شکلی که **مارتوف** مطرح می‌کرد، هر کسی در یک گوشه‌ای می‌تواند فلان کتاب را بخواند و هوادار باشد! ولی با شرکت کردن در یک حوزه و روی مسائل بحث کردن ، پیوند و ارتباط برقرار کردن هست که مشخص می شود که این یک جریان معینی است ، یک خانواده واحدی است که اینها اعضایش هستند ویک سلسله وظایف مشخصی پیش پایشان قرار می گیرد.

البته این سابقه، از این به بعد پایه شکل گیری تقریبا همه احزاب کمونیست دنیا شد. چرا که در واقع اهمیت تشکیلات، اهمیت وجود یک سازمان منبعث از این اندیشه که افرادی برخوردار از این ایدئولوژی ، با وقف کردن زمان معین و امکانات مالی

معین، در راه یک برنامه دارند تلاش می کنند، این خودبه‌خود یک انسجامی بین کسانی که از این اندیشه برخوردار می‌شوند به وجود می‌آورد.

حزب توده ایران هم با همین صورت ، سازمان یافتگی‌اش شکل گرفت. تجربه تاریخی ایجاب می‌کرد که یک سلسله شرایط دیگری هم ، افزون بر این سه شرطی که در بدو امر مورد توجه **لنین** و چگونگی شکل‌گیری سوسیال دموکراسی در روسیه بود ، ملحوظ بشود.

ما درگذشته در **سازمان افسران حزب توده ایران** فهرستی به نام «کاراکتریستیک» داشتیم که دراین فهرست چیزی در حدود بیست ودو سه ماده پرسش‌هایی بود که کسی که می خواست به عضویت سازمان افسران در بیاید بایستی پاسخ این سؤالات توسط معرفش روشن شده باشد. این سؤالات عدیده ، در واقع تقسیم می شد روی ویژگی‌های معینی که می‌توانست معرف کامل این فرد باشد. بخش اولش در واقع معرف هویت این فرد و شامل موارد شخصی‌اش بود: از چه خانواده‌ای است ، نام و نشانش و پیوندهای خانوادگی‌اش چیست، از چه طبقه‌ای برخاسته، معاشرینش ، دوستانش کی هستند و ...بخشی در باره مطالعاتش بود : میزان آگاهی‌اش ، علاقه‌مندی‌اش به چه نوع مطالعاتی است و ... بخش دیگر مربوط به دلبستگی‌ها بود : اصولا دلبستگی سیاسی دارد، ندارد، اگر دارد به کدام جهت دارد، آیا در مطالعاتی که می کند، مطالعات سیاسی جایگاه ویژه ای دارد یا خیر- در آن زمان به طور مشخص موضعگیری سیاسی مورد توجه بود- که نسبت به امریکا، نسبت به اتحاد شوروی چه نظری دارد؟

چون حتی کسی سازمان یافته هم نباشد و یک فرد معمولی باشد، به هر حال مسائلی که در کشور می گذرد و موضوعات سیاسی که هست لاجرم یک داوری نسبت به امریکا ، نسبت به اتحاد شوروی و... به وجود می آورد. چرا که در واقع در

تحلیل نهایی ، همه آنچه که در کشوری مثل ایران می‌گذشت ، معطوف می‌شد به اینکه شوروی در باره این مسئله سیاسی ایران چه جایگاهی دارد، امریکا چه جایگاهی دارد. به خصوص با توجه به نگرشی که **حزب توده ایران** نسبت به اتحاد شوروی داشت .

مسائل خانوادگی و مسائلی که مربوط به دوستان این فرد بود خیلی از لحاظ موقعیت روانشناختی این فرد اهمیت داشت . ممکن است کسی علاقه‌مندی زیادی داشته باشد، مطالعات زیادی هم کرده باشد ولی اولا از خانواده‌ای برخاسته باشد که ویژگی‌های خاص پرورشی به اوداده باشد. از کودکی مثلا در یک خانواده زحمتکش بار آمده ، بزرگ شده ، در یک خانواده اهل مطالعه و علاقه‌مند به مسائل سیاسی بار آمده باشد یا در یک خانواده اصلا لاابالی، بی توجه به مسائل سیاسی ، متعلق به طبقات بالایی با دلبستگی هایی به مسائل زندگی مادی و مسائلی از این قبیل پرورش یافته باشد.

یعنی به این ترتیب می‌بینیم که علاوه بر آن شرایطی که خیلی ساده در بدو امر، در یک قرن پیش ، یک قرن و نیم پیش مطرح بود، یک رشته مسائل شخصی هم وارد می‌شود که از همان اول مسئله پذیرش ، گذشتن از یک غربالی مطرح می شود. درست است که احزاب توده‌ای نبایستی در پی نخبه‌گرایی باشند ، یعنی سوراخ‌های این غربال را نباید آن قدر تنگ بکنند که خیلی خیلی نخبه‌ها بتوانند از آن بگذرند، اما آن قدر هم نباید باز باشد که هر چه در آن ریختی راحت از آن بگذرد. چون در واقع مسئله سره را از ناسره جدا کردن ، اهمیت زیادی دارد. چرا که بعدها در جریان مبارزه است که دشواری‌ها رخ می‌نماید و اگر این ویژگی‌های شخصی مورد توجه قرار نگرفته باشد ، آن وقت دردسرهایی فراهم می‌آید که تنها متعلق به خود آن فرد

نیست. آن فرد ممکن است ببُرد و بـرود ، امـا بـرای تشـکیلات، بـرای رفقـایش، بـرای کسانی که همراهش هستند ، دردسر آفرین می‌شود.

بـری بـودن از معایـب معمـولی در جامعـه، دروغگوییهـا ، الواطیهـا ، همـه آن چیزهایی که از مسئولیت‌پذیری فرد کم می کند و بالمآل موجب می‌شود که اگر کسـی با این خصوصیات به عضویت در بیاید و در واقع بنیان روابط را تضعیف بکند، واجد اهمیـت زیـادی اسـت! بـه همـین علـت هـم خیلـی روی ایـن خصوصـیات شخصـی و خصلت‌های متعالی توجه می‌شد . و بار دیگر اشاره مـی کـنم کـه بـه هیچ‌وجـه حالـت افراط و تفریط در این گزینش مورد توجه حزب نبوده اما در حد معقول، چـرا، اهمیـت داشته.

«حزب سوسـیال دموکراسـی» در شـرایط تزاریسـتی و تعقیـب پلیسـی، طبعـا بـه سادگی نمی توانست پا بگیرد و بدون تردید اطلاع دارید که روزنامه « ایسـکرا» نقـش بزرگی در همه ابعاد شکل گیری یک تشکیلات بازی کرد.

روزنامه‌ای را **لنین** ابتکار کرد که عده‌ای نقش تهیه مطالب روزنامه ، مقاله‌نویسـی، خبر نویسی را عهده دار بودند ، عده ای وظیفه تدارک مصالح این روزنامه ، کاغـذش ، مرکبش ، چاپخانه‌اش را به عهده داشـتند . کسـانی در چاپخانـه بایسـتی کـار بکننـد ؛ بنابراین بایستی تبحر کار چاپ را داشته باشند؛ و بعد از اینکه روزنامـه آمـاده شـد ، کسانی باید این را در امر توزیعش عملی بکننـد . یعنـی بـه ایـن ترتیـب یـک روزنامـه مخفی به وجود آورند . یک گروه مرتبط با هم ، با تقسیم وظـایف مشخصـی کـه ایـن کار انجام بگیرد. یعنی یک هسته‌ای به وجـود می‌آیـد کـه ظـاهرا سـازماندهی نشـده . گفته‌اند حسن تو بـرو کاغـذ بخـر، علـی تـو بـرو مرکـب بخـر، تـو در چاپخانـه چـون تخصص داری ، تو این کار را بکن ، تو وقتی که روزنامه آماده شد برو... چند نفر هـم این مقاله‌ها را بنویسند و ... بنابراین، پایه یک تقسیم کار و انجام یک کار مـنظم شـکل

گرفته بود. خوب این تجربه اولیه ای بود که در آنجا انجام گرفته بود و بعد هم رفته رفته گسترش پیدا کرد.

چگونگی حوزه هایی که ابتدا صرفا در محل زندگی اعضاء شکل می‌گرفت ؛ بعد ضرورت اینکه حوزه ها در محل کار فراهم بیاید و سرانجام به جایی رسید که مقتضیات ایجاب می کرد که هر دو وجود داشته باشد. اینها همه چگونگی ارتباط یک قاعده معین را تسهیل می‌کند. مثلا کارگران ذوب آهن ، منطقی است که حوزه‌هایشان در ذوب آهن باشد . یا کارخانه نساجی را یکجا سازماندهی بکنند.

یک دسته مشکلات مربوط به جمع شدن و شناسایی آنهاست که ایجاد اشکال می‌کند. در **حزب توده ایران** از همان بدو امر بر اساس چنین تجربه‌ای کار انجام گرفت. البته این توضیحاتی که من می‌دهم الزاما به این معنی نیست که عاری از نقایص بوده، عاری از بی‌توجهی‌ها و بی‌مسئولیتی‌ها بوده ، چراکه کم توجهی‌های فراوانی انجام می‌گرفته، به ویژه ابتدای امر، چه بسا صرفا بر مبنای آشنایی‌های اولیه‌ای که افراد داشتند ، معرف کسانی می‌شدند که به عضویت در آیند ، بدون اینکه واقعا آن فرد صلاحیت کافی داشته باشد.

اما آنچه که در باره کاراکتریستیک گفتم ، دقیقا در سازمان افسری رعایت شد. چرا که صرف نظر از اینکه می‌خواست یک تشکیلات مخفی باشد و طبعا کسانی که در این سازمان می خواهند فعالیت بکنند باید آمادگی پرداخت هزینه سنگین‌تری را داشته باشند، علاوه بر آن نظامی هم بودند و حساسیت مسئله مضاعف می شد.

و لذا روی این تقسیماتی که به اجمال اشاره کردم، خیلی دقیق توجه می‌شد! و به‌اصطلاح آشنایی‌های شخصی ، دوستی ، رفیق بازی و از این قبیل، نمی‌توانست نقش زیادی در آن داشته باشد . چرا که در واقع علاوه بر گزارشاتی که یک فرد معرف درباره هواداری می‌فرستد که دارد روی او کار می‌کند و آن برگ

کاراکتریستیک راهم پر کرده و به سازمان حزب فرستاده ، گزارشاتی از افراد دیگر هم دریافت می‌شد که بالمآل آن فرد مورد توجه را در محیط کار یا جای دیگر می‌شناسند.

مثلا منی که افسر دانشکده افسری هستم و گزارشی از یک افسر دیگر از دانشکده افسری فراهم کردم و به گمانم این آدم مناسبی است و آن خصوصیات مثبت را دارد و می‌توانم برای کار سمپاتیزانی معرفش باشم، وقتی آن شخص را به سازمان معرفی می کنم، حداقل از دو نفر دیگر در آنجا خواسته می‌شود که در بارهٔ فلانی گزارش بفرستند ؛ نظرشان را در باره فلان کس بگویند، بدون اینکه ارتباطی با او برقرار بکنند . و اینها می‌دیدند که در محیط کار چه داوریی روی این فرد هست، دوستانش چه کسانی هستند ، با کی بیشتر محشور هست و ...

در واقع برآیند این گزارشات است که اطلاعات تکمیلی می‌دهد و اتخاذ تصمیم را آسان می‌کند. و به همین علت هم واقعا بعد از دستگیری‌های سال ۱۳۳۳ و لو رفتن سازمان نظامی ، ما هیچ آدم نابابی میان خودمان نداشتیم! جز اینکه در جریان زندان و احکام اعدام ، کسانی بریدند! که خوب ، چنان چیز عجیبی نیست! ولی به هیچ‌وجه، حتی یک نفر پلیس ، یعنی یک فرد نفوذی در سازمان وجود نداشت!

معمولا در سازمان‌ها یکی از مسائلی که مورد توجه قرار می‌گیرد، مسئله نفوذ دشمن هست و همواره فرض بر این است که ـ به ویژه در بخش قاعده ـ نفوذ انجام می‌گیرد. بعد از انقلاب بهمن سال ۱۳۵۷ وقتی که حزب تجدید حیات علنی کرد ، می‌دانید که در واقع سازمان یافتگی حزب در این سال منبعش سه جا بود، یکی رفقایی که از مهاجرت بازگشتند که بیشتر عناصر کادر حزب را تشکیل می دادند و در واقع در شعب فعال بودند. بخشی «سازمان نوید» بود که در دوران رژیم گذشته فعالیت مخفی داشت و از یک رشته فعالیت‌های خوب مخفی کاری برخوردار بود،

بخشی هم رفقایی بودند که از زندان‌ها آمدند. البته بجز «سازمان نوید»، گروه‌های مخفی دیگری هم بودند که بر اساس آن دیرکتیو (رهنمود) گذشته یعنی « فعالیت بر اساس رعایت اصل عدم تمرکز» شکل گرفته بودند و همه در یک جا متمرکز نشده بودند .

در واقع اگر در طول تاریخ هم بعضی وقت‌ها ضرباتی به سازمان‌های مخفی حزب وارد می‌شد، به علت عدم رعایت این امر بود. گروه هایی حول یک نفر، دو نفر جمع می شدند و با پذیرش مواضع حزب ـ که دفترش و سازمانش در خارج بود ـ مادام که هسته خودشان را حفظ می‌کردند ، سالم می‌ماندند . بعد که برای گسترش سازمانی تلاش می کردند، از یک جایی لطمه می‌خوردند. به خصوص مامورین ساواک وقتی که نفوذ می‌کردند ، اصرار در گسترش سازمانی داشتند ، اصرار در پیوند و ایجاد حلقه‌هایی بین این گروه‌های مختلف داشتند! یکی دیگری را می‌شناسد، به اصطلاح تو کجا، من آنجا، تو آنجا. خیلی خوب بیایید یکی بکنیم! همین یکی کردن، علاوه براینکه موجبات بالابردن ریسک نفوذ می‌شود، امکان بی‌تدبیری‌ها، بی‌احتیاطی‌ها و شناسایی‌های فراوان را بالا می برد.

در فعالیت پنهانی، مسئله شناسایی‌ها خیلی اهمیت دارد و یکی از توصیه‌ها هم همین است که شناسایی ها به حداقل ممکن برسد. اصلا اگر ضرورت نداشته باشد، هیچ دلیل ندارد کسی ، کس دیگر را بشناسد. اینکه چقدر واقعا این انضباط رعایت بشود و افراد منضبط بار بیایند، واجد اهمیت بسیار بالایی است! از جمله تمایزاتی که در گذشته سازمان نظامی ما با دیگر بخش‌های حزب داشت، این منضبط بودنش بود، در واقع انضباط حزبی همراه با انضباط نظامی ، رعایت‌های بسیار را مضاعف کرده بود.

چگونگی سازماندهی تشکیلات ، چه در **حزب توده ایران** و «حزب کمونیست اتحاد شوروی» ، چه روی‌هم رفته دیگر احزاب کمونیست ، تقریبا مشابه است. معمولا یک قاعده شامل حوزه‌های متعدد هست که تعداد افراد هر حوزه متناسب با شرایط تعیین می‌شود. اگر شرایط علنی باشد، حوزه‌های کثیرالعده هست.

پیش از سال ۱۳۲۷ در کلوپ **حزب توده ایران** نیمکت‌هایی چیده شده بود و چیزی در حدود سی چهل نفر می‌نشستند ، یک نفر هم به عنوان گویندهٔ حوزه برایشان صحبت می‌کرد. گوینده معمولا یکی از نظریه پردازها یا رهبران حزب یا کادرهایی است که آموزش کافی دیده اند ، آگاهی سیاسی قابل توجهی دارند ، مبانی تئوریکشان خوب است . و یک نفر هم مسئول حوزه است که کارهای ارتباطی و ... را سامان می‌دهد که چه روزی در چه جایی جمع بشوند، احیانا چه وظایفی خارج از حوزه بایست انجام بدهند، منجمله توزیع اعلامیه ها ، چسباندن تراکت‌ها یا احیانا تدارک شرکت در تظاهرات ، حضور در فلان کارخانه، بحث‌هایی که بایستی در محل کار با کارگران دیگر انجام بدهند یا مسافرت‌هایی که به روستاهای اطراف بایستی بکنند تا پیوندی بین شهر و روستا وجود داشته باشد و ... اینها دیگر از وظایفی است که حوزه انجام می‌دهد و مربوط به گوینده آن حوزه نیست .

اما معمولا در کشورهایی چون ایران این ایام، این دوره ها و این شرایط، کوتاه مدت است؛ آنچنان که حزب تجربه کرد. اصولا سازمان‌های چپ در کشورهایی از نوع کشور ما عملا ناگزیرند خودشان را برای شرایط غیر علنی آماده بکنند و اینجاست که طبعا حوزه‌ها از تعداد اندکی برخوردار می‌شوند و معمولا بین سه تا پنج نفر هستند .

هر حوزه یک مسئول و یک مسئول دومی دارد. تقسیم برنامه می شود که مثلا کسی بحث اخبار را انجام بدهد ؛ و به طور ثابت هم نیست ، در هرجلسه یک نفر عهده

دار این وظیفه می شود. برنامه آموزشی هم در حوزه هست که اگر مسئول حوزه توانایی انجام کار آموزشی را داشته باشد ، به عهده خودش قرار می گیرد. در رده‌های بالاتر که آموزش مقداری سنگین‌تر می‌شود، افراد دیگری که در بخش آموزش هستند می‌آیند و این برنامه را انجام می‌دهند . معمولا در هر حوزه‌ای برای جلسه آینده قرار مشخص گذاشته و محل و ساعتش معلوم و وظایفی که هر کس در نوبتش باید انجام بدهد، روشن می شود.

حوزه‌های قاعده به این ترتیب که عنوان شد، هر کدام یک مسئول دارد. این مسئول‌ها خودشان در حوزه‌ای به نام حوزه مسئولین شرکت می‌کنند. روال کار به‌همین شکل است که در حوزه قاعده هست . ضمن اینکه هر مسئول بایستی از حوزه خودش یک گزارش ارائه بدهد. در این گزارش الزاما اسم افراد حوزه منعکس نمی‌شود. معمولا با یک رشته نشانه‌ها و علایمی مطرح می‌شود که برای مسئول همان حوزه شناخته شده است. حالا یا با عدد یا با علایم هندسی یا بسته به ابتکاری است که در آن سازمان انجام بگیرد.

در حزب به طور کلی مجموعه تشکیلات را یک هرمی تشکیل می‌داد که معمولا در سازمان‌های دیگر هم به همین صورت هست. در قاعده ، «حوزه‌های قاعده» هستند که بسته به شرایط معین تسهیلاتی که وجود دارد، به صورت حوزه‌های محل زندگی یا محل کار است. بالاتر ، «حوزه‌های مسئولین» هستند و بالاتر از آن ، کمیته‌هایی تشکیل می شود به نام «کمیته بخش».

در واقع محدودترین کمیته‌هایی که در حزب وجود دارد ، کمیته بخش است. یعنی از اینجا به بالا دیگر استخوان‌بندی سازمانی دارد شکل می‌گیرد. این قسمت‌های پایینی تقریبا مثل ریشه‌های یک درخت است که کمتر شکل معینی دارد، از هر سو

می‌رود. در این خانه می‌رود ، به آن محله می‌رود ، به این کارخانه می‌رود، ولی هر قدر که بالا می‌آید یواش یواش شکل ساقه و تنه به خودش می‌گیرد.

آن احتمالی که اشاره کردم که هر سازمان سیاسی چپ برای درصد امنیتش مورد توجه قرار می‌دهد، مربوط به همین پایین تر از کمیته بخش است. یعنی فرض را بر این می گذارد که از کمیته بخش به پایین ، به احتمال بسیار زیاد درونش عناصر نفوذی هستند.

□ *خود کمیته بخش؟*

■ نه، نه ، در واقع با اینکه اصل بر این است که کلیه مسئولین در جریان انتخابات ارگان مربوطه شان بالا آمده باشند، ولی عملا در بدو شکل گیری ، چنین چیزی مقدور نیست . منتصب می شوند . و همین انتصاب ، زمینه انتخاب بعدی را فراهم می‌کند. افرادی که ازهمان ابتدای عضویتشان با حسن علی جعفر آشنا شده‌اند و این حسن علی جعفر کسی نیست مگر اینکه کس دیگری گفته باشد تو فعلا برو مسئول اینجا باش تا بعد مسئول انتخاب بشود، بعد از یک سال، دو سال که با هم کار کردند، خود به خود این مسئول انتصابی اتوریته‌ای (آمریتی) پیدا می‌کند که اگر بخواهند انتخاب بکنند، به احتمال زیاد باز او را انتخاب می‌کنند. ولی در واقع این آن جوهره‌ای که در امر انتخابی مورد توجه است، نیست . و از همان اول یک مقدار جانبدارانه با این فرد عمل شده.

به محض اینکه در این جامعه مشخص بشود که یک اعلامیه‌ای در آمده و اعلام شده که **حزب توده ایران** می‌خواهد تشکیل بشود و هر کس تحت این شرایط بیاید، عضویتش پذیرفته می شود، چه بسا از همان ابتدای امر، فردی دانسته و آگاه بیاید. خوب، دستگاه‌های امنیتی از توده مردم خیلی خیلی آگاه‌تر و آماده تر و هوشیارتر

هستند . قبل از اینکه فلان کارگر کارخانه علاقه‌مند و هوادار بشود، قبل از اینکه فلان عضو فعال حزب تشخیص بدهد فلان کس مناسب است برود سراغش و ... بلافاصله دستگاه امنیتی عده‌ای را تعیین می‌کند . یکی در محیط کارش، دیگری در محل تحصیلش و ... خودش را کشته مردهٔ این حزب نشان می‌دهد. مرتب هر روز شما نگاهش می‌کنی می‌بینی یک روزنامه «مردم» ، یک « به سوی آینده» همراهش است. خواه ناخواه از همان اول نظرت جلب می‌شود که این چه هواداری است! چه بچه علاقه‌مندی است! همه روزه، روزنامه را اول وقت می‌خرد! خود به خود یک معیار است. و به این ترتیب زمینه برای نفوذ این گونه افراد فراهم است.

گذشت ایام است که رفته رفته مشخص می‌کند که این گزینش‌ها تا چه اندازه درست است. همواره فرض براین گذاشته می‌شود که از کمیته بخش به پایین ، احتمال چنین نفوذی فراوان است. و تمام تلاش بر این است که از کمیته بخش به بالا دیگر کسانی باشند که روی آنها صد در صد جای تردید نباشد. ولی همواره می‌تواند این احتمال به قوت خودش باقی باشد، منتها درصدش ناچیز شده است. این مسئله همواره باید مورد توجه باشد.

خوب، هر شهر ، هرشهرستان، هر روستا، بخش‌های گوناگونی دارد که به استناد بزرگی یا کوچکی ، تعدادی کمیته بخش دارد. بعد «کمیته شهر» شکل می‌گیرد. ارگان حزبی شهرهای یک ایالت تحت عنوان «کمیته ایالتی» نامیده می‌شد که بالاتر از کمیته شهر بود ولی بعضی جاها کمیته شهر همان کمیته ایالتی‌اش بود.

اما در مجموع بعد از «کمیته بخش»، «کمیته شهر» به وجود می‌آید و بالای کمیته شهر، «کمیته ایالت» که چند شهر را در بر می گیرد و بالاخره بعد از کمیته ایالتی ، «کمیته مرکزی» است که نمایندگان ایالات مختلف در آنجا شرکت می کنند. و در کمیته مرکزی هم معمولا یک «هیئت سیاسی» - مثل پولیت بورو که در جاهای دیگر بود - و

بالاخره بالاتر از آن، ارگانی به صورت «هیئت دبیران» ، دبیرهای کمیته مرکزی و «دبیر اول» یا دبیرکل در راسش قرار دارد. درست هرم به این ترتیب شکل می‌گیرد.

اما این در واقع یک سازماندهی هرمی بود. ولی هر سازمان سیاسی یک گسترش افقی هم دارد. گسترش افقی‌اش برای انجام یک سلسله کارهایی است که مربوط به کار تشکیلاتی نیست، بیشتر امور اداری ، امور تئوریک ، امور مالی ، امور آموزشی و ... است . یعنی اگر در این هرم تشکیلاتی ما دارای کمیته‌های مختلف از کمیته مرکزی به پایین تا کمیته بخش هستیم، در تشکیلات افقی‌اش دارای «شعب» هستیم. در گذشته به آن کمیسیون می‌گفتند ، ولی در سازماندهی بعد از سال ۱۳۵۷ شعبه‌ها به وجود آمد . مثل شعبه کارگری، شعبه روابط عمومی ، شعبه سیاسی، شعبه دهقانی، شعبه کارهای توده‌ای ، شعبه زنان و به این ترتیب ...

□ *ببخشید، این تفاوت نامی که از سال ۱۳۵۷ به بعد به وجود آمد فقط تغییر نام بود یا نه ، عملکرد را هم در بر می‌گرفت؟ منظورم «کمیسیون» و «شعبه» است.*

■ چرا ، در عملکردشان هم خیلی مشخص‌تر، یعنی بارز بود که این شعبه کارش این است. در گذشته اساساً به این تعداد و وسعت نبود. در دهه بیست ، در کنار کمیته مرکزی، ارگانی به وجودآمده بود به نام کمیسیون تفتیش . همان‌طور که از اسمش برمی‌آید شامل یک رشته مراقبت‌هایی ، چه از لحاظ تحلیل شعارهایی که از سوی رهبری حزب توسط کمیته مرکزی تعیین می شد، چه آموزش‌هایی که در بخش‌های مختلف حزب مورد توجه قرار می‌گرفت ، چه مسائل گوناگونی که از نقطه نظر روابط رهبری با بدنه و چه روابط افراد بدنه با خودشان، چه اعضای رهبری با همدیگر پیش می‌آمد ، کمیسیون تفتیش عهده‌دار تهیه گزارشاتی در این زمینه و احیاناً اتخاذ تدابیری برای مواجه شدن با این مسئله بود .

در دورهٔ بعد ، ما به جای کمیسیون تفتیش ، شعبه‌ای به نام «شعبه بازرسی و رسیدگی» به وجود آوردیم. اساسا آن لفظ را بیشتر امنیتی دیدیم. «کمیسیون تفتیش» آدم را به یاد تفتیش عقاید و تفتیش رضاخانی می‌اندازد.

یا در گذشته شعبه‌ای داشتیم به نام شعبه معاضدت. وظیفه شعبه معاضدت، رسیدگی به وضعیت اعضایی بود که دستگیر می‌شدند. رسیدگی به خانواده آنها، جمع آوری اطلاعاتی که خانواده‌اش هنگام دیدار و ملاقات کسب می‌کنند ، از لحاظ پرونده ، ضرورت گرفتن وکیل برایش و... عین این کار را در این دوره ما در «شعبه روابط عمومی» به وجود آوردیم که یک شاخه معاضدتی ، این کار را عهده دار شده بود و در واقع زیر مجموعه شعبه روابط عمومی بود.

وظایف شعب در دوره بعد از سال ۱۳۵۷ خیلی مشخص‌تر بود. در گذشته اولا تعداد کمیسیون‌ها به این گستردگی نبود و بعد هم برایشان یک تداخل وظایف به وجود می‌آمد. چون دوره فعالیت علنی حزب کوتاه و تا سال ۱۳۲۷، حزب خیلی جوان بود. ، تجربه نسبتا اندکی داشت و با یک اقبال قابل توجهی هم مواجه شده بود. پس خود به خود یک تداخل وظایف انجام می‌گرفت. کادرها هم آن ورزیدگی کافی را نداشتند. بگذریم از اینکه یک عده در واقع کسانی بودند که سابقه کار در گروه «۵۳ نفر» را داشتند یا برخی خیلی قبل‌تر ، فعال بودند.

شخصیت‌هایی مثل **عبدالصمد کامبخش، ایرج اسکندری، رادمنش** و ... اصلا در «حزب کمونیست ایران» به صورت جوانانشان کار کرده بودند. یا کسانی مثل **کامبخش** و **اسکندری** و ... کسانی بودند که از سال ۱۳۱۳ کار سازماندهی مجدد بقایای حزب کمونیست را به عهده گرفتند. اینها تجربیاتی داشتند اما تک و توک بودند. کسانی مثل **روستا** و ... اندک بودند. ولی کسانی که عهده دار وظایفی در کمیته های مختلف یا در کمیسیون‌های مختلف بودند واقعا عمدتا جوان بودند و تجربه اندکی

داشتند اما سرشار از شور و علاقه و ایمان بودند. پس این تداخلات احتمالش خیلی زیاد بود.

اما پس از سال ۱۳۵۷ و تجدید سازمان حزب، همان بخشی که اشاره کردم ، در واقع پایه گذاران تشکیلات نوین حزب بودند . تقریبا همه شان از تجربیات قابل توجهی برخوردار بودند. کادر جوانش هم حتی در فعالیت مخفی‌اش ، نسبتا ورزیده شده و آشنایی پیدا کرده بود . زندان دیده‌ها که خوب ، سابقه فعالیت سیاسی داشتند و در زندان هم با همه گروه های سیاسی مختلف، انتقال تجربه کرده بودند. مهاجران هم که آمده بودند، صرف‌نظر از اینکه خودشان سابقه و تجربه زیادی داشتند، در واقع بیشتر در شعب کار می کردند.

این شکل گیریِ سازماندهیِ افقی ، خیلی زودتر انجام گرفت ؛ به علت اینکه در واقع بیشتر استخوان‌دارهای حزب در این شعب قرار گرفتند . اصولا نظر بر این بود که رفقایی که از مهاجرت آمده اند کمتر می توانند در ارتباط تشکیلاتی با بدنه قرار بگیرند. هم به لحاظ اینکه یک مقدار سالمند بودند، هم به لحاظ اینکه آشنایی خیلی زیادی با محیط تعاملی افراد نداشتند ، هم اینکه صلاح نبود. اصولا توان آنها نیز اجازه نمی‌داد که در بدنه تشکیلات فعال باشند و عمدتا در سازماندهی شعب قرار گرفتند . از تجربیاتشان هم استفاده شد .

هر شعبه واقعا به یک عضو کمیته مرکزی احتیاج داشت که مدیر آنجا باشد و یک دسته افراد دیگری را هدایت کند که لزومی نداشت از لحاظ رده بندی ، کادر یا رده بالا باشند ، می‌توانست یک عضو ساده هم در این شعبه باشد.

اما در کمیته‌ها حتما رده‌های تشکیلاتی اساس بود. چون همه باید از پایین آمده باشند، مسئول شده باشند تا برسند به احیانا کمیته شهر، برسند به کمیته ایالتی، برسند به کمیته مرکزی، برسند به هیئت سیاسی، برسند به هیئت دبیران. خواه ناخواه

این طبقه بندی ، پایه‌های رده تشکیلاتی را تعیین می کرد و متناسب با پختگی سیاسی، متناسب با فعالیتی که کرده و سپردن و پذیرش مسئولیت سنگین‌تر ، همین طور بالاتر می رفت.

یکی از مسائلی که خیلی مورد توجه حزب بود و به تجربه هم ثابت شده بود که اهمیت دارد، «شعبه کارهای توده‌ای» بود. شعبه کارهای توده‌ای در واقع مشابه چیزی بود که امروز تحت عنوان سمن‌ها (ان.جی.او.) مطرح است. آن زمان شعبه کارهای توده‌ای چنین فعالیت‌هایی را انجام می‌داد. افرادی را داوطلبانه از حوزه‌های مختلف ، از بخش‌های مختلف بسیج می‌کردند و راهیِ قسمت‌های مختلفی می‌شدند. یا مثلا می‌رفتند در روستاها با روستایی‌ها کار می‌کردند. این غیر از کار دهقانی است. مثلا می‌رفتند مبارزه با بیسوادی و برای آنها کلاس اکابر تشکیل می‌دادند یا می‌رفتند زنان را آشنا می‌کردند با یک سلسله مسائل زندگی خانوادگی ، مسائل بهداشتی در خانواده‌ها یا مسائل کودکان ، چگونگی آموزش و تربیت کودکان و... چیزهایی که امروز می‌بینیم در سطح گسترده مملکت ، در N.G.Oهای مختلف دارد انجام می‌گیرد.

در این شعبه، داوطلبان آموزش‌هایی می‌دیدند ودر روستاهای اطراف ، حتی در محلات فقیر نشین کشور، سراغ سالمندها ، پیرمردها و ... می‌رفتند، کلاس‌های اکابر برای زن‌ها، مردها تشکیل می‌دادند و ...

خیلی کار مهمی بود و پیشرفتش هم می‌توانست اثرات بسیار بسیار مفیدی به بار بیاورد . کسان زیادی بودند که اصلا هیچ نگرش سیاسی نداشتند و پتانسیل کار سیاسی را هم نداشتند اما در محله‌شان می‌گفتند که آن خانم توده‌ای هر هفته می‌آید اینجا و بچه‌های من را درس می‌دهد. این خود به خود یک علقه‌ای رابه وجود می‌آورد.

و نه صرفا از نقطه نظر ایجاد یک چنین داوری ـ که به خودی خود اهمیت دارد ـ بلکه اصولا به وجود آمدن یک پیوندی بین بدنه حزب با توده مردم مهم است . با توده مردمی که هیچ گونه فعالیت سیاسی هم نمی‌کنند ولی سرانجام آن نیرویی است که در جامعه وجود دارد و در آینده می تواند نقش ایفا بکند.

شعب گوناگونی که بر حسب ضرورت به وجود آوردیم به تدریج گسترش پیدا کرد. اولین شعبه‌ای که به‌وجود آمد «شعبه تشکیلات» بود که خود به خود مسئول تشکیلات نمی‌توانست به تنهایی کار تشکیلاتی را انجام بدهد ؛ چرا که در این تشکیلات ، آنکت‌ها (برگه‌های درخواست عضویت) جمع می‌شد، بایستی کسی موظف باشد که به کسانی که مراجعه می‌کنند این ورقه را تحویل بدهد و از آنها تحویل بگیرد. وقتی که تعداد مراجعه زیاد باشد ، افراد بیشتری باید این وظیفه را انجام بدهند. بعد این آنکت‌ها باید کلاسه (دسته‌بندی) ، تنظیم و جابه‌جا شود. از لحاظ امنیتی نمی‌تواند هر جایی قرار بگیرد. آرشیوی باید داشته باشد که در محل امنی قرار بگیرد. بعد بر این پایه وقتی که آنکت‌ها به مرحله پذیرش می‌رسد ، طبعا بایستی به جای معینی در فلان شهر ، در فلان کمیته ، احاله بشود ، به مسئول معینی که در آن کمیته هست ، معرفی بشود و...

به این ترتیب اولین شعبه، شعبه تشکیلات هست که طبعا افراد نسبتا پخته و با سابقه بایستی در اینجا کار بکنند ولی به تدریج یک رشته کارهای عادی هست که نیازمند سابقه زیاد نیست ولی بدون تردید کسانی که در این بخش کار می کنند بایستی از اعتماد کافی برخوردار باشند .

همزمان «شعبه روابط عمومی» و «روابط بین‌الملل» حزب بایستی شکل بگیرد. چون هر تشکیلات سیاسی یک بخش ارتباطات درونی خودش را دارد که تشکیلات با کمیته‌های گوناگونش ، با اعضای خودش این کار را انجام می‌دهد. دیگری ارتباط

حزب با بیرون خودش است که شامل دو قسمت می شود ، یکی ارتباط با سازمان‌های سیاسی داخل کشور، ادارات ، نهادها و غیره و یکی با احزاب کمونیست خارج.

□ *با خود نظام هم همین شعبه ارتباط برقرار می کند یا نه؟*

■ بله ، بله، شعبه روابط عمومی . چون به هر حال این روابط عمومی است. از جمله کارهای بسیار گسترده‌ای که در مقابل حزب قرار می گیرد، همین وظایفی است که شعبه روابط عمومی عهده دارش می شود. خیلی کار حساسی است!

در مورد فعالان شعبه روابط عمومی ، صرف‌نظر از داشتن ویژگی‌هایی که مربوط به امکان برقراری رابطه است ـ یعنی معروف است که می‌گویند فلان کس روابط عمومی‌اش قوی است ـ یعنی خیلی راحت بتواند با افراد ارتباط برقرار کند ، از لحاظ گفتگو ، از لحاظ بحث کردن، خوش برخورد بودن و مهمتر از این ، مسلط بودن به موضع سازمان خودش و واقف بودن به مواضع طرف‌های مقابلی که می خواهد با آنها ارتباط برقرار کند، این وظیفه نسبتا سنگین می شود.

با جدیدترین موضعگیری‌های سازمانش باید کاملا آشنا باشد، با جدیدترین مواضعی که نسبت به حزبش گرفته شده باید آشنا باشد، یعنی تمام مطبوعات بایستی در شعبه روابط عمومی خلاصه بشود، نمونه برداری بشود، به خصوص آنجا که در باره حزب اظهار نظری توسط کسی، روزنامه‌ای ، حزب دیگری شده، یا توسط مقامات مسئول شده. آیا تهدید درونش بوده؟ آیا انتقاد بوده؟ آیا ایراد بوده؟ و تهیه گزارش برای هیئت سیاسی که چه انتقاداتی نسبت به حزب شده .

یک دسته انتقادات درونی است که توسط تشکیلات می آید و در هیئت سیاسی مطرح می شود. یک دسته انتقادات هست که دیگران مطرح کرده‌اند، و عمده انتقادات

از آنجا می‌آید. و این گزارش‌ها در و اقع برای رهبری یک حزب هشدار است که چه برخوردی دارند با ما می‌کنند، از کجای کار ما ایراد می‌گیرند؛ آیا ایراد می گیرند یا ایراد وجود داشته؟ اینها همه مسائلی است که خیلی مشخص است.

از جمله گزارشاتی که ما در روابط عمومی داشتیم، آماری بود که هر هفته از بازداشت شدگان و آزادشدگانمان داشتیم. در این هفته چند نفر از رفقایمان بازداشت شدند؟ این گزارشی بود که تشکیلات موظف بود مرتب به روابط عمومی بدهد ، چرا که روابط عمومی متقابلا در تلاش آزاد کردن رفقایمان از زندان و مقایسه این بود که ما به کدام سمت داریم می‌رویم؟! این خیلی کمک می‌کرد به نگرش رهبری حزب برای سیاستگذاری‌هایش . که فضا دارد بسته‌تر می‌شود؟یا دارد بازتر می‌شود؟

یا گزارشاتی که در باره نگرش سازمان‌های سیاسی مختلف نسبت به حزب می‌رسید ، کدامش خیلی خیلی خصمانه و خصمانهٔ آگاهانه است؟ یکی برخورد خصمانه دارد ولی نا آگاه است. به خوبی می‌شود حدس زد که اینان اصلا موضع ما را نفهمیده‌اند ، یا تحت تاثیر تبلیغات معینی قرار گرفته‌اند که همین جوری می‌گویند که حزب توده این طور... ولی وقتی که تشکیلات جهت می‌دهد به رفقا که سراغ این گونه افراد بروند و با توضیح این مطالب آنان را روشن کنند، بسیاری از این برخوردهای خصمانه فروکش می‌کند. وقتی که این نوع هدایت انجام می گیرد، چقدر خوب می‌تواند پیشداوری‌هایی که ناشی از ناآگاهی بوده یواش یواش تبدیل به آگاهی‌هایی بکند که خیلی به تغییر موضعگیری‌های نیروهای دیگر نسبت به حزب و سیاست آن و غیره کمک می‌کند.

«شعبهٔ روابط بین الملل»، تامین کننده ارتباطاتی است که حزب با سایر احزاب برادر دارد. تمام احزاب کمونیست دنیا در گذشتهٔ دور ، در «کمینترن» با هم مربوط می‌شدند و بعد از جنگ دوم جهانی مسئله «کمنیفرم» مطرح شد. در واقع یک دفتر

اطلاعاتی بود که ارتباط احزاب کمونیست را برقرار می‌کرد و بعد از آن دیگر ، نه به‌صورت یک نهاد رسمی با حضور همه نمایندگان احزاب، ولی صرف‌نظر از همایش‌های دوره‌ای که نمایندگان احزاب در آن شرکت می‌کردند، مجله‌ای منتشر می‌کرد به نام «صلح و سوسیالیسم» که مقرش در پراگ بود و معمولا احزاب کمونیست ، احزاب برادر، نمایندگانی در این مجله «صلح و سوسیالیسم» داشتند.

صرف‌نظر از اینکه بعضی ها نسخه ای از خود این مجله را ، با همان چند زبانی که در آنجا چاپ می‌شد، توزیع می‌کردند ولی بعضی از احزاب ، اولا این مجله را به زبان ملی خودشان ترجمه می کردند و مزید بر آن ، یک ضمیمه‌ای را به وجود آوردند که به زبان خودشان توضیحاتی می دادند. مثل نشریه «مسائل بین الملل» که حزب انجام می داد. حزب ، عمده مقالاتی که ضرور می دانست از «صلح و سوسیالیسم» استنساخ بکند و توضیح بیشتر در باره‌اش بدهد ، در «مسائل بین‌الملل» منعکس می کرد .

همین دفتر مجله «صلح و سوسیالیسم» هم مرکزی می‌شد برای ارتباط احزاب و احیانا از همان طریق دعوت‌هایی که لازم بود ، بین احزاب انجام می‌گرفت.

کنگره هایی که هر یک از احزاب برگزار می‌کردند ، معمولا میهمانانی داشتند . در ترکیب میهمان‌ها الزاما نمایندگان همه احزاب کمونیست حضور نداشتند . بسته به نوع مناسبات و ضرورت‌های منطقه ای که این احزاب را به هم نزدیک می‌کرد ، یا مسائلی مشترک برایشان به وجود می‌آورد، گرد می‌آمدند. دعوت‌ها به این ترتیب انجام می‌گرفت و این هم از وظایف شعبه روابط بین الملل بود.

«شعبه کارگری» ، علاوه بر اینکه یک ارگان مطبوعاتی ، یک روزنامه که همواره مسائل کارگری در آن منعکس می‌شد برای بخش کارگری داشت، معمولاً یک اطلاعی

هم از محل کار کارگران به دست می‌آورد که کمک زیادی به تشکیلات و آن بخش‌ها و حوزه‌هایی که در کارخانه‌ها حضور داشتند ، می‌کرد.

«شعبه آموزش» طبعا برنامه‌های آموزشی حزب را سامان می‌داد. تلاش و توصیه می‌کرد که جدیدترین نظریه‌هایی که مورد توجه احزاب کمونیست قرار گرفته، به ویژه در بخش اتحاد شوروی ، به فارسی برگردانده شود و در حوزه‌ها مورد توجه قرار بگیرد.

«شعبهٔ پژوهش» کارش گسترده تر بود ؛ هر موضوع اجتماعی، اقتصادی، سیاسی، حتی در بعضی موارد ، بسته به شرایط معین، مسائل تکنولوژیک هم مورد توجه رفقا قرار می گرفت.

در همین ایام بعد از سال ۱۳۵۷ در شعبه پژوهش ، گروه‌های کاری بسیار زیادی داشتیم که روی مواردی که پیش می‌آمد تحقیق می‌کردند . مثلا رفیقی اعلام می کرد در وزارت صنایع سنگین پروژه‌ای مطرح شده و از این مشاورین دارند استفاده می‌کنند و ... بلافاصله در شعبه پژوهش عده‌ای از رفقایی که در این زمینه تخصص داشتند می‌نشستند و یک پروژه‌ای را تنظیم می‌کردند و با نظر روابط عمومی، برای مقامات مسئول مملکتی فرستاده و گفته می شد که به گمان ما این پروژه بایستی این گونه باشد و ...

یا مثلا شعبه پژوهش در مورد چگونگی امضای قراردادهای خارجی ، پروژه‌ای ارائه داد که واقعا مانع از این می‌شد که مسئولان مملکت تن به قراردادهای اسارت‌بار بدهند. طرف مقابل خیلی کار کشته است، سالیان سال در این زمینه کار کرده، مثلا شرکت تراکتور سازی ، شرکت توتال و غیره.

رفقای ما واقعا متخصصین خیلی ارزنده‌ای بودند ؛ چه آنهایی که دکترای رشتهٔ نفت یا اقتصاد بودند و سال‌ها در این رشته‌ها تحصیل کرده بودند ، چه رفقایی که در

داخل ، در کارخانجات خودمان داشتیم. مهندسین کارکشته‌ای که شناخته شده نبودند اما به طرف حزب آمده بودند و موقعیت‌های قابل توجهی هم در کارخانه‌ها داشتند. خوب اینها در شعبه پژوهش معمولا دعوت می‌شدند و روی پروژه معینی کار می‌کردند .

این پروژه‌ها که فراهم می‌آمد، بسته بموقعیت خاص آن پروژه و آن نهادی که می‌تواند از چنین چیزی بهره مند بشود ، و موضع حزب در قبال آن مسئله معین ، ارائه می شد.

به این ترتیب بود که این بخش (هوریزنتال horizontal) به اصطلاح شعبی که سازماندهی افقی تشکیلات بود، شکل گرفت.

من به یاد آن فرمایش آقای **مازیار بهروز** افتادم که وقتی به صحبت‌هایش گوش دادم اشاره کرد که «حزب توده آن موقع خوب، یک تشکیلات مثبتی بود ولی بعد از سال ۱۳۵۷ که چیزی نبود، فقط برای جاسوسی به وجود آمده بود! » واقعا نمی‌دانم این بزرگوار ! براساس چه رسالتی می‌آید چنین ادعایی می‌کند؟! اقلا یک مقدار مطالعه می‌کرد، توجه می‌کرد که چقدر کار شد دراین فاصلۀ سه چهارسالۀ کوتاهی که از لحاظ امنیتی این حزب این قدر زیر فشار بود!!

ظاهرا حزب فعالیت علنی داشت ولی هیچ محل استقرار امنی نداشت. اگر دفتری ایجاد می‌کرد، حتما زیر پوشش خرما فروشی بود، زیر پوشش نمی‌دانم دفتر وکالت فلانی بود. و بعد از چهارماه ، پنج ماه ، می‌ریختند ، باز دوباره تغییر مکان باید به وجود می‌آمد. یا جلسات هیئت دبیران یا هیئت سیاسی‌اش همیشه بایستی به اشکال مختلف، درست مثل یک سازمان مخفی عمل بکند. و مع‌هذا چقدر در این شعب کار کرده؟

فقط جاسوسی می‌خواست بکند؟! خیلی توجه مرا جلب کرد که چرا ، واقعا ایشان با چه رسالتی همه ساله بلند می‌شود می‌آید اینجا و موضوع مورد علاقه‌اش هم حزب توده و ... ، پرداختن به چپ و «چپ ناکام» و... است؟!

در دنیا چپ، آرمانی دارد و طبیعی است که غول بی‌شاخ و دمی به نام نئولیبرالیسم در مقابلش است و دنیا را دارد می‌خورد و طبعا به عنوان اولین هدفش چپ را سرکوب می‌کند؛ چه به صورت ایدئولوژیک ، ایدئولوژی زدایی ، و چه به اشکال دیگر.

شما ببینید چقدر در همین مطبوعات خودمان ـ روزنامه «شرق» را بخوانید ـ اصلا مثل اینکه با تعهدات معینی می‌آیند. **حزب توده ایران** یک وجهش است ، حالا به جان **مارکس** افتاده اند، آن تجلیل را از آقای **مصطفی رحیمی** و در شماره بعدش از آقای **خلیل ملکی** می‌کند، دقیقا برای اینکه بعدش **حزب توده ایران** را بکوبد! چون او منشعب از **حزب توده ایران** بوده. به گمان من این تصادفی نیست ؛ اینها در واقع از یک برنامه معینی تبعیت می‌کنند!

یک دوست قدیمی دیروز به من تلفن زد وگفت آقای **عمویی** ، شما **مصطفی رحیمی** را می‌شناسید؟ گفتم بله، **مصطفی رحیمی** در دانشکده افسری شاگرد من بود، می‌خواست دوره خدمت نظام را بگذراند و سخت هم به من علاقه‌مند بود! بعدها که کتاب‌های اگزیستانسیالیستی را ترجمه می‌کرد ، می‌فرستاد زندان برای من و پشتش هم می نوشت به یاد ایام سربازی. ولی بعد یک چنین روشنفکر عجیبی از کار درآمد که از قلمش ، فقط و فقط زهر می‌ریزد، سم می‌ریزد. گفت بله، زمان شاه این از خدمتگزاران دربار و ... بود. گفتم علی ایحال ، ما برخوردمان این چنین نیست. روی این چیزها تکیه نمی‌کنیم ، بلکه روی کلامش صحبت می‌کنیم ، روی موضعگیری

ایدئولوژیکش ، روی موضعگیری سیاسی‌اش حرف داریم. گفت« چقدر خوب است شما یک جوابی به او بدهید، در آن مقاله اش یک اشاره ای به شما هم کرده بود. »

اشاره به اسم من نبود، به کتاب «دُرد زمانه» بود . در دهه بیست توقف کرده و ... بله، گفتم «من نه، اگر جوابی لازم باشد، دیگری بایستی جواب بدهد، من نگویم بهتر است. »

ببینید، آدم با این مطلب مواجه می‌شود. این اصلا سرنوشت **حزب توده ایران** نیست که با این نوع خصومت‌ها مواجه می‌شود؛ اصولا چپ و نگرش چپ با یک چنین چیزی مواجه است!

در روزنامه می‌خوانم که مسئول یا یکی از فعالین بسیج دانشجویی می‌گوید «فعال‌ترین تشکل دانشجویی ایران، بسیج دانشجویی بوده ... » اگر فعال بودن را در این هوچی بازی‌ها و جنجال آفرینی‌ها می‌خواهی ببینی ، بله خیلی فعال بودید! با ده نفرمی بینی همه جا را به هم می‌زنید، نیروی انتظامی و سپاه و همه و همه، سیاه پوشان ، لباس شخصی‌ها، آنها همه همراهتان بودند! در کوی دانشگاه دانشجو پناه ندارد ! والّا خواهید دید که فعال‌ترین نیروها دانشجوی مبارز آگاه چپ هست. منتها میدان به او نمی‌دهید، همه راه‌هایش را می‌بندید!

علی ایحال، واقعا توجه من را جلب کرد! به سخنان این آقا گوش فرا دادم و صحبت‌هایی که در کتاب « شورشیان آرمانخواه» مطرح کرده بود؛ و وعده‌ای که برای کتابِ در دست انتشارش داده بود ، ذهنم را به این فارغ التحصیل آکسفورد معطوف کرد که چه رسالتی دارد وقتی به این جنبه می‌پردازد ، بدون اینکه ظاهراً وابستگی سیاسی به هیچ گروهی داشته باشد؟! این برای من جالب توجه است ، این مبارزه ایدئولوژیک و سیاسی که در عرصهٔ جهانی و در عرصهٔ ملی این چنین رخ می‌دهد، و پابه پایش هم می‌بینیم کسان دیگری با چهره دیگری عمل می‌کنند!

به هر جهت معتقدم که حزب و تشکیلاتش بدون عیب نبوده، موضعگیری‌هایش همه از درایت کافی برخوردار نبوده، درستی و نادرستی سیاستگذاری‌هایش متناسب با میزان آگاهی‌اش از اوضاع و احوال مملکت، گاهی کاملا درست بوده و گاهی اشتباه بوده و هر سازمان سیاسی هم در روند فعالیت سیاسی ـ تشکیلاتی‌اش ، اگر بخواهد واقعا فعال باشد و کار بکند، اشتباهاتی هم می‌کند. به علت محدودیت آگاهی‌اش نسبت به مسائل گوناگون و کاستی‌های تشکیلاتی و کاستی‌های شخصیتی ـ هویتی‌اش ، همه اینها دست به دست هم می‌دهد و این اشتباهات را به وجود می آورد ؛ ولی آیا واقعا فعالیت جاسوسی بود؟ که این آقا گفت که حزب توده بعد از انقلاب فقط برای جاسوسی به وجود آمده و این چنین هست و ...؟ یا حتی اسم از من آورده بود؟!

خوب، آقای **مازیار بهروز! عمویی** حوزه فعالیتش کجا بود؟ آقای **بهروز** ! تو که مورد توجه هستی ، برو پرونده‌ها را بررسی کن ، ببین حتی بازجوهای من پذیرفته‌اند که جاسوسی به من نمی‌خورد و پس گرفتند. حالا تو داری ادعا نامه صادر می‌کنی؟!

□ *ماجرای شاه و شاه غلام؟*

■ بله، یعنی به خاطر داشته باشیم که ما باچه حریف‌هایی و با چه رقبایی ، در قالب حتی چپ ، روبه‌رو هستیم. آقای **مازیار بهروز** در واقع خودش را چپ تلقی می‌کند . همواره به خاطر داشته باشیم آنچه که به نظر من جوانان امروز ما با آن مواجه‌اند ، این است که دست دیگران برای هر گفته، هر فعالیت، هر همایش، حتی هر تظاهراتی علیه چپ کاملا باز است ولی اگر واقعا خواسته باشند در راه روشنگری، در راه افشاگری، در راه پرورش نسلشان و در راه رهایی خلقشان قدم بردارند ، با چه

محدودیت‌هایی ـ حتی در قلمرو داشتن یک دفتر ، یک اتاق در دانشگاه، در یک جایی ـ روبه‌رو می‌شوند! به گفته **سعدی** «... سگ را گشاده‌اند و سنگ را بسته ...»

منجمله در روزنامه خواندیم که شهرداری «باشگاه اندیشه» را پلمب کرده است! مگر در آنجا چه کار می‌شد؟ یک عده می‌نشستند با هم بحث می کردند، صحبت می‌کردند ، در قلمرو روشن کردن نسل ، روی مسائل مورد علاقه همگان، مقاله می‌نوشتند .

خوب این پدیده ، پدیده کشورهای استبداد زده‌ای است که خیلی هم داعیه ـ به‌اصطلاح ـ «مردم سالاری» دارند! که اصلا چه لفظ بی‌معنایی است! به نظر من همان «دموکراسی» قشنگ‌ترین لفظی است که به کار می‌رود. چه اصراری داریم یک واژه‌ای که این جور همگانی شده ، شناخته شده، شناسنامه‌دار شده، با «مردم سالاری» ...

□ *مردم سالاری ، بیشتر معادل پوپولیسم می‌تواند باشد .*

■ مردم سالاری معادل پوپولیسم نیست.

□ *آقای **بابک احمدی** هم به آن منتقد بود، ایشان هم می‌گفت «دموکراسی»...*

■ به نظر من درست می گوید، دموکراسی تعریف عامی است، همگان اصلا کالبد شکافی‌اش کرده اند ، همه می فهمندش، هضمش می کنند. حالا برای «مردم سالاری»، بیایید مرتب تعریف جدیدی ارائه بدهید.

□ *بله، اول یک مقدار تُهی اش می‌کنند تا به آن چیزهایی اضافه کنند که بگویند دموکراسی چنین و چنان است .*

■ واقعا همین طور است. بله ، همین طور است. معتقد هستم که ما در این دوره کوتاه مدت تجدید فعالیت سیاسی حزب بعد از انقلاب بهمن ، فرصتمان بسیار کوتاه بود و به همین علت معتقد بر این بودیم که از کمیته بخش به پایین، حتما عناصر نفوذی درونش هستند. و امروز من می‌خواهم بگویم که نمی‌توانم صددرصد ادعا بکنم که از کمیته بخش به بالا هم درونش نفوذی نبوده!

ما یکی از اصول مبنایی سازماندهی و تشکیلات را که اصل «منتخب بودن همه مسئولین» هست ، نتوانستیم اجرا بکنیم و به آن اعتقاد داشتیم و اعتقاد دارم. اما اصلا مجال اینکه حوزه‌ها مسئول خودشان را انتخاب بکنند و مسئولین ، مسئولین خودشان را و سرانجام یک شاخه، عضو کمیته بخش را تعیین کند و در کمیته‌های بخش کنفرانسی تشکیل بشود که مسئولین شهر انتخاب بشوند و ... نداشتیم. ما تنها کاری که در طی این مدت توانستیم انجام بدهیم برگزاری پلنوم هفدهم بود. آن هم با چه تدابیر امنیتی و ... در همین تهران!

به خاطرم می آید که آقای **رفسنجانی** چنان با حیرت گفت: صحیح! پس آقای **عمویی** ، پلنومتان را هم برگزار کردید؟! کجا؟ چگونه برگزار کردید؟ گفتم: خوب، بله ، همین طوری کردیم، به هر حال ما که متاسفانه نه جایی داریم ، نه اینکه امکان برگزاری همایش‌هایمان را ، دفتری هم که داشتیم ، آقایان آمدند بستند، گرفتند، بردند! بله به این ترتیب...

□ *برای من همیشه یک سؤال مطرح بوده : در تاریخ حزب کمونیست شوروی مقاطعی ، نقاط عطفی وجود داشته ، چه بر اثر تحولات درون‌زا و چه شرایط جهانی که آن را دستخوش تغییراتی کرده است .*

*مهم‌ترین مسئله در دورهٔ زمانی مورد بررسی ما ، یعنی اوایل دههٔ هشتاد میلادی ، مرگ **برژنف** و انتخاب **آندروپوف** به سمت دبیر کلی حزب کمونیست اتحاد شوروی*

است .

*روالی که از اواخر دوران **برژنف** آغاز شده بود و به انتخاب **آندرو پوف** منجر شد ، اعتماد بیشتر به عناصر ارتش سرخ و به خصوص «ک.گ.ب» است . یک جور پالایش درون حزبی برای مقابله با ـ به قول خودشان ـ رسوبات خرده بورژوایی!*

با توجه به ارزیابی آن حزب در مورد کمبود جنبه‌های پرولتری حزب و فوری بودن مسئله ، برنامهٔ آتی بر مجال دادن به عناصر تمیزتر حزبی که کمتر درگیر امور اجرایی بودند ، قرار گرفت . انتخاب برجسته‌ترین مقام «ک.گ.ب» به دبیر کلی حزب ، از همین منظر قابل ارزیابی است .

*همزمان با این روند ، در حزب برادر ، شاهد میدان دادن به افراد دارای سابقهٔ نظامی در حزب توده هستیم . افرادی مثل آقای **پورهرمزان** ، شما ، آقای **شلتوکی** یا آقای **جودت** .*

آیا این روند در حزب توده متأثر از آن جریان بوده؟

■ مقایسه ترکیب رهبری **حزب توده ایران** با ترکیب رهبری حزب کمونیست شوروی، به کلی نادرست و ناشی از پیشداوری‌های غیر دوستانه است.

جودت استاد دانشگاه و از کادرهای قدیمی حزبی بود. میان رفقایی که از مهاجرت آمدند، رفقایی که سابقا نظامی بودند، رفقایی که درقیام افسران خراسان حضور داشتند یا در وقایع آذربایجان بودند و سرانجام کارشان به مهاجرت کشید، وفادار ماندند، فعالیت کردند، تجربیات زیادی کسب کردند و ازجمله نخستین کسانی بودند که وقتی مسئله ختم مهاجرت مطرح شد، آماده و داوطلب برای بازگشت به ایران شدند . ایرانی که سرنوشتش هنوز معلوم نیست که چه وضعی خواهد داشت! خوب ، خود این یک پارامتر مثبتی است.

بخش دیگری که تشکیل دهنده بنیان سازماندهی حزب بود، کسانی بودند که از زندان‌ها برگشتند. در بین کسانی که از زندان برگشته بودند، پنج ، شش نفری که

سابقه فعالیت نظامی داشتند ، بیش ازهمه سابقه زندان داشتند و بیش از همه مورد توجه رفقا بودند، چه از لحاظ سابقه فعالیت در سازمان نظامی دهه بیست ، سی و چه از لحاظ پیشینه عملی که در زندان برایشان فراهم آمده بود و طی ۲۵ سال زندانی که با همه نوع شخصیت برخورد داشتند و آشنایی که با مجموعه نیروهای سیاسی مملکت برایشان پدید آمده بود ، لاجرم در رهبری حزب جایگاه ویژه ای پیدا کردند .

اینکه در واقع متاثر از آنجا بوده یا خیر، به گمان من این‌طور نیست ؛ بلکه به علت واقعیت موجود حزب بود. یعنی حزب، آن کادر اساسی تجدید سازمانش همین رفقا بودند. ما در کنارمان رفقای غیر نظامی هم داشتیم که خیلی ارزنده بودند ، مثلا همین **جودت، جوانشیر، اسکندری، کیانوری ، بهزادی** و ... ولی این رفقا ویژگی‌های شخصی‌شان ، سوابق ممتد کار تشکیلاتی، کار نظامی و اینکه طی این مدت وفادار ماندند ، موجب شده بود که در رهبری حزب جایگاه ویژه‌ای پیدا کنند.

اشاره کردم که در باره تشکیلات و پذیرش عضو و آن برگه‌های کاراکتریستیک ، چگونه در سازمان افسری عمل می‌شد ، همین سبب شده بود که واقعا غربالی که افراد داوطلب عضویت از آن عبور می‌کردند، سوراخ‌هایش مقداری تنگ تر باشد و به همین علت پذیرش در خود حزب، یک مقدار سهل‌تر انجام می گرفت تا در سازمان نظامی.

حالا دیگر ما نظامی نبودیم، حالا دیگر ما جزو رفقای غیر نظامی بودیم، اما ویژگی‌های آن زمان را همچنان با خودمان حمل می کردیم و بالنتیجه ، نظم و انضباط و یک خورده سختگیری و یک مقدار دقت نظر روی مسائل ویژه، به راحتی از روی مسائل نگذشتن و ...به نظر من در رفقای نظامی ما قدری بیشتر بود.

□ *استدلال حزب کمونیست شوروی هم کم و بیش همین بوده ، یعنی غربال‌های*

خیلی بهتری برای ارتش سرخ و «ک. گ. ب» در دست داشتند. البته آنها سال‌های دهۀ ۹۰ را ندیدند! به هر حال فکر می‌کردند که این دو پالوده‌تر هستند .

■ پالوده‌تر هستند. اتفاقا شما الان **آندروپوف** را گفتید. کتابی که من در دست ترجمه دارم، الان دقیقاً رسیدم به مبحث **آندروپوف** . نمی‌دانید چه ویژگی‌هایی از او تعریف می‌کند! واقعا یک شخصیت نمونه‌ای بوده! خیلی. اتفاقا نویسنده می‌گوید که یک موقعیت ممتاز و استثنایی برای اتحاد شوروی بعد از دوره رکود و لختی **برژنف** به وجود آمده بود و یک ضایعه بزرگ که کوتاهی عمرش بود که چه به روزگارش آورد!

نظریاتش درباره عضویت در حزب جالب است ، اصلا به شدت مخالفت می کند با آن نظریات **خروشچف** در پذیرش (مَس mass) توده ای مردم. به شدت مخالفت می‌کند با آن وژلولِینگ، یعنی هم سطح کردن دستمزدها. می‌گوید ، اصلا اولی ترین شعار سوسیالیسم «هر کس به اندازه کارش» است. این اصلا شعار قدیمی و کلاسیک دنیای سوسیالیستی است تا برسد به دوره کاملتر. لاجرم، اصلا انگیزه‌ها را مطرح می‌کند، آن که توانایی دارد و می تواند، باید بیشتر به او داده شود. چرا نه؟! نظریاتش خیلی چیزهای جالبی دارد و خیلی خیلی قشنگ است!

یا مسئله طرفداری از «همزیستی مسالمت آمیز» اما یک سر سوزن نباید امتیاز داد، در سطوح برابر باید نشست . یا پیشنهاد **ریگان** درباره مسئله از بین بردن موشک‌های (بالیستیک) با برد متوسط . **ریگان** پیشنهاد می‌کند که ما ، امریکا، تعهد می‌کند که نسازد و شوروی هم بردارد، ولی مال اروپایی‌ها بماند. **آندروپوف** می‌گوید که «مطلقا این جور نیست! مگر اروپای غربی با تو فرقی دارد؟!» خیلی خیلی واقعا شخصیت و نظراتش جالب است! به خصوص وقتی مطالب مستند هم باشد. در

این کتاب هر جایی به کتاب فلان، صفحه فلان ارجاع می دهد. خیلی خیلی کتاب خوبی است!

مثلا درباره **استالین** خیلی منصفانه محکوم می‌کند. آن دادگاه‌های ویژه‌ای که موجب شد حتی سوسیالیست‌های معتقد هم محکوم به اعدام بشوند! آن جابه‌جایی‌های عظیمی که برای حل مسائل ملی انجام داده بود! آن تبعیدی هایی که به سیبری فرستاده می‌شدند را محکوم می‌کند! ولی توانایی‌ها و ارزندگی‌های **استالین** را مگر می‌شود نادیده گرفت؟! به کار بردن لفظی تحت عنوان «استالینیسم» آیا در برگیرندهٔ همه ویژگی‌های این مرد است؟ یعنی در واقع قلب ماهیت یک تاریخ است. بله، آن جنبه‌ها محکوم است، هیچ گفتگو ندارد وباید به شدت هم جلوگیری کرد. ولی چرا چنین پدیده‌ای به وجود می آید که بعد بخواهی با آن مبارزه کنی، بخواهی محکوم کنی؟!

بعد از آن نوبت **مولوتف** ، **گاگانوویچ** و **مالنکف** و بعد **خروشچف** و سپس نوبت **برژنف** و... می‌رسد. اینها همه مقدمات است که بعد تازه می‌خواهد به **گورباچف** برسد.

بله، به هر جهت این تاریخ است و ای کاش ما از تاریخ درست درس بگیریم! دیدم آقای**هوشنگ ماهرویان** واقعا فرمایشاتی فرموده بودند! بالاخره برخی از روشنفکران ما از این قماش از آب در می‌آیند.

*☐ کتابشان را مطالعه کردید؟ اول **مارکس** را از روال‌های جاری در اتحاد شوروی و بعد حتی از فیلسوف بودن، تطهیر می‌کند و در انتها به این نتیجه می‌رسد که از بزرگترین فیلسوفان جهان بوده! آخر هم دستگیرمان نمی‌شود که می‌خواهد در کتاب چه بگوید؟!*

■ اصلا ایشان مدعی است که **مارکس** را بهتر از هر کس دیگری می شناسد و به‌همین علت هم خودش را چپ تلقی می‌کند و آب پاکی روی دست **مارکس** و مارکسیسم و همه چپ می‌ریزد!

الان به نظر من ،یکی از شیوه های مبارزه این است: ازچپ تعریف کردن و خود را جانبدار و هوادار چپ نشان دادن ؛ و زیراب چپ را زدن! از **مارکس** تعریف می‌کنند ، **مارکس** جوان چنین بود، **مارکس** پخته این شد، **مارکس** آخر، فیلسوف این شد و من طرفدار این هستم...

□ *خیلی خوب! به عنوان آخرین پرسش این جلسه ، می‌خواستم در مورد «پلنوم» و تفاوتش با «کنگره» توضیح بدهید . چون در احزاب کمونیست عموماً برای کنگره اهمیت به مراتب بیشتری قائل‌اند تا پلنوم . آیا در حزب توده هم به همین شکل بوده؟*

■ همین طور است، کاملا درست است . **حزب توده ایران** هم «کنگره» را عالی ترین مرجع تصمیم گیری و همایش حزبی می‌داند. کنگره معمولا در یک فاصله دوره‌ای معین ــ در بعضی از احزاب دو سال یک‌بار، در بعضی از احزاب چهار سال یک‌بار و ... ـ تشکیل جلسه می دهد. در **حزب توده ایران** ، مطابق اساسنامه‌اش ، هر چهار سال یک بار می‌بایست کنگره‌اش تشکیل بشود.

از یک سال قبل از تشکیل کنگره، تدارک تشکیل کنگره دیده می شود. کنفرانس‌های حزبی مختلف در ایالات گوناگون تشکیل می‌شود، کنفرانس‌ها را کمیته‌های ایالات برگزار می‌کنند و نمایندگانش هم از حوزه ها و بخش‌های مختلف حزب انتخاب می‌شوند، در کنفرانس‌ها شرکت می‌کنند ، نظراتشان را می دهند. بعد که نوبت کنگره می شود، طبق اساسنامه مشخص می‌شود که مثلا هر نماینده‌ای که در کنگره شرکت

می‌کند، نمایندهٔ چند نفر است. یا اینکه مبنا را بر این می گذارند که نمایندهٔ مثلاً حوزه‌های جنوب شرق تهران، یعنی نماینده چند حوزه باشد. بستگی به اساسنامه دارد.

حزب توده ایران هم در حیات سیاسی‌اش تا قبل از انقلاب دو کنگره تشکیل داد. کنگره اولش در سال ۱۳۲۳ و کنگره دوم هم در سال ۱۳۲۷ تشکیل شد. در سال ۱۳۲۱ یک کنفرانس تهران تشکیل داد. بعد از آن اجلاس مؤسسان. در واقع کنگره اولش، هم کنگره مؤسسانش بود هم کنگره اول.

همان‌طور که ابتدای صحبتم اشاره کردم از آنجایی که کنگره عالی‌ترین مرجع تصمیم‌گیری و سیاستگذاری حزب بوده و هست، انتخاب ارگان‌های رهبری حزب هم به عهده کنگره است. سیاستگذاری اصلی حزب و خطوط کلی ، که در فاصله بینابینی دو اجلاس کنگره پیش پای رهبری حزب قرار می‌گیرد، توسط کنگره تعیین می‌شود. ارزیابی فعالیت قبلی و انتقادات نسبت به رهبری یا سیاستگذاری‌ها یا شعارها و آنچه که رخ داده ، باز در کنگره انجام می گیرد. همه بحث‌های عمده ، مسئله ارتباط با دیگر احزاب ، پیام‌ها و قطعنامه‌هایی که به این مناسبت دریافت می‌کند یا برای مبارزات خلق‌ها در کشورهای مختلف می‌فرستد، همه در کنگره تصویب می‌شود.

در فاصله تشکیل دو کنگره، کمیته مرکزی اجلاس‌های عامی باید داشته باشد که این «پلنوم کمیته مرکزی» است. ولی از آنجایی که تعداد افراد کمیته مرکزی نسبتا زیاد است، پلنوم‌ها به عمده‌ترین مسائل روز کشور می‌پردازند و ضرورت تشکیل اجلاس‌های فوق‌العاده هم مبتنی بر همین مسئله است. غیر از اینکه معمولا در اساسنامه‌ها تعیین می‌شود که پلنوم‌ها سالی یک‌بار یا شش ماه یک‌بار، اجلاس خواهند داشت ولی در صورتی که ضرورت ایجاب بکند، پلنوم‌های فوق‌العاده‌ای تشکیل می‌شود که با آن مسئله ویژه برخورد بکند.

اعضای کمیته مرکزی توسط کنگره انتخاب می‌شوند . بسته به اساسنامه حزب ، پولیت بورو ـ که در حزب ما هیئت سیاسی نامیده می شود ـ در بعضی از احزاب در کنگره انتخاب می شوند و در بعضی از احزاب در پلنوم‌های کمیته مرکزی . یعنی اعضای کمیته مرکزی هستند که هیئت سیاسی را انتخاب می کنند.

در **حزب توده ایران**، غیر از دو کنگره‌ای که در سال‌های ۱۳۲۳ و ۲۷ تشکیل شد ، دیگر تا ضربه‌ای که در سال ۱۳۲۶۱ و ٦۲ بر حزب وارد شد، حزب نتوانست کنگره‌ای تشکیل بدهد و این دقیقا به لحاظ شرایطی بود که بر آن تحمیل شده بود و به همین علت هم مرتب پلنوم‌ها تشکیل می‌شد که آخرینش که قبل از انقلاب در خارج تشکیل شد، پلنوم شانزدهم بود که تغییراتی در کمیته مرکزی داد و یگانه پلنوم هم که در ایران برگزار شد ، پلنوم هفدهم بود. بعدش هم پلنوم هجدهم که باز در خارج تشکیل شد و روند خود را به صورت کنگره‌های بعدی‌اش ادامه داد.

□ *تفاوت فقط لفظی است یا واقعا از نظر تشکیلاتی ، تعریف «پلنوم» با «پلنوم وسیع» متفاوت است؟*

■ متفاوت است. وجود لفظ «وسیع» به معنای این است که در پلنوم فقط اعضای کمیته مرکزی نیستند. در پلنوم‌ها معمولا اعضای کمیته مرکزی و مشاورین کمیته مرکزی شرکت می‌کنند. ولی در پلنوم وسیع ، به علت اهمیتی که مسائل مطرح شده دارد ، علاوه بر اعضا و مشاورین کمیته مرکزی، برخی از فعالین حزب هم برای شرکت در آنجا دعوت می شوند.

□ *و حق رای فقط با اعضای کمیته مرکزی است و آنها فقط برای بیان مطالب و توضیح آنجا هستند؟*

■ همین طور است، حق رای با اعضای کمیته مرکزی است و دیگران حضور دارند و در بحث‌ها شرکت و اظهار نظر می کنند ولی حق رای ندارند.

□ *بعد افرادی که دعوت می‌شوند بنا به شرایطی است؟ یا این‌که نه؟ در اساسنامه مشخص است که چه کسانی باید برای چه مسائلی در پلنوم وسیع دعوت بشوند؟*

■ نه ، نخیر، بستگی به شرایط دارد؛ موقعیت افراد، اصلا شناخت افراد و اینکه چه کسانی در شرایط کنونی برای حضور در آنجا مناسب‌اند؟ برای بحث‌های معینی که مورد توجه است ، ضرورت وسیع کردن پلنوم طبعا متوجه این می شود که چه کسانی برای شرکت در این بحث دعوت بشوند .

□ *در پلنوم‌های حزب ، مشاورین کمیته مرکزی هم حق رای داشتنند؟ چون در حزب کمونیست شوروی این جوری بود. اعضای کمیتهٔ مرکزی و مشاورین آنها حق رای داشتند . یعنی فرق پلنوم با جلسه عادی کمیته مرکزی در این مورد است؟ من درست متوجه شدم که در حزب توده پلنوم همان جلسه کمیته مرکزی بوده ، منتها با حضور مشاورین ؟*

■ بله، همین طور است. بله، جلسه همه اعضای کمیته مرکزی است. چون همه اعضا همیشه حضور ندارند و ضرورتی هم ندارد. چون در واقع حیات روزمره حزب توسط هیئت دبیران اداره می‌شود، حتی هیئت سیاسی هم مثل اعضای هیئت دبیران در جریان روند حیات سیاسی ـ تشکیلاتی حزب نیستند. اما هیئت دبیران ضرور می‌داند برای استفاده از نظرات هیئت سیاسی، مرتب در جلسات هیئت سیاسی شرکت داشته باشد.

به همین علت هم در **حزب توده ایران** پس از تجدید حیاتِ فاصله سه چهار ساله ۱۳۵۷ تا ٦١ ، هیئت دبیران، مطابق قرار، هفته‌ای یک بار اجلاس داشت که بعد بر حسب ضرورت دو بار در هفته تشکیل جلسه می‌داد و هیئت سیاسی هر دو هفته یک بار تشکیل جلسه می‌داد.

۵

شیوه‌های عضو گیری

۸۳/۵/۶

□ *امروز ششم مرداد ۱۳۸۳ و دومین جلسه بحث در مورد تشکیلات* ***حزب توده*** *است. در ادامهٔ مباحث پیشین و به عنوان اولین موضوع ، برمی‌گردیم به شعب حزب . شما فرمودید که شعب به صورت افقی از اجزای عمودی حزب بیرون آمده بودند . شعب دقیقاً زیر مجموعهٔ کدام بخش‌های حزب توده بودند؟ کمیته مرکزی ، کمیته سیاسی، یا بخش‌های دیگر؟*

■ بله، قبلا هم به این مطلب اشاره کردم که جنب کمیته مرکزی شعبی شکل می‌گیرند که وظایف اختصاصی دارند.

البته تاریخچه حزب مراحل گوناگونی دارد، زمانی هیئت اجراییه داشته ، یک وقت هیئت اجرایی موقت داشته، ولی آنچه که در سال‌های آخر -که من هم در آنجا بودم - وجود داشت ، عبارت از این بود که از طرف کمیته مرکزی ، یعنی از جانب پلنوم کمیته مرکزی، یک هیئت سیاسی انتخاب می‌شد و هیئت سیاسی هم یک هیئت دبیران انتخاب می‌کرد.

هیئت دبیران، دبیرهای کمیته مرکزی را شامل می‌شود که هر یک از این دبیرها یکی از شعب حزب را اداره می‌کنند. ممکن است که شعبه‌ای هم اداره نکنند، اما امور جاری حزب را اداره می‌کنند.

ممکن است یک نفر از لحاظ آموزشی و مبانی تئوریک و... فردی قوی باشد ، اما رده تشکیلاتی‌اش خیلی بالا هم نباشد؛ یا در شعبه پژوهش ما خیلی افراد ، عضو ساده بودند ؛ حتی بعضی وقت‌ها کسانی بودند که هوادار حزب بودند، حتی عضو حزب هم نبودند اما دعوت می‌شدند.

مثلا قرار بود شعبه پژوهش یک بررسی همه جانبه در مورد صنایع سنگین انجام دهد و یک پروژه‌ای را آماده بکند؛ خوب افرادی بودند که در این زمینه تخصص داشتند اما کسانی بودند که عضو حزب نبودند اما آگاهی بالایی داشتند ، آدم‌های خوبی هم بودند ،شعبه پژوهش در جلسه‌ای از اینها دعوت و از نظراتشان استفاده می‌کرد .

اینها آن شعبی بودند که همان طور که اشاره کردم ،یک بسط افقی داشتند ؛ متفاوت با هرمی که عمودی عمل می‌کرد.

□ *درست است . من منظورم بیشتر این بود که جنب کمیته مرکزی هستند ، ولی ارتباط تشکیلاتی‌شان با بقیه اجزا به چه شکلی بوده است؟ مثلاً اگر رهنمودی بیاید، از کدام بخش خواهد بود؟ دقیقا از سطح کمیته مرکزی است یا از سطوح بالاتر؟ یا اصولاً مجری تصمیمات کنگره است؟*

■ نخیر، اینها چون دقیقا از طرف هیئت سیاسی و هیئت دبیران تعیین می شوند، خط کلی را هیئت دبیران به اینها می‌دهد. البته هیئت دبیران این خط را در هیئت سیاسی به تصویب رسانده، آن وقت به حالت اجرایی در می‌آورد.

□ *خوب این هرم حزب مسلما همان بخشی است که تصمیم‌گیری را انجام می‌دهد؛ حالا از آن سطح پایین ، از کنگره بگیریم تا بالاترین سطح که هیئت دبیران است . می‌خواهم ببینم وظیفه شعب در تصمیم‌سازی اهمیت داشت یا نه ، فقط یک بازوی اجرایی بود؟*

■ کنگره بالاترین ارگان حزب بوده و هست و دیگر مسئولان، منتخبین کنگره هستند. شعب اصلا در تصمیم گیری و سیاست حزب نقشی ندارند. در وهله اول هیئت سیاسی این نقش را دارد و اجرایش توسط هیئت دبیران انجام می‌گیرد .

□ *این شعب چه کار می‌کردند؟سازماندهی امور اجرایی حزب ؟*

■ نخیر ، اعضای هر شعبه ، از نظر تشکیلاتی عضو حوزه یا کمیته‌ای در هرم سازمانی حزب‌اند و در همان‌جا مشمول وظایف عام یک عضو هستند . ولی آنها در شعبه روی مسائل ویژه‌ای کار می‌کنند که شعبه به خاطر آن تشکیل شده است .

مثلا شعبه روابط عمومی سعی می‌کند ارتباطات بیرونی حزب را با احزاب ، سازمان‌ها ، دولت ، وزارتخانه‌ها ، امور اجتماعی ، زندان‌ها ، دادگستری و غیره برقرار کند. یا مثلا شعبه روابط بین الملل، با احزاب کمونیست ،احزاب برادر ارتباطاتی دارد؛ دعوت به کنگره‌ها، رفتن به کنگره‌ها، احیانا تحلیل‌هایی دریافت بکند، تحلیل‌هایی ارائه بدهد، و این گونه مسائل ...

□ *منظورم این است که به فرض در مورد شعبه روابط عمومی ، بر اساس رویکردی تصمیم به ارتباط با فلانی یا عدم ارتباط با دیگری گرفته می‌شد . حالا در مورد احزاب یا ارگان‌های نظام هم به همین شکل . این رویکرد بر اساس رهنمودهای رسیده از کدام جزء از حزب شکل می‌گرفت؟*

از سوی دیگر آیا نتایج این رویکردها که از سوی شعب به‌دست می‌آمد ، در تصمیم‌سازی حزب مؤثر بود؟

■ بله، مسئول شعبه روابط عمومی، یکی از دبیرهای کمیته مرکزی است. مثلا من که هم عضو هیئت سیاسی و هم یکی از دبیرهای کمیته مرکزی بودم، مسئولیت شعبه روابط عمومی را داشتم. تصمیم‌گیری برای گسترش روابط حزب با سایر سازمان‌ها یا مراجعه به اشخاص و شخصیت‌ها، در هیئت سیاسی اتخاذ و در شعبه روابط عمومی به اجرا گذاشته می‌شد.

دیدار فلان شخصیت، ارتباط برقرار کردن با فلان سازمان سیاسی و غیره ، در مرکز تصمیم‌گیری حزب اتخاذ می‌شد، مرکز تصمیم‌گیری حزب هم هیئت سیاسی است.

☐ *درست است . پس تصمیمات اجرایی حتما باید از طرف هیئت سیاسی باشد . بعد می‌توانیم تفکیک بهتری در مورد هیئت دبیران و کمیته سیاسی و هیئت سیاسی بکنیم .*

■ بله، ببینید هیئت سیاسی در واقع منتخب کنگره ، منتخب پلنوم کمیته مرکزی است. همان طور که اشاره کردم، اعضای کمیته مرکزی چون تعدادشان زیاد است و به خصوص برای کشورهایی که اجلاس‌ها به سادگی نمی‌تواند برگزار بشود، پولیت بورو را انتخاب می‌کنند؛ که این پولیت بورو در واقع مرکز تصمیم‌گیری سیاسی آن حزب معین ، منجمله **حزب توده ایران** است.

متناسب با بدنه حزب، متناسب با تعداد نمایندگان کنگره حزب ، متناسب با تعداد افراد پلنوم کمیته مرکزی ، تعداد اعضای هیئت سیاسی تعیین می‌شود . مثلا در ایام اخیر اعضای هیئت سیاسی حزب ما هیجده نفر بودند. این‌ها منتخب پلنوم هستند. تمام تصمیم گیری‌ها در همین هیئت سیاسی انجام می گیرد .اما برای اجرای این تصمیمات ، تعدادی از درون همین هیئت سیاسی ، به نام دبیرهای کمیته مرکزی انتخاب می‌شوند . هیئت دبیران هفت نفر و گاهی هم ، بسته به شرایط ، پنج نفر بود .

در گذشته ، این انتخاب به دو شکل عمل می‌شد که آخرین بار به این شکل که توضیح می‌دهم عمل شد : در پلنوم هفدهم کمیته مرکزی که نوروز ۱۳۶۰ برگزار شد، هم هیئت سیاسی ، هم هیئت دبیران و هم دبیراول کمیته مرکزی حزب، توسط پلنوم انتخاب شدند.

هیئت دبیران تشکیل می‌شد از رفیق **کیانوری** ، رفیق **طبری** (بعد از مدتی ایشان را از کار اجرایی معاف کردیم ولی همچنان عضو هیئت‌سیاسی بود.) و رفقا **بهزادی** ، **جوانشیر** ، **انوشیروان ابراهیمی** و من . سپس رفقا **خاوری** و **حجری** و بعد از مدتی **شلتوکی** هم اضافه شدند که فکر می‌کنم هشت نفر شدیم .

ولی شیوه کار قبلا به این ترتیب و طبق اساسنامه هم این طور بود که هیئت سیاسی یا هیئت اجراییه را پلنوم انتخاب می‌کند، بعد هیئت سیاسی از بین افرادِ خودشان ، کسانی را که متناسب و شایسته ایفای نقشی خاص در مرحله اجرایی هستند ، به عنوان دبیر انتخاب می کند. مثلا دبیر روابط عمومی ، دبیر بخش اطلاعات، دبیر بخش سیاسی و غیره ،آن شخص شعبه مربوطه را اداره می‌کند.

شعب دیگری هستند که بسته بموقعیت ، مسئول آن شعبه، دبیر کمیته مرکزی نیست ولی یا عضو کمیته مرکزی است یا عضو هیئت اجراییه (هیئت سیاسی) است.

ما شعبه‌ای داشتیم با نام شعبه بازرسی و رسیدگی که بر حسب ضرورت تشکیل دادیم؛ این شعبه به لحاظ طبیعت وظیفه‌ای که داشت، همه اعضایش ، برخلاف شعب دیگر، بایستی عضو کمیته مرکزی می‌بودند! چون برای بازرسی به ارگان های مختلف حزب می‌رفتند . مثلا به استان خراسان می‌رفتند، در آنجا یک کمیته ایالتی هست، بازرسینی که به آنجا می‌روند بایستی از لحاظ رده تشکیلاتی بالاتر از آنها باشند که بتوانند به کار آنها رسیدگی بکنند، در حوزه‌ها و ارگان‌های آنها شرکت بکنند، ناظر به بحث‌هایشان باشند ، ببینند رهنمودها چگونه آمده و قضاوت بکنند.

در این شعبه علاوه بر مسئله بازرسی، مسئله رسیدگی به ـ احیانا ـ انتقادات ، اعتراضات ، ایرادات هم مطرح بود؛ چون برای یک سازمان سیاسی ،به خصوص وقتی که زیر فشار هم باشد، مشکلاتی پدید می‌آید که این مشکلات صرفا در ارتباط

این سازمان سیاسی و دولت مربوطه و مقامات رسمی نیست ؛ ممکن است بین خودشان هم مسائلی پدید بیاید و این نیاز به رسیدگی دارد .

ما عملا دیدیم که از طریق تشکیلات ، این رسیدگی‌ها درست انجام نمی‌گیرد . اگر بخواهند مثلا به مشکل فلان رفیق با مسئولش برسند، اصلا از کار خودشان باز می‌مانند. حتما باید کس دیگری را ، غیر از مسئول حوزه، به آنجا بفرستند . دیدیم بهترین کار ، به وجود آوردن این شعبه بازرسی و رسیدگی است؛ و اعضایش هم ، همان طور که اشاره کردم ، همه از اعضای کمیته مرکزی بودند .

به این ترتیب تفکیکی بین وظایف تشکیلاتی و کار شعبه‌ای ، زیر نظر هیئت سیاسی انجام می‌گرفت .

* ۸۲/۶/۱۷ [□ *آقای **عمویی!** چگونگی روند تاسیس شعبه بازرسی و رسیدگی را برای ما بگویید؟ یعنی به چه نیازی باید پاسخ داده می شد؟*

■ اتفاق می افتاد که رفقایی از بدنه حزب، به حکم آشنایی‌هایی که اینجا و آنجا با بعضی از رفقای رهبری حزب پیدا می کردند، درد دلی می کردند. در مورد مشکلات و از چگونگی کارهایشان در حوزه مربوطه شان ، مطالبی مطرح می کردند، احیانا حالت گله مندی از عدم رسیدگی به فلان انتقادی که در حوزه شان نسبت به مسئولشان داشتند و این که چرا تا به حال رهبری حزب در این زمینه پاسخ نداده است و ... و وقتی که مطالعه می شد ، می دیدیم که اصلا چنین چیزی به رهبری حزب منعکس نشده است!

* مطالبی که با درج زمان گفتگو در میان [ ] آمده ، به ضرورت ، جابه‌جا شده است .

پاره‌ای گله مندی‌هایی از این نوع، پاره‌ای اختلافات بین افراد در درون حزب که نیاز به رسیدگی داشت و تعیین راهکارهای مناسب برای حل اختلاف و ... نیاز به چنین شعبه‌ای را تشدید می کرد. البته اختلافات بیشتر حالت شخصی داشت تا موضعی.

یا بعضی جاها مشاهده می‌شد که رهنمودهای رهبری حزب دقیق منتقل نشده است، اصلا برداشت‌ها متفاوت بوده است! به ویژه ما بر سر همین مسئله «خط امام»، مشکل عجیبی پیدا کرده بودیم!

این بحث،بحث ظریف و دقیقی در رهبری حزب بود که رفقای ما به هیچ وجه نباید اصطلاح «خط امام» را به کار ببرند! «خط امام» معنای خاص خودش را دارد. آن خطی را که حزب خودش پذیرفته ،«خط مردمی و ضد امپریالیستی امام» است. یعنی از مجموعه خطی که آقای **خمینی** داشته و به نام «خط امام» مطرح شده ، آن بخش، که بخش مردمی و ضد امپریالیستی است، مورد تایید حزب است.

□ *با آن پنج بندی که برایش طراحی شده است.*

■ بله. خوب ، ما بارها دیدیم که غیر از این عمل می شود ، حتی توسط پاره ای از مسئولینی که در نواحی و در شهرستان‌ها بودند.

□ *چطور بجز این عمل می شد؟ یعنی اصطلاحی به کار می‌بردند؟*

■ بله. مثلا ما به جدّ ، مسئله «اتحاد و انتقاد» به عنوان یک راهکار و چگونگی برخورد با مسائل مملکتی ، به ویژه در ارتباط با جمهوری اسلامی ، مورد توجهمان بود؛ ما به‌خصوص در سال‌های اول ، و بعد هم که محدودیت های بیشتری برایمان به وجود آمد، به طور جدی نسبت به «حزب جمهوری اسلامی» موضع گرفته بودیم. ولی

بعضی وقت‌ها می دیدیم که برخی از رفقا چنین مطرح می کنند که « نه، ما تایید کننده بودیم و تایید می کنیم! » خیر! اصلا چنین چیزی نیست!

از این بابت ، ما واقعا احساس کردیم که درک نادرستی از موضع حزب نسبت به مسایل مملکتی و نسبت به حاکمیت و نسبت به آن قسمت‌هایی که ما به جدّ در قبالشان موضع داریم، مثل «حزب جمهوری اسلامی»، وجود دارد.

خوب، این در هیئت سیاسی مورد بحث قرار گرفت و به این نتیجه رسیدیم که در واقع رفقای تشکیلات نتوانسته‌اند نظرات رهبری را آنچنان که هست ، از طریق این هرم تشکیلاتی توضیح بدهند، تا به پایین منتقل بشود.

یا اینکه حتی مقالات روزنامه «نامه مردم» دقیق مورد مطالعه قرار نگرفته است و فکر کرده اند یک شعاری است و... و برداشت‌های متفاوتی از آن نوشته‌های مکتوب و... بود.

مواردی هم پیش می‌آمد که بر سر عضویت پاره ای از مراجعین مشکلاتی پدید آمده بود، تشکیلات بر اساس ضوابط خاص خودش عمل کرده و بعضی‌ها را نپذیرفته بود . اینها کسانی بودند که خیلی علاقه مند بودند، سابقه داشتند ولی به لحاظ گزارشاتی که در موردشان توسط تشکیلات دریافت شده بود ، از پذیرششان خودداری کرده بودند.

اینها از طریق دیگری به یکی دو نفر مراجعه کرده بودند و چند موردش به من مراجعه شده بود و مراجعه کننده خواهشش این بود که « شما بیایید بررسی کنید! چون طرف احساس می کند که از او سلب حیثیت شده است، حالا اگر نمی پذیرندش ، خوب نپذیرند ولی با این دلایلی که باعث عدم پذیرشش شده ، احساس می کند خیلی با حیثیتش بازی شده است! حداقل حزب بپذیرد که او این ایراد را ندارد و به عضویت هم نپذیردش! »

و واقعا هم من رفتم ،دیدم حقیقتا طرف چنین مشکلی را نداشته و گفتم این چه کاری است با مردم می کنید؟! مگر اینجا اداره دولتی است؟آن رفیقی که می‌خواهد شرایط عضویت یک نفر را بررسی کند باید خیلی آگاهانه رفتار بکند، اینجا دکان بقالی که نیست!

مجموعه این مطالب موجب شد که در هیئت سیاسی ، ضرورت تشکیل شعبه ای برای رسیدگی به مشکلاتی که احیانا در حوزه‌های گوناگون ، در ارتباط با بخش تبلیغات ، انتشارات، در ارتباط با شعب ، که با هم دیگر تداخل پیدا می کردند، یا مسئله مسئولین حوزه‌ها، مسئولین کمیته ها و احیانا پیشنهادات و... پیش می آید، احساس شد. که ضمن آن که رفقایی از این شعبه برای رسیدگی به حوزه ها و کمیته ها می‌روند، این زمینه را به دست می‌دهد که غیر از مسیر تشکیلات و گزارشاتی که از طریق تشکیلات به هیئت دبیران می آید، از طریق شعبه بازرسی و رسیدگی هم بر چگونگی عملکرد این هرم، به طور کلی، و اینکه رهنمودهای رهبری حزب آیا درست منتقل شده است؟ آیا درست برداشت شده است؟ نظارت کافی صورت گیرد. به همین علت هم نام دو قسمت «بازرسی» و«رسیدگی» به خودش گرفته بود.

□ *رهنمودهای حزب به صورت مکتوب بود؟ یا به صورت انتقال شفاهی بود؟ یعنی چیزی را به صورت مکتوب می‌نوشتند؟ مثلا چهار خطی ؟ یا پنج خطی؟ و برای همه توزیع می شد یا سطح‌بندی داشت یا اینکه شفاها گفته می شد و مسیرش را طی می‌کرد که باعث برداشت‌های مختلف می‌شد؟*

■ در هیئت دبیران معمولا صورت مجلسی از آنچه که مورد بحث قرار گرفته بود فراهم می‌آمد که در آرشیو حزب باقی می ماند. مسئول تشکیلات وظیفه داشت که آنچه به صورت رهنمودها مطرح بوده را به دو بخش تشکیلات تهران و تشکیلات شهرستان‌ها منتقل بکند.

مدتی در هیئت دبیران، مسئولان تشکیلات تهران و شهرستان‌ها نبودند؛ یعنی آنها عضو هیئت دبیران نبودند، عضو هیئت سیاسی بودند و فقط مسئول تشکیلات کل در هیئت دبیران بود. ما پیشنهاد کردیم که بهتر این است که رفقای مسئول تشکیلات تهران و شهرستان‌ها هم در هیئت دبیران شرکت بکنند.

با شرکت مسئول تشکیلات تهران زودتر موافقت شد که رفیقمان **حجری** به هیئت دبیران آمد . بعد از مدتی که رفیقمان **شلتوکی** هم به شرکت در هیئت دبیران دعوت شد، انتقال مطالب مقداری راحت‌تر شد.

در واقع قبلا در جلسات مثلا کمیته ایالتی تهران که برگزار می‌شد، یادداشت‌هایی که خود مسئولین آن نواحی بر می‌داشتند، شکل مکتوبش بود و چیزی آماده و چاپ نمی شد که دست به دست بگردد. شاید اگر این طور می‌شد ، برداشت‌های متفاوت نمی‌شد . نقل مطالب می‌تواند به اشکال گوناگون انجام بگیرد. مثلا همین که اشاره کردم ، وقتی که ما توضیح معین و مکتوب درباره مسئله «خط» می دهیم، «خط مردمی و ضد امپریالیستی» ، این نوشته دیگر به «خط امام» تبدیل نمی شود.

مجموعه این مطالب بود که موجب شد در هیئت سیاسی ، فکر ایجاد شعبه‌ای جنب کمیته مرکزی ، افزون بر شعب دیگر، مختص همین امر «بازرسی و رسیدگی» ، به وجود آید. و برای این کار طبعا بایستی اعضای این شعبه، همه رده تشکیلاتی و مسئولیتی‌شان بالاتر از دیگر مسئولین تشکیلات باشد. حداقل همرده خود مسئولین تشکیلاتی ، یعنی حتما باید افرادش عضو کمیته مرکزی باشند .

در شعب دیگر این چنین نبود. در شعب دیگر مسئول، عضو کمیته مرکزی یا بالاتر بود ولی کارکنان آن شعبه افراد بدنه حزب بودند . ولی در شعبه بازرسی و رسیدگی ، حتما بایستی همه عضو کمیته مرکزی باشند.

خوب ، هیئت سیاسی این وظیفه را به عهده هیئت دبیران گذاشت که شعبه ای با این وظایف و با این ویژگی تشکیل بشود. در هیئت دبیران بحثی انجام گرفت و مسئله تقسیم وظایف که پیش آمد ، آن را به عهده من گذاشتند!

من در حقیقت به این مطلب معترض بودم. برای اینکه کار من در شعبه روابط عمومی و شعبه روابط بین‌الملل خیلی زیاد بود و واقعا نمی رسیدم؛ اما به هر حال رای گیری بود و وقتی رای‌گیری می‌شود ، انسان باید گردن بگذارد! من پذیرفتم و رفقایی که انتخاب شدند، یکی رفیق **حاتمی** بود که خودم پیشنهاد کردم؛ چون مردی کار کشته ، با سابقه و همواره خیلی مورد احترام من بود!...

□ *جزو افسران خراسان بود؟*

■ جزو افسران دانشکده افسری بود. بعد هم چند نفر دیگر انتخاب شدند که یکی **رصدی** بود که او هم به همان اندازه اعتبار داشت، بعد **صابر محمدزاده** بود که از رفقای کارگر خودمان بود که در دهه چهل در ایران ، در «تشکیلات تهران» ، همراه با **علی خاوری** و **حکمت‌جو** کار می‌کرد که جزو یکی از همان قربانیان ...

□ *«تشکیلات تهران» بود، **عباسعلی شهریاری**...؟*

■ بله. **صابر محمدزاده** بود و **حسن قائم پناه** و **فروغیان** . **فروغیان** و **قائم پناه** و **رصدی** منتخب **کیا** بودند، **حاتمی** و **صابر** انتخاب من بودند. یعنی پیشنهاد ما بودند و در هیئت دبیران تایید شدند.

خوب بدین ترتیب شعبه‌ای تشکیل شد، رابط شعبه طبعا من بودم که با هیئت دبیران ارتباط برقرار می کردم و وظایفی برای این رفقا تعیین کردیم که **قائم پناه** و **صابر** بازرسان ما برای شهرستان‌ها باشند، **فروغیان** برای قسمت خراسان و

رصدی برای تهران باشد و متناسب با این امر هم ، در خود تشکیلات کمیته ایالتی تهران، یک کمیسیون بازرسی و رسیدگی به وجود آمد که مسئولیتش را **رصدی** داشت و در آن شعبه هم بچه های قدیمی حزب مثل **معلم** و **جواد ارتشیار** و ... عضوش بودند و کار می کردند. و رفیق **حاتمی** هم تنظیم‌کنندهٔ مجموعه گزارشاتی بود که از نقاط مختلف می‌آوردند.

□ *مگر فعالیت حزب علنی بود که مثلا افراد بیایند و شکایت‌هایشان را به‌صورت حضوری و علنی مطرح کنند؟*

■ بله .

□ *یعنی این شعبه بازرسی و رسیدگی جای خاصی داشت ؟*

■ نخیر.

□ *همه می توانستند به شما دسترسی داشته باشند؟*

■ نخیر. امکانش بود . ولی این نبود که همه به خانه من دسترسی داشته باشند.

□ *می دانم. ببینید مثلا من از مسئول حوزه‌ام شکایت دارم و می‌خواهم این شکایت را به مسئول بالاتر برسانم (به خودش که نمی توانم) می خواهم بیایم به شعبه بازرسی و رسیدگی ، چگونه باید این کار را می‌کردم؟*

■ این امکان برای همه فراهم بود. چون من غیر علنی نبودم بلکه علنی بودم ؛ و همیشه مثلا رفقا مکتوبی را به مسئولشان می دادند، مسئولشان آن را به تشکیلات می فرستاد و در تشکیلات باز می شد و اگر تقاضای دیدار با فلان رفیق را داشت ، بلافاصله خواسته اش برآورده می شد.

□ *خوب اگر آن مکتوب را به مسئولشان می‌دادند ، آیا ممکن نبود مسئولشان آن را به بالاتر ندهد؟*

■ نه . معمولا این طور نبود.چون گزارشات صرفا مربوط به شکایت نبود . انواع گزارشات از پایین می‌آمد؛ بعضی شفاهی و بعضی به صورت مکتوب، بعضی سر باز و بعضی سر بسته می‌آمد. همیشه این طور بود .

مثلا هر وقت شما خانه **حجری** می‌رفتید، میزش پر بود از گزارش! وقتی آنجا می‌رفتم، می‌گفتم آخر **عباس** اینها چیست؟! اینها باید پایین حل شده باشد ، آنهایی که باید توسط تو حل شود می آید اینجا! این نیست که هر چی هست بیاید پیش تو!

و او جواب می داد: آخر شرط می گذارند که رفیق **حجری** باید رسیدگی کند!

اما در مورد تمایز بین کار هیئت دبیران و هیئت سیاسی باید گفت که هیئت سیاسی ، بر پایه رخدادهای فاصلهٔ دو هفتهٔ اجلاس‌هایش ، عمدتا تحلیل سیاسی روز را می‌کرد. معمولا اجلاس هیئت سیاسی دو هفتگی بود. همان طور که پلنوم‌ها شش ماه یک بار ، طبق اساسنامه ، بایستی انجام می‌گرفت ، که غالبا هم انجام نمی‌گرفت ، ولی اجلاس‌های هیئت سیاسی حتما دو هفته یک بار انجام می‌گرفت.

یعنی از سال ۱۳۵۷ به بعد که رفقایی که در مهاجرت بودند و سایر رفقایی که در بند بودند آمدند و به هر حال حزب یک سازمان منظمی در داخل پیدا کرد، هیئت سیاسی‌اش هر دو هفته یک بار تشکیل جلسه می‌داد که در این جلسه عمدتا به تحلیل روز می‌پرداخت. اصولا مسائل تشکیلاتی و مسائل دیگر در آن مطرح نمی‌شد.

ولی در هیئت دبیران بود که امور اجرایی روز حزب مطرح می شد . یعنی دبیرهای کمیته مرکزی هر کدام در قلمرو شعبه خودشان و کارهایی که داشتند، گزارشاتی ارائه می دادند .اگر چیز مهمی هم بود، البته در هیئت سیاسی مطرح

می‌شد؛ اگر لازم بود یک تصمیم جدی گرفته شود ، تصمیمی ورای تصمیماتی که قبلا اتخاذ و محول شده بود به دبیرهای کمیته مرکزی که آنها در مرحله اجرایی انجام بدهند. دبیرها در هیئت دبیران ، چگونگی پیشرفت آن تصمیم را گزارش می‌کردند.

ولی گاهی چگونگی اجرای آن تصمیم به مانعی برخورد می‌کندو نیاز به اتخاذ تصمیم جدید است و اینجاست که این گزارش باید به هیئت سیاسی برود و در هیئت سیاسی اتخاذ تصمیم بشود.

حالا شما در نظر بگیرید که یکی از اصولی که معمولا روی آن صحبت و تاکید هم می‌شود ، مسئله رهبری جمعی است. جان کلام در رهبری جمعی این است که تصمیمات هیئت سیاسی توسط دبیرهای هیئت دبیران به اجرا گذاشته شود. هیئت دبیران در جریان اجرا با پاره‌ای از موانع یا شرایط ویژهٔ آن دبیر مواجه می‌شود ، آیا ابتکار به خرج بدهد و برای پیشبرد این تصمیم ،نظر خاص خودش را اعمال بکند؟ پیش ببرد؟ یا اینکه طابق‌النعل بالنعل ، آنچه را که در هیئت سیاسی تصمیم گرفته شده انجام بدهد؟

اینجا یک هنر رهبری وجود دارد، یعنی یک هشیاری سیاسی لازم است که آن جوهره تصمیم رهبری جمعی درک شده باشد ولی انعطاف‌های لازم، تدبیرهای لازم برای پیشبرد آن تصمیم به کار رود. ممکن است حتی در بحث‌های هیئت سیاسی راجع به این مسئله صحبتی نشده باشد ولی دبیر مربوطه در پیشبرد آن کار ، احساس می‌کند که دیدن فلانی یا استفاده از وجود فلان نیرو می‌تواند برای پیشبرد این تصمیم کمک بکند. او باید تشخیص بدهد که آیا این در چارچوب رهبری جمعی می‌گنجد یا اینکه نه ، دارد نقض می‌کند .

اینها نکات خیلی مهمی است! اگر منش او ، کاراکتر شخصی آن دبیر ، گرایش به سمت تک روی داشته باشد ، بار این تدبیرهای شخصی ، ابتکارات شخصی خیلی

پررنگ‌تر می‌شود. یعنی احتمال خروج از رهبری جمعی زیاد می‌شود . اگر نه ، بیشتر دو دوتا چهار تایی باشد، تا روی این مطلب در هیئت سیاسی تاکید نشده باشد، آن تدبیر شخصی را به کار نمی‌برد. در نتیجه از ابتکاراتی که معمولا انسان برخوردار است و می تواند در موارد ضرور از آن استفاده کند، کمتر استفاده می‌کند! مرتب باید به هیئت سیاسی مراجعه و در آنجا اتخاذ تصمیم بشود. می بینید خیلی مسئله ظریفی است!

ما در اینجا نمونه‌های متعددی داشتیم که واقعا مسئله وفادار ماندن به رهبری جمعی برایشان خیلی اهمیت داشت ! چرا که همان ابتدای سال ۱۳۵۸ در اولین اجلاس هیئت سیاسی اشاراتی به این مسئله شده بود که اصل رهبری جمعی باید دقیق رعایت بشود! هیچ رفیقی به اعتبار مسئولیت ویژه‌ای که در عرصه معین دارد، نمی‌تواند خارج از تصمیمات رهبری جمعی عمل بکند!

چون از این بابت واقعا حزب و رهبری حزب ، در گذشته لطماتی نصیبش شده بود . و این احساس هم وجود داشت که اگر این تاکید روی امر رهبری جمعی نباشد، احتمال عدول از آن کم نیست. به خصوص رفقای رهبری حزب نسبت به همدیگر شناخت‌هایی داشتند و احساس می‌کردند که حتما بایستی روی این مسئله تاکید وجود داشته باشد.

خوب ، به این ترتیب فکر می‌کنم به آن پرسش مورد نظر شما که تفکیک وظایف هیئت دبیران و هیئت سیاسی بود ، اشاره کردم. اما همواره یک همکاری تنگاتنگ بین هیئت دبیران و هیئت سیاسی وجود داشته. نه فقط در اجلاس‌های رسمی . خوب ، اعضای هیئت دبیران همه عضو هیئت سیاسی هم هستند ، بنابراین هر دو هفته یک بار که جلسه هیئت سیاسی تشکیل می‌شود، آنجا حضور دارند ،پس تبادل نظرها انجام می‌گیرد. اما در فاصله این دو هفته هم اگر ضرورت‌هایی ایجاد بشود ، دبیرها

مراجعه می‌کنند ، شخصا ، نه اینکه همه اعضای هیئت سیاسی، الزاما هر هیجده نفر حضور داشته باشند.

مثلا در تحریریه روزنامه ، غالبا دو سه نفر از اعضای هیئت سیاسی هستند،علاوه بر دبیرها، چند نفر از اعضای هیئت سیاسی ، یا اعضای کمیته مرکزی هستند، همان‌جا مشورتی می‌کند، دیدارهایی می‌کند ، صحبت‌هایی می‌کند. به این ترتیب ،این رابطه نزدیک بین دبیرها با مجموعه رهبری، همیشه این امکان را فراهم می‌کرد، اگر کسی، دبیری در فکر بهره بردن از توصیه‌های رفقای رهبری باشد، می‌تواند از این مشورت ها بهره بگیرد.

□ *خوب طبق تعریف شما پلنوم ، مجموعه کمیته مرکزی و مشاورینش هست . اگر اشتباه نکرده باشم .*

■ بله، و در پلنوم وسیع عده دیگری هم هستند.

□ *پس امکانش بود که از شعب هم در پلنوم باشند؟ می‌خواهم بدانم که شعبی بودندکه بتوانند نقش مشاور را برای کمیته مرکزی بازی کنند ، یعنی مشاوره در امور خاص؟ یا نه افراد خاصی به عنوان مشاور از سوی خود کمیته مرکزی انتخاب می‌شدند؛ یا مثلاً مسئول هر یک از شعب به طور خودکار عضو مشاور در پلنوم می‌شد؟*

■ نخیر، مشاور که گفته می‌شود ، مشاور کمیته مرکزی است. یعنی در کنگره وقتی که به تعداد معینی به عضویت کمیته مرکزی انتخاب می‌شوند ، تعدادی هم به عنوان عضو علی البدل انتخاب می شوند . اینها هستند که مشاور کمیته مرکزی هستند . خوب در مواقع ضرور برخی از اعضای کمیته مرکزی که از وظایفشان معاف می‌شوند ، حالا یا فوت می کنند یا به هر دلیلی پا پس می‌کشند ،کنار می کشند یا به

علت نداشتن سلامتی و توان کافی ، به خصوص وقتی که رهبران سالمند هم بشوند ، اعضای علی البدل جایگزین آنها می‌شوند.

در گذشتۀ احزاب کمونیست، اصلا یکی از بیماری های رهبری ها همین سالمند بودن اعضای کمیته مرکزی بود. تا آنجایی که بعضی وقت ها در تصمیمات کنگره ها مسئله جوانگرایی در رهبری، یکی از مسائل مهم حزب می شد.مسئله کهولت رهبران واقعا بعضی وقت ها به صورت مسئله‌ای در می‌آمد که توصیۀ جوانگرایی می شد.

اما در پلنوم های وسیع از بسیاری از کادرهای حزب استفاده می‌شد . حالا این کادرهای حزب می‌توانند در شعب حضور داشته باشند. می توانند در شعب هم نباشند ، در بخش دیگری باشند ، اما غالبا در شعب حضور دارند ؛ چون کسانی در شعب هستند که فعال‌تر از دیگران اند و در واقع دستیار دبیری هستند که در شعبه مربوطه کار می‌کند.

□ *پس فرمودید که در حقیقت اعضای علی‌البدل کمیته مرکزی به همراه آن‌ها پلنوم را تشکیل می‌دهند و انتخابشان هم با کنگره هست. در شرایط خاص هم که فورس ماژور (حالت فوق‌العاده) است، می‌توانند وظیفه اعضای اصلی را بر عهده بگیرند؟ در شرایطی که اعضا حاضر نباشند هم حق رای دارند یا نه؟ مثلا فردی از اعضای اصلی در یک سفر تشکیلاتی است ، در آن جلسه خاص عضو علی‌البدل حق رای پیدا می‌کند یا نه؟*

■ نه، عضو علی البدل تا وقتی که به صورت عضو رسمی در نیامده حق رای ندارد.

□ *خوب ، می‌رسیم به مبحث هیئت دبیران . البته شما تا حدی در مباحث تاریخی توضیح داده‌اید ، اما لطفاً بفرمایید که هیئت دبیران حزب توده ، مانند همتای روس خود غیر تخصصی بوده؟ مثل دبیر اول ، دوم و سوم؟ یا خیر، یعنی دبیر دقیقا برای امور خاصی انتخاب می‌شده است؛ دبیر سیاسی ، تشکیلات و از این قبیل؟*

■ متاسفانه شما همچنان در پی یافتن نشانه‌هایی دایر بر تبعیت **حزب توده ایران** از «برادر بزرگ‌تر» هستید!

در حزب ما هر دبیری برای شعبه معین و وظیفه معین بود. مثلا دبیر شعبه سیاسی ما رفیق **بهزادی** بود که روزنامه ارگان را هم شعبه سیاسی ارائه می داد. دبیر شعبه ایدئولوژیک، رفیق ما **طبری** بود و دبیر بخش تشکیلات، رفیق ما **جوانشیر** در تشکیلات کل و رفیق **حجری** در تشکیلات تهران بود. دبیر روابط عمومی من بودم . دبیر روابط بین الملل، رفیق ما **ایرج اسکندری** بود. که بعد از این که ایشان به آلمان فرستاده شد ، دبیر روابط بین‌الملل هم باز من بودم . یک چنین شکلی داشت.

□ *پس کاملا شکل تخصصی داشت . در خیلی از احزاب کمونیست نهادی به نام دیوان داوری یا اسامی شبیه به این وجود دارد . اگر اختلافی بین اعضا ، یا از آن مهم‌تر، ارکان حزب پیش بیاید و بر اساس اساسنامه راه حلی برای رفع مشکل وجود نداشته باشد ، وظیفه این دیوان ، حکمیت بین طرفین است . مثلاً وقتی پلنوم اعتقاد داشته باشد که عضوی از کمیتهٔ مرکزی سرخود عمل کرده و ملاکی موجود نباشد . در حزب توده این وظیفه بر دوش چه نهادی بوده؟ آیا اصولاً این چنین نهادی پیش‌بینی شده بود؟ با توجه به توضیحات شما ، آیا این وظیفه بر عهدهٔ شعبهٔ بازرسی و نظارت بوده؟*

■ نخیر، وظیفه شعبه بازرسی و رسیدگی ، همان طور که از اسمش پیداست ، بازرسی بر ارکان حزب و رسیدگی به شکایات و انتقادات اعضا هست. آنچه که شما اشاره کردید مشکلی است که کنگره باید حل بکند. و طبیعتا این مطلب به اجلاس کنگره احاله می‌شود .کنگره عالی‌ترین ارگان رسمی حزب هست و در آنجا مسئله حل می‌شود.

☐ *پس حزبی که تقریباً همیشه اپوزیسیون بوده ، امکان تشکیل کنگره هـم نبـوده، اگر مسئله حادی پیش می‌آمد طوری که روال کار را مخدوش کند...*

■ مثلا از چه نوعی؟

☐ *مثلا انتقادی که به دبیر اول حزب می‌شود ، در مورد این‌که سازمان مخفی چـه وظایفی داشته و اصلا چرا باید تشکیل می‌شده و با چه روابطی باید...*

■ این وظیفه هیئت سیاسی است . بله این وظیفه هیئت سیاسـی اسـت . آنچنان‌کـه مـا مثلا در مورد مصاحبه‌های دبیر اول ، عینا همین کار را کردیم . ابتدای کار یک رشـته مصاحبه انجام می‌گرفت که فقط رفیق ما سعی می‌کرد یکی از اعضای هیئت سیاسـی حضور داشته باشد و درباره هر مطلبی صحبت می شد . در هیئت سیاسی ضـرورت احساس شد که حتما باید با تصمیم هیئت سیاسی این مصـاحبه انجـام بگیـرد و هـر کسی مصاحبه نکند. فقط دبیر اول مصاحبه بکند و وقتی هم کـه مصـاحبه می‌کنـد بـا حضور دو نفر از دبیران باشد.

و تقریبا رفیق ما **کیانوری** هر وقت مصاحبه می‌کرد، من و رفیق **خـاوری** معمـولاً حضور داشتیم . به قول بچه‌ها می‌گفتند وزیر دست راست و دست چپش . و مـوردی هم پیش نیامد . فقط بعضی وقت ها رفیق ما **کیـانوری** چنـین می‌گفـت کـه «رفیقمـان **عمویی** در این باره توضیح می دهد». احساس می‌کرد که شاید بهتراین باشد که مـن آن حرف را بزنم تا او بزند.

☐ *چه تاریخی بود، آقای **عمویی**؟*

■ اواخر سال ۱۳۵۸ بود...... همان طور که اشاره کردم ، هیئت سیاسی است که در این مورد اظهار نظر و توصیه‌هایی می‌کند و احیانا اگر مشکلی هم باشد، قاعدتا آنجا بایستی حل شود.

ما خوشبختانه در حیات سیاسی حزب ، در فاصله سال‌های ۱۳۵۷ تا ۶۱، یعنی تا موقع سرکوب، مشکل حادی نداشتیم، جز مسئله رفیق **ایرج** در زمینهٔ مصاحبه‌ای که با مجله «تهران مصور» کرده بود.

البته یک مقدار هم حدتش به لحاظ پافشاری رفیقمان **کیا** بود، والا از نظر بسیاری از رفقای هیئت سیاسی ،همان انتقادی که خود رفیق **ایرج** از خودش کرد و پذیرای نظرات رفقا بود، مبنی بر اینکه «مصاحبه غلط بوده ،نظراتی که ابراز شده نظرات حزب نیست، انتقاد بر یک عضو هیئت سیاسی وارد است که با قدمت و سابقه‌ای از نوع قدمت و سابقه رفیق **اسکندری**، به هیچ وجه پذیرفته نیست و ... » او تمام این انتقادات را پذیرفت . وقتی پذیرفت، از نظر ما دیگر حل بود. ولی رفیق ما **کیانوری** پیگیر قضیه بود که لازم است رفقا یک تصمیمی بگیرند . خوب ما احساس کردیم که در واقع مسئله یک مقدار عطف به مشکلات گذشته این رفقاست، ایامی که نوعی فراکسیونیسم در رهبری حزب بود و یک مقدار حساب کشی وجود داشت .

خوشبختانه بعد از مراجعت رفقایی که در مهاجرت بودند ، واقعا در حزب ما نقطه پایان بر یک چنین بیماریی گذاشته شد. چرا که ما وقتی به اسناد پلنوم ها مراجعه می‌کردیم ، می دیدیم همواره یکی از موضوعات اصلی پلنوم ها مسئله رهبری است ، مشکلات درون رهبری است. کاملا معلوم بود یک صف بندی در درون رهبری وجود داشته و نتوانسته‌اند این مشکل را با هم حل کنند.

اما این دوران ، یکی از نکات اساسی که مورد توجه رفقای داخل بود، دقیقا بیان این مطلب بود که هر آنچه در گذشته بوده مربوط به گذشته است ؛ امروز ما حیات جدیدی برای **حزب توده ایران** داریم و رفقا در چارچوب رعایت اصل رهبری جمعی، باید با همین مجموعه ، نظراتشان را در میان بگذارند . چرا جای دیگر مطرح کنند؟ چرا یارگیری بکنند؟ چرا به دور از نظرات جمع تصمیم گیری بشود؟ هر چه هست اینجا عنوان بشود! و خوشبختانه به اجرا هم گذاشته شد و هیچ مشکل حادی واقعا نداشتیم .

خوب البته این را هم اشاره کنم که ما شاید بایستی نسبت به همدیگر ،یک مقدار سختگیرتر می‌بودیم . ما بر مبنای اعتماد مطلقی که به همدیگر داشتیم - امروز این احساس را دارم - یک مقداری نسبت به هم سهل گیر بودیم، باید سختگیرتر می‌بودیم. درباره چی؟ درباره انجام وظایفی که به عهده داشتیم، درباره سهل‌گیری‌هایی که بعضی هایمان نسبت به وظایفمان انجام داده بودیم، درباره عدم رعایت اصولی که بر آن تاکید گذاشته بودیم، اصل رهبری جمعی، اصل دموکراسی حزبی!

و به گمان من ، اگر متاثر از یک اعتماد بی چون و چرا نسبت به هم نبودیم، در این عرصه ها ما خیلی بهتر از آن می‌توانستیم عمل بکنیم! « به هر حال فلان رفیقی که این را گفته خوب می‌شناسیم دیگر، ایرادی ندارد. » چرا؟! باید تحلیل می‌شد! هر کار ما کم و زیادش باید تحلیل می‌شد.

بالنتیجه ، به نظر من پاره ای از اشتباهاتی که رخ داد- نمی گویم اشتباه‌های سرنوشت ساز، چون سرنوشت را در واقع ماهیت رژیم تعیین می کرد- اگر رخ نمی‌داد ،حداقل در مراحل بازپرسی و بازجویی و... به نظر من رفقا با دشواری کمتری مواجه می شدند، با پاره ای از مسائل که اصلا روحشان اطلاع نداشت مواجه نمی‌شدند! و حال آنکه می بایستی جزو تصمیم گیرندگان قضیه بودند! اصل این است که هر کس عضو هیئت سیاسی است باید اطلاع داشته و در اتخاذ آن تصمیم ، نقش ایفا کرده باشد. خوب اینها دردسر آفرین می‌شد! ولی اینها بیشتر جنبه شخصی پیدا می‌کند.

از لحاظ آنچه که بر حزب گذشته و اینکه «اگر این تصمیم چنین اجرا نمی شد، چنان نمی‌شد،» شخصا اعتقاد دارم که خیلی فرق نمی‌کرد ، چون به هر حال آقایان

ضد کمونیست بودند ،ضد حزب توده بودند، ضد شوروی بودند! دیر یا زود این شتر در این خانه می خوابید، هیچ گفتگو نداشت!

و دوستان جوان ما هم بایست این را بدانند. به هر حال این مسیر ، مسیر پر فراز و نشیبی است که فقط دشواری‌اش پیمودن خود این راه نیست ، پیمودن این راه در کنار حضراتی است که دقیقا نگران کم و زیاد حضور افراد یا پیشرفت یا پسرفتشان است و اینکه ضروری می‌بینند بعضی وقت‌ها موانع ویژه ای بر سر راهشان بگذارند. یکی از این موانع می تواند ندادن اتاق باشد ، یکی ندادن حق حیات!

□ *در مورد مصداق‌های تاریخی‌اش بیشتر در مباحث تاریخی بحث خواهد شد . پس در کل نیاز به دیوان داوری یا چیزی شبیه این احساس نمی‌شد . چون خلاء آن را سایر اعضای حزب پوشش می‌دهند . البته بحث دیوان داوری هم بیشتر در مورد احزاب حاکم کمونیست مطرح است که در مورد اختلافات حزب و دولت ، کنگره فاقد شأنیت است .*

سیستم کنترل بر اعضای ارشد حزب به چه شکلی بود؟ اگر اشتباه نکنم ، در نیمهٔ دوم مارس ۱۹۱۲ ، در کنگرهٔ حزب سوسیال دموکرات کارگران روسیه ، ***لنین*** *اعلام می‌کند که ساختار حزب باید به گونه‌ای باشد که تمامی مقامات اجرایی آن در هر لحظه قابل عزل باشند و منوط به کنگرهٔ بعد نباشد .*

در حزب توده هم این امکان وجود داشته ؟

■ نه، مسئله «تعیین مسئولیت» بود ولی «برکناری» از حقوق ارگانی بود که یک مسئولی را انتخاب کرده بود. می توانست معلق بشود.مثلا شما در نظر بگیرید حتی در هیئت سیاسی ، یعنی جای خیلی معتبر که منتخب پلنوم هم هست، ولی یکی از اعضای هیئت سیاسی مرتکب یک کار غیر اصولی می‌شود که به هیچ وجه با انتقاد و انتقاد از خود ، نمی تواند منتفی بشودو رفقای هیئت سیاسی بر این نظر هستند که شایستگی ایفای آن نقش در چارچوب آن مسئولیت برای آن فرد، دیگر وجود ندارد؛

اینها نمی توانند او را عزل بکنند ، از او سلب مسئولیت بکنند، ولی می توانند معلقش بکنند. یعنی تا اجلاس آیندهٔ پلنوم کمیته مرکزی ، مسئولیتش معلق می‌شود . عملا برکنار است ولی سلب مسئولیت نشده.

□ *آن مثالی که آوردید آقای **اسکندری** بود دیگر؟*

■ بله.

□ *خوب دقیقا همین بحث را می‌خواستم بکنم که عملا شاید یک پوشش اسمی باشد؛ یعنی آن فرد دیگر شأنیت کار اجرایی ندارد ، شأنیت تصمیم گیری ندارد و در رای گیری نمی‌تواند شرکت کند.*

■ همین طور است بله.

□ *پس به هر حال افراد همرده در تشکیلات هم می‌توانستند فردی از خود را عزل کنند . فکر نمی‌کنم زیاد جالب باشد! فرض کنید اعضای پارلمان بتوانند تصمیم بگیرند که نمایندهٔ فلان شهر به علت عملکردش دیگر صلاحیت نمایندگی مردم آن شهر را ندارد! اصولاً او منتخب نمایندگان دیگر نبوده که بخواهند در موردش تعیین تکلیف کنند!*
حالا من با دقت احزاب دیگر کمونیست را بررسی نکردم ، اما این چنین نمونه‌ای سراغ ندارم . مثلاً در حزب کمونیست شوروی ، کمیتهٔ مرکزی نمی‌تواند عضویت اعضا را با هر تعریفی ، حتی برای دورهٔ معینی معلق کند . فکر نمی‌کنید این یک ضعف تشکیلاتی در حزب توده بوده؟

■ به گمان من حزبی که در حاکمیت هست می تواند این کار را بکند. دست و بالش باز است. زمانی **خروشچف** در پولیت بورو با مشکل مواجه شد ، **مولوتف** و **مالنکوف**

و **گاگانیویچ** و... با سیاست‌هایش مخالفت کردند. یعنی در پولیت بورو **خروشچف** در اقلیت قرار گرفت ، ولی قبل از این‌که پولیت بورو تصمیمی بگیرد ، چند هواپیما فرستاد به اقصی نقاط شوروی و اعضای کمیته مرکزی را جمع کرد . در یک فاصله زمانی کوتاه ، همه اعضای کمیته مرکزی را در کرملین آماده کرد . در آنجا اکثریت داشت و بالنتیجه اینها ،گروه اقلیت **مولوتوف** و **مالنکوف** را بر کنار و از ایشان سلب مسئولیت کردند . چرا که در حکومت است و همه امکانات را هم دارد . می‌تواند جمع کند.

برای حزبی که جلسه معمولی‌اش را نمی تواند تشکیل بدهد، کنگره اش را نمی‌تواند تشکیل بدهد، امکان پذیر نیست... به ناچار هیئت سیاسی ما مجبور بودند درباره **اسکندری** آن جور تصمیم بگیرند.

□ *چون درخواست کنگره اضطراری نمی‌توانستند بکنند؟*

■ نه.

□ *خوب کمیته مرکزی را که می‌توانستند جمع بکنند. مگر ایشان منتخب کمیته مرکزی نبوده که دو هفته یک بار تشکیل می‌شده؟*

■ هیئت سیاسی ، چرا هیئت سیاسی تشکیل شد.

□ *نه، کمیته مرکزی چرا تشکیل نشد تا برای این مسئله تصمیم بگیرد؟ یعنی یک سطح پایین‌تر از هیئت سیاسی (البته از نظر تصمیم‌گیری یک سطح بالاتر)؟ این که می‌گویم دیوان داوری مهم است ، در اینگونه مسائل است . یعنی کنگره اعضایی از حزب را که از یک طرف فاقد سمت‌های اجرایی هستند و از طرفی دارای سوابق درخشان حزبی هستند و گونه‌ای پذیرفته‌شدگی در بین اعضای حزب دارند را به عنوان دیوان داوری انتخاب می‌کند . این دیوان است که به علت ماهیت خود و*

اعضایش ، شأنیت لغو موقت عضویت در ارکان حزب را دارد تا کنگره تشکیل شود و تصمیم قطعی بگیرد .

در این مورد خاص ، اکثریت اعضا به اتوکریتیک فرد خاطی قانع‌اند ، امّا فردی بر لغو عضویت پافشاری می‌کند و در جو خاصی این تصمیم گرفته می‌شود .

حال اگر دیوان داوری تعریف شده بود که وظایف اجرایی ندارد و در تب و تاب روزمرگی‌های اجرایی نیست ، تصمیماتش بی‌طرفانه‌تر و قابل قبول‌تر می‌بود .

■ ببخشید، به نظر من یک مقدار سیر تاریخی مطلب درست روشن نشده. تصمیم هیئت سیاسی به هیچ وجه تعلیق مسئولیت رفیق **اسکندری** نبود. تعلیق مسئولیتِ هیئت سیاسیِ رفیق **اسکندری** در پلنوم هفدهم انجام گرفت.

در اینجا با رفیق **اسکندری** مذاکره ای خصوصی شد که «شما با توجه به این نظریاتی که داری ، در اینجا احتمال دارد باز دوباره مشکلی برایت پیش بیاید، خودت هم می گویی که من نظر مساعدی با این جور حرف‌ها ندارم و نمی‌توانم اینجا کار بکنم، بهترین کار این است که بروی اروپا ، آنجا کار ترجمه ات را ادامه بدهی و ... » هنوز به عنوان عضو هیئت سیاسی است، عضویت هیئت سیاسی‌اش منتفی نشده،عملا این‌طور شده .

یعنی در اینجا نیست که مسئول روابط بین الملل باشد و... و ما هم از روابط بین‌الملل بر کنارش نکردیم، به علت اینکه این پیشنهاد را پذیرفت و رفت اروپا ، خود به خود یک مسئولی برای روابط بین الملل انتخاب شد.

اما در پلنوم هفدهم بود که اصلا رفقایی که در آنجا شرکت کردند ، پیشنهاد کردند که رفیق **ایرج** جزو کاندیداهای هیئت سیاسی نباشد. و نامزدش نکردند. رای گیری که شد هیچ کس هم رای نداده بود.

خوب ببینید، در این مطالب همیشه بازی‌های سیاسی وجود دارد . ما سعی می‌کنیم که خلّص و ناب از آب در بیاید، دقیقا برابر با اصولی که سعی شده هر گونه خدشه را کنار بگذارد . ولی آدمیزاد است و خود خواهی‌هایش ، کاستی‌هایش ؛ که یا جاه طلبی دارد یا رقابت و حسادت دارد. نمی گویم این چیزها نقش خیلی زیادی ایفا می کند، ولی در وجود ما انسان‌ها همیشه یک چنین کاستی‌هایی وجود دارد . می‌تواند در به کار بردن فلان اصل ، یک گوشه‌ای را پیدا بکند که چگونه به کارش بگیرد که آن منظورش عملی بشود .

اینها مسائلی است که در هر جایی احتمالش هست. تنها یک پرورش حزبی دموکراتیک هست که انسان را بری می‌کند از این کاستی‌هایی که حاصل جامعه‌ای است که سخت آدم را متکی به فرد، با ویژگی های خاص خودش ،خود خواهی های خودش و ... بار آورده . خیلی طول دارد که ما انسان‌هایی که در جامعه‌ای سرشار از این کاستی‌ها بار آمده‌ایم، از این کاستی‌ها بری بشویم.

یعنی اصول هم ما را نجات نمی‌دهد! اصول یک حدو مرزی برای عملکرد این کاستی‌های ما فراهم می‌کند که اگر من از آن مرز بگذرم ، همه شما متوجه می شوید و بر مبنای آن اصل ، یقه مرا می‌گیرید، انتقاد می کنید، من را به بازپرسی و پاسخگویی به فلان جا می‌کشانید!

و این مستلزم پرورش دراز مدت است. و الّا همچنان این کاستی‌ها هست ، تا آدم در خودش کار بکند ، کار فرهنگی بکند ،کار تشکیلاتی بکند و در مجموع کار تشکیلاتی ، یواش یواش روحیات بهتر و بهتر پیدا بکند که بری بشود. واقعا همان داستان عبور از مرداب و لجنزار است.

□ *به مسئله عضوگیری در بازهٔ زمانی مورد بحث می‌رسیم. فرض کنیم که فرد مشخص داریم که به عدالت یا مباحثی از این قبیل ابراز علاقه می‌کند. اگر حزب وجود*

چنین فردی را تشخیص می‌داد ، چه طور با او ارتباط می‌گرفت و چه طور وضعیتش را در حزب ارتقاء می‌داد؟
یا اینکه اصولاً خود فرد باید با حزب تماس می‌گرفته؟

■ به عنوان تجربه شخصی ،آنچه که در سازمان نظامی **حزب توده ایران** معمول بود، یک بار من اشاره کردم که چگونه شرایط عضویت برای فرد علاقه مند فراهم می‌آمد. اما مسئله این نیست که حتما افراد خودشان مراجعه بکنند . بله پیش می‌آید ، اگر حزب یک کلوپی داشته باشد ، دفتری داشته باشد، علنی باشد، برنامه‌هایی دارد ، کسان مختلفی علاوه بر اعضایش به آنجا مراجعه می‌کنند ، با چگونگی کار آشنا می‌شوند و اگر شرایط عضویت در او جمع باشد، به عضویت می‌پذیرندش .

اما معمولا این چنین نیست ،حزب دفتری ندارد ،مرکزی ندارد ،این اندیشه در سطح جامعه بسط و گسترش پیدا می‌کند، کسانی را متاثر می‌کند ، کسانی در شرایط اقتصادی ـ اجتماعی دشواری هستند ، در این تلاش روزمره‌شان ، راه رهایی را در آموزه‌های این اندیشه جستجو می‌کنند و بنابراین می‌گردند ببینند آن سازمان سیاسی که این ایدئولوژی را مطمح نظر قرار داده و این راه را برای رهایی انسان در پیش گرفته ، کدام است؟ پس بروم و راهی برای عضویت در آنجا پیدا کنم .

یعنی به این ترتیب ، هر دو شکل وجود دارد . منتها یکی در شرایط علنی، وجود یک دفتر ، یک مرکز ، و مراجعه افراد مختلف به آنجا ؛ یکی دیگر خیر ، حتی ممکن است شرایط، شرایط پنهانی باشد اما در محیط کار ،در اداره در کارخانه و غیره که افراد با هم محشور هستند، کسی که عضو حزب هست ، کم کم متوجه بشود که تمایلات فلان کس، علایق فلان کس ، چنین است! پیش از اینکه او نگرش خودش، گرایش خودش را علنی بکند که در معرض خطر امنیتی قرار بگیرد ، آن فرد حزبی سعی می‌کند یک رابطه دوستانه‌ای با او بر قرار بکند. این رابطه دوستانه الزاما به

معنای رابطه حزبی نیست . در واقع برای بر حذر داشتن آن فردی است که هیچ تجربه کار مخفی ندارد، پنهان کاری بلد نیست . یک رابطه شخصی با او بر قرار می‌کند . در این ارتباط هست که مناسبات دو طرف زمینه‌هایی را فراهم می‌کند برای مطرح کردن پیوستن به حزب یا احیانا پذیرش عضویت و غیره .

□ *تعریف عضویت چه بوده؟*

■ تعریف ما در واقع در چار چوب همان تعریف لنینی است که اگر کسی برنامه حزب را بپذیرد، در یکی از ارگان‌های رسمی حزب به طور مرتب شرکت داشته باشد و حق عضویتی هم بپردازد ، عضو محسوب می‌شود.

منتها این خلاصه ترین شکل تاریخی این امر بود. ویژگی‌های فردی که می‌خواهد به عضویت حزب در بیاید خیلی اهمیت دارد! مسائل شخصی‌اش ،مسائل اخلاقی‌اش ، مسائل سیاسی‌اش ، سوابق سیاسی‌اش ، میزان مطالعاتش، علاقه مندی‌هایش و... ، اینها همه مسائلی است که در واقع دو معرف بایستی با تضمین این جنبه‌هایی که وجوه بارز خصلتی این فرد را نمایان می‌کند، او را به تشکیلات معرفی کنند. حزب بر مبنای سابقه فعالیت و اعتمادی که به این دو معرف دارد ، شخص معرفی شده را به عنوان عضو آزمایشی می‌پذیرد. این فرد بایستی یک دوره آزمایشی را طی کند .

□ *دوره ، زمان مشخص دارد یا ممکن است بسته به شرایط عوض شود؟*

■ بله ، مقداری از این دورهٔ آزمایشی ، ارتباطات شخصی است و مقداری شرکت در حوزه آزمایشی است. شرکت در حوزه آزمایشی شش ماه به درازا می کشد. در این شش ماه هست که صلاحیت این فرد برای پذیرش به عنوان عضو رسمی محرز یا دوره آزمایشی تمدید می شود. در این زمینه ، نظر دهنده ، اعضای خود آن حوزه

هستند. اعضای آن حوزه نظر می‌دهند که این فرد برای این امر صالح هست یا نیست.

□ *مسئول حوزه یا اعضایش؟*

■ همین ، اعضای حوزه این نظر را می‌دهند، اما نظر نهایی ، گزارشی است که مسئول حوزه به حوزه مسئولین می‌دهد . در آن جاست که تصمیم می‌گیرند . چون بسیاری از اعضای حوزه ، مثل خودش آزمایشی هستند ، داوری‌هایشان نسبت به همدیگر جالب است ،به هر حال هر کدامشان کوشش می‌کنند که صلاحیت خودشان را محرز بکنند ، اما در تحلیل نهایی ، آن عضو رسمی هست که می‌تواند در این زمینه نظر بدهد و او در حوزه مسئولین گزارش کار این حوزه را عرضه می‌کند. گزارش می‌دهد که اعضای حوزه که همه هم عضو آزمایشی هستند ، چه نظری داشتند . مثلا دو نفرشان نظر مثبت داشتند ،یکی نظر منفی داشت. و نظرات مثبت و منفی نسبت به چی بود . بعد خوب خود مسئول ، نظر خودش را می گوید و آنجا تصمیم گرفته می‌شود .

البته بایستی گزارش امر به تشکیلات برود. آن حوزه نیست که عضویت فرد را تائید می‌کند ، در تشکیلات هست که این تصمیم اتخاذ می شود. شعبه تشکیلات بر مبنای گزارشاتی که از این شبکه آمده ، اتخاذ تصمیم می کندو مثلا بعضی وقت‌ها امکان دارد ،اگر ضرورت داشته باشد، یکی از اعضای شعبهٔ تشکیلات را به آن حوزه می فرستند و نظراتی که ابراز می شود ، می بیند. نه به عنوان اینکه یکی از شعبهٔ تشکیلات آمده اینجا، نه ، همین طوری به عنوان یک بازرسی ، به عنوان یکی از رفقایی که می‌آید ببیند گردش کار در این حوزه چگونه است .

بعضی جاها هست که اعضای جدید در یک حساسیت خاصی هستند ، مثلا یا شغلش یا سابقه‌اش و... موجب می‌شود که یک مقدار در پذیرش یا عدم پذیرش فردی مکث بشود. روی این مسئله ، تشکیلات یک مقداری حساس‌تر عمل می‌کند . معمولا این طور است.

□ *یک سؤال الان به ذهنم رسید، گفتید مسئولین حوزه ها هم یک حوزه‌ای برای خودشان دارند. حوزه مسئولین، همان کمیته بخش هست ، یا خیر؟*

■ نه ، بسته به گسترش تشکیلات است . ممکن است چند تا حوزهٔ مسئولین وجود داشته باشد که از اینجا نمایندگانی در کمیته بخش حضور داشته باشند.

□ *خودشان هم دقیقا عضو کمیته بخش هستند؟*

■ یعنی چه؟

□ *یعنی کمیته بخش چه نسبتی با حوزه مسئولین دارد؟*

■ مسئولینِ حوزه‌های مسئولین ، در کمیته بخش شرکت می‌کنند. یعنی اعضای کمیته بخش‌اند .

□ *تا حدی مشکل حل شد .*
شما قبلاً فرموده بودید که شعب اصلاً در تصمیم‌گیری‌های مهم نقشی ندارند و این تصمیمات بیشتر بر عهدهٔ هیئت سیاسی است . امّا حالا می‌گویید که در نهایت تأیید عضویت با شعبهٔ تشکیلات است.
تصمیمات به این درجهٔ اهمیت که در میان مدت ترکیب یک حزب را به کلی دگرگون می‌کند ، با چه رویکردی به شعبهٔ تشکیلات سپرده شده؟

*می‌دانید که ما یک نمونهٔ تاریخی مشخص در این مورد داریم . دبیر کلی حزب کمونیست در دورهٔ **لنین** ، کاری اداری و مقامی تشریفاتی بوده؛ اما **استالین** با کمک آن و قرار دادن افراد در پست‌های حساس حزبی ، زمینهٔ تصفیه **تروتسکی** و **کامنف** و بقیه بلشویک‌هایی که سوابق درخشان‌تری را داشته‌اند ، فراهم آورد . این کار به وسیلهٔ انتخاب اعضا و با تأیید یا لغو عضویت صورت گرفت . تا آنجایی که در فاصله‌سال‌های ۱۹۲۲ تا ۲۴ که **لنین** زندگی زیاد فعالی نداشت، این روند شدت گرفت.*

این واگذاری وظایف به نظر شما پذیرفته شده است؟

■ آنچه در مورد **استالین** در مقطع زمانی ۲٤-۱۹۲۲ گفته شد، دقیق نیست؛ تصفیه‌ها پس از درگذشت **لنین** جامه عمل پوشید. دبیر کلی هم به هیچ وجه تشریفاتی نبود. شما همچنان دچار پیشداوری هستید.

بگذریم. اگر جز شعبهٔ تشکیلات جای دیگری بخواهد باشد، کجا می‌تواند باشد؟

□ *خوب اگر این طور باشد باید جزئی از خود کمیته مرکزی یا هیئت سیاسی باشد، در احزاب دیگر این‌جوری است؟*

■ هست ، همین طور است! اصلا شعبه تشکیلات ،دبیر تشکیلاتی، یک مجموعه‌ای دارد که کار تشکیلاتی را انجام می‌دهند . اتفاقا شعبه تشکیلات یکی از شعبی است که درست در بطن کمیته مرکزی است. شعب دیگر در جنب کمیته مرکزی هستند و شعبهٔ تشکیلات در بطن کمیته مرکزی است .

□ *همین مهم است یعنی اینکه یک کمیسر ویژه داشته باشد .*

■ بله .

□ *باید کنترل خاصی روی این شعبه اعمال می‌شده . در مقاطع خاص باید رهنمودهای ویژه‌ای در مورد ملاک‌ها صادر می‌شده. در دوره‌ای سختگیری بیشتر می‌شده و در دوره‌ای بازتر عمل می‌شده . این رهنمودها از سوی هیئت سیاسی می‌آمده یا شعبه رأساً اقدام می‌کرده؟*

■ در این زمینه اگر ضروری باشد ، دبیر تشکیلات در هیئت سیاسی مطرح می‌کند، هیئت سیاسی رهنمودهایی در این زمینه می‌دهد. خیلی موارد هم پیش می‌آمده،مثلا یادم می‌آید که یک زمانی به عنوان همین شعبه بازرسی و رسیدگی به یکی از ارگان‌های بدنه تشکیلات رفته بودم. در یکی از کمیته‌ها، کمیته بخشی بود، یک رفیق کارگر جوانی را دیدم ، خیلی خیلی مستعد بود . به قدری خوب فضای کارخانه‌اش را باز می‌کرد، روحیات کارگرها و ارتباطش با نبض سیاسی جامعه و سیاست‌های حزب در آنجا را آنقدر قشنگ توضیح می داد که من از اظهار نظراتش خیلی حظ کردم!

در اولین جلسه‌ای که در هیئت سیاسی بودم ، به رفیقمان **حجری** گفتم که «من یک کارگری را در کمیته بخش فلان جا دیدم ، خیلی کارگر جالبیش دیدم . من تصور می‌کنم که یک مقدار روی او فکر کنید. روی او نظر خاص داشته باشید ، به نظر من شایستگی اش خیلی بالاتر از کمیته بخش است. » مدتی گذشت و رفتم کمیته ایالتی تهران دیدم که آن کارگر آنجاست و خیلی خیلی بجا و بموقع او را بالا کشیده و به آنجا آورده بودند.

به گمان من توصیه های سایر رفقا می تواند موثر باشد، البته در صورتی که در ارتباط مستقیم با این مسائل تشکیلاتی قرار بگیرند. چون اگر من به بدنه تشکیلات نرفته بودم، چنین کارگری را نمی‌دیدم.

توصیه‌ها بایستی بر پایه واقعیت‌های موجود باشد . ببینید از لحاظ نظری رفقا خیلی چیزها می‌توانند بگویند: کسی را به عضویت بپذیرید که این‌طور باشد، آن‌طور باشد، چنین نباشد و چنان نباشد. اما در واقعیت موجود می‌بینید که کارگر کارخانه‌ای که بچه‌های شما آنجا هستند، این جورند، یک کاستی‌هایی دارند، یک توانایی‌هایی دارند، یعنی واقعیت موجود این است . حالا این تمایلی پیدا کرده که بیاید به طرف حزب و راه رهایی این طبقه را در فعالیت تشکیلاتی این حزب می‌بیند. این فرد فلان نقص را هم دارد، آیا به خاطر این نقصش راهش را ببندیم؟ آیا اغماض بکنیم، بیاید بر مبنای اینکه می‌سازیمش ، روی او کار می‌کنیم؟

این بستگی به آن جامعه و سطح رشد اجتماعی جامعه دارد که زحمتکشان ما از چه عرصه ای بر می خیزند و چه ویژگی‌هایی دارند، چه کاستی‌هایی دارند؟

این منزه طلبی پاره‌ای از روشنفکران که انگشت می‌گذارند و مته به خشخاش می‌گذارند، کار ساز نیست . آقا آدم‌های این مملکت اینان‌اند! شما می‌خواهید از کره مریخ بیاورید؟! بروید بگردید پیدایش بکنید! ولی با همین‌ها شما می‌توانی کار بکنی .

باور کنید در فعالیت حزب ما در گذشته ، که خودم در سازمان جوانان بودم، واقعا کسانی بودند که انواع آلودگی‌ها را داشتند ولی درست آنجا که برای بچه‌های سازمانی خطر بود ، اینها سینه سپر می‌کردند! جلو همین دارو دسته «سومکا»یی‌ها که باتبر واقعا حمله می‌کردند، اینها در مقابلشان مقاومت می‌کردند ، مبارزه می‌کردند!

در جریان مبارزه همیشه با آسته بیا آسته برو یا احیانا بگیرند،ببرند، محاکمه کنند، حکم اعدام بدهند، بروید آنجا سینه هم سپر کنید و خیلی دلاورانه جانبازی بکنید، طرف نیستید. مسئله مبارزه فقط این نیست . مسئله کتک خوردن در میتینگ‌ها ،چاقوکشی‌هایی که می‌کنند و... هم هست و آدم در همین عرصه‌ها شجاعت‌ها را می‌بیند، فداکاری‌ها را می‌بیند!

آری، طرف مطالعه هم کم می کند. ما فراوان داشتیم از این مسائل . بچه‌هایی که در عرصه عمل خیلی توانا، خیلی پر ظرفیت ولی در عرصه نظر کند بودند. مثلا یک کتاب که در برنامه گذاشته می‌شد که هفته دیگر باید فلان رفیق در مورد این کتاب صحبت بکند ، خیلی وقت‌ها اجرا نمی‌شد .چون باید خوانده باشد که صحبت کند. وقتی که می آمد می گفت«والله ببخشید رفقا انتقاد وارد است ! من بیشتر از سه چهار صفحه‌اش را نتوانستم بخوانم. » ولی همین فرد در عرصه عمل واقعا شجاعتی نشان می‌داد ، جسارتی نشان می‌داد که حیرت می‌کردی! پخش اعلامیه‌اش ، چسباندنش این طرف و آن طرف ، همیشه از همه بهتر بود!

ظاهرا این کارها کارهای فرعی است ولی کار تبلیغی و کار ترویجی یک سازمان سیاسی ، همین‌هاست! همین کارهاست و به عهده کیست؟ همین کسانی که جرئت این کارها را دارند و به نظر من اینها یک ترکیبی است از مسائل نظری و مسائل عملی که حتما باید در وجود یک عضو حزب ، هر دوی اینها وجود داشته باشد. منتها درجه‌اش فرق می‌کند. اما اگر نباشد ، یک جای کار می لنگد، یک ایرادی پیدا می‌شود.

به هر جهت ، در نهایت عضوگیری بر پایه گزارشاتی که از بدنه تشکیلات، از حوزه خود آن فرد، از حوزه مسئولینش به دست تشکیلات می‌رسید، انجام می‌گرفت.در تشکیلات بر اساس ضوابط پذیرش عضو ، تصمیم گرفته و به عضویت پذیرفته یا رد می‌شد . قاعدتا در این زمینه باید معایب اخلاقی نداشته باشد . روی این مسئله خیلی تاکید هست! مسائل مربوط به اعتیاد، مسائل جنسی و... طبعا بایستی مورد نظر قرار بگیرد . اینها جنبه‌های منفی قضیه هست ولی جنبه‌های مثبت و ایجابی‌اش ، خصوصیات اهل مطالعه بودن ، به مسائل سیاسی علاقه‌مند بودن و حتی نظراتش در حال حاضر درباره مسائل سیاسی مملکتش و غیره ، اینها همه عواملی است که در پذیرشش به عضویت آزمایشی ، اهمیت دارد.

□ *پس مرحله تحقیقی اصلا قبل از این که عضویت آزمایشی شکل بگیرد انجام می‌شده .*

■ بله ، این دورهٔ سمپاتیزانی نامیده می شود. یعنی هر داوطلب معمولا یک دوره سمپاتیزانی، دوره هواداری دارد. علاقه‌مند هست ، ولی هرکس که علاقه‌مند بود ، او را نمی‌برند در حوزه بنشانند. یک دوره کار سمپاتیزانی با او انجام می گیرد . در این دوره سمپاتیزانی ، شخص معرف یک مقدار نسبت به او شناخت پیدا می کند ، معاشرتش را با او زیاد می کند ، با هم سینما می روند، باشگاه ورزشی می‌روند ، مسافرت می‌روند، این طرف آن طرف می‌روند، با هم کار مطالعاتی می‌گذارند، علاقه به مطالعهٔ چه نوع کتاب‌هایی دارد؟ چه روزنامه‌هایی؟ آیا اساساً وقت می‌گذارد؟ چه قدر زمان صرف این گونه چیزها می‌کند؟ اینها همه پارامترهایی است که زمینه گزارش معرف اولیه را تعیین می‌کند.

این دوره که سپری شد و به جایی رسید که طرف علاقه‌مند شد که عضو حزب بشود ، اصلا پیشنهاد می کند که «بیا برویم عضو شویم! » به خصوص آن موقع که کار مخفی هست و اصلاً خودش نمی‌داند این کسی که در کنارش هست ، با هم می‌نشینند روزنامه می‌خوانند، این اصلا عضو با سابقهٔ حزب توده است! ولی طوری با هم کار می‌کنند که یک وقتی این فرد هوادار می‌گوید «بابا برویم یک جایی پیدا بکنیم، یک گوشه‌ای یک توده‌ای را پیدا بکنیم ، بگوییم ما می‌خواهیم عضو حزب بشویم. » و او می‌گوید «حالا صبر کن خطر دارد،نباید عجله بکنیم! » اینها همه برای این است که شناختش تکمیل بشود . وقتی شناختش تکمیل شد ، یک اساسنامه جلو او می‌گذارد و می‌گوید بر مبنای این ، ما می‌توانیم تقاضای عضویت بکنیم . آن وقت کار آزمایشی اش شروع می شود .

□ *یعنی همان چیزی که شما فرمودید . می خواستم بپرسم در طول دوره سمپاتیزانی فرد می‌داند رابطش عضو حزب است یا اینکه نمی‌داند ؟*

■ اصل بر این است که نداند .

□ *چون رفتارهایش هم طبیعی‌تر می‌شود؟*

■ بله، این بستگی به هنر آن معرف دارد که توانایی این کار را داشته باشد. واقعا آنچه که من در کتاب «درد زمانه» درباره پذیرش رفیقمان **واله** آوردم، دقیقا به همین روال بود. اصلا زمانی که من اساسنامه سازمان را در آوردم و گذاشتم جلوش، پای استخر اقدسیه بودیم ، شب هم بود، بعد از شام ، اصلا شما نمی‌دانید! او دگرگون شد! کارش به جایی رسیده بود که قبل از این که من این را به او نشان بدهم، به من گفت که«سرکار **عمویی**! حقیقتش من به جایی رسیده ام که احساس می کنم که شما یک مقدار محافظه کاری می کنید، من به هر شکل ، یک راهی به حزب پیدا خواهم کرد. حالا شما اگر همراهی نمی‌کنید ، من خودم می‌روم! » من دیگر نگران این بودم که مبادا او بی‌احتیاطی بکند برود سراغ ... که گذاشتم جلوش.

□ *در مورد آن شرایطی که فرمودید که یکی هم حق عضویت بود، حق عضویت مقدار ثابتی داشت یا متغیر بود یا ... و ملاک تصمیم گیری برای میزانش چه بود؟*

■ نه ، ابتدای کار که اساسا بسته به همت خود طرف بود، هر مقداری امکان داشته باشد. ولی بعد در سازمان نظامی ضریبی تعیین کرده بودند که بر پایه میزان حقوق طرف و اینکه آیا در چارچوب آن ضریبی که تعیین می شود می‌تواند بپردازد یا اینکه هزینه خانوادگی اش طوری است که از آن ضریب هم بایستی تخفیف داده شود؛

حوزه تصمیم می گیرد و کم می‌کند . ولی حتما یک مبلغی می‌دهد. یعنی حتی اگر شده ماهی یک تومان هم بدهد ، آن یک تومان را می‌دهد. این نیست که کسی به کلی از پرداخت حق عضویت معاف بشود. یعنی لازم است که در هزینه معمول حزب ،سهیم باشد.

□ *خوب بعد وقتی این مراحل طی شد و عضویتش تثبیت شد، به عنوان عضو رسمی یکی از حوزه‌ها شد ، رسماً جایی ثبت می‌شد؟*

■ بله ، اساسا همیشه«آنکت» وجود داشت. طرف وقتی که عضویتش پذیرفته می‌شود، یک آنکت پر می‌کند. یعنی تقاضای عضویت در **حزب توده ایران** می‌کند، داوطلبانه ، با شناختی که نسبت به **حزب توده ایران** و مرامنامه‌اش دارد. که آنجا قید شده «من مرامنامه را مطالعه کردم، اساسنامه حزب را مطالعه کردم ، برنامه حزب را اطلاع دارم، با علم و آگاهی به این مطلب تقاضای عضویت در حزب را می‌کنم. » امضاء می‌کند . تاریخش هم هست. این را به مسئولش می‌دهد و این می‌رود در آرشیو تشکیلات نگهداری می‌شود .

اگر سابقه تاریخی سازمان نظامی را خوانده باشید ،آن زمانی که حزب در هیئت اجرایی موقتش تصمیم گرفت سازمان نظامی منحل بشود، رفقای ما به پیشنهاد روزبه خواهان بازپس‌گیری آنکت‌ها شدند . همه آنکت‌های رفقای افسر را به **روزبه** برگرداندند. و **روزبه** یک یک سراغ رفقای سازمان نظامی رفت. آنهایی که انحلال را پذیرفتند، آنکت‌شان را عینا به آنها داد که پاره کردند و رفتند . بعضی‌ها نپذیرفتند ، گفتند ما می‌خواهیم باشیم . که آنها را نگه داشت . که پایه‌های سازمان نظامی بعدی شد.

☐ *سیستمی برای محافظت از آنکت‌ها بوده؟ چون حیاتی است!*

■ خوب بله بله، هیچ اتفاقی هم برایش نیفتاده. همیشه نهایت مسائل امنیتی را در این مورد رعایت می‌کردند! این دیگر ابتکارات تشکیلات و هیئت سیاسی است. جنب اتاق رفیقمان **حجری** که مسئول تشکیلات تهران بود، دفتر تشکیلات بود و کارمندان شعبه تشکیلات، مشخصات کسانی که می‌آمدند تقاضای عضویت می کردند، و به مرحله پر کردن آنکت رسیده بودند و معرفینی که آمده بودندو... را یادداشت می‌کردند. آنکت‌ها ساعت به ساعت از دفتر بیرون می رفت . اصلا تا پایان روز نمی‌ماند که جمعا بیرون برود. ساعت به ساعت آنکت ها بیرون فرستاده می شد. این دوره بهترین شرایط علنی ما بود که دفتر داشتیم و حضور داشتیم و .....!!

☐ *این آنکت‌ها را شبکه مخفی جمع‌آوری می کرد و نگه می‌داشت یا اینکه در شبکه علنی کسانی بودند که این کار را می‌کردند؟ و بعد از دستگیری آیا دست جمهوری اسلامی به آرشیو رسید یا نه؟*

■ بله، اینها در شبکه مخفی نگهداری می‌شد. غیر از آنکت ها، یک سری اسناد دیگر هم که مربوط به حزب بود و بایستی در آرشیو نگهداری می شد ، معمولا توسط تشکیلات کل- که رفیقمان **جوانشیر** مسئولش بود ـ به شبکه مخفی می رفت.

اتفاقا یکی از موارد و یکی از قرائنی که نسبت به آقای **پرتوی** صحبت هست، آن موردی است که پاسداران کمیته غرب تهران در غیاب **پرتوی** به منزلش رفته و آنجا یک چمدان پر از اسناد تشکیلات کل ، غیر از چیزهایی که مربوط به خود سازمان مخفی بود، همه اینها رابا خودشان برده بودند! البته بعدا اینها را به **پرتوی** پس دادند!! و همین قرینه برای ما مسئله شده که چطور همان زمان بسیاری از دوستان و رفقای سادهٔ مارا در کوچه پس کوچه‌های تهران ، به علت اینکه یک اعلامیه جشن

انقلاب دستشان بود، می‌گرفتند و سر از اوین در می‌آوردند، ولی از فردی با چنین اسناد و مدارکی که کاملا ثابت کننده است که این فرد در عرصه های بالای حزبی است، به راحتی می‌گذرند و چنین سندهایی، همه را ، به او پس می‌دهند و...؟! این یکی از نقاط قابل تاملی است که باید روی آن تکیه کرد!

□ *فکر می‌کنید که بدون هماهنگی دستگیر شده بعد اطلاع دادند که این را ولش کنید یا اینکه نه در همان دستگیری این ارتباط به وجود آمده؟*

■ می‌تواند قبلا هم بوده باشد! چون قبل از آن، مسئله دستگیری **پرتوی** رخ داده بود. سر آن ماجرای «خادم» ، باند «خادم» و... خوب **پرتوی** برای اینها شناخته شده بود. عکسش،مشخصاتش و اینکه کسی که چنین ماموریتی را به او بدهند، قاعدتا باید یک آدم با سابقه و کار کشته‌ای باشد! برداشت من این است که ردّ او را گرفتند ، حالا اگر هم آن موقع هیچ ساخت و پاخت و معامله ای نشده باشد، ولی به عنوان یکی از کادرهای حزب، توجه اینها را جلب کرده و حتما تعقیب و مراقبت ها انجام گرفته.

بر این ماجرا آثار چندی مترتب هست: اولا فهمیدند که او با رهبری حزب مربوط است ، ثانیا اینها فهمیدند که او اصلا با کسانی آمد و رفت دارد که با قسمت علنی حزب هیچ کاری ندارند. یعنی رسیده‌اند به این که او در این گونه کارها یک مهره خیلی حساسی است! و چه بسا ارتباطی که با بخش نظامی حزب داشته، اینها ردگیری کردند.

در آن ایام بیشتر امر تعقیب و شناسایی انجام می‌گیرد ، یواش یواش موقعیت او طوری برای اینها جالب توجه می شود که ضروری می‌دانند که او را از آنِ خود بکنند. چنین کسی که چنین نقشی دارد و تماس‌های مختلف با آدم‌های مهم حزب بر قرار می‌کند، اگر بتوانند از آن خود بکنند و...!!

شیوه‌های مختلفی هست ، طرف را بدون آگاهی و... می‌گیرند، می‌برند و صحنه‌های بسیار وحشتناکی از کسانی که داشتند می‌زدند، می‌کشتند، خون می‌ریخت و... نشانش می‌دهند، بسته به اینکه طرف چقدر مایه داشته باشد ، واقعا اگر بترسد می‌گویند«همین بلا را به سرت می‌آوریم! ما این را ، این را ، می‌دانیم. » مثلا جاهایی که رفته ، با کسانی که تماس گرفته ، عکسش را می‌گذارند جلوش . نوارش را می‌گذارند جلوش. اینها همه مسائلی است که طرف را طبعا در یک موقعیت خاص روحی قرار می‌دهد. می‌گویند اگر بپذیری ، ما هیچ چیز از تو نمی‌خواهیم، هیچ کاری هم نمی‌خواهد بکنی . برو همان مسائل را داشته باش ،برو همان کارها را بکن. اولا به ما بگو چه کاره ای ، در چه حد مسئولیتی هستی ، با چه کسانی رفت و آمد داری ، چه اطلاعاتی در این زمینه ها داری؟ و بعد هم ما سر سوزنی هم به تو آسیب نمی‌زنیم ، برو کارهایت را بکن ، فقط هر چند وقت اگر خبر خیلی مهمی بود ، مثلا روی پاکت ، شماره ٢٤ بنویس و بینداز در صندوق پستی . هیچ لازم نیست تلفنی به ما بزنی ، بیایی و... نه ، بینداز در صندوق پستی.

□ *پس این مدارک هم جایی به طور مطمئن نگهداری می‌شده و کشف هم نشد ، یعنی بعد از سرکوبی که برای حزب پیش آمد این مدارک به دست...*

■ این طور که از گفته‌های **کیا** بر می‌آید ، وقتی که اتهامات گوناگونی توسط این آقایان به حزب زده می شود، او می گوید«شما که تمام اسناد ما را در سازمان مخفی در اختیار گرفتید، چه اتهاماتی افزون بر آن به ما می‌زنید؟! آن اسناد حکایتگر این است که ما چه کار کردیم ، چی هستیم و... » بر این پایه می‌شود این داوری را داشت که یک مقدار از اسناد که در سازمان مخفی بوده به دست دستگاه امنیتی رسیده ، ولی آیا همه‌اش بوده ؟ به گمان من خیر.

□ *پس طبقه بندیی بوده که بعضی‌ها با تاکید ویژه‌ای نگهداری شده؟*

■ بله .

□ *اگر لحظه انقلاب را به عنوان نقطه عطف در نظر بگیریم، روند عضوگیری ، روند رشد حزب چه تفاوت عمده‌ای کرده؟ یعنی در این فاصله بعد از انقلاب ؟ می خواهم ببینم عضوگیری قبل از انقلاب ـ نمی‌خواهم خیلی قدیم برویم ،سال مثلا ۱۳۵۶ ـ وضعیت به چه شکلی بوده و اوایل ۱۳۵۸ به بعد به چه شکلی شده؟*

■ بله ، این دو مقطع تاریخی یک تفاوت اساسی دارد ،از آغاز دهه چهل یک تجدید حیاتی در سازمان حزبی در داخل کشور آغاز شده بود. چرا که پیش از آن ضرباتی به تشکیلات حزب وارد و امکان نفوذ پلیس «ساواک» به بدنه تشکیلاتی فراهم شده بود .خود دستگاه اطلاعاتی هم این خبر را باد می داد که در تشکیلات حزب ، «ساواک» هست. به این ترتیب ، اعتمادها را تیر باران می‌کرد.

ولی در واقعیت امر هم یک چنین چیزی به وجود آمده بود. مثلا کسی به نام **قدرت نادری** را که از کادرهای قدیمی حزب بود، گرفتند و بعد آزادش کردند و به خود او دستور دادند که سازمان دیگری بر پا کند! توده‌ای‌هایی را که می‌شناخت جمع کرد و درسته تحویلشان داد! **ارسلان پوریا** نیز همین کار را کرد . عضو کمیته مرکزی سازمان جوانان بود. گرفتندش ،کنار آمد! خیلی هم مورد توجه بچه‌ها بود. یک اسم مستعار داشت ، گویا فولاد ... به هر حال خیلی مورد توجه جوان‌ها بود و اهن و تلپ فراوان داشت. واقعا از **شرمینی** بیشتر. خوب او عده زیادی را می‌شناخت، سازماندهی کرد ، جمع کرد، همه‌شان را تحویل آقایان داد!

اینها دو فایده از این مسئله می‌بردند، یکی اینکه بعد از متلاشی کردن تشکیلات حزب ، افرادی که بالقوه هنوز هوادار حزب بودند یا خودشان را عضو حزب می‌دانستند ولی ارتباط تشکیلاتی نداشتند ، توسط این اشخاص اینها را جمع می‌کردند؛ و چون در چنگ خودشان بود، هر وقت می‌خواستند ، یا راهیِ زندانشان می‌کردند یا تعهدی از ایشان می‌گرفتند ، متعهد به اینکه دیگر ادامه ندهند و در عین حال عنوان می‌شد که درون حزب «ساواک» بود. به این ترتیب ، هواداران بالقوه شناخته شده و جمع شده‌اند و در عین حال اعتمادها برای آینده تیر باران می‌شد!

موارد متعددی از این کار در سال‌های ۱۳۳۸، ۳۹، ۴۰ اتفاق افتاده. یک دستورالعملی از خارج آمد که تداوم فعالیت تشکیلاتی براساس اصل عدم تمرکز باشد. یعنی در پی این نباشیم که یک هسته، همه را اطراف خودش جمع کندو یک هرم تشکیلاتی به وجود بیاورد. نه ، می‌توانند هسته‌های جدا جدا از هم در ارتباط با مرکز که در خارج بود ، باشند و هیچ کدام هم یکدیگر را نشناسند. اگر ضربه هم خوردند ، یک عده محدودی می‌خورند. و بقیه در جای خودشان هستند .

قبل از سال ۱۹۶۳ که **عبدالکریم قاسم** در عراق روی کار آمد و رفیق **رادمنش** آنجا رفت، شخصی به نام آقای **شهریاری** - این با آقای **پرویز شهریاری** اشتباه نشود - **عباسعلی شهریاری** که در این شیخ‌نشین‌ها ،طرف کویت و... فراری بود، می‌رود بغداد و با رفیق **رادمنش** تماس می‌گیردو از طرف او ماموریت پیدا می‌کند که این برنامه عدم تمرکز را در داخل ایران به مرحله اجرا بگذارد. می‌آید و درست نقطه مقابلش عمل می‌کند! یعنی سعی کرد گروه‌های کوچکی که بودند را شناسایی بکند، یا امکان شناسایی بعضی‌ها را از **رادمنش** می‌گیرد که با آنها ارتباط بر قرار کند! و در تشکیلات تهران متمرکزشان می کند. و آن موقع هم که ضرور شد ، دو دستی همه‌شان را تحویل «ساواک» داد.

عملاً در سال ۱۳٤۸ غیر از گروه های دیگری که با **عباسعلی شهریاری** مربوط نشده بودند ، همه‌شان در ارتباط با همین «تشکیلات تهران» و «شعلهٔ جنوب» گرفتار شدند. ضربه خیلی بدی به سازمان حزبی وارد شد .

از آن به بعد هست که چند گروه شکل می‌گیرندکه مستقلا با مرکز حزب در خارج ارتباط برقرار می‌کنند. حتی این «سازمان نوید» هم که شکل می‌گیرد، مدتی هنوز با خارج ارتباط نداشتند. خودشان کار می‌کردند و بعد با خارج مربوط می‌شوند . یا مثلا این بچه‌های منشعب از سازمان فدایی هوادار حزب ، هنوز با «نوید» مربوط نشده بودند. **حسین قلمبُر** می‌رود آلمان دموکراتیک و با **کیا** مربوط می شود. **کیا** با «نوید» مربوطش می‌کند . گروه‌های دیگری داشتیم که عمدتا از زحمتکشان تشکیل می‌شدند. خیلی بچه‌های با سابقه و فعال بودند و دور از «نوید»، خودشان کار می‌کردند .

همه اینها بر پایه همان اصل «عدم تمرکز» بود. تجربه **شهریاری** را کسب کرده بودندو رعایت کردند. هیچ کدامشان هم ضربه نخوردند . اما بر اساس سابقه سیاسی که داشتند ، دستگیر می‌شدند. مثلا **معلم** و **گاگیک** را گرفتند. ما یک جوانی داشتیم به اسم **مسعود کشمیری** . از بچه‌های حزبی بود او را گرفتند. بعد هم از تهران به عادل‌آباد تبعیدش کردند . آمد پهلوی من و گفت که تعدادی از بچه های حزبی را گرفته اند و در زندان هستند. گفتم گروهی ،گروهشان گرفته شده ؟ گفت نه بیشتر شناخته شده های قدیمی هستند که با هم آمد و رفت داشتند. گفتم از «نوید» هم گرفته‌اند ؟ گفت اصلا هیچ کدام از آنها در میانشان نیستند و ضربه‌ای نخورده‌اند .

بعد از انقلاب که این ماجرای انفجار دفتر نخست وزیری پیش آمد ، نام **مسعود کشمیری** آورده شد. ما به **مسعود** گفتیم تو هم اسمت ، هم فامیلی‌ات با او یکی است. فردا پس فردا اگر بفهمند که تو توده‌ای هستی ، آن وقت واویلا می‌شود که آقا حزب توده این دفتر نخست وزیری را منفجر کرد! ترتیبی دادیم سفری به فرانسه کرد.

گفتیم فعلا دور باش که نه برای خودت و نه برای حزب گرفتاری به وجود نیاید. حزب این همه دست به عصا رفته، از هر تند روی پرهیز کرده که اتفاقی برایش نیفتد که یک چنین ماجرایی برایش پیش می‌آید ...

بله به هر حال کجا بودیم که به اینجا رسیدیم؟

□ *عضوگیری قبل از انقلاب تا سال ۱۳۵۸...*

■ بله، عضویت در این گروه‌ها و هسته‌ها عمدتا بر اساس شناخت‌های شخصی شکل می‌گرفت، ولی بعد در واقع مقدار زیادی درِ حزب عمدتا به روی توده‌ای‌های قدیمی، یعنی کسانی که سابقه عضویت در حزب داشتند، باز بود. مسئول گذشته‌شان را معرفی می‌کردند و تشکیلات سراغ آن مسئول می‌رفت و از او می‌خواست اعلام نظر بکند، سوابق این فرد، مدتی که در ارتباط با تشکیلات نبوده، زندگی‌اش چطور بوده، روابطش با «ساواک» چگونه بوده، روابط کاری‌اش چگونه بوده و... ؟

خوب بسیاری مردود می‌شدند. کافی بود چند تا نمونه ارائه بشود، پذیرفته نمی‌شدند. چون بلافاصله که طرف برگه‌ای پر می‌کرد عضو نمی‌شد، بلکه می‌رفت و منتظر می‌شد که از طرف تشکیلات کسی با او تماس بگیرد. از طرف تشکیلات با خیلی از اینها تماس گرفته نمی‌شد. مرتب مراجعه می‌کردند، به آنها گفته می‌شد «ببخشید هنوز تشکیلات باید تماس بگیرد.»

پیش می آمد ... رفقای قدیمی بودند که می‌آمدند، خوب، فکر می‌کردند«**شلتوکی** آنجاست، **عمویی** آنجاست، دیگر معلوم است، ما سال‌ها با همدیگر در زندان بودیم، برویم آنجا حتما مقدم ما را گرامی هم می‌دارند!» می‌آمدند دفتر حزب. سخت شاکی بودند! می‌گفتند آقا، حزب مال ماست ،چی ما را بازرسی بدنی می‌کنید و...؟! بعد از

پایین انتظامات زنگ می زد که رفیق **عمویی**، کسی آمده به این اسـم و مـی گویـد کـه من عضو سازمان نظامی بودم ، فلان بودم من را می‌خواهند بازرسی بکنند؟! می‌گفتم خیلی خوب ، من می‌شناسمش ولی یک دستی به او بکشید و بفرستیدش بالا .

یک سرهنگی داشتیم ،سرهنگ قدیمی خودمان بود،سرهنگ **فضـل‌اللهی** ،از رفقـای خیلی خوبمان هم بود اما بر سر این بازرسـی بدنی خیلی به او بر خورده بود! به ایـن جوان‌های ما اهانت هم کرده بود! اتفاقا از بچه‌های منشعب فـدایی هـم آنجـا گذاشـته بودیم که بچه‌های کارآمد و کاربُری بودند. همین **حسین قلمبُر** بود، **فریبرز صـالحی** بود که هیچ وقت اغماض نمی‌کردند. حتی یـک دفعـه یکـی را مسـلح گیـر آوردنـد ، از چنگشان در رفت ، وسط پله‌ها یقه‌اش را گرفتند ، پایین کشیدند که کجـا داری مـی‌ری ؟ داد و بیداد بود که ما رسیدیم و گفتیم «بابا چیه؟ یک نوقان دستش اسـت کـه بـا آن هیچ کاری نمی‌تواند بکند،بده دستش، بده دستش، یـک شـلیک بکنـد ببینـیم اصـلا بلـد است شلیک بکند؟» طرف خیلی کنف شد! حقیقتش ، دادیم دستش و ولش کردیم رفت.

خوب یک چنین چیزهایی بود ، بچه‌ها می‌آمدند و به اعتبار سابقه ای که داشـتند و اینکه چند سال عضو بودند و حالا حزب هم تجدید حیـات کـرده ، پـس صـد در صـد عضو هستند ، می آمدند به اتاق تشکیلات ، برگه می نوشتند و باید منتظر مـی شـدند تا تشکیلات با آنها تماس بگیرد.

یا می آمد به دفتر من که«علی جان سلام سلام» ،

– خوب سلام قربان تو ، دوستیم طبیعی اسـت ولـی کـار تشـکیلاتی امـر دیگـری است.

«آره آمدم اینجا اسم نویسی کردم و... یک جایی باشد که خودت مسئولش باشـی، با همدیگر باشیم. »

می خندیدم و می‌گفتم من اصلا با تشکیلات کاری ندارم ،تشکیلات وظایف خاص خودش را دارد و موقعش که باشد آن فرد می‌آید با شما تماس می گیرد.

«یعنی من منتظر باشم تا بیایند سراغ من؟»

- بالاخره تشکیلات یک ضوابطی دارد ، قاعده‌ای دارد.

«خوب من سابقه دارم»

- خوب، از آن موقع که از زندان بیرون آمدی تا حالا چی کار کردی؟ «یعنی حالا بازجویی باید پس بدهم؟»

- بالاخره در این سی چهل سال ،بیست سال ده سال با یک «ساواک» نابکاری هم سرو کار داشتی، یعنی هیچ وقت «ساواک» سراغت نیامده؟ یعنی تو هیچ وقت مشکلی پیدا نکردی؟ آیا هیچ وقت پرونده‌ای نداشتی؟ احضارت نکردند؟ اگر کردند چی گفتی؟ آیا در این مدت یک کتاب خواندی؟ آیا هیچ کوششی کردی که یک روزنامه گیر بیاوری ببینی این حزب مادر مردهٔ تو که این همه تو سرش زده اند حالا چه وضعی چه حالی، چه روزگاری دارد؟! آیا هیچ وقت در فکر بودی که این بچه هایی که در زندان هستند روزگارشان چگونه گذشته، خانوادهایشان چه جوری زندگی می‌کنند؟ یک دفعه به خانواده یکی از این زندانی‌های سیاسی سرزدی؟

عرق شرم در پیشانی طرف دیده می شد! خیلی از ایشان می‌رفتند و دیگر پشت سرشان را نگاه نمی‌کردند! می‌دیدند مسئله جدی است! رفاقت به جای خودش، آری دعوت بکند ، دعوت از او می‌کنم با هم بنشینیم ، شام هم با هم می‌خوریم. اما کار حزب یک چیز دیگر است. خوب در این زمینه واقعا تشکیلات سعی می‌کرد آنجاهایی که نقاط ابهامی درباره سابقه طرف وجود دارد، اغماض نکند .

من با آقای **شهریاری** خودمان دوستی نزدیکی دارم ، یادم می‌آید که یک دفعه در یک مهمانی بودیم و آقای **شهریاری** گفت که «البته چون من خودم عضو حزب

نیستم، حق ندارم اظهار نظر خاصی بکنم ولی فلان کس یک فرهنگی است ، به اندازه سابقه زمانی که ما در حزب بودیم او هم بود. الان علاقه‌مند است که به عضویت حزب در بیاید ؛ آمده دفتر و فرم هم پر کرده و بعد با او تماس گرفتند و گفتند که به نظر تشکیلات، شما صلاحیت عضویت ندارید! من او را می‌شناسم، آدم خوبی است، فرهنگی سالمی است و ... شما یک بررسی روی کار او بکن و... »

خوب ، داستان‌هایی در مورد سوابق این فرد گفته بودند و تشکیلات بر مبنای آن شنیده ها که به نقل از خواهرش و همسرش یک سری مشکلات اخلاقی درباره اش بیان شده بود ، چنین نظری داده بود. من به آقای **شهریاری** گفتم که والله من حرفی ندارم پیگیر این کار باشم ولی چون یک رشته مسائل ناموسی هست ، من خجالت می‌کشم دنبال این مطالب بروم!

گفت«این شخص خیلی خیلی دلش سوخته ، حداقل از این بابت در مقابل حزب تبرئه بشود، خوب به عنوان عضو نپذیردش، اما حزب بپذیرد که چنین اتهامی وارد نبوده»

من رفتم خانه‌شان ، همسر و خواهرش بودند و در غیابش اول من با اینها صحبت کردم، بعد در حضورش صحبت کردم و واقعا برایم محرز شد که به خاطر نقاضت‌های درونی این آموزشگاه‌ها و ... برای او یک چنین چیزهایی ساخته‌اند! و رفتم گزارشی نوشتم و به شعبه تشکیلات دادم و گفتم که «بررسی‌هایی که من به عمل آوردم، به این نتیجه رسیدم . حالا تشکیلات می تواند این بررسی ها را بسط دهد و خودش به هر نتیجه‌ای رسید ، اقدام کند. » خوب ماه‌ها طول کشید و تشکیلات همچنان بررسی و پیگیری می‌کرد. سرانجام او را پذیرفتندولی خیلی طول کشید تا بپذیرندش.

از نظر رهبری حزب ، تا سطح کمیته بخش ، عناصر غیر صالح هم در حزب بودند. به گمان رهبری حزب ، احتمال داشت حتی عوامل اطلاعات در حزب باشند! ولی از کمیته بخش به بالا تقریبا این صافی رعایت شده بود.

ما چند آزمایش کردیم، مطالبی را به صورت بخشنامه دادیم در سراسر حزب رفت. بعد مطالب این بخشنامه را من از دهان **موسوی تبریزی** ، دادستان انقلاب، شنیدم! بخشنامه کردیم که تمام رفقایی که احیانا موقع انقلاب اسلحه‌ای نصیبشان شده یا ... همه اینها را بایستی تحویل بدهند و به مسئولین تشکیلاتی دستور داده شده کسانی که هنوز اجرا نکرده‌اند، عضویتشان را معلق بکنیم، تا زمانی که سلاحشان را تحویل بدهند .

من با **موسوی تبریزی** برخوردی داشتم ،اظهار خوشحالی کرد از اینکه حزب یک چنین بخشنامه‌ای صادر کرده! ما آگاهانه این را به سراسر حزب دادیم.

ولی چیزهایی را که تا سطح کمیته بخش دادیم، هرجا جستجو کردیم اصلا درز نکرده بود. هیچ اطلاعی نبود! یا حداقل پاتک آنقدر قوی بود که متوجه این مسئله شده بودند و چیزی درز نمی‌دادند!

در آن زمان هنوز وزارت اطلاعات به وجود نیامده بود ولی اطلاعات سپاه همه کاره بود. ما از اطلاعات نخست وزیری اطلاع پیدا می کردیم ولی از اطلاعات سپاه هیچ چیز پیدا نمی‌کردیم. به همین علت هم موقعی که تصمیم به ضربه به حزب اتخاذ شد و ضربه اول سال ۱۳۶۱ انجام گرفت، باقیمانده حزب از اینکه با ما چه می‌کنند و سرنوشت ما چیست و چه بر ما می‌گذرد ، مطلقا بی‌اطلاع بودند! من حتی شنیدم که بیرون صحبت این بوده که رفقا آنجا شرایط بسیار خوبی دارند، بحث‌های تئوریک خیلی خوب با بازجوها انجام می دهند و خیلی خوب در معرفی حزب موفق هستند و...

اینها خبرهایی بود که حضرات خودشان بیرون می‌دادند و واقعا یک حالت انحرافی در میان بقیه رفقا به وجود آورده بودند . بعد توسط برخی از رفقای سازمان نظامی ما که در بخش پاسداری سپاه و... بودند ، گزارش از فشار جانکاه به ما داده بودند که **عمویی** در زندان در چنین وضعی مشاهده شده و...! که بعد از آن دیگر موضع رفقای بیرون عوض شد و آن نامه را به آقای **منتظری** نوشتند .

واقعیتش این است که اطلاعات سپاه خیلی دقیق تر کار کرد! خیلی حرفه ای کار کرد! ضمن اینکه هیچ اعتمادی به اطلاعات نخست وزیری هم نداشت، چه بسا مطلع شده بود که ما از طریق آنجا اطلاعاتی کسب می‌کنیم، به آنجا اطلاعات انحرافی داده می شدو بالنتیجه از آنجا این اطلاعات انحرافی به دست بچه‌ها می‌رسید و دچار یک چنین خوش‌باوری‌هایی می‌شدند.

ما هنوز به آن استاندارد و آنچه که معیار اساسنامه‌ای حزب برای پذیرش عضو بود، نرسیده بودیم. حوزه هایمان هنوز بر پایه منتخب بودن مسئولین نرسیده بود . و حال آنکه بدون انتخابی بودن یک مسئول، آن مسئول رسمیت ندارد. اینها در واقع گزینش رده‌های بالاتر است . و آن وقت همان ایرادی پدید می آید که نقطه نظر مسئولین بالاتر عملی می شود. یعنی بدنه حزب نقشی در انتخاب مسئولینش ندارد.

این عمدی نبود، یک شرایط اضطراری بود . ما واقعا در برگزاری پلنوم هفدهم با چه مشکلاتی روبه‌رو بودیم؟! چه قدر از سال ۱۳۵۸ ما اصرار به رفع ایراداتی داشتیم که به عدم تشکیل کنگره و ... می انجامید. به هر حال یا اساسنامه عملی نیست و بایستی اساسنامه جدیدی متناسب با شرایط نوشته بشود یا اگر قرار است این باشد، طبق اساسنامه باید عمل بشود. اگر پلنوم ها سالی یک بار باید تشکیل بشود، اگر کنگره دو سال یک بار تشکیل می‌شده ، باید تشکیل بشود. چهار سال

یک‌بار تشکیل بشود ، باید بشود. واقعا نمی‌شد! من هر چه فکر می‌کردم می دیدم عملی نیست .

در فاصله‌ای که فعالیت علنی حزب آغاز شده و روی آوری افراد و سازماندهی اینها مطرح است، فرصت نیست. سازماندهی موقت هست. مثلا یک اصطلاحی به نام«همت» به کار می‌بردیم«هیئت موقت ... » اینها همه لفظ«موقت» داشت. یک وقتی اصطلاح «حتا» به کار می‌رفت یعنی «**حزب توده ایران**» ما گفتیم اصلا الان این طور نیست ، نمی‌توانیم « حتا » را به کار ببریم، برای اینکه همه موقت است . در صورتی رسمیت دارد که طبق اساسنامه ، مسئولین همه منتخب باشند؛ سر جای خودشان باشند. آن وقت بله، می توانیم بگوییم **حزب توده ایران** این است .

باید به سمت اعمال استاندارد ضرور طبق اساسنامه برویم . و واقعا ما به این مرحله نرسیده بودیم . مثلا پلنوم هفدهم را به صورت پلنوم وسیع تشکیل دادیم. خوب ما غیر از اعضای کمیته مرکزی و اعضای مشاور ، خیلی از کادرهارا هم به پلنوم دعوت کردیم. و اینها همه گزینش خودمان بود .

من به **کیا** گفتم که «این رفقای کارگر ما جزو بهترین رفقای ما هستند! البته تاکنون هیچ مسئولیتی نداشتند ولی اینها در عمل، چه در زندانشان و چه در فعالیت این یکی دو سالشان ، خود را نشان داده اند .افراد خیلی خیلی خوبی هستند . ما پیشنهادمان این است که دعوت بشوند. » و انصافا هم گردن گذاشتند .

از همین بچه های منشعب تقریبا همه را دعوت کردیم . بچه های کارگری هم بودند . مثلا یک رفیقی داشتیم که پانزده سال زندان کشیده بود ، کارگر کفاش بود ، **حمید فام نریمان** ، که همان جا هم به عضویت کمیته مرکزی انتخاب شد. یا همین بچه های قدیم، **زارع** ، **معلم** و ... را معرفی کرده بودیم. آن رفقای ما که از خارج

آمده بودند که شناختی روی مسئله نداشتند و به همین علت هم پیشنهاد هایی که ما در این زمینه می‌دادیم، حتما پذیرا بودند!

ولی با همه این حرف‌ها این یک نظر فردی است ، نظر شخصی است ، خیلی فرق دارد با اظهار نظر کسی که در یک ارگانی ،در یک ساختار سازمانی معین و اعضایی که در آنجا دارند کار می‌کنند ، حضور دارد و فعالیت روزمره تشکیلاتی با هم دارند .

مثلا ما در سازمان نظامی، رفیق مسئول و مسئول دوم داشتیم . یادم می آید که در اولین حوزه‌ای که من شرکت کردم ، کسانی بودیم که سابقه داشتیم ، من بودم ، **افغانی** بود ، مهندس **محمود محمدی** بود ، **مشکوری** بود و... **افغانی** به عنوان مسئول دوم انتخاب شد . بعد از مدتی جابه جایی شد و **افغانی** از حوزه ما رفت. این دفعه یکی دیگر انتخاب شد . اصلا من انتخاب نمی‌شدم . یک بار به مسئولمان گفتم که من چندان اشتیاقی به انتخاب شدن ندارم ولی به نظر من آن حسن نظری که نسبت به این رفیق منتخب داریم ، به علت این است که او شخصیتی مشابه خود شما دارد . گفت یعنی چه ؟ گفتم «برای این که شما خیلی به ظواهر می پردازید.مثلا آن رفیق منتخب وقتی صحبت شکنجه شد گفت که باید تا نهایتش شکنجه را تحمل کرد! » من دستم را گذاشتم روی میز، گفتم ببین این انگشت من را می‌گیرند می‌کشند، به عقب می‌کشند ، می‌کشند، تا اینجا من تحمل می‌کنم ولی آنجا که بخواهد از مفصلش خارج شود آیا تحمل می‌کنم؟! خواهش می‌کنم رفیق **محمدی**، این را امتحان کن! من می‌کشم تو تحمل کن! گفت آقا! گفتم «آری ، یعنی چه با هم لنترانی می خوانید نسبت به **علی محمد افغانی** که او وجه سیاسی‌اش کم است، علایق هنری و ادبی‌اش زیاد است و...؟! »

علاقه مند بود به ادبیات ، کتاب «شوهر آهو خانم» و کتاب های دیگر هم نوشت که اتفاقا در کتاب «دُرد زمانه» هم به آن ماجرا اشاره کردم .

مسئول حوزه‌مان هم یک چنین ایراداتی به او می گرفت، مسئولی که در عمل هم فرار کرد! به جای اینکه قراری که حزب با او گذاشته بود اجرا کند ، یعنی شاخه ۹ را به مخفیگاه ببرد ، خودش فرار کرد رفت مخفیگاه و همه ما را زیر حکم اعدام گذاشت! واقعا چیز عجیبی بود!

بعدها سال ۱۳۵۸ تشریف آورد! **کیا** گفت که عمو جان تو او را می‌شناسی ، کجا بگذاریمش ؟ گفتم هیچ مسئولیتی به او ندهید . او مسئول من بوده و خیلی هم دوستش دارم ، آدم خوبی است ، آدم ساده ای است ولی مرد مبارزه نیست! بی جهت مسئولیت به او ندهید!

گفتم خیلی خوب ، در روابط عمومی یک چیزی به نام سازمان معاضدت هست که بچه‌هایی که به زندان می افتند و ... باید به خانواده‌هایشان رسیدگی بشود . پولی به کسی باید داده بشود و... او برای این کار خوب است .

علی ایحال، در واقع بایستی یک سازمانی ، یک تشکیلاتی مجال این را پیدا بکند که روی استانداردهای اساسنامه‌اش عمل بکند. یعنی یکی این که خود را ملزم بداند که بر پایه اساسنامه‌اش کار بکند و دیگر اینکه فرصت پیدا بکند ، واقعا مجال پیدا بکند که این کار را بکند.

واقعیتش این است که دوستان عزیز! حزب ما مجال این را پیدا نکرد که مطابق اساسنامه‌اش عمل بکند. ایرادات فراوانی به کار حزب ما وارد هست، اما یک مقدارش اجتناب ناپذیر بود، نمی‌توانست ... بله.

۶

انتشارات – منابع مالی

۸۳/۵/۱۳

□ *جلسه‌ای دیگراز مباحث تشکیلات را آغاز می‌کنیم. جلسهٔ پیش کمی درمورد شیوه‌های عضوگیری، گسترش تشکیلاتی و مقایسهٔ آن با دوران پیش ازانقلاب (و دههٔ بیست) بحث شد.*

این جلسه بیشتر می‌خواهیم به قسمت مکتوب حزب بپردازیم. یعنی نشریات و انتشارات آن ؛ و آنکه چه موضوعاتی برای ترجمه یا انتشار انتخاب می‌شد؟ مکانیزم انتخاب کتاب‌ها چه بود؟ و هزینه‌های لازم برای چاپ آنها چگونه فراهم می‌شد؟ و آیا تقسیم‌بندی بین انتشارکتاب‌ها و مطبوعات بود آیا ساختار یگانه داشت؟ یا اینکه جایگاه‌های متفاوت داشتند؟

■ خوب، ازهمین سؤال آخر شما شروع می‌کنم؛ بله تفکیک وجود داشت.

بخش انتشارات به امر چاپ کتب می‌پرداخت و شعبهٔ خاص خودش راهم داشت، مسئول وکارکنانی داشت که درآن شعبه عمل می‌کردند.

مطبوعات درشعبهٔ سیاسی حزب که مسئول آن آقای **بهزادی** بود، تهیه و روزنامهٔ ارگان ومجلهٔ «دنیا» واحیانا اعلامیه‌ها و نشریاتی که مواضع حزب رابه مناسبت‌های معینی بایستی اعلام می‌کرد، دربرمی‌گرفت. بنابراین چنین تفکیکی وجود داشت.

اما آن قسمتی که به هزینه‌ها و تهیه کاغذ و...معطوف می‌شد،صرف نظرازحق عضویت‌هایی که اعضاء می‌دادند وصرف نظراز کمک‌های مالی که بسیاری ازکسانی که عضوحزب نبودند ولی اعضای قدیمی حزب بودند، می‌کردند، مقداری هم ازطریق فعالیت‌های اقتصادی حزب تامین می‌شد.

جالب بود که پاره‌ای ازاین رفقای قدیمی حالا دیگر حسابی پولدارهم شده بودند! درآن دوران فترت ، «بساز و بفروش» شده بودند ؛ تاجرشده بودند.اصلا بعضی

وقت‌ها آدم امکاناتی ازاینها مشاهده می‌کرد که حیرت زده می‌شد! چه خانه‌های بزرگ وامکانات فراوان! مثلا اتومبیل‌هایی که حزب داشت و رفقای ما داشتند، تمامش اهدایی بود وحزب حتی یک عدد ماشین هم خریداری نکرده بود. وهمهٔ ما برای رفت وآمد وانجام کارها، هرکدام یک ماشین داشتیم. و یک رفیق عضوحزب هم عهده‌داررانندگی می‌شد .

غالب این اهدا کنندگان کسانی بودند که برای عضویت مجدد، به حزب مراجعه نکرده بودند، ولی برای بیان علایقشان به دفتر حزب می‌آمدند.مخصوصا زمانی که دفتر حزب درخیابان ۱۶ آذر باز بود و مقداری از وقت ما به دید و بازدید با اینها می‌گذشت. و از آنها خواهش می‌کردیم که «خیلی متشکر می‌شویم اگر اهدایی‌تان را برای حزب بفرستید ولی به دفترحزب نیایید؛چون ما اینجا کارداریم. ما اینجا ننشسته‌ایم برای دید وبازدید با دوستانی که دلشان برای ماتنگ شده است! »

اما همان‌طور که اشاره کردم ،کانال دیگری که دربخش درآمدهای حزب به هزینه‌ها کمک می‌کرد، چند شرکت بود که حزب دایرکرده بود. این شرکت‌ها در امر واردات کار می‌کردند؛ سفارشاتی که بیشترآنها به کشورهای سوسیالیستی داده می‌شد، به قیمت بسیارارزان برای ما حساب می‌کردند. اما وقتی که جنگ شروع شد، مقدار زیادی از آهن‌آلات ما در بندر خرمشهر بود که از بین رفت و ما لطمه دیدیم. یا کاغذ روزنامه از چکاسلواکی برای مامی‌آمد واین برای هزینه‌های نشریاتی و مطبوعاتی و... کمک زیادی می‌کرد.

ضمن اینکه محل این شرکت‌ها پوششی بود برای کارهایی که حزب می‌خواست انجام بدهد.چون به رغم اینکه حزب همان موقع علنی بود، ولی همواره این دغدغه وجودداشت که این مکان‌های علنی حزب،دفترحزب یا قسمت‌هایی که انتشارات هست،درشعبی که درمحله‌های مختلف تهران مثل جنوب شهرداشتیم ـ که بخش کارگری

آن خیلی فعال بود ـ و... زیرضرب برود.بنابراین ازمحل کاراین شرکت‌ها هم به نحوی برای همان کارحزبی بهره برداری می شد.

ولی کمکی که دوستان به ما می‌کردند، رقم خیلی قابل توجهی داشت! مثلا شما درنظربگیرید درجنوب تهران یک مجتمعی ساخته می‌شد که چهاربلوک بود وهربلوک آن هشت آپارتمان داشت ویکجا این را به حزب هدیه دادند! و یادم می‌آید که یک روزرفیق **کیانوری** به من زنگ زدوگفت که آقای مهندس فلان یک چنین هدیه‌ای به حزب داده است. سندهایش راگذاشته اینجا. برو یکی ازآنهارابه اسم خودت، یکی به اسم **شلتوکی** ، یکی به اسم **کی‌منش** ویکی به اسم **حجری**، و دکتر**ترابی** راهم بگو ـ دکتر**ترابی** وکیل حزب بود ـ همین حالا برود محضر و سندها را به نامتان بزند.گفتم ما تا حالا در زندگیمان هیچ وقت آلاف والوفی نبوده. گفت «به اسم شماست ولی مال حزب است. ما که نمی‌توانیم به نام مالک ـ یعنی **حزب توده ایران** ـ سند بزنیم.... » و بردند سند را به نام ما زدند وماهرکدام در آنجا دارای یک بلوک هشت آپارتمانی شدیم.

خوب، رفقای کارگری داشتیم که فرستادیم دراین واحدها زندگی کنند و یک واحد را هم برای مرکزفعالیت انتشاراتی وتوزیع روزنامه منطقه جنوب گذاشتیم که رفیق شهیدمان، **انوشه (حسین انصاف پور)**، آنجا فعالیت می‌کرد و همان‌جا دستگیرش کردند و واقعا بی‌جهت وبه دروغ برای آنها پروندهٔ اسلحه ساختند! اصلا اینها موظف بودند همه چیزرارعایت بکنند، چون آنجا مرکزی بودکه باید کارهای نشریاتی را انجام می داد، توزیع می‌کرد، روزنامه که آماده می شد، بخش عظیم آن به آنجا می‌رفت که دربخش کارگری آنجا باید توزیع می‌شد.

واقعا جوانانی چه قدرفعال ، چه قدرفداکار که به صورت حرفه‌ای کارمی‌کردند!

خوب البته آقایان دراین دورهٔ بعد از سرکوب، آنجا را ضبط کردند وهمهٔ سی ودو واحد را قشنگ بلعیدند ویک آب صافی هم بالایش خوردند!!

□ *بعد ازچه سالی بود؟*

■ درست موقع ضربه به حزب (بهمن ۱۳۶۱) ـ که البته حتی قبل ازضربه به حزب ـ چون آنجا تحت عنوان اینکه یک مرکزدرمانی بودکه معتادان رادرمان می کردند(گویا به اسم مرکز درمانی **طالقانی**) به بهانهٔ اینکه معتادانی دراینجا هستند، مامورین ریختند آنجا. ولی درواقع صرفا بهانه بود،چون متوجه شده بودند درآنجا یک مرکز کارحزب هست و کار توزیع نشریات انجام می‌گیرد. ریختند به آنجا ونشریات را برداشتند و کسانی را که آنجا بودند دستگیرکردند. بعد درصورت مجلسی که تهیه کردند، گفتند درشومینهٔ آنجا چند اسلحه به دست آوردیم!!

آخرکسی که می‌خواهد روزنامه توزیع کند،اسلحه برای چه آنجا می گذارد؟

به هرحال ، به همین علت هم آنها رانگه داشتند و هر قدر هم کوشش کردیم نتوانستیم **انوشه** وبقیه را آزاد کنیم. البته مدت کوتاهی بود.درسال ۱۳۶۱ بود و برخورد کرد با آن ضربه نهایی که به حزب واردشد. بعد هم **انوشه** راهمراه بابقیه اعدام کردند.

به هرحال این اشاره‌ای که به این چهارمجتمع و ۳۲ آپارتمان کردم، می‌خواستم نمونه‌ای ازکمک‌هایی راکه هواداران حزب می کردند بیان کنم.درحالی که درآن موقع عضو حزب هم نبودند،ولی به دلیل علایقی که به حزب داشتند، سابقه فعالیتی که داشتند، وزندگی نسبتا مرفهی که پیداکرده بودند ، این کمک‌ها رامی‌کردند.

یادم می‌آید که یکی ازآنه‌به دفترحزب آمده بودومی گفت که «من ازسال ۱۳۳۲ تا به حال حق عضویت نداده‌ام! ودرواقع این حق عضویت‌ها روی هم جمع شده،

سرمایه شده واین سرمایه سود داده؛ پس همهٔ اینهامتعلق به حزب است!» یک ارزیابی خاصی می‌کرد. ما هم گفتیم به هر جهت حزب چشمداشت خاصی ندارد والبته باطیب خاطر کمک رفقا را می‌پذیرد چون هزینه‌ها سنگین است و مارفقایی داریم که حرفه‌ای هستند ولاجرم حزب باید به آنها حقوق بدهد.

مثلا یادم می‌آید آن اوایل که ما آمدیم ، مسئول مالی حزب لیستی از حقوق بگیران حزب فراهم آورده بود.ازجمله ماپنج شش نفرهم جزواین لیست بودیم ودیدیم برای هرکدام ازماماهی ۴۰۰۰ تومان گذاشته‌اند. خوب ۴۰۰۰ تومان درآن زمان (سال ۱۳۵۸) رقم خوبی بود ومی شد با آن زندگی کرد. و ما بدون اینکه باهم قراری گذاشته باشیم، وقتی لیست را آوردند دیدیم همگی ۴۰۰۰ تومان را ۲۰۰۰ تومان کرده‌ایم! گفت چرا؟ رفیق **کیانوری** گفت رفقا به خودتان سخت نگیرید وبه طورطبیعی زندگی کنید. ما گفتیم نه؛ الان ۲۰۰۰ تومان برایمااززندگی درزندان خیلی بهتروراحت‌تراست!

مشابه ما رفقای دیگری هم بودند. البته بعضی رفقایی هم داشتیم که برخورد متفاوتی داشتند. خوب است این شناخت‌های جالب پیش بیاید. مثلا برخی رفقا غالبا وقتی که مشکلاتی بارفقایی که ازخارج آمده بودند پیدا می‌کردند، درد دلشان را پیش ما می‌آوردند. یادش گرامی! رفیق مسئول تدارکاتی ما **گاگیک آوانسیان**، آمد گفت که فلان رفیق پرده خواسته ومن رفتم پرده ومیل پرده درخانه‌اش نصب کردم و او به من گفته این چه میل پرده‌ای است که زدی؟ ـ خوب ، میل پردهٔ معمولی آلومینیومی بوده ـ گفته «نه ازآن زردها و برنزها می‌خواستم» گفتیم خوب اینهادلشان می‌خواهد شیک زندگی بکنند. برو از جانب ما بگو حقیقتا اینجا جای شیک زندگی کردن نیست. همین وسیله هم که حزب برای ما فراهم می‌کند ، درواقع حق عضویت آن کارگری است که شب و روز دارد زحمت می کشد و از نان زن و بچه‌اش می‌زند و به عنوان حق عضویت به حزب می‌دهد و به این علت این لقمهٔ ۲۰۰۰ تومانی می‌تواند ازگلوی من و

تو پایین برود که تمام وقت ما صرف کار برای حزب بشود! وگرنه اگر بخواهیم شیک باشیم، آن وقت دیگر حق نداریم! باید برویم کار بکنیم تا خودمان پول دربیاوریم و راحت زندگی کنیم. اگر می‌خواهیم قشنگ زندگی کنیم، باید ازدرآمد خودمان باشد؛ نه اینکه ازحزب حقوقی بگیریم و بعد بگوییم کم است و هزینه‌سازی کنیم.

ببینید، واقعیت این است که زندگی جلوه‌های متنوعی دارد که هریک ازاین جلوه‌ها وقتی درارتباط باانسان قرارمی‌گیرد، معرف یک وجه خاصی ازخصوصیات آدمی می‌شود. گفتارآدم، کردارآدم، جنبه‌های مختلف کرداری ورفتاری آدم...شناخت‌های خوبی به دست می‌دهد و چقدرخوب است که زندگی ، زندگی مخفی نباشد! درزندگی مخفی، ضمن اینکه فعالیت مخفی است ،آدم‌ها هم مخفی هستند.آدم‌ها از نظرهمدیگر پنهان هستند؛ چراکه به طورروزمره شما همدیگررا نمی‌بینید، یا دربرخورد با وجوه متنوع زندگی، شناختی پیدا نمی‌کنید.مدت کوتاهی همدیگررا می‌بینید ومسائل امنیتی سبب می‌شود که جدا ازهم باشید.رعایت خیلی ارتباطات رابکنید.همهٔ این حرف‌ها هست که باعث می‌شود آدم پنهان باشد: هم ازنظردستگاه وهم از حزب و رفقای حزبی.

ولی وقتی زندگی طبیعی باشد، دراین آمدورفت‌ها،این تفریحات و...مقداربیشتری آدم‌ها را می‌شود شناخت. من همیشه می گفتم که آدم‌ها در زندان عریان می شوند؛ به خصوص اگرمدت آن بلند باشد. درکوتاه مدت می‌توان ظاهری حفظ کرد و آدم می‌خواهد از خودش خوشنامی به جا بگذارد؛ مقاومت و چنین و چنان...ولی باور کنید اگر از یک مدت معینی بگذرد، آدم خودش می‌شود. دیگر هر چیزی که در درونش هست یواش یواش بروز می‌کند وخودش رانشان می‌دهد. ولی الزامابرای شناختن، آدم نباید حتمازندانی درازمدت بشود که شناخته شود.همین زندگی معمولی وهمین

مناسبات طبیعی که درزندگی هست،همواره یک وجوهی دارد که به شناخت انسان‌ها کمک می‌کند. اگر به فکرش باشد واگرمورد توجه قراربدهد و «باری به هرجهت» ازروی هرچیزی نگذرد. به هرحال فکرکردم بجاست که این گریز رابزنم.

صحبت ازهزینه‌ها و درآمد حزب بود که خوب ، خرج کنندهٔ این درآمدها اعضای حزب بودند و مقداری از آن درعرصهٔ زندگی معمولی رفقا مصرف می‌شد وبه این ترتیب اینجا مشخص می‌کرد که چقدربرای زندگی خودشان سهم قایل هستند. واقعا رفقایی داشتیم که خیلی به دشواری حقوق حزبی رادریافت می‌کردند وهمواره اصرارداشتند که یک گوشه‌اش رابزنند.ازطرفی هزینهٔ حزب نسبتا بالا بود، ولی واقعا رفقایی - وبهتراست بگویم هواداران حزب - که سابقه‌ای داشتند وامکانات مالی قابل توجهی پیدا کرده بودند، به نحو بارزی کمک می‌کردند!

گاه بارفقای قدیم مواجه می‌شدیم که نظرگاه‌های سیاسی‌شان عوض شده بود ولی عواطف دوستی‌شان با ما حفظ شده بود.مثلا طرف می‌آمد و می‌گفت که «فلانی! ما می‌دانیم شما شغل وکاردیگری ندارید، ما دلمان می‌خواهد شما خوب زندگی کنید، راحت زندگی کنید، بس است ریاضت و...! ما به حزب کمک نمی‌کنیم ولی به خود شما کمک می کنیم، خواهش می‌کنیم کمک ماراصرف زندگی خودتان بکنید. »

جواب ما هم این بود که «ما فقط برای خود حزب کمک می‌گیریم، ما برای شخص خودمان نمی گیریم و تو شرط می گذاری که هزینهٔ خودمان باشد! من نمی‌توانم به تو دروغ بگویم؛ اگربخواهی مبلغ قابل توجهی رابه عنوان کمک به من بدهی، من آن راصاف می‌دهم به شعبهٔ مالی حزب، چون شعبهٔ مالی حزب دارد زندگی من را تامین می‌کند ومن نیازی ندارم». کسانی هم این طوربودند. و بعضی از اینها در محظور می‌ماندند و می‌گفتند «خوب باشد؛ آن‌رابده شعبه مالی حزب، ولی بگو بخشی رابه خودت هم بدهند. » واقعا این روحیات انسان‌ها پدیده‌های جالبی هستند!

ما بعضی وقت‌ها با کسانی مواجه می‌شدیم که احساس می‌کردیم گذشتهٔ اقتصادی او خیلی سالم نبوده ولی حالا که دفترحزب بازشده،به اعتباراینکه یک روزی توده‌ای بوده می‌آید وکمک مالی می آورد و بعد رفیقی که می‌فرستادیم تحقیق بکنداین مدتی که ماغایب بودیم اینها درچه حالی بودند؟ چه کارمی‌کردند؟ چگونه آدم‌هایی بودند؟ مثلا یکباره گزارش می‌آمد که این آدم بدی بوده، بساز و بفروشی بوده که سر مردم کلاه می‌گذاشته ؛ بعد ما به او می‌گفتیم که حزب نیاز ندارد! و وقتی دلیل می‌پرسید، مجبور می‌شدیم روراست بگوییم که پولی راکه دزدی است و با کلاهبرداری از مردم به دست آمده نمی‌شود به حزب داد!

به هرحال اشارهٔ درستی است که برخی ازتجار،انواع کلّاشی‌ها را می‌کنند و بعد برای مطهرکردن آن پول‌ها می‌روند کنارجانمازیک آقایی وآنجایک چیزی به نام سهم امام می‌دهند وهمه چیزشان پاک و مطهر می‌شود! خوب بعضی ازدوستان ما فکر می‌کردند که ماهم ازقماش همان حاج آقاها هستیم که نشسته‌ایم برای دریافت آن پول‌ها...

بله به هرجهت درارتباط باهزینه‌های حزب ، کسانی که زندگی طبیعی داشتند استثنا بودند؛ یعنی درحد همان زندگی معمولی که بتوانند میوه‌ای بخرند و...وقسمت اعظم رفقای کادرماواقعابه دشواری زندگی می‌کردند! البته آگاهانه،چون می‌توانستند بهترازآن زندگی کنند ولی دلشان نمی‌آمد؛ چون به راحتی ،زندگی رفیق کارگرمان رامی‌دیدند.رفیق کارگری که زن وبچه‌اش رابامشکل اداره می‌کند ولی سرماه حق عضویت خودش را می‌پردازد! اصلا شرف انسان چطوراجازه می‌دهد که کمی بیش ازآنچه نیازضرورش است، مصرف بکند؟ ازکجا؟ ازصندوق حزب که به این شکل داردازحق عضویت‌ها جمع می‌شود؟!

فروش نشریات حزب خیلی خوب بود.مثلاازهمین «پرسش وپاسخ»های رفیق ما **کیانوری**، درآمدقابل توجهی نصیب حزب می‌شد.آن زمان که «نامهٔ مردم» درمی‌آمد، اوایل هزینهٔ آن بیش ازبرگشت سرمایه‌اش بود،امابه تدریج خیلی تیراژ آن بالارفت ودرآمدش خوب شد ؛ به خصوص اینکه درموردصرف هزینه هم درآن قسمت ، یاد گرفتند چگونه عمل کنند.چون قبل ازاینکه رفقای ماازمهاجرت بیایند، همهٔ این کارهارابیرون انجام می‌دادند. ابتدای کار،آقای **پورپیرار** به اتفاق آقای **محمد زهرایی** که واقعا به امر چاپ و کارهای فنی آن آشنا بودند ، عهده دارانجام این کار شدند . مثلا نیمه شب **محمدزهرایی** زنگ می‌زد که با آن مقالاتی که داده شده ، گوشه‌ای از روزنامه خالی می‌ماند، چه کارکنیم؟ و ما زود چیزی فراهم می‌کردیم.

به هرحال بعدازمدتی که دفترحزب هم دایرشد، دیدیم که درشعبهٔ انتشارات سروصدایی هست ومن دراتاق آقای **کیانوری** بودم که گفت عموجان چه خبراست؟ داد و بیداد می‌شود؟ گفتم «مطمئنا چیزمهمی نیست وبخش انتظامات مراقب هستند». ولی بازدیدیم صدامی آید. فهمیدیم که سروصدا از داخل است ومربوط به بیرون نیست.

هر دو پا شدیم آمدیم طبقه پایین به اتاق **پورهرمزان** رفتیم و دیدیم آقای **ناصرپورپیرار** داد و بیداد راه انداخته.ما پرسیدیم قضیه چیست؟**پورهرمزان** گفت «**پورپیرار** لیستی آورده که به هیچ وجه باهزینه‌های معمول روزنامه تطبیق نمی‌کند و یک هفته است پیش من است ومن آن رابه کسانی که باهزینه‌های مطبوعاتی آشنا هستند نشان دادم و به من گفته‌اند این بیش ازدوبرابر هم حساب کرده است! هم کاغذ را، هم مرکب را،هم کارش را و...وحالا پرداخت این مبلغ به تاخیرافتاده و وقتی به او می گویم به نظرنمی‌رسد این با هزینهٔ معمول تطبیق بکند،او می‌گوید یعنی چه؟ یعنی می‌گویید من سرحزب کلاه می‌گذارم؟ جواب دادم من چنین لفظی رابه کارنمی‌برم،

ولی به هرحال این مقداری سنگین است.اودوباره جواب داده : نه همین است؛ شاید کم هم حساب کرده‌ام. »

این آقای **ناصر پورپیرار** خیلی آدم دهن دریده‌ای است. **کیا** یک نگاهی به من کرد و من گفتم «دلیل ندارد پول زیادی ازصندوق حزب پرداخت شود،آنچه حق اوست بایدداده شود؛بیش ازآن نه! » که **پورپیرار** گفت:حق من! حق من همه اینجاست! و**کیا** گفت «بیندازیدش ازاینجا بیرون! » وهمان شد که او شمشیرش را ازروبست وهنوزکه هنوزاست، کارخودش راعلیه حزب می‌کند.

کتاب‌های حزب که توسط شعبهٔ انتشارات فراهم می‌آمد،اعم از تالیف یا ترجمه، با حداکثرصرفه جویی آماده می‌شد. معمولا ترجمه توسط خود رفقای حزبی انجام می‌گرفت وطبیعی بودکه هزینه ترجمه نداشت وهزینهٔ آن،هزینهٔ کاغذ وچاپ وصفحه بندی بود. برخی ازرفقای کارگرما حتی آنجاهم مجانی کارمی‌کردند ویاهمین قدرکه ازجیبشان هزینه‌ای نکنند، کار می‌کردند. یعنی درمجموع آماده کردن یک کتاب دربخش «انتشارات توده» درمقایسه با انتشارات دیگر شاید خیلی کم هزینه‌تر بود. من دقیقا نمی توانم درصدش رابیان بکنم، ولی فروش آن قابل مقایسه با ناشرین دیگر نبود! صرف نظرازخوداعضای حزب که طبعا می‌خریدند، افرادهواداروجناح‌های سیاسی دیگرهم خریداری می‌کردند. این بساطی که جلودفترحزب گذاشته شده بود، فروش خوبی داشت.عصرکه می‌آمدند با شعبهٔ انتشارات تسویه حساب بکنند، واقعا رقم قابل توجهی تحویل می‌دادند!

اینها درمجموع، منابع درآمدحزب بود وهزینه‌های حزب هم شامل برخی تامین مصالح کار و برخی حقوقی که به اعضای حرفه‌ای حزب می‌داد می‌شد. البته خانه‌های ماهمه خانه‌هایی بود که رفقای حزبی دراختیارمان گذاشته بودند.مثلا در کوچه شیراز در خیابان ولی‌عصر، مجتمعی بود که شاید درحدود بیش از ۱۶،۱۸آپارتمان

داشت که کلا دراختیاررفقای ما بود. که وقتی اوضاع خراب شد ، گفتیم اینجا را تخلیه کنید، چون اگریکی ازشما را بگیرند،بقیه هم گرفتارمی‌شوند. بنابراین خانه‌های جداجدا فراهم آوردند که یا متعلق به خود رفقا بود که دراختیارما می‌گذاشتند، یا اجاره می‌کردند ومبلغ اجاره‌اش را آن رفقا می‌پرداختند. به این ترتیب حزب ازبابت مسکن ، هزینه‌ای نداشت،جز۳۵۰۰۰ تومانی که درماه بابت دفتر حزب در خیابان ۱۶آذر پرداخت می‌کرد.

□ *چه بلایی بر سر کمک‌های مالی که اعضای سابق و ثابت به حزب ارائه می‌دادند ، پس از انحلال حزب آمد؟ مثلا در مورد این ساختمان‌ها آیا تصرف عدوانی شدند یا اینکه به نفع بنیاد یا نهادی مصادره شدند؟*

■ مصادره شده. کمااینکه همین جایی که درخیابان۱۶آذر،الآن به نام «انتشارات بعثت» عمل می‌کند ودراختیارآقای **فخرالدین حجازی** است ،دفترحزب بود و هر قدر ما کوشش کردیم به اینها تفهیم کنیم که اینجادراجارهٔ حزب بوده وصاحب آن هم فلان کس است؛اوچه گناهی کرده؟ باید به او برگردانده شود، برنگرداندند. تمام آن واحدها را مصادره کردند.

یک خانه‌ای درسیاهکل بود که رفقای سیاهکلی می‌گفتند که ما دلمانِ می‌خواهداین خانه به نام شماباشد.ما یک سفررفتیم رشت ورفتیم سیاهکل. مرا بردند محضر و این خانه رابه من فروختند. البته من یک شاهی هم پول ندادم ولی خانه به نام من شد. بعد اطلاع پیدا کردم که خانه مصادره شده وحکم هم صادرشده. حکم دادگاه با این مضمون که «این خانه مال فلان کس که فردی بی دین وچه وچه و اشتراکی و...است، مصادره می‌شود ودراختیار جمهوری اسلامی قرارمی گیرد». و ضبط شد.

یا برخی کتاب فروشی‌ها که ازطرف حزب واقعاسرمایه گذاری قابل توجهی در آنهاشده بود. من یادم می آید که رفیق مسنی داشتیم به نام **حسین نظری**- که نمی‌دانم الان زنده است یا نه- که چون اصولا سال‌ها درفرانسه فعالیت می‌کرد و درارتباط بافدراسیون کارگری جهانی هم بود وباحزب کمونیست فرانسه هم ارتباط داشت، برای گرفتن کمک های علمی مثل کتاب ونشریات، به حزب کمونیست فرانسه مراجعه کرده بود. آنها گفته بودنداگریک معرفی نامه بیاورید، ماهمواره این چیزهارا می‌دهیم.اوآمدبه من گفت ومن یک معرفی نامه برایش نوشتم؛ و مُهرحزب رازدم واورابه عنوان نمایندهٔ ما درآنجامعرفی کردم. و مرتب کتاب‌ها، نشریات وجزواتشان رامی فرستادند واصلا این کتابخانه ازاین منابع و کتاب‌های خیلی خوب، کلی غنی شده بود و رفقاهم ازاین منابع می‌گرفتند واستفاده می‌کردند و بعد سرجایش می‌گذاشتند وبعضی هاهم خریداری می‌کردند.

یعنی دراین کتاب فروشی سرمایهٔ قابل توجهی جمع شده بود، که کلا مصادره‌اش کردند.کتاب فروشی «مزدک» بود، کتاب فروشی «پیک ایران» بود ، چند کتاب فروشی بود که به نحوی درارتباط باحزب بودند؛ حالا یا حزبی بودند، یاسرمایهٔ حزب درآنجا بود.چند شرکت بود که همه را مصادره کردند!

□ *پیگیری‌های شماهم فایده نداشت؟*

■ نخیر.

□ *موضوع دیگرکه می خواستم سؤال کنم این بود که به هرحال کمک‌هایی ازاحزاب برادربه شما می‌رسید.آیا آنها جزو ردیف‌هایی بوده که شماروی آن حساب کنید؟*

■ نخیر. بدون تردید اگرماطلب می‌کردیم، می‌توانست یک چنین منبع درآمدی باشد؛ ولی ما واقعا نیازمند نبودیم. مثلا سر یک پارتی کاغذ خیلی جنجال راه انداختند. خیلی خیلی زیاد! ولی واقعیت این است که ما برای کارمطبوعاتی و انتشاراتی نیازمند کاغذ بودیم و به یکی از شرکت‌های وابسته به حزب توصیه کرده بودیم که از چکاسلواکی تقاضای کاغذ بکنند. آن رفقا با قیمت بسیارنازلی با ما حساب کردند؛ حتی می‌خواستند حساب نکنند. خوب، ما درواقع مقداری ازآن کاغذ را در بازار فروختیم و درآمد خوبی هم ازآن بابت نصیب ما شد و مقداری ازآن راهم صرف نیازمندی‌های روزنامهٔ خود حزب کردیم.

□ *از نظر کتاب یا اقلامی دراین زمینه، چیزی ازجانب احزاب دیگر به شما کمک نمی‌شد؟*

■ نه. اگرطلب می‌کردیم، چرا؛ ولی کمترپیش می‌آمد. مثلا تهیهٔ کتاب ازحزب کمونیست چکاسلواکی یا بلغارستان به درد ما نمی‌خورد، چون به زبان چک یا بلغاری بود. رفقای ما منابع روسی رابه صورت فرهنگنامه داشتند و اتفاقا یکی از نکاتی که ابتدای کارتوجه ماراجلب کرد، چند جلد فرهنگنامه بود که رفیق ما **پورهرمزان** داشت و **جوانشیر** هم داشت. دومجموعهٔ آن راداشتیم که حزب استفاده می‌کرد و نیازمندهم نبودیم. مثلا خودرفقای شوروی هم پیشنهاد کردند اگر دراین زمینه‌ها طالب هستید، بدهیم. ولی ما نیازمند نبودیم ونمی‌گرفتیم.

□ *در مورد شرکت‌های تابعه یا وابسته، شیوهٔ اداره‌شان چگونه بود؟ زیر مجموعهٔ کدام بخش بودند؟ هیئت امنا چطور بود؟ اساسنامه چه طور تدوین می‌شد؟*

■ این شرکت‌ها «تابعه» یا «وابسته» نبوند!

برای این شرکت‌ها ما هیچ ارتباط مستقیمی با شعبهٔ مالی‌مان ایجاد نکرده بودیم و دلیل ما هم همان‌جنبه‌های امنیتی قضیه بود.برخی ازرفقایی که صددرصد مورد اعتماد حزب بودند و سابقهٔ دیرینی داشتند، با این شرکت‌ها در ارتباط بودند . سه نفر عضو هیئت مدیرهٔ یکی ازشرکت‌ها ، رفقایی بودند که ازخارج آمده بودند و شرکت دیگری بودکه هرسه نفرآنها رفقای داخل بودند.

☐ *اسامی خاصی داشتند؟می‌توانید بگویید؟*

■ درآن شرکت که رفقای از خارج آمده حضور داشتند ، رفقا **موسوی**، **رصدی** و **فروغیان** بودند.این سه نفرشرکت را اداره می‌کردند. شرکت وارداتی بود. شرکت دیگری که برخی رفقای داخل بودند، بیشتر کار ساختمانی انجام می‌داد و مهندسینی بودند که ساختمان می‌ساختند ودرآمدی تحصیل می‌کردند. حساب‌های این شرکت‌ها مسقیما زیرنظر دبیراول حزب بود. تداخلی با شعبهٔ مالی خودمان نداشت که رفیقمان **ذوالقدر**درراس آن بود و یاری‌های درونی، کمکی که هواداران می‌کردند وحق عضویت‌ها، همهٔ اینها به شعبهٔ مالی خودمان مربوط بود که حساب وکتاب داشت، دفترورسیدوقبض و...داشت.هرکس کمکی می‌کرد، قبض حزب به او داده می شد. احیانا رفقای ما را می‌دیدند وکمک حزبی می‌کردند، ما وقتی کمک‌ها را به شعبهٔ مالی می‌بردیم، شعبهٔ مالی یک قبض صادرمی‌کرد وما دردیدارآتی قبض رابه شخص کمک کننده می‌دادیم. آنها گاهی می‌گفتند «ماقبض ورسید نخواستیم» و ما جواب می‌دادیم: نه، شعبهٔ مالی هرچقدردریافت می‌کند ، قبض آن رامی‌دهد که حسابش روشن باشد. بدهم نیست که کسی به نام حزب ازکسی چیزی نگیرد.ازاین نوع سوءاستفاده‌ها فراوان شده بود وما با موارد متعددی مواجه شدیم وتوصیه کردیم که رفقا! اگرکمک می‌کنید،تقاضای قبض بکنید.

به این ترتیب تفکیک بود، آن درآمدهایی که ازشرکت‌ها دریافت می‌شد، زیرنظر دبیراول بود و دبیراول یکباره مبلغی راتحویل شعبۀ مالی می داد. ومعمولا در جلسۀ هیئت دبیران، دبیراول این رااعلام می‌کرد که چنین امکاناتی دراختیارحزب هست ودراختیارشعبۀ مالی قرارمی گیرد.

□ *خوب آیا درآمدها خیلی بیش ازحد در اختیار دبیر اول نیست؟مثلا مسائل امنیتی می‌تواند توجیه کننده باشد؟*

■ خوب اینهامراحل مقدماتی کارما بود. ببینید ، واقعیت این است که(قبلاهم اشاره کردم) چهارسال ، زمان بسیارکمی است برای حزبی که به صورت یک حزب سراسری کارمی‌کند. جریانات دیگری بودند که مثلا کارشان درچند جا بود.اماعمدتا درتهران بود و دریکی دوشهردیگرهم بودند.ولی حزب بلافاصله همه جا شعبه پیداکرد؛آن هم مربوط به خودمرکزنبود.اصلابه محض اینکه دفترحزب درتهران افتتاح شد و فعالیت علنی حزب آغاز شد، درشهرها، خودِ رفقای آنجا شروع کردند؛ یکی دکه‌ای را گیر آورد، دیگری خانه‌ای پیدا کرد و...وزودتماس گرفتند که رفقا ما اجازه داریم که تابلویی بزنیم؟ گفتیم «مشروط به یک شناسایی جدیدی است. »

عمدتا هم برعهدۀ ماقرارمی‌گرفت.بااینکه کارماکارتشکیلاتی نبود وتشکیلات کل بایستی این کاررا می‌کرد؛ ولی چون مسئول تشکیلات کل ازخارج آمده بود وآشنایی‌های کمتری داشت، تا امورسامانی پیداکند،غالبا مراحل اولیه راما انجام می‌دادیم. رفقایی بودند که با ما درزندان بودند، رفقایی که قبلا درزمان‌های پیش درفعالیت‌های حزبی با ما بودند یا دورادور آشنایی‌هایی داشتند و به ملاقات ما درزندان‌ها آمده وآشنا شده بودند.خوب این شناخت‌ها برای پاگرفتن آن هستۀ اولیه خیلی کمک می کرد.

این گونه سراسری کارکردن خیلی وقتگیراست،خیلی نیروبَراست و سامان دادن بخش انتشارات وبخش مالی وبخش‌های این شعب گوناگون،شکل گیری شعبی که قبلا برایتان توضیح دادم، به خصوص شعبهٔ کارگری وشعبهٔ دهقانی ، واقعاخیلی وقت می‌برد. ولی همهٔ اینها سبب می‌شد که مانتوانیم دقیقا طبق اساسنامه کارکنیم.یعنی آن جنبه‌های دموکراتیک، آن جنبه‌های نظارتی ، که بدون تردید برای رعایت مبانی دموکراتیک درون حزبی وجلوگیری کردن ازتمرکزهمهٔ اموردردست افراد معین ، یا فرد معین ضروری است، کاملا رعایت نمی شد.اینهاهمه احتیاج به زمان دارد.

من اشاره کردم که مادرتمام طول این چهارسال یک بار پلنوم هفدهم را توانستیم تشکیل بدهیم؛حال آنکه نخستین اعتراض ،انتقاد و ایراد ما به رفقایی که ازمهاجرت آمدند،این بود که این مدت چرا کنگره تشکیل نشده است؟ گفتند آخربا چه کسی وچطوری؟ و وقتی استدلالشان راشنیدیم، دیدیم واقعا حق دارند! گفتند رفقا آیا شما می‌توانستید یک نماینده به کنگره بفرستید؟ دیدیم درست است. وقتی کسانی به ملاقات ما به زندان ایران آمدند، با ما تماس گرفتند، گفتیم شما دیگرحق ندارید باماتماس بگیرید! هم خودتان لو می‌روید وهم رهنمودهایی می‌دهید که اصلا به درد زندان نمی‌خورد. ما زندان را می‌شناسیم وکارزندان به عهدهٔ ما، موضعگیری‌ها، سیاستگذاری‌ها، برخورد با زندانبان‌ها با ما و کاربیرون باشما که بامسائل بیرون سروکاردارید.

خوب واقعا ببینید، یک وقتی مسئله سرکوب به درجه‌ای می‌رسد که مسائل امنیتی اصلا همه چیزراتحت‌الشعاع قرارمی دهد. ازضرورت‌هاست وهیچ کارش هم نمی‌توان کرد. خیلی راحت است آدم بگوید که تحت هرشرایطی باید دموکراسی رعایت بشود. خیلی خوب ، ماهم شیفتهٔ دموکراسی هستیم؛ تعارف هم نیست ، بلکه ضرورت کارسالم، وجود دموکراسی است وهیچ گفتگوهم ندارد. ولی شما دریک مرحله‌ای قرار

می‌گیرید که الزاما کارها روی دونفرمتمرکزمی‌شود. بابا این دونفراشتباه می‌کنند! آری حتما اشتباه می‌کنند؛ ولی جزآن، گیرمی‌افتیم. شرایط ، مسائلی راکه به هیچ وجه دربرنامهٔ کارحزب نیست ، تحمیل می‌کند.خوب عوارض خودش را هم دارد. بدون تردید عوارض خودش را دارد.

من اگرروحیهٔ کارفردی داشته باشم وخصلتا به روند رهبری جمعی عادت نکرده باشم،حتما باید یک ارگان ناظری وجود داشته باشد تا مرا درخط کارجمعی قراربدهد.وگرنه وقتی دراین شرایط قراربگیرم، حتما به آن روحیاتی که خودم دارم برمی گردم ودرنتیجه آن شیوه و کاری را انجام می‌دهم که اقدامات یکجانبه و یکنفره است وآن موقعی هم که امکان مشورت کردن ومطرح کردن آن بارفقا، به عنوان کارجمعی هست،ازکنارش رد می‌شوم. یعنی دیگرعادت می شود،خصلت می شود. یعنی شکل می گیرد.

یک وقتی من مصاحبه‌ای درروزنامهٔ «صبح امروز» داشتم که به همین مسائل مبانی دموکراتیک اشاره کردم. واقعیت این است که ماازلحاظ تاریخی –اجتماعی، پرورش دموکراتیک نداشته‌ایم ونداریم.ازلحاظ نظری به این نتیجه رسیده‌ایم که باید مبانی دموکراتیک رعایت بشود.اصل براین است.نظراً قبول کرده‌ایم ولی ازلحاظ خصلتی ، دراین چارچوب پرورش نیافته‌ایم. این دو بعد متفاوت است. صرف اینکه من کتاب بخوانم وقانع بشوم به اینکه این اصول درست است و این اصول بایستی رعایت بشود، کافی نیست.

اینکه در رفتار روزمره، دررفتارتشکیلاتی، این اصول رعایت بشود، نیازمند یک رشته عوامل دیگری است. بخشی ازآن پرورشی ،بخشی ازآن ساماندهی و ابزار سازمانی لازم برای اجرای این امراست.مثلا یک ارگان نظارتی دردرون حزب ، دقیقا مراقب است که ازاین اصول دموکراتیک منحرف شدیم یانشدیم وبلافاصله مطرح

بکند.این اختیارراداشته باشد که انتقاد کند و رفقا ملزم باشندکه آن انتقاد را پذیرا باشند واجرا کنند.اینها همه وقت می‌خواهد، زمان می‌خواهد.

ببینید دوستان عزیز، من بارها اشاره کرده‌ام، ما حتی ابتدایی‌ترین کار سازمانی، یعنی منتخب بودن مسئولین را نتوانستیم سامان بدهیم. فرصت نکردیم این انتخابات سراسری را انجام بدهیم. تمام مسئولین سازمانی ما برگزیدگان رهبری حزب بودند. آیا دراین انتخاب‌ها ـ یعنی انتصاب‌ها ـ خطایی، آشنایی‌های شخصی، روابط خصوصی نمی‌تواند نقش داشته باشد؟ حتما دارد.

مواردی بوده که خود من کسانی رابه تشکیلات توصیه کردم که به نظرم خیلی آدم‌های شایسته‌ای بودند.آیا دراین انتخاب، دوستی وآشنایی قبلی من نقشی نداشته؟ که من همه‌اش خوبی‌ها و جنبه‌های مثبت رادرآن رفیق می‌دیدم؟چه بسا اگر کس دیگری با آن شخص کار تشکیلاتی می‌کرد، جنبه‌های منفی فراوانی دراو می‌دید. من سال‌ها در زندان بودم، فقط به صرف اینکه این شخص دوست قدیمی من بوده، آشنابوده، آدم سالمی بوده کافی است؟ این شخص طی این مدت چه تغییراتی کرده؟ یعنی تغییرنکرده؟حتما تغییرکرده وهمهٔ ما طی این سالیان درازتغییرکرده‌ایم ؛ برخی در جهت مثبت وبرخی درجهت منفی. کمااینکه نمونه های متعددآن هم پیدا می‌شد.

خوب شما به درستی اشاره کردید . تمرکز این اموردردست یک نفر، حتی اگر صالح‌ترین فرد، دبیر اول حزب هم باشد، درست نیست. دبیر اول هم وقتی از اختیاراتی بیش ازچارچوب رهبری جمعی برخوردارشود،امکان خطا دراوهست.

☐ در مورد مسائل دموکراتیک قبلا بحث کرده بودیم؛ بیشترمسئله امنیتی در نظرم بود.یعنی اینکه اگر برای دبیراول ، با توجه به اینکه همهٔ ارتباطات با اوست، مشکلی پیش بیاید، حتی از نظر امنیتی هم نباشد مثلاً فوت کند ، آیا سازوکاری وجود داشت که اگر ایشان نباشد، ارتباطات با حزب احیا بشود؟

■ بله؛ این چنین نبود که فقط یک مجرای معین باشد.به اشکال مختلف ممکن بود این مجرا قطع بشود. یعنی ما درنظر داشتیم یک ارگانی رابگذاریم که درواقع شریک کارهای دبیر اول باشد . ولی تا پیش از آن امر، یک نفر از رفقای هیئت دبیران همیشه در ارتباط با مسائل ویژهٔ دبیر اول بود که درصورتی که چنین حادثه‌ای رخ بدهد ، اوایفای وظایف بکند ومانع ازقطع شدن این امربشود.

□ *امکان دارد در مورداین مسئله بیشتر توضیح بدهید؟ مثلا در مورد قسمت اقتصادی،که آیا مسئول خاصی داشته است؟*

■ بله؛ دربخش اقتصادی، ما مسئول شعبهٔ مالی،رفیق **ذوالقدر** را درارتباط بامجموعهٔ وظایف مالی که رفیقمان **کیانوری** انجام می‌داد، قرارداده بودیم ودرنتیجه مشاورهمیشگی امورمالی رفیق ما **کیانوری**، رفیق **اسماعیل ذوالقدر** بود.

کسانی بودند که ازسال ۱۳۲۵، ۲٦ با **کیانوری** درارتباط بودند و تمایلی هم نداشتند که شناخته بشوند یا ارتباطی برقرارکنند. مثلا ما ارتباط سرهنگ **طاهر قنبر** را با رفیق **کیانوری** نمی‌دانستیم. من درزندان این دوره مطلع شدم. ولی این صرفا جنبهٔ سیاسی داشت. لزومی نداشت.این بیشترکسب اطلاع بود.

قنبر درزمان قدیم عضورهبری سازمان نظامی بود؛ ولی بعد کناررفت و یک مقدارگرایش‌های ناسیونالیستی دراوتقویت شدوارتباطی با آن دوستان ملی ما داشت. رفیق **کیانوری** در بازگشت ازمهاجرت، به سراغ **قنبر** می‌رود واوهم پذیرای این دیدارمی شود؛ولی تاکید می کند که فقط بین ما دو نفرباشد.

مشابه این امردرمسائل اقتصادی هم وجودداشت.وقتی **کیا** این مسئله رامطرح کرد که بعضی از رفقا هستند که می‌خواهند به حزب کمک کنند،ولی علاقه‌مند نیستند

که شناخته شوند و رفقا از آنها اطلاعی داشته باشند، ما بلافاصله اشاره کردیم که غیر از دبیر اول، یکی از رفقا بایستی در جریان امر باشد. تا زمانی که ماهنوز یک ارگان نظارتی برای مجموعهٔ این کارها نداشته باشیم،این نوع ارتباطات بایستی با نظارت یک رفیق دیگری باشد؛ و **کیا** بلافاصله پذیرفت.**کیا** اتفاقا خود من را کاندیدا کرد و گفت «خیلی خوب ، من همهٔ ارتباطات خودم را با فلان کس مشورت می‌کنم». گفتم «نه ، هرکدام جای خودش را دارد! ارتباطات سیاسی ما،به خصوص خارج از حزب، بهتر است با مشورت من باشد». و رفقای هیئت سیاسی هم دقیقا می‌گفتند باتوجه به نوع رابطه وشناختی که فلانی دارد، مثلا وقتی شما می‌خواهید بروید سراغ **آقای بازرگان**، چه کسی بهترازعمویی مهندس **بازرگان** رامی‌شناسد؟ یا می‌خواهی بروی سراغ **هاشمی رفسنجانی**، خوب درزندان با هم بودند واو پذیرای این است. پس همهٔ اینها باید با مشورت فلانی باشد. وهمین طورهم بود.به همین دلیل هم دیدارهایی که بایدانجام می گرفت، به غیرازموارد استثنایی که من به تنهایی انجام می‌دادم، متفقا این دیدارها را انجام می‌دادیم. ولی درزمینهٔ مالی رفیقمان **ذوالقدر** را گذاشته بودیم. او دقیقا درارتباط با این مسائل بود.

□ *در مورد بخش مطبوعات آیا دلیلی داشت که تنوع مطبوعاتی داشتید و چند نشریه را همزمان طرح می‌کردید؟ یا اینکه خیر، فقط مسئله گستردگی کار در میان بوده است؟ یعنی تقسیم بندی به صورت موضوعی بوده است یا...؟*

■ بله مطالبش موجب می شده. مثلا شماببینید ماروزنامهٔ « اتحاد» رامنتشرمی‌کردیم که اختصاص به شعبهٔ کارگری داشت. و به اصطلاح پرسنل ویژه‌ای هم در شعبهٔ کارگری حزب در آنجا عمل می‌کردند. خوب، خیلی از کسانی که در «اتحاد» کار می‌کردند، کسانی بودند که در کارخانه‌ها و در ارتباط با آنها کار می‌کردند؛ یا

درارتباط با «همبستگی» بودند (که نهادی بود که از همکاری و همبستگی سندیکاها و اتحادیه‌های کارگری به وجود آمده بود.) و دربخش‌های مختلف کارگری که با آن ارتباط داشت کار می‌کردند. یا درارتباط با بخش جوانان، مسائل خاص آنها مطرح می‌شد، بخش دانش‌آموزی مطرح می‌شد. واین تنوع، ضرورتاً مسئله موضوعی آنها وحوزهٔ عملشان بود.

آن بخشی که واقعا روزنامهٔ ارگان بود، طبعا زیر نظرشعبهٔ سیاسی بود و مسئول شعبهٔ سیاسی که رفیقمان **بهزادی** بود، برمبنای همهٔ تحلیل‌هایی که درهیئت سیاسی انجام می گرفت یامسائلی که درهیئت دبیران مطرح می شد،عمل می کرد.

یا مثلا مجلهٔ «دنیا» درارتباط با شعبهٔ ایدئولوژیک بود و رفیقمان **اخگر** که مسئولیت مجلهٔ «دنیا» راداشت، در ارتباط تنگاتنگ با رفیق ما **طبری** بود واعضای هیئت تحریریه برای تهیه یا تنظیم یا چاپ مقالات، آنها را به نظررفیق **طبری** می‌رساندند.

بنابراین علت اساسی تنوع نشریات حزب، همین تنوع موضوعی بود.

□ *پس تحت نظرشعبات مختلف هم بود؟*

■ هرکدامشان دربخش خودش بود؛ بله.

□ *خوب حالا می‌توانید درمورد سیرتاریخی آن توضیح بدهید که چطور نیاز پیدا شد که مثلا فلان نشریه منتشربشود؟ تصمیم‌گیری آن با کدام قسمت بوده؟*

■ ببینید، اولا مسئله انتشارات حزب ومطبوعات حزب،یک پیشینهٔ تاریخی دارد.ازهمان بدو فعالیت حزب، روزنامهٔ ارگان **حزب تودهٔ ایران** هیچ امکاناتی نداشت و همان ابتدای کار از امکانات **مصطفی فاتح** و**عباس اسکندری** و...استفاده کردند. (چه

عناصر نامتناسب با **حزب توده ایران** بودند اینها!)؛ درجریان جبههٔ ضد فاشیستی، همه جورآدمی می‌توانست درآن جبهه باشد. چون مبارزه بافاشیسم درآن زمان،هم توسط امپریالیسم انجام می‌گرفت، هم توسط سوسیالیسم. نیروهایی که درگیراین مبارزه بودند، یک طرف فاشیست‌ها بودند ویک طرف آمریکا بود، انگلستان بود ، اتحاد شوروی بود. دریک چنین جبهه‌ای معاضدت وهمکاری کردن، الزاما از زاویهٔ مسائل اخلاقی و مواضع خالص سیاسی مورد توجه قرار نمی‌گیرد. روی امر ویژه‌ای الآن وحدت نظرهست؛ یعنی مبارزه با فاشیسم.

مقالاتی هم که در مطبوعات می‌خواهد نوشته شود، دراین زمینه است. کسانی که می‌آیند، می‌توانند وابسته به شرکت نفت باشند؛ می‌توانند وابسته به فلان جناح ناسیونالیست باشند؛می توانند وابسته به حزب کمونیست باشند. اما در روند قضایا یواش یواش صف‌ها جدا می‌شود. یواش یواش **عباس اسکندری** دورانداخته می‌شود؛ محلی که از **مصطفی فاتح** گرفته شده ؛ از آن امکانات استفاده می‌شده، ترک می‌شود. چون دیگر حزب، شده یک حزب سیاسی و آن جنبهٔ جبهه‌ای برای آغاز کار بود.

مثل فعالیت‌های صنفی که دراین مملکت انجام می‌شود وخیلی زود وجه سیاسی پیدا می کند! هرچقدربه جنبش دانشجویی گفته می‌شود وجه صنفی‌تان راحفظ کنید، نمی‌شود و خیلی زود با مسائل سیاسی درگیر می‌شوند وابتدایی‌ترین مسائل صنفی آنها با مقولات سیاسی اختلاط پیدا می‌کند. در هر بخش چنین است. در کارسندیکایی قاعدتاً اول صحبت بر سر حق اعتصاب و مذاکره و پیمان جمعی بستن و ساعت کار ومعیاردستمزد وارتباطش باتورم واین چیزهاست. ولی خیلی زود باسیاست روز هیئت حاکمه برخورد می‌کند ودرست مثل یک کارحزبی شکل می گیرد.

حزب درابتدای کار، واقعا برای شروع کارش درچارچوب همین جبهۀ ضد فاشیستی فعالیت می‌کرد و مطبوعاتش هم مطبوعات آزاد ضدفاشیستی بود. اما خیلی زود ازآنجا که بنیان گذارانش یا اعضای سابق «حزب کمونیست» بودند یا اعضای «۵۳ نفر» با نگرش آموزش‌های **ارانی** بودند، خیلی زود شکل حزب طبقۀ کارگررابه خودش گرفت. اگرچه مرامنامه‌ای که تدوین کرد، متناسب با شرایط بود و نامی هم که انتخاب کرد، ازنام حزب کمونیست پرهیز کرد،ولی عملا درهمان راستا حرکت کرد. از همان موقع این پیشینه، ارگان‌های متعددی رابرای حزب به وجود آورد که تجربیاتی از احزاب دیگر داشتند ؛ تجربیاتی ازفعالیت‌های «حزب کمونیست ایران» داشتند.

به این ترتیب پیشینۀ کارمطبوعاتی حزب ازهمان بدو تاسیس حزب درچارچوب جبهۀ ضدفاشیستی شکل گرفت. بعد به تدریج که حزب چهرۀ واقعی‌اش رایافت،به عنوان حزب طبقۀ کارگرایران، قدم به عرصه گذاشت. نشریات «رهبر» و زمانی «مردم» ارگان کمیته مرکزی حزب ، «رزم» برای سازمان جوانان توده و «ظفر» برای شورای متحد مرکزی کارگران انتشار یافت.

□ *مربوط به بعدازانقلاب است؟*

■ خیرمربوط به دهۀ بیست می‌شود. و اینها تحریریه‌های خاص خودش راداشت و مطالبی هم که عنوان می‌شد، طبعا درعرصه‌ای بود که متعلق به همان بخش معین بود. تازه اینها نشریات رسمی بودند. درکنار اینها مثلا «مردم» درمی آمد، «مردم» جوانان درمی‌آمد، یک «مردم» دیگر در می‌آمد که مقالات خیلی خیلی سنگینی داشت و دقیقا زیرنظر **طبری** کارمی‌کرد و **داوود نوروزی** ، رفیق دیگری که الآن درآلمان است ، البته دیگر با حزب کار نمی‌کند ولی نظراتش هم عوض نشده است ، عضو کمیتۀ مرکزی وسردبیرروزنامۀ «مردم» بود.

خوب، مجلهٔ «دنیا» هم که جای خودش را داشت، چه مقالات ترجمه شده از مطبوعات احزاب کمونیست، چه مقالاتی که خود رفقای حزب می‌نوشتند، در آن منعکس می‌شد. بعدها «مسائل بین الملل» درآمد.

در جوار این کارمطبوعاتی، بخش انتشارات حزب که تحت عنوان «انتشارات توده» عمل می‌کرد، یک رشته کتاب‌هایی با تشخیص همین تحریریه یا بخش انتشارات یابخش مطبوعات منتشرمی کرد. کتابی را مطالعه کرده بودند یا کتابی فرستاده شده بود وتشخیص داده می‌شد که ترجمه وچاپ آن خوب است.

آن زمان یک سری کتاب‌هایی درارتباط باجنبش مقاومت فرانسه دربرخورد با نیروهای نازی که فرانسه رااشغال کرده بودند ومبارزهٔ نیروی مقاومت آنجا بود. کتاب‌هایی مثل «رزفرانس» و«برمی گردیم گل نسرین بچینیم» کتاب‌های خیلی شیرین وجذاب برای جوانانی بودندکه به امرمبارزه ومقابله بادشمن دل بسته بودند.بخش انتشاراتی حزب از این نوع کتاب‌ها خیلی بیرون می‌داد. یا مثلا «چگونه پولاد آبدیده شد»، نوشتهٔ **نیکلای آستروفسکی**، «انسان واقعی» نوشتهٔ **آلکسی مرسیف** که سرگذشت خلبانی بود که سقوط می کند وازپا فلج می‌شود ونشان می‌دهد که ارادهٔ انسان چگونه موفق می‌شود که او می‌تواند حتی برقصد! این کتاب‌ها اثرخیلی خوبی روی خود من داشته است.

برای کار تشکیلاتی و کارحزبی، برخوردارکردن جوانان ازروحیات این چنینی، واجد اهمیت زیادی است. مبحث تئوریک و مبانی ایدئولوژیک یک وجه قضیه است و این سروکار داشتن باروحیات آدم‌ها، آن ویژگی‌هایی که خصوصیات انسانی آدم را ارج می‌گذارد و تقویت می‌کند و به آن ژرفا می‌بخشد، طرف دیگر قضیه است. به نظر من این وجه دوم ، وجه تبلیغی ـ تهیجی قضیه است وکمک می‌کند.

خوب ، حزب دراین عرصه هم کتاب‌های زیادی بیرون می‌داد؛ به‌نحوی که بسیاری ازکسانی که هرگز به طرف حزب نیامدند و حتی هوادارحزب هم نبودند ولی کشته مرده ومشتری بزرگ این نوع کتاب‌ها بودند، می‌گرفتند ومی‌خواندند.

بعدها در دههٔ چهل وقتی که نوبت به جریانات چریکی و مسلحانه رسید، ازجمله مهم‌ترین چیزهایی که اینهامطالعه می کردند، این نوع کتاب‌ها بود که به نحوی ازانحاء گیرمی‌آوردند و در خانه‌های تیمی شان مطالعه می‌کردند. خوب طبیعتا برای کسانی که به راحتی می‌خواستند جلو گلوله‌های «ساواک» بروند، آن روحیهٔ مبارزات جنبش مقاومت فرانسه وآن خطراتی که با آن مواجه می‌شدند، می‌توانست انرژی بدهد، روحیه بدهد وکمک بکند.

بعد از سرکوب حزب ، بعد از ۲۸ مرداد، بعد از اینکه پلنوم چهارم تشکیل و دههٔ سی پشت سرگذاشته شد، نشریات حزب توسط «تشکیلات تهران» و «شعلهٔ جنوب» منتشر و تکثیرمی گردید و دراختیاراعضاء گذاشته می‌شد. مقداری هم از رادیو«پیک ایران» استفاده می شد و برنامه‌های اقتصادی وسیاسی، فلسفی پیک ایران ضبط و به صورت زیراکسی فراهم و تکثیر می‌شد و در اختیار افراد قرارمی‌گرفت. اما عمدتاً بعد از اینکه تشکیلات تهران به آن رسوایی خاص **عباسعلی شهریاری** انجامید، نشریه «به سوی حزب» به ابتکار زنده‌یاد **هوشنگ تیزابی** رسالت آگاهی بخشی هواداران حزب را عهده‌دار شد.

پس از شهادت رفیق **تیزابی** نوبت به کار سازمان «نوید» رسید. درواقع این نام از خود نشریه‌اش استنساخ شد. نشریه‌ای که درابتدابه صورت یک برگ بود و پشت وروی آن نوشته می‌شد وآغاز کارش هم باتیراژ۲۰۰نسخه فراهم می‌آمد و در اختیار افراد قرارمی‌گرفت. خوب این به علت قلت عددی، از آن نشریاتی بود که در دسترس هرکسی قرار می‌گرفت، امکان نداشت ازبین برود. آن‌قدر دست به دست می‌گشت تا

اینکه کاغذش له می‌شد! یعنی به این ترتیب به جای تکثیر چند هزارنسخه‌ای، تعداد افرادی که از یک نسخه استفاده می‌کردند بالا می‌رفت. ولی تیراژ «نوید» درسال‌های آخرش خیلی بالا رفته بود و طالبین زیادی هم داشت.

موقعی که سال ۱۳۵۷ اززندان بیرون آمدم،هنوزانقلاب پیروزنشده بود. درفاصله‌ای که من آزاد شدم تا وقوع انقلاب چند ماهی مجال بود که ما درآن فضای دورهٔ شاهی درایران بگردیم. ولی خوب، واقعا دیگر فضا دگرگون شده بود و فضا فضای محمدرضاشاهی نبود. انقلاب پیروز نشده بود، ولی یک دورهٔ گذار خیلی جالب توجهی بود! ومن چندبار به دانشگاه تهران رفتم . در آنجا برخی از بچه‌ها را دیدم که می‌گفتند ما لحظه شماری می‌کنیم که پشت نرده‌های دانشگاه تهران «نوید» پیدا بکنیم. گفتم یعنی چه؟ مگردراختیارتان نیست؟ گفتند یک مدتی وقتی به کتابخانهٔ دانشگاه ،مثلا دانشکدهٔ پزشکی ،دانشکدهٔ فنی و...می‌رفتیم تا از قفسه کتاب برداریم ، ناگهان ازمیان آن یک «نوید» بیرون می‌افتاد، یک مدتی درکلاس ها ومیزها «نوید» پیدا می‌شد. بعد هرقدر که به زمان انقلاب نزدیک می‌شدیم، دیگر پشت میله‌های دانشگاه همین جورردیف «نوید» ریخته شده بود و بچه‌ها باسرعت می‌رفتند که هرکس سهم خودش رابردارد و مشتریان خاص خودش را داشت که وعده کرده بودند اگراین دفعه به دست آوردند دراختیارفلانی و فلانی و... بگذارند.

البته وقتی که دورهٔ فعالیت علنی مجدد حزب آغاز شد، بعد از انقلاب، «نوید» طی یک شماره اعلام پایان داد و«نامهٔ مردم» به سردبیری زنده‌یاد **منوچهر بهزادی** به عنوان ارگان کمیته مرکزی حزب آغازبه کارکرد. ما برای گرفتن مجوز «**نامهٔ مردم**» کوشش زیادی کردیم. درآن زمان آقای **دکترممکن** وآقای **میناچی** ، فعالین اصلی وزارت ارشاد بودند و تقاضای مجوز «نامهٔ مردم» واقعا با مشکلات عدیده‌ای روبه‌روشده بود.

آقای **دکترممکن** گفت که آخرنمی‌شود، ما علاقه‌مندیم که به شما مجوزبدهیم ولی آزادی عمل نداریم!

و من گفتم آزادی عمل یعنی چه؟ یک کسی با این مشخصات، هم ازلحاظ اطلاعات، هم از لحاظ سابقهٔ روزنامه‌نگاری و هم نداشتن پیشینه سوء، صلاحیت دارد و به عنوان ارگان **حزب تودهٔ ایران** تقاضا کرده . **حزب تودهٔ ایران** هم حزب شناخته شده‌ای است والآن هم فعالیت خودش رابه صورت علنی آغازکرده ونامه‌اش راهم من رسما آورده‌ام ومُهرکمیته مرکزی خورده و باید مجوز بدهید.

گفت «ماهفته‌ای یک‌بار جلسه داریم که تقاضاها را بررسی می‌کنیم و مجوز می‌دهیم». اما ما هرهفته که می‌رفتیم می‌گفتند «درخواست شمامطرح نشد؛ درخواست‌هایی پیش از شما بود! » دیدیم اصلاً نمی‌خواهند به ما مجوز بدهند!!

□ *همان موقع بدون مجوز چاپ می شد؟*

■ بله، چاپ می‌شد و ما منتظر نشدیم؛ ولی می‌دانستیم پیامد دارد. ضمنا می‌خواستیم قانونی کار کنیم.

آقای **خسروشاهی** ، نمایندهٔ امام دروزارت ارشاد بود که من رفتم پیش او،خودم را معرفی کردم واوگفت آقای **عمویی** شما نیاز به معرفی ندارید! ما خیلی وصف شما را ازآقایان شنیده‌ایم. گفتم ازکدام آقایان؟ گفت که منظورم ازآقایان، هم کسوت‌های خودم هستند؛ معممین، اعم از آنها که مثل من سید بودند یا طلبه‌ها؛ و از هیچ کدامشان جز ذکر خیر چیز دیگری نشنیدم. یعنی پیش ازآنکه ما شما را ببینیم ، واقعاً خیلی خوب به ما معرفی شدید!

گفتم خوب خیلی خوشحال هستم که شما چنین داوری مثبتی نسبت به من دارید.پس حالا خواهش من رااجابت بکنید.گفت چه کاری دارید؟ گفتم من برای مجوز

روزنامهٔ ارگان حزب آمده‌ام ومدت‌هاست به دنبال آن هستم؛ من رابه آقای **دکترممکن** حواله می‌دهند. آقای **دکتر ممکن** هم مردخوبی هستند، گرایش‌های ملی دارند وسوابق ایشان رامن می‌دانم. آدم سالمی هستند، ولی نمی‌دانم چه داعیه‌ای داردکه اصلا درخواست مامطرح نمی‌شود وهربارهم که مراجعه می‌کنیم می‌گویند که به علت کثرت درخواست‌هاهنوز نوبت به شما نرسیده است!

البته اگر درست به خاطرم باشد،همین **دکترممکن** من رابه طرف **خسروشاهی** هدایت کرد.اگراشتباه نکنم،خیلی برایم روشن نیست ،ولی چنین خاطره‌ای درذهنم هست که گویا گفت«آقای **عمویی** بهتراست به نمایندهٔ امام در وزارت ارشاد یک سری بزنید»، که من استنباطم این بود که این‌ها محدودیت‌هایی ازجانب آن نظارت دارند که مبادا بخواهند به یک سازمان کمونیستی مجوزبدهند! آیا این منع از جانب خود ملی‌هاست که برای مایک مقدارکارشکنی بکنند؟ یا ملی‌ها ازمذهبی‌ها چشم می‌زنند که مبادابه توده‌ای‌ها ارفاق شود؟

به هرحال مذاکرات من با **خسروشاهی** خیلی زود به عرصهٔ مسائل سیاسی، مواضع حزب وسابقه واین گونه صحبت‌ها رفت وبیان اینکه : مااصولی را مدنظر داریم که فکرمی‌کنیم درشرایط کنونی درآن چارچوب بایستی فعالیت قانونی بکنیم؛ انقلاب را تایید بکنیم، شرایط فعالیت علنی حزب رارعایت بکنیم. چون معتقدیم فعالیت پنهانی ثمربخش نیست و برد فعالیت محدود است وفکرنمی‌کنیم علنیت حزب، با توجه به موضعی که حزب درمورد تایید انقلاب دارد، برای جمهوری اسلامی هم خطری داشته باشد! ضمن اینکه شمابه خوبی می‌دانید که این اندیشه، این ایدئولوژی دربین جوانان و میانسالان این مملکت، با توجه به سابقهٔ دیرینه‌ای که دراین مملکت داشته است،باورمندهایی رادارد و اگر نادیده گرفته شود،به یک فعالیت غیرعلنی و درموضع اپوزیسیون تبدیل می‌شود.چه ضرورتی داردکه جوانان سالم علاقه‌مند ومعتقد به

پیشرفت وترقی مملکت درموقعیتی قراربگیرند که الزاما بایستی برضدحاکمیت فعالیت مخفی انجام بدهند؟ شما با اتخاذ سیاستی که امکان فعالیت علنی رابه مارکسیست‌ها می‌دهد ـ همان طورکه خودامام هم درفرانسه اشاره کردند که مارکسیست‌ها هم می‌توانند... ـ خوب این باید عملی بشود دیگر! پس آن گفته ، چه وعده‌ای بود؟

خنده‌ای کرد و گفت که «من ترتیب کار را می‌دهم که شما... » و یک یادداشتی نوشت و گفت «شما فردا تشریف بیاورید همین جا. » و یادداشتی رابرای **دکترممکن** فرستاد. فردا که من رفتم سراغ **دکترممکن**، او برخورد خیلی گرمی با من کرد و گفت مثل اینکه آقای **خسروشاهی** بادادن مجوزبه شما نظر موافقی دارند.من گفتم نمی‌دانم. گفت شما دیداری با ایشان داشتید؟ گفتم «بله. یک ساعتی باهم گفتگو داشتیم. » خندید و گفت که پس بالآخره کارخودتان را کردید! گفتم «نه ،من کارخاصی نکردم، همان صحبتی که با شما داشتم با ایشان هم داشتم».

رفتم پیش **خسروشاهی** و او گفت «تشریف ببرید بخش نشر» که فکرمی‌کنم **تاج‌زاده** آنجا بود.یک ورقی برای مجوزبرداشت و گفت آقای **عمویی**! من که البته با دادن مجوز به **حزب توده** مخالف هستم ...!

□ *یک جوان بیست ویکی دوساله؟*

■ بله خیلی جوان. گفت آقای **عمویی** من مخالف هستم بادادن مجوزبه حزب توده ، ولی چون نمایندهٔ امام دستورداده، ما ناچاریم انجام بدهیم!

خوب واقعا ببینید چه کسانی سرنوشت این مملکت راتعیین کردند وحالاچه کسانی مدعیان انقلابی ترقی‌خواهی ونجات دادن مردم هستند! یعنی ماچه سیری راطی کردیم که امروز مترقی‌ترین عناصرانقلابی این مملکت، آقای **تاج زاده** و**سعید حجاریان** و...هستند!

به هرحال واقعادرمجموعهٔ حاکمیت جامعهٔ مایک افت قابل توجهی ایجاد شده است.

اما من نسبت به مجموعهٔ جامعه‌مان این داوری را ندارم.من عمیقا اعتقاد دارم که نسل جوان ماطی این بیست وچندساله تجربهٔ ارزنده‌ای کسب کرده. اگرچه با ابزارحکومتی ، امکان تشکل وامکان فعالیت نظام‌مند (سیستماتیک) برایش فراهم نیامده، اما توان مطالعاتی‌اش ازاو سلب نشده است. آگاهی‌هایش درزمینه مبانی نظری توانسته پیشرفت بکند و قابل ملاحظه بشود.اگرچه نتوانسته است کارعملی سازمانی وتشکیلاتی بکند.شایددرآن عرصه هم به صورت مثلا جنبش دانشجویی،کوشش‌هایی داشته، تجربیاتی کسب کرده ولی این، نسبت به کارنظام مند خیلی ناچیز واندک است.امابه نظرمن این مقدمه‌ای است که برای هرگونه کارجدی بایستی تجربه و درآن پیشرفت بشود.

ممکن است زمانی آدم با پاره‌ای ازروشنفکرانی مواجه شود که اصلا به کارتوده‌ای اعتقاد نداشته باشند؛ فکر کنند تعدادی نخبه، تعدادی روشنفکربا ایراد سخنرانی‌ها، بابه وجودآوردن سمینارهایی برای بررسی روی یک موضوع معین می‌توانند آگاهی عمومی رابالا ببرند و ثمربخش بشود. پاره‌ای دیگر شاید آن توصیف **لنین** را از «سازمان» مد نظر قرارمی‌دهند که می‌گوید «طبقهٔ کارگربدون سازمان هیچ است؛ با سازمان همه چیز» من یکی ازکسانی هستم که این باور را دارم؛ چون واقعا معجزهٔ «سازمان» رابه تجربه دریافته‌ام؛ حالاممکن است اشکال گوناگون داشته باشد.اما این تشکل،این تعهد، این موظف بودن برای انجام کارمشخص ونظام‌مند، بسیارمهم است! اصلا مسئله، مسئله نظری نیست، یک پرورش سازمانی درآدم به وجود می آورد که متوجه می شودکارجدی است و ساده نیست!

این که ما یک آرمانی داریم کافی نیست؛فردباپرورش سازمانی آمادهٔ پرداخت هزینه می شود و وقتی که زمان پرداخت این هزینه فرامی‌رسد، واقعا درحد توانش این هزینه را می‌پردازد. نمی‌شود مثل برخی پشت میزنشینان ـ به قول یکی ـ به جای انقلابیون«رزمی» ،انقلابیون «بزمی» باشیم. خوب یک مشت ازجماعت این چنین بارمی‌آیند که وقتی یک ماه به انفرادی می‌روند،«می‌بُرند». من بد نمی‌گویم به آن جوانی که با یک ماه ماندن درانفرادی «می‌برد». همواره هم گفته‌ام که بنانیست یک فرد ترقی‌خواه، یک فرد آزادی‌خواه، کتک خورش قرص باشد.انسان است ،انسان آگاه است، معایب مملکت رادرک کرده است؛ اما به خاطر بسپریم که ما در کشور جهان سومی زندگی می کنیم وآنچنان هم آزادنیستیم تاآزادی خواه باشیم وانتخاب چنین راهی خیلی تعارف نیست وعواقبی دارد و طرف باید بداند که به چه راهی دارد قدم می‌گذارد! به هیچ‌وجه نمی‌خواهد کار براندازی، کار مسلحانه، کار خشونت‌آمیز انجام بدهد، دقیقا یک حرکت دموکراتیک انسانگرایی که عدالت اجتماعی رامورد توجه قرارداده است.اما نظام‌های سرکوبگر ، این مسئله برایشان هیچ فرقی نمی‌کند با اینکه شما اسلحه دستتان باشد!

همان سرنوشتی که نصیب جریانات مسلح علیه نظام جمهوری اسلامی شد، نصیب **حزب تودهٔ ایران** هم شد.همان سرنوشتی که برای فداییان «اقلیت» انجام گرفت،برای«اکثریت» هم انجام گرفت.اتفاقا آمارکشته‌های ما بیشتراز آنهاست؛ یعنی بعد از «سازمان مجاهدین خلق»، آمار شهدای **حزب تودهٔ ایران** است، بعد اکثریت است.

خوب، درجوامعی که برخوردنظام بانیروهای ترقی خواه وآزادی خواه این چنین است،حالت سرکوبگری هست،طبعا باید دقیقا احتساب پرداخت هزینه بشود.

مسئله این نیست که من دوتا کتاب می‌خوانم،چهارتاروزنامه می‌خوانم، باورهایی برایم پیش می‌آید؛ نه این طورنیست. باورکنید دراین زمینه نمونه‌هاداریم. طرف رایک هفته یا دوهفته درانفرادی قرارمی‌دهند، باهمان ویژگی‌هایی که ارتباطش با دنیا قطع می‌شود، این داده‌های اطلاعاتی که معمولاذهن آدم را زنده و فعال نگه می‌دارند وقتی که قطع بشود، آدم دچاراختلال روانی می‌شود. خوب باید در وجود آدم توان بالایی باشد که تاقبل ازاین که این اختلال به جایی برسد که دیگراختیارازدستش خارج شود، به این حالت طبیعی آدم تداوم ببخشد. این راه، باورمندی‌ها وتمرینش وبه هرحال آمادگی پرداخت هزینه‌هایش را لازم دارد.

من دربارهٔ نشریات ومطبوعات وآن کتاب‌های تشویق کننده وپیش برنده صحبت می‌کردم و خود به خود کشیده شدم به این عرصه که چه پیامدهایی دارد و به سازمان «نوید» رسیدم وبه تعطیل شدن نشریهٔ «نوید» که فعالیت علنی حزب آغازشد، گرفتن مجوزروزنامه ومطرح کردن مطلب با آقای **تاجزاده** وآقای **تاجزاده**- یک جوان خیلی خیلی کم سن وسال- آنجا صریحا به من گفت «البته آقای **عمویی** من با دادن این مجوزمخالف هستم».

آخر تو که خودت رامحصول یک انقلاب می‌دانی، چرا ازهمین اول جبهه گرفتی ؟ ومخالفت داری با یک سازمان حزبی که نه مخالف انقلاب است، نه مخالف این روند مثبتی است که داردانجام می‌گیرد وهمهٔ جریانات چپ رابه کارعلنی و قانونی تشویق می کند که حتی اگرانتقادی هم دارند، علنا مطرح کنند، نروند کردستان بجنگند، نروند ترکمن صحرا بجنگند. چون این شیوه به دست آن نیروهایی که دروجودشان سرکوبگری هست، بهانه می‌دهد.هرچند بازهم ازجای دیگربهانه پیدا می‌کند ولی به هرحال نباید این بهانه را داد.

امروز وقتی که کار«سازمان مجاهدین خلق» را ارزیابی می‌کنند، ما همواره می‌گوییم که اگر اینها ازهمان اول بهانه به دستشان نداده بودند، بازهم با چماقدارانشان به جانشان افتاده بودند، ولی به هرحال با آن راهپیمایی مسلحانه‌ای که خرداد ماه انجام دادند ، بهانهٔ بسیار بسیار خطرناکی به دست اینها دادند! اینها نمی‌خواستند یک سازمان گسترده توده‌ای مسلمان وجود داشته باشد، چون بزرگ‌ترین رقیب «حزب جمهوری اسلامی» می‌شد! ومن عمیقا اعتقاد دارم که ازمجموعه سازمان‌های سیاسی که درایران بعد از انقلاب شکل گرفتند، «سازمان مجاهدین خلق» تنها سازمانی بود که گسترده ترین سازمان سیاسی دراین مملکت می‌شد! چراکه با یک رشته آموزه‌هایی که ازمارکسیسم به عاریت گرفته بود وباداشتن مبانی اعتقادی مذهبی ، درجامعه دینی ، جوانان به راحتی می‌توانستند جذب این‌ها بشوند.

این که آینده‌اش چه می‌شد ،مطلب دیگری است.چون به هرحال التقاط نمی‌تواند مبنای تئوریک یک سازمان سیاسی باشد،لاجرم به انشعاب می‌رسد وجدایی رخ می‌دهد و یک جنبه اصولی پیدا می‌کند. یا یک سازمان مذهبی است وآن ارجاعاتی که ازآیات قرآن می‌آورد اساس نظری‌اش راتشکیل می‌دهد، یا آنچه که از **لنین** و **مارکس** و...می‌آورد ، پایه نظری‌اش قرارمی‌گیرد. پس جدایی رخ می‌دهد. ولی تارسیدن به آنجا، یک سازمان گسترده‌ای می شد.

من تصورمی‌کنم که سرنوشت «سازمان مجاهدین خلق» یک روند اجتناب‌ناپذیر بود. مسئله این نیست که **رجوی** اشتباه کرد یا **ابریشمچی** یا **سعادتی** و...نه؛ این مسیری است که مبانی نظری اینها پیش پایشان می‌گذاشت. البته آن ویژگی‌های شخصی هم سهم بسزایی دارد.

پاره‌ای به این شقوق نفوذی هم خیلی بها می‌دهند. یعنی واقعاآگاهانه این سازمان به این خط افتاد؛ باید این چنین می‌شد. من دلیلی ندارم که روی این شق تاکید بکنم،

اما به هرحال با آن زمینه نظری و با آن پرورش سازمانی که دراین‌ها به وجود آمده بود، این راهی که طی کردند واین تکه پاره شدن‌ها- که «پیکار» ازشکمش در بیاید- وسرنوشتی که پیدا کردند ومسیری که الآن اتخاذ کردند، اجتناب ناپذیربود!

یک سازمان مدعی ضدامپریالیستی که الآن تحت حمایت امپریالیسم نگهداری می‌شود وامریکا از یک طرف به عنوان یک سازمان تروریستی معرفی‌اش می‌کند وازطرف دیگربه عنوان سازمانی که نیاز به حمایت دارد، تحت حمایت خودش قرارمی‌دهد!

این‌ها ویژگی‌هایی است که این گونه سازمان‌ها دارا هستند. به نظرمن وقتی که این مبانی نظری حالت التقاطی داشته باشد ودرواقع بیشتر خوراک جذب نیرو و خوراک رویارویی با مسائل روز باشد، لاجرم یک وقتی بن آن، سرشت آن ، عملکرد آتی آن راتعیین می‌کند وجهت پیدا می کند.

به هرجهت، برخورد با مجموعه سازمان‌های سیاسی وجود داشت؛اعم ازاینکه شما برای کارکردن مجوز داشته باشید یا نه، روزنامه‌ات مجوز داشته باشد یا نه! خوب ما خیلی کوشیدیم که «نامهٔ مردم» را با مجوز چاپ بکنیم. چرا که می‌خواستیم قانونی کارکنیم. ولی اینها همان زمان که تصمیمشان را گرفتند، روزنامه «نامه مردم» را تعطیل کردند. ما واقعا بعد از توقیف «نامه مردم» ، نشریه خاص ارگان نداشتیم ؛ ولی به شکل‌هایی چیزهایی درکنارش چاپ ومنتشر می‌شد که مشخص‌ترین آن «پرسش وپاسخ» بود که هر چند گاه ـ مثل اینکه هردوهفته یک‌بار ـ رفیق **کیانوری** برگزار می‌کرد و بچه‌ها ضبط می‌کردند. جلسات اولیه آن در دفتر حزب انجام می‌گرفت ولی بعد که دفتر را هم به دنبال روزنامه گرفتند، درمنازل برپا می‌شد.

□ *آن موقع که مصاحبه‌ها دردفترانجام می‌گرفت روی بالکن نبود؟ آن صندلی معروف و آن منظرهٔ دانشگاه...؟ این را کسی تعریف کرد که خودش شاهد بوده است.*

■ یک باردربالکن بود. ولی اتاقی داشتیم که اتاق ناهارخوری بود.علاوه برخودمن که همیشه هنگام ضبط آنجا بودم، تعدادی ازرفقای حزبی هم آنجا می‌نشستند تا حضور داشته باشند و ببینند ؛چون برای آنها جالب بود! دیگر یواش یواش تعداد به حدی بود که همه اتاق‌ها پرمی‌شد، پله‌ها تا پایین وصف تا بیرون هم می‌رفت. ما وسایل صوتی قابل توجهی نداشتیم. یک بلندگوی ضبطی داشتیم که بخشی از کسانی که درراهروها بودند می‌شنیدند، ولی کسانی که بیرون بودند، طبعا به گوششان نمی‌رسید!

۸۲/۵/۲۷ □ *شما در مورد اینکه مکانیزم‌های تصمیم گیری در مورد انتشار یا عدم انتشار کتاب یا انتخاب موضوع برای مطبوعات ، مطالبی را فرموده‌اید . سؤال من این است که اگر فردی به عنوان داوطلب و به عنوان کسی که در زمینه چپ یا هر زمینه مورد علاقه شما کار کرده بود و احیاناً کتابی در دست تالیف یا ترجمه داشت ، آیا مکانیزمی وجود داشت که با حزب ارتباط بگیرد و آن را از طریق حزب منتشر بکند؟*

■ من مورد بخصوصی را الان در ذهن ندارم ، اما داشتیم کسانی را که عضو حزب نبودند ولی گرایش‌هایی داشتند یا احیانا فعالیت فرهنگی‌شان کم و بیش در راستای نگرش حزب بود؛ بله ، برای اینان امکاناتی بود. اینها افرادی از حزب را می‌شناختند و به آن فرد مراجعه می‌کردند وآن فرد معرف این شخص می شد. چون حزب که به خودی خود ، همه افراد را نمی‌شناخت. طبعا باید یک شخص معینی معرفش می‌شد و مطرح می‌کرد که خواستار چنین کاری است. معمولا این گونه افراد به روابط عمومی معرفی می شدند و روابط عمومی تحقیقی در مورد این فرد و انگیزه‌اش برای این کار می کرد و بعد او را به شعبه انتشارات معرفی می‌کرد. البته مجموعه این کارها با اطلاع دبیراول حزب انجام می گرفت. اگر ضروری بود ، در جلسه هیئت سیاسی مطرح می شد. پس بستگی به اهمیت کار داشت.

□ *مدنظر بیشتر محتویات و تایید محتویات بود. یعنی شعبه خاصی بود که روی محتویات چیزی که قرار بود منتشر بشود نظر می داد؟*

■ بله. متوجه شدم. این مطالب در بخش انتشارات خوانده می شد؛ منتها غالبا پیش می آمد که به همین روابط عمومی ماموریت داده می شد و این نوع ماموریت بیشتر هم جنبه خصوصی داشت. والّا از لحاظ وظیفه ، وظیفهٔ شعبه انتشارات بود که آن را نگاه بکند و در این زمینه نظر بدهد.

مثلا رفیق **گلاویژ** از رفقای خود ما بود که مطلبی در مورد تاریخ جنبش کرد نوشته و این را به رفیق **کیانوری** ارائه داده و گفته بود که «خیلی مایلم این کتاب را انتشارات توده منتشر بکند! » و رفیق **کیانوری** این را به من محول کرد که بخوان و نظر بده که آیا ما می‌توانیم این را چاپ کنیم؟ و اگر نه، رفیق **گلاویژ** می‌تواند از انتشارات دیگری استفاده و آن را چاپ کند. من هم خواندم و به نظرم کار بسیار خوبی بود. اصلا یک پژوهش همه جانبه بود در مورد جنبش خلق کرد، نه فقط در ایران بلکه سابقه کلّیی که اصلاً در ترکیه و عراق و... داشت و خیلی کار تمیزی بود! من به رفیق **کیانوری** گفتم هر قدر زودتر شعبه انتشارات این را چاپ کند ، بسیار خوب است . کار تحقیقی بسیار خوبی است!...

که متاسفانه چاپ نشد! یک مقداری زمان کوتاه بود که همان ماجرای دستگیری‌هایمان پیش آمد و یکی از موضوعات بازجویی من هم همین کتاب بود که: به چه دلیل ممانعت کردید؟ آیا مطلب خاصی علیه جمهوری اسلامی در آن نوشته بود که شما از لحاظ امنیتی فکر کردید که بهتر است چاپ نشود؟!

گفتم : چه کسی می گوید من چنین نظری داده ام؟! اصلا چنین چیزی نبود، خیلی کار علمی و خوبی بود. منتها شما مجال ندادید چاپ بشود.

مواردی بود که کتاب به شعبه ایدئولوژیک داده می شد و رفیق **طبری** در این زمینه اظهار نظر می کرد. بسته به نوع کتاب بود. روال این بود که به شعبه انتشارات داده می شد و رفیق **پورهرمزان** آن را می خواند و احیانا اگر نظراتی بود، با پاره‌ای از اعضای هیئت سیاسی مشورت می کرد و منجر به چاپ کتاب می‌شد . اما معمولا برای نظر دادن درباره محتوای کتاب یا به رفیق **طبری** داده می‌شد یا احیانا ، مثل این کتاب ویژه که درباره جنبش خلق کرد بود، به من داده می‌شد که بخوانم .

□ *در مورد آن کتاب‌هایی که رسما از طرف خود حزب منتشر می‌شد (بیشتر به متون کلاسیک می‌خواهم اشاره کنم) آیا این صحت دارد که یک روالی در بین حزب‌های کمونیستِ ـ بیشتر وابسته به بلوک شوروی ـ وجود داشته که همه آثار **مارکس** ترجمه نمی‌شده است یا به صورت گزینشی ترجمه می‌شده است؟*

■ چنین تصمیمی مطلقاً وجود نداشت! به خاطر داشته باشید که امکانات حزب محدودتر از آن بود که به همه آثار **مارکس** بپردازد. شما ببینید حتی همین «کاپیتال» بعد از سالیان دراز ، تمامش ترجمه و چاپ نشده بود. امکاناتی بیش از امکانات **حزب توده ایران** لازم بود تا بتواند این کار را بکند و اصولا تا آنجایی که من به خاطر دارم، با اینکه نشر آثار کلاسیک مطمح نظر احزاب کمونیست بود ولی این آنقدر گسترده است که هنوز نتوانسته اند به مجموعه این آثار بپردازند. بگذریم از اینکه در پروگرس (Progress) خیلی روی مجموعه آثار (Collected Works) کار کرده‌اند ولی خوب هنوز چیزهایی هست که به آنها پرداخته نشده است.

□ *چون می‌دانم در شوروی ، چاپ «نقد برنامه گوتا» تا همین اواخر هم ممنوع بود ، بعد حتی در آکادمی حزبی هم برای افرادی که از یک سطوحی بالا تر رفته باشند ،*

*اجازه مطالعه در موردش داده می‌شد یا دست‌نوشته‌های سیاسی - فلسفی او هم ممنوع بود و سال ۱۹۳۷ تازه منتشر شده و خود **لنین** هم آن را نخوانده بود ؛ به همین دلیل چون بعضی از عدم تطابق‌ها بود و فیلترهایی وجود داشت ، گفتم شاید در مورد حزب هم ...*

■ باز هم شما پیشداوری‌های خود را مسلم می‌گیرید و بر ادعاهای ضد کمونیستی تکیه می‌کنید!

ببینید! یک مقداری بر روی این واژه‌های «ممنوع بود»، «نخوانده بود» ،مکث کنید! **لنین** خارج از روسیه بود و همه نوع آثار **مارکس** هم وجود داشت. چطور آن را نخوانده بود؟! چطور برایش ممنوع بود؟! و بعد آیا حتما بایستی به روسی ترجمه بشود تا افراد سطح بالا به آن دسترسی داشته باشند؟! اینها مطالبی است که ...

*□ آقای **عمویی** ! به عنوان مثال می‌شود از دست‌نوشته‌های سیاسی فلسفی صحبت کرد که به‌صورت پراکنده وجود داشته و برای اولین بار در سال ۱۹۳۷ آن هم در آلمان مدون می‌شود و حتی تا مدت‌های مدید دست راستی‌های استالینی می گفتند که این دست‌نوشته‌ها دست‌ساز امپریالیسم است! تا اینکه کم کم تا ۱۹۴۷ یعنی دو سال بعد از جنگ رسما پذیرفته شد که دست‌نوشته‌ها سندیت و اعتبار دارد ولی باید مورد مطالعه بیشتر قرار بگیرد و تا آخر این مطالعه انجام نشد!*

*ولی به عنوان نمونه «نقد برنامه گوتا» را مثال زدم . چون در این مقاله **مارکس** با روند وحدت در داخل حزب سوسیال دموکرات آلمان مخالفت می‌کند و کاملا با نظر **لنین** در رابطه با یکپارچگی حزب ـ لااقل از دیدگاه آنها ـ مغایرت داشته و با آن مخالفت می‌شده است!*

من به عنوان مثال گفتم . آیا چنین روندی در بین بوده یا خیر؟

■ نخیر، ما هرگز به چنین چیزی نپرداختیم! فقط من به نکته‌ای می‌خواهم اشاره بکنم و آن اینکه با همه جایگاه علمی و بدون خدشه ای که آثار **مارکس** دارد، به هر حال ،

در روند تحولات اجتماعی ـ تاریخی می تواند بعضی قسمت‌هایش قابل تامل باشد. ما به نقش پیغمبر گونه **مارکس** باور نداریم و این نیست که «یک بار برای همیشه گفته شد و هر چه گفت حتماً همان است! » نه ، ما اصلا چنین باوری نداریم!

این به هیچ وجه به معنای تردید در مورد اصالت آثار **مارکس** نیست؛ ولی می‌خواهم بگویم که اصولا ما این نگرش را داریم که یک مطلب برای همیشه گفته نشده است و در روند تحول می‌تواند جنبه‌های جدیدی پیدا کند. خصلت علم این طور است. اگر ما مارکسیسم را علم می‌دانیم ، پس یک پویایی دارد که پیش می‌رود و در این روندِ پیش رفتن ، چیزهایی می گوید که پاره‌ای از مطالب قبلی‌اش کهنه می‌شود .

این البته فرق دارد با آنچه که **مارکس** شناس‌های امروزی مطرح و اینقدر تکیه می‌کنند روی «مارکس جوان» و «مارکس پیر» و این که جنبه انسانی **مارکس** اینقدر که استالینیست‌ها روی اقتصادش ، روی جنبه مادیت آن تکیه کردند و ... در نظر گرفته نشده .

اخیرا هم یک مقاله خواندم که می‌گفت دو وجه مادیت و معنویت **مارکس** چنین و چنان بود و معنویت آن به کلی نادیده گرفته شد و همه اش مادیت آن در نظر گرفته شد!

به هر حال این مسائل پدیده جدیدی نیست و اگر احیانا صحبت بر سر این است که بررسی شده یا بررسی نشده، واقعا یک حزب کمونیستی که احساس مسئولیت می‌کند، حق دارد روی این آثار ، مخصوصا آثاری که از جای دیگری گردآوری شده، تحقیق و بررسی بکند. حالا به هیچ وجه این به معنی آن نیست که بررسی کنندگان اشتباه نمی‌کنند؛ همین‌ها هم ممکن است دچار خبط و خطایی بشوند.

□ *آقای **عمویی** ، مسئله دیگری هم که وجود دارد این است که ما شاهد انبوهی از*

*آثار **لنین** هستیم که توسط **حزب تودهٔ ایران** منتشر شده است . در حالی‌که از دیگر متفکران مارکسیست (**انگلس** یا **لوکاچ** یا ...) حتی از خود **مارکس** هم ترجمه‌ها و آثار قلیلی چاپ شده است .*

■ خوب ، ببینید آثار **لنین** در واقع پدیده اجتماعی روز احزاب بود. نظرات **مارکس** نظرات کلی و مبانی تئوریک و ایدئولوژیک است. تازه این آثار هم کم بود . حزب هنوز واقعا نتوانسته بود به کار تئوریک اصلی که مورد توجهش بود بپردازد، ما خیلی کم توانستیم به نشر آثار کلاسیک بپردازیم.

منتها **لنین** بیشتر از این جهت مورد توجه بود که آثارش در چارچوب عمل روزمره حزب بود. حال آنکه نظرات **مارکس** بیشتر جنبه کلی داشت و زیر ساخت یک اندیشه را بیان می کرد.

ولی **لنین** نظراتش مسائل روز حزب بود چرا که خودش هم درگیربود. درگیر با مسائل انقلاب یا بعد از انقلاب روسیه بود . کتابِ «دو تاکتیک سوسیال دموکراسی در انقلاب دموکراتیک» در واقع جمع‌بندی مباحث مطرح شده در کنگره دوم حزب و پیدایش دو بخش «بلشویک» و «منشویک» است یا کتاب «یک گام به پیش دو گام به پس» توضیح رخدادهای سال‌های نخستین حزب سوسیال دموکرات است. کتاب «امپریالیسم» درست در میانه شعله‌های جنگ امپریالیستی ۱۹۱۸-۱۹۱٤، و کتاب «دولت و انقلاب» کمی پیش از پیروزی انقلاب و بیان وظایف نیروی انقلابی پس از فراهم آمدن شرایط شکستن قدرت حکومتی تزار است . اینها دقیقا مسائل پراتیک آن روز است. عینا مسئله‌ای که حزب هم با آن مواجه بود!

در آغاز پا گرفتن حزب، همین مشکل را ما در برخورد با دو گروه از مارکسیست‌ها داشتیم که عده ای عقیده داشتند این حزب مارکسیستی نیست و بایستی مارکسیسم ناب باشد ، **نور** و **امامی** و ... بودند که بعد «کروژوک»های

مارکسیستی را به وجود آوردند. و یک عده دیگر هم می گفتند نه ، اصلا لزومی ندارد اینقدر تشکیلاتی و اینقدر با حساب و کتاب باشد. باز بگذارید تا به همان صورت آغازین که جبهه ضد فاشیستی شکل گرفته همان جور پیش برود که ملی ها هم در آن باشند و...

خوب این‌طور نمی شد. به اقتضای شرایط معینی آن «جبهه» شکل می‌گیرد و حالا «حزب» می‌خواهد پا بگیرد و طبعا خیلی ها باید حذف شوند. **عباس اسکندری** و... همه حذف می شدند.

□ *خوب البته آن دوره اقبال زیادی هم با آثار کلاسیک نبود . فکر می‌کنم در آن دوره عشق چریکی و... کسی که حال و حوصله داشته باشد و آثار **مارکس** را بخواند کمتر بوده است و احیانا اگر منتشر هم می شده تاثیر آنچنانی هم نمی گذاشته و آثار **لنین** در این زمینه ، در آن شرایط خاص خیلی مهم‌تر بوده.*

*می‌توان گفت سانسور کردن‌های حزب کمونیست شوروی همه ، به‌خاطر این نبوده که عدم تطابق داشته ؛ به علت چیز دیگری بوده ؛ به قول خودشان به علت دفاع از **مارکس** بوده ؛ یعنی آثاری را که فکر می‌کردند به زمان نیست ، سازگاری ندارد و امکان دارد کلیت را زیر سؤال ببرد ، خودشان انتخاب و سعی می کردند منتشر نشود! حتی اواخر شروع کردند به انتشار selected works یعنی کارهای برگزیده ، یعنی خلاصه آثارش را منتشر بکنند که بیشتر تفسیر است تا خلاصه کردن.*

پس ، از حرف شما می‌توان نتیجه گرفت که فشار خاصی در کار نبوده است.

حالا اگر موافق باشید می‌خواهم در مورد تفکرات دیگر گونه داخل حزب صحبت کنم ؛ یعنی فرض کنید در شرایط ویژه‌ای ، گروهی از اعضای حزب در موردی خاص ، به جدّ ، مخالف تصمیم آن لحظهٔ حزب باشند، آیا برایشان ابزارهایی جهت اظهار نظر مدونِ پیش بینی شده بود یا خیر؟

■ نخیر، من به مکانیزم (سازو کار)هایی که الان برای حقوق عده‌ای مطرح می‌شود که نظر مخالفی دارند ، یا اصولا به نهادی یا شیوه‌ای برای مکتوب کردن نظر اقلیت در

درون یک حزب برخورد نکردم . به همین دلیل هم غالبا به صورت فراکسیونی در می‌آمد که همان بیماری فراکسیونیسم را موجب می‌شد.

امروزه این شیوه در احزاب کمونیست مورد توجه قرار گرفته است که حتی در ارگان حزب ستونی برایشان ملحوظ شود که بتوانند نظراتشان را بیان کنند. ولی از لحاظ اجرایی ، همان نظرات اکثریت اجرا می شود ، نظرات رهبری حزب اجرا می‌شود. چرا که منطق عبارت از این است که اگر اقلیت دارای نظریه‌ای هست ، تنها با نشر و ترویج آن است که می تواند تبدیل به اکثریت بشود. اگر این امکان از آن سلب شود ، در واقع حقی از آن سلب شده که هیچ وقت نمی تواند روی آن کار بکند .

□ *حزب کمونیست روسیه از سال ۱۹۹۵ حق داشتن ارگان را ، حتّی برای فراکسیون‌های رقیب هم قائل است و می توانند ارگان مستقل داشته باشند و همه آنها با بودجه حزب منتشر می‌شوند و مواضع آنها مواضع غیر رسمی حزب تلقی می شود. حتی **مارکس** هم در حزب سوسیال دموکرات کارگران آلمان چنین مجله‌ای داشته است. «نقد برنامه گوتا» هم به عنوان ضمیمه این مجله بوده است...*

■ بله البته آن موقع حزب چنین سازوکاری (مکانیزمی) نداشت. ┘

۷

فراکسیونیسم – انشعاب

۸۳/۵/۲۷ □ *حالا به بحث فراکسیونیسم می‌پردازیم. اجازه بدهید به برهه حساس سال ۱۳۳۲ برویم که همین بحث، ضربه‌های سختی را به حزب و عملکرد آن وارد کرده است. آیا در سال‌های پس از انقلاب که شرایط مساعد تر از سال‌های مهاجرت بوده، موقعیت کمی مناسبتر نبوده تا مکانیزم‌هایی ایجاد شود که فراکسیونیسم به فرقه‌گرایی بدل نشود؟*

■ اولا در هچ زمانی فرقه‌گرایی در حزب پذیرفته نشد؛ ثانیا واقعیت این است که ما اصلا مجال پرداختن به این گونه مسائل را پیدا نکردیم. ما فقط از آن اعتماد و در عین حال تجربه ای که از گذشته در زمینه فراکسیونیسم و آثار منفی آن در عملکرد حزب داشتیم، از همه رفقا خواستیم که هر نظری وجود دارد، در ارگان مربوطه مطرح شود. بدون هیچ گونه ممیزی، بدون هیچ گونه نگرانی از اینکه نظرات رفقا نسبت به آن شخص عوض می شود.

ما همه حق داریم که نظری جز نظری که اکثریت در ارگان ها مثلا در کمیته مرکزی یا هیئت سیاسی پیدا می کنند، داشته باشیم. هیچ دلیلی ندارد که داوری ما نسبت به آن فرد تغییر بکند و قضاوت دیگری در مورد او داشته باشیم. و در واقع این وضع، بعد از انقلاب بر حزب حاکم بود و مواردی بود که رفقا در رهبری نظر دیگری داشتند و حتی برای به کرسی نشاندن نظرشان، جلسات متعدد فوق العاده هیئت سیاسی را دعوت می کردند و بحث‌ها حتی خیلی جدی می شد! یعنی واقعا اگر یک ناظر خارجی نظارتی بر این بحث‌ها داشت، فکر می کرد پایان این بحث ها به کتک کاری یا انشعاب منجر می‌شود! ولی مطلقا چنین حالتی پیش نیامد و این دقیقا نشانه این بود که دارنده آن نظر، روی نظرش فکر کرده و بر آن مصر است و باور

دارد که درست است، ولی به هر حال به دلایلی نتوانسته هیئت سیاسی را قانع بکند و سرانجام ضمن حفظ نظر مخالفش، ضمن حفظ نظر خودش ، نظریه کلی را می پذیرد.

اما اینکه مکانیزمی به وجود بیاید که این نظر بسط پیدا بکند، این نظر به آرای دیگران و در سطحی فراتر از هیئت سیاسی گذاشته شود، چنین نشد.

البته یک مورد، موردی بود درباره آینده حزب، که سه نظر بدبینانه، خوشبینانه و میانه بود. دارنده آن نظر که معتقد بود ما در معرض یک پوگروم (کشتارجمعی) هستیم، اصرار داشت که این نظر به صورت یک سند در آرشیو حزب باقی بماند و در صورت لزوم، یعنی در صورت موافقت رفقا به نظر اعضای کمیته مرکزی هم برسد. و ما این کار را کردیم. یعنی ضمن اینکه آن نظر را به عنوان یک سند در آرشیو حزب گذاشتیم، نظر این رفیق را با رفقای کمیته مرکزی هم در میان گذاشتیم تا مطلع باشند که یکی از رفقای هیئت سیاسی چنین نظری را دارد.

□ *در مورد مسئله ای که خودتان بین صحبت‌هایتان اشاره کردید ، یعنی «انشعاب» و همین‌طور روند «ادغام» ـ به عنوان شیوه متضاد آن ـ مکانیزمی در داخل اساسنامه بوده ؟ یا به طور موردی ، از سوی هیئت سیاسی یا کنگره تصمیم‌گیری می‌شده؟*

■ اصولا اساسنامه در کنگره ، احیانا تدوین می شود و هر تغییری هم بخواهد بکند، از طریق کنگره است. کما اینکه در کنگره پنجم حزب هم که سندهایش منتشر شد ، درباره اساسنامه و چندین مورد دیگر نظر داده و صحبت کرده بودند.

در زمینه انشعاب خیر ، مکانیزم خاصی نبود. چون اصلا بنا نبود که پیشاپیش معلوم شود که چطور می توانید انشعاب کنید! ولی در زمینه پیوستن،تاکید هست که پیوستن باید فردی باشد، جمعی نباید باشد.

بارها حزب با گروه‌ها مواجه می‌شد ، محفلی چند نفری که با هم بودند ، برای پیوستن به حزب اظهار تمایل می کردند. بعضی از اینها مصر بودند که از طرف حزب، عضویتشان جمعی تایید شود. حزب مصر بود ـ و در اساسنامه‌اش هم بود ـ که پذیرش داوطلبان ، فردی است . هر فردی باید دو معرف داشته باشد و همهٔ آن مراحلی را که یک فرد، برای واجد شرایط عضویت شدن و طی کردن دورهٔ هواداری و دوره عضویت آزمایشی و... باید بگذراند، طی کند. منتها افراد یک گروه سابقه‌ای دارند که طبعا این روند سریع تر طی می شد.

□ *به نظر ما توجیه این مسئله این بود که افراد به صورت گروهی وارد حزب نشوند و فرد به فرد پذیرفته شوند؛ چون عین همین اتفاق در حزب بلشویک هم می‌افتد که عده‌ای از SRهای چپ ـ که آن موقع به عنوان یک شاخه داخلی بودند ـ می‌خواستند به حزب بلشویک نزدیک بشوند ؛ ولی با مخالفت **کامنف** مواجه می‌شوند که می‌گوید اینها نطفهٔ فراکسیونیسم و فرقه‌گرایی را داخل حزب می‌بندند! به همین دلیل حتی تصمیم گرفته می‌شود که اصلا به طور گزینشی ، بعضی انتخاب بشوند و برخی دیگر پذیرفته نشوند . و بعد در یک دوره دو یا سه ساله ، آنها هم کم کم داخل حزب شوند تا اینکه انسجامشان از بین برود . آیا چنین توجیهی هم بوده یا خیر؟*

■ ما با چنین پدیده‌ای مواجه نبودیم. و آن شکل تاریخی که شما می‌گویید ، بله واقعا همین طور بوده و نگرش هم همین‌گونه بوده که شما به درستی اشاره کردید. گروهی که با هم هستند، صرف نظر از زمینه‌های عقیدتی نزدیک به هم که دارند ، یک رشته علایق عاطفی و سابقه دوستی با هم دارند، اینها خود به خود وقتی وارد حزب می‌شوند ، این جمع ، محفل خودشان را حفظ می کنند.

ما در گذشته در حزب هم مواجه بودیم با همین موضوع که قبلا بچه هایی بودند که یک دستهٔ ورزشی یا گروه فرهنگی بودند، نه یک جمع سیاسی معین ؛ بعد به طرف

حزب می آمدند ، خوب اینها فرد فرد پذیرفته می شدند . ولی با اینکه فرد فرد پذیرفته می‌شدند ، یک نوع رابطه اختصاصی با همدیگر داشتند که همواره این دید وجود داشت که این مجموعه ای که با هم هستند ، نکند یک زمینه ای ، نطفه‌ای فراکسیونی دارد شکل می گیرد؟

در گذشته این به ویژه در سازمان جوانان بود، گروه **شرمینی** و **ارسلان پوریا** و... به این سبب واقعا چهار چشمی می پاییدند که این بچه‌ها چه نوع روابطی با هم دارند . اگر چند نفر خیلی نزدیک تر بودند ، خیلی سریع بینشان نفوذ می کردند که مبادا یک فراکسیون جدیدی ،مثلا طرفداران **کیانوری** شکل بگیرد و...

ولی ما بعدها با چنین پدیده‌ای مواجه نبودیم. یعنی نگرش بر اساس این اصل بود که هر فرد باید این روند را طی کند. چون ممکن است در گروه خودشان این شناسایی‌ها انجام گرفته باشد ولی توسط حزب که این کار انجام نگرفته است. حزب معیارهای خودش را دارد ، به همین دلیل هم باید در مورد همه افراد به این شکل عمل بکند. به نسبت شناختی که از این گروه‌ها وجود دارد، پذیرش یک مقدار سختگیرانه‌تر یا یک مقدار با سهل گیری بیشتر انجام می‌گیرد.

مثلا در همین دوره چهار ساله حیات حزب بعد از انقلاب ، ما با گروه‌های خاصی مواجه می‌شدیم، غیر از «نوید»، پیش از انقلاب گروه‌هایی که برخی اصولا با مرکز حزب در تماس بودند، وقتی با همان معرفی نامه می آمدند، پذیرفته می‌شدند. چون در واقع عضو حزب بودند، منتها افرادشان در ارتباط با روند عضوپذیری کمیته مرکزی قرار نگرفته بودند. مسئولین خودشان وقتی معرف می‌شدند و تعهد می‌کردند ، پذیرفته می‌شدند.

مثلا گروهی پنج سال در حال فعالیت بود و نشریه چاپ و توزیع می کرد و اعلامیه می داد. خوب اینها راحت‌تر پذیرفته می شدند . ولی کسان دیگر، مثلا

«رزمندگان» را این طور نپذیرفتیم، چون حتما بایستی شناخت بیشتری در موردشان پیدا می‌شد و همان گزینش فردی رعایت می شد.

□ *پس اصلا روند رسمی به نام انشعاب وجود نداشت؟*

■ نخیر! اصلا انشعاب ، روندش محکوم بود. به خصوص اینکه حزب تجربه تلخی از آغاز کار داشت. دیگر بعد از آن ، انشعاب نشد تا آن انشعاب بزرگ که در دهه چهل صورت گرفت و «سازمان انقلابی» به وجود آمد.

□ *اگر انشعاب صورت می گرفت ، هیچ دیدگاهی نبود که با آن برخورد شود تا نیروهای حزب حفظ بشوند؟*

■ هر انشعابی بخواهد صورت بگیرد ، بحث گسترده ای در داخل حزب آغاز می‌شود.

□ *منظورم این است که آیا آمادگی پیشینی در مورد انشعاب وجود نداشته است؟ یعنی هیچ مکانیزمی برای انشعاب بدون دردسر وجود نداشت...؟ به عنوان مثال منشویک‌ها مکانیزمی ایجاد کرده بودند که اگر گروهی خواستند جدا بشوند ، بخشی از امکانات فعلی حزب به آنها داده شود زیرا آنها برای کسانی که می‌خواستند انشعاب کنند این حق را قائل بودند که بخشی از امکانات حزب به آنها نیز تعلق دارد .*

■ نه، ما در حزب چنین چیزی نداشتیم . روال حزب این بود که وقتی اختلاف نظرات روی مسئله معینی از یک حد معینی تجاوز می کرد، از طرف رهبری حزب کسانی برای اقناع آن رفقا و دفاع از مواضع کمیته مرکزی ، ماموریت پیدا می کردند که جلسات ویژه ای را اختصاص بدهند و بحث کنند.

مثل همین مسئله ۲۸ مرداد . بعد از این جریان ، بحث های زیادی در گرفت که منجر به انتشار جزوه «درباره ۲۸ مرداد» شد. به ویژه در سازمان نظامی این جزوه به هیچ وجه با استقبال رفقا مواجه نشد، که سهل است در برخی حوزه‌ها از جمله حوزه ما ، حتی به شدت رد شد! یعنی ما نظر کمیته مرکزی را مردود دانستیم و معتقد بودیم که «این جزوه صرفا برای توجیه موضع کمیته مرکزی نوشته شده و این شرط انصاف نیست . در یک حزب مارکسیستی، بایستی صادقانه برخورد بشود که (ما اشتباه کردیم و راه درست هم این بود که ...) ولی این جزوه دارد توجیه می‌کند و ما به هیچ وجه نمی‌پذیریم! »

پس از آن رفیقی از کمیته ایالتی تهران ، **فخرالدین میر رمضانی**، را فرستادند به حوزه ما و خیلی بحث کرد. بحث‌های فراوانی برای اقناع ما مطرح کردند. ما در پایان گفتیم «نه فقط قانع نیستیم ، بلکه مصر هستیم که رفقا نظر ما را در سطح وسیع ارائه بدهند. »

رفقای رهبری سازمان نظامی این نظر را پذیرفتند، ولی رفیق ما که از کمیته مرکزی آمده بود گفت که این کار اصولی نیست. بعد گفتیم که خیلی خوب، خارج از مسئولیت و وظیفه‌ای که شما ، رفیق **فخرالدین میررمضانی** ! دارید، نظر خودت را در مورد بحث‌هایی که کردیم بگو.

گفت «از شما چه پنهان، من به نظر شما قانع هستم... » و خیلی برای ما این مطلب جالب بود! «... اما من وظیفه دارم که روی نظر کمیته مرکزی استدلال بکنم. »

که ما توسط خود او برای رفقای کمیته مرکزی حزب پیغام دادیم که : گویا بدنه حزب نظرش این است و ما با رفقای حزبی تماس نداریم، ما با رفقای سازمانی خودمان ارتباط داریم و از رفقایمان خواسته‌ایم این نظر را به شبکه‌های دیگر حزب هم ببرند ، آیا شما جایز نمی دانید در بدنه حزب این را انجام بدهیم؟!

ولی خوب ، انجام نگرفت! واقعا ، بعدها هم که ما در زندان با خیلی از رفقای حزبی برخورد کردیم ، دیدیم که نظراتشان خیلی به نظراتی که ما داشتیم نزدیک است. ولی هیچ مکانیزمی برای عملی کردن این مطلب نبود.

معمولا روال کار، « اقناع رفقا» بود . در بعضی جاها هم مسئولین نسبت به منتقدین و غیره ، برخوردهای خیلی ناصوابی داشتند که بر چسب ضد حزبی به آنها زده می‌شد ! و اتهام سنگینی بود که لاجرم منجر به اخراج طرف از حزب می شد . و طبیعی است که برای یک سازمان سیاسی این چنینی ، اصلا این نوع برخوردها جایز نیست!

این آزادی اندیشه و امکان طرح نظرات ، به نظر من در چنین سازمان سیاسی ، بیش از هر جای دیگری باید ملحوظ شود. ضمن اینکه به خاطر داشته باشیم که یکی از ویژگی‌های احزاب کمونیست، انسجام آنهاست. یعنی اینقدر انعطاف و گل و گشاد بازی در یک سازمان متشکل و متمرکز ، به گمان من اصلا جایز نیست!

تلفیق این آزادی‌ها و دموکراسی تشکیلاتی با تمرکز و انسجام درونی، که چه از لحاظ امنیتی و چه از لحاظ روند کار تشکیلاتی اهمیت بسزایی دارد، یک هنر تشکیلاتی است و خیلی اهمیت دارد! و به میزان زیادی بستگی به پختگی کادرهای این حزب و مجموعه این تشکیلات دارد که از چه دستمایه تاریخی برخوردار است که ...

خوب ، این مطالب می‌تواند در هر حزبی مطرح شود ولی می بینیم گاه به صورت درگیری‌های وحشتناک و حتی ... رخ می دهد؛ مثلا در «سازمان مجاهدین خلق» ، کار به کشتن همدیگر کشیده شد! در احزاب کمونیست هم گاهی برخوردهای تند صورت گرفته ... یک وقتی در حزب کمونیست عراق ، رفقا با دسته بندی‌های خیلی خیلی تندی مواجه شدند که مراجعه کردند به **حزب تودهٔ ایران** و حزب در واقع ناظر و داور در مورد اختلافات اینها شد. به خصوص آن بخشی از آنها که اکثریت هم داشتند و از

رفقای شمال عراق در کردستان بودند و خیلی مواضع اصولی داشتند؛ ولی خیلی تند بودند! که توصیه های رفقای ما خیلی موثر واقع شد. بدین صورت که «رفقا ! باید با آرامش و منطق بیشتر پیش بروید. چون موضع شما اصیل است ولی نمی‌توان آن را با شمشیر پیش برد؛ باید با منطق پیش برد. »

یادم هست که یکی از آنها که داشت به زبان کردی جریان را برای من تعریف می‌کرد گفت که «آخر نمی شد! » و من گفتم می شد! تو همین الان می خواهی مرا بخوری! و نمی‌خواهی با دلایلت من را قانع کنی و چنان با تندی می گویی که من بلافاصله بپذیرم! نخیر، آرامتر می‌شد، و باید حوصله به خرج می‌دادید، شما می‌خواستید ظرف یک هفته درست بشود، ولی ما فکر می‌کنیم ظرف یک سال باید درست شود. این تحمل را بایستی داشته باشید، شما چطور در شرایط معینی دشمن را تحمل می کنید ولی رفقای خودتان را نمی توانید تحمل کنید؟! بالاخره تا دیروز رفقای هم‌نظر بوده‌اید!

یادم می آید یک وقتی بحثی با رفقای فدایی‌مان داشتیم بر سر مواضعی که رفقای فدایی اتخاذ کردند و به حزب نزدیک شدند و تعداد دیگرشان ضروری می دیدند که بحث بیشتری بشود. بعضی شان معتقد بودند که در واقع این اقناع نیست، بلکه تسلیم است! می گفتند «مرکزیت سازمان تسلیم نظرات حزب شده است! » و حال آنکه واقعا یک سال تمام ما با اینها جلسه و بحث داشتیم و اصلا مسئله تسلیم شدن نبود.

همان‌طور که قبلاً توضیح دادم ، این اختلاف نظر که می‌توانست با شکیبایی و تداوم مذاکرات برطرف شود ، با برخوردهای نسنجیده تشدید شد ؛ تا اینکه مرکزیت سازمان موضعگیری رسمی کرد و هنوز اعلامیه‌شان منتشر نشده بود که از درونشان دوستان «کشتگر» گفتند که ما انشعاب می‌کنیم!

مشابه همین ،البته خیلی فراتر ، در حزب کمونیست عراق داشت شکل می گرفت و منجر به انشعابات خیلی شدیدی شد و اصلا سه پارچه شدند!

یک وقت هست که روندی اجتناب ناپذیر است ، چون نقطه نظراتی پیش آمده که با اصولیت حزب موجود مغایرت دارد. خوب کوشش می شود که ابعاد غیر منطقی این نظر هر چه بیشتر باز بشود و این کار فقط با «بحث» ممکن است و به هیچ شکل دیگر رفع نمی‌شود! با تندی و تهدید و اخراج ، هیچ چیز حل نمی شود. صاحبان یک نظر هستند و باید بی پایه بودن این نظر یا نادرست بودن آن برایشان باز بشود و تنها «منطق» هست که می تواند این کار را بکند.

یک وقت هم نه ، خیلی هم غیر اصولی نیست ، بلکه نسبت به عملکردها و نسبت به شیوه های کار، انتقاد هست، خوب اینجا بایستی زمینه پذیرش وجود داشته باشد و تنها اقناع طرف مطرح نیست، پذیرش طرف دیگر هم مطرح هست.

اینها شیوه‌هایی هست که بستگی به این دارد که چقدر ما تربیت شده باشیم! من همواره می‌گویم که «آموزش» و «پرورش» دو وجه رشد افراد است! کتاب زیاد می‌شود خواند، فیلم زیاد می‌شود دید و یاد گرفت؛ ولی اینکه چه خصلت هایی در ما شکل می‌گیرد، تا چه اندازه آمادگی پذیرش آنچه را غیر از اعتقادات خود ماست داریم، این خیلی اهمیت دارد! فقط در یک روند دموکراتیک این حالت پیش می‌آید ؛ و چون ما اصولا نسبت به روند دموکراتیک بیگانه‌ایم ، تاریخچه زندگیمان به این شکل است ، محیط پرورشمان این طور بوده، در نتیجه داخل سازمانمان هم همین طور خواهیم بود.

حالا چه مکانیزم‌هایی بشود پیدا کرد؟! مکانیزم را حتی به یک شکلی پایه گذاری می‌کنیم، ولی بعضی وقت ها حالت صوری پیدا می کند و در واقع همان می شود که نتیجه پرورش ما و محیط ماست.

۸۲/۱۱/۱۵

*□ شما گفتید که یکی از این رابط‌هایی که از طرف فدایی‌ها می‌آمد **مصطفی مدنی** بود. بعد شاهد هستیم که در زمان پلنوم اشتراک (پلنوم ۱۷) **مصطفی مدنی** هم جدا می‌شود، جناح چپ «اکثریت» را می‌سازد و بعد هم به اقلیت می‌پیوندد. علت این جدایی چه بود؟ او که خودش رابط بود و نسبت به این ارتباط گرایش داشت؟*

■ به هر جهت این اندیشهٔ گفتگو و طرح ایرادات و نظرات چه در درون حزب ، چه در درون دوستان فدایی ما خیلی قوی بود. من شخصا با **مصطفی مدنی** هیچ‌وقت مواجه نشدم؛ اما به گمان من مطالبی داشت که بایستی مورد توجه قرار می گرفت. این سیری که شما اشاره کردید، همراه با کل بدنهٔ فدایی های سازمان بود. بعد او یک «اکثریت» چپی را سامان داد و بعد هم از آن جدا شد و به اقلیت پیوست . چنین روندی به نظر من نشانهٔ این بود که انسجام نظری نداشتند. نگرش **مصطفی مدنی** روی یک سلسله مسائل تزلزل داشته، دلائلی برایش مطرح و ظاهرا قانع می شده ، بعد که در خود فرو می رفته ، این دلایل را از آن خود نمی یافته ، قانع کننده نمی دیده و باز دوباره سر بر می آورده. شاید یکی از دلایلی که سبب می شد در آن نشست‌ها با دوستان فدایی ، مکرر در مکرر بحث‌هایی از نو مطرح شود ، همین موضعگیری‌های **مدنی** بوده باشد . حدس می زنم، مطمئن نیستم.

ولی به هر جهت به خاطر داشته باشید که همان ابتدای تماس دو نفری رفقای ما **خطیب** و **سامع**، **سامع** بعدا با اقلیت رفت. یعنی به هر حال این نگرش‌ها در میان آنها بود. بر مبنای یک آشنایی معین این ارتباط برقرارشد و مذاکراتی انجام دادند ، در

حالی‌که همان موقع در درون سازمان، موضعگیری مشخص داشت انجام می گرفت و هر کس جای خودش را تعیین می کرد و **مهدی سامع** هم با اقلیت رفت.

من تصور می‌کنم آن زمان هنوز برای **مصطفی مدنی** این قطع کردن و جداشدن زود بود. چه بسا می شد بخش قابل توجهی از فدایی ها را در همین موضع اکثریت نگه داشت ؛ اگر چه ایراداتی داشته باشند، منجمله خودش. ولی در عمل دیده که نه! بایستی جدا بشود . و می رود . اینکه تا چه اندازه با اقلیت هم مانده من نمی دانم. من تردید دارم.

□ *بعد دوباره مثل اینکه جدا شد.*

■ بله ، یک سلسله نکاتی در ذهنیت این گونه افراد وجود دارد که از دیگران متمایزشان می کند . به رغم وجوه مشترک متعددی که با دیگران دارند اما این دغدغه رهایشان نمی‌کند. برای آن پرسش یا آن وضع خاصی که به نگرش آنها رنگ و لعاب ویژه‌ای می‌دهد ، پاسخ پیدا نمی کند. با این می نشیند، با آن می نشیند، با اکثریت، با اقلیت، و باز دوباره جدا شدن.

ما متاسفانه در بخش اقلیت ، به ویژه شاهد این چند پاره شدن‌های متعدد بودیم. و این نشانهٔ این هست که اینها در یک امر وحدت داشتند و آن عدم موافقت با «اکثریت» بود! در این موضوع وحدت داشتند ولی اینکه با چی موافق‌اند، مشخص نبود. روز به روز نمایان شد که جدا جدا هستند.

یادش گرامی، زنده یاد **محمودی** از رفقای فدایی که بسیار بسیار شیفته راهشان و علاقه‌مند به **بیژن** بود. واقعا از آن کسانی بود که یک حالت عاشقانه‌ای داشت! خیلی انسان ساده ولی در عین حال عمیقا معتقد بود. یعنی بیشترحالت عاطفی داشت تا نگرش علمی. یک بار می‌گفت که «رفیق **عمویی** ،از زندان بیرون برویم که هر چه

زودتر اختلاف چین و شوروی را حل کنیم... » واقعا خیلی انسان شریفی بود! وقتی این را گفت من دستم را گردنش انداختم و بوسیدمش و گفتم : تو چقدر مثل بلوری واقعا! ولی عزیز دلم تو که این جور راحت جانت را در طبق اخلاص گذاشتی، یک کمی مطالعه کن ، یک کمی عمیق‌تر و علمی تربا مسائل برخورد بکن. با « من بمیرم تو بمیری» چین و شوروی با هم آشتی نمی‌کنند. یک سلسله مسائل مهم تاریخی هست. احزاب کمونیست استخوان‌دار این مملکت هستند و ...

خوب او یک چنین تیپی بود. جزو «گروه یک» (طرفداران **بیژن جزنی**) هم بود . زیاد با نظرات خاصی که «گروه ۲» (طرفداران **احمدزاده**) مطرح می کردند ، موافق نبود. حتی، به خصوص در داخل زندان هم ، دیده می شد که در نوع مناسباتش با خود بچه‌های سازمانشان ، بچه هایی که طرفدار **بیژن** هستند، مورد علاقه او هستند و با آنها مناسبات خیلی نزدیک دارد، همین‌طور بود. اما با این همه ،چیزی در درونش بود که نتوانست با اکثریت بیاید. خودش فکر می کرد به **بیژن** وفادار مانده. فکر می‌کرد فرخ و یارانش که اکثریت را تشکیل دادند ، در واقع در روند تحول از **بیژن** گذشتند ، و به نظرات دیگری رسیدند. و به نظر من این‌طور هم هست .

البته به طور کلی امروز هم شاهد هستیم در خود بدنه و کل سازمان، **فرخ** یک مقدار تمایز فکری دارد و به همین علت هم این روزها در موضعگیری‌های رسمی سازمان ، نظرات **فرخ** جایگاهی ندارد. ولی آن زمان نگرش **فرخ** تاثیر بسزایی گذاشت. کسانی که می خواستند بیشتر به **بیژن** وفادار بمانند ، از «اکثریت» و **فرخ** فاصله گرفتند . منتها بعد نتوانستند بمانند، لغزیدند . هی رفتند آن طرف . چرا که از لحاظ اندیشه و منطق و استدلال خیلی قوی نبودند . حتی در آن موضعی که بودند، نمی‌توانستند خودشان را قانع کنند. و بالاخره آنجا را نمی پسندیدند و علی الحساب

همراه کسانی که موضع رادیکال‌تری داشتند می رفتند تا مبادا گرفتار سازش شده باشند!

□ *چرا در بین فداییان انشعاب‌های متعدد اتفاق می‌افتد؟ در صورتی‌که در حزب. بعد از انقلاب اختلافات زیادی وجود دارد ،مثلاً* ***ایرج اسکندری*** *به مرز اخراج می‌رسد و یا بحث‌های درونی زیادی وجود دارد ولی حزب به انشعاب نمی رسد، در صورتی که «فداییان اکثریت» خودشان سه تکه می‌شوند و اقلیت آن قدر تکه‌تکه می‌شوند که حتی دیگر حضور تاریخی ندارند .*
علت این همه انشعاب در سازمان، و این استحکام در حزب چه بوده است؟

■ دیگر «حضور تاریخی» ندارند یعنی چه؟ تاریخ، مربوط به گذشته است، در گذشته آن‌ها حضور داشتند. به گمان من علت حضور کمرنگشان مبانی ایدئولوژیکشان بود. اینها جوانان بسیار پرشور، علاقه‌مند، صادق - من در صداقتشان ذره‌ای تردید نمی‌کنم - و عاشق سوسیالیسم، ولی سوسیالیسم را نمی شناختند. یک عشق به شدت شورانگیز عاطفی ولی بدون اینکه منطق دیالکتیکی همراهش باشد. اینها غالبا مطالعه نکرده بودند یا اگر کرده بودند ، مطالعاتشان کافی نبود. در روند برخورد با مسائل سیاسی اگر مبانی عقیدتی مستحکم نباشد لاجرم گرفتار تزلزل‌هایی از لحاظ موضعگیری سیاسی می‌شوند .

وقتی با پدیده های متغیر بیرونی مواجه می شوند و هر روز نسبت به هر امر سیاسی بایستی موضعی بگیرند ، دلمشغولی اینکه اگر اینجا یک مقدار کوتاه بیاید یا آنجا کمی تندتر برود آیا از آن مبانی عقیدتی اش دور نمی شود؟ این دلمشغولی ها ، این نگرانی سبب می شود به راحتی نتوانند بنشینند با همدیگر بحث بکنند و قضیه را بشکافند. اگر میِ بینند منطقشان رسا نیست با کسانی که تواناترند ، مشورت کنند.

همین رفیق ما **محمودی** با این همه علاقه که به من داشت ، یک بار نیامد مشکلات ایدئولوژیکش را با من در میان بگذارد. چه بسا واقعا اگر این تماس برقرار می شد، می نشستیم جلساتی با هم صحبت می کردیم، با توجه به اعتقادی که او به راهش و آرمانش داشت ، من اطمینان دارم که به راه منطقی تری کشیده می شد .

من مشکل اینها را همین مبانی ایدئولوژیک می دانم . اینها اصلا مقولات تئوریک را خوب نمی دانستند تا سیاستی را که اتخاذ کردند تبیین بکنند. صحبت رادیکال بودن ... انقلابی بودن ... مصالحه نکردن ، کوتاه نیامدن و ... است . بدون اینکه روی بخش تئوریکش کاری شده باشد ، و پایگاهی پیدا کرده باشند. ⌋

۸۲/۹/۳ ⌈ □ *آقای **عمویی** ، وقتی یک حزب می‌بازد ، در انتخابات یا در یک مسئله‌ای ، و اقبال عمومی از آن برمی‌گردد ، آن رؤسای حزبی که از خودشان انتقاد کردند و مسئولیت را پذیرفتند ،عموماً کنار می‌کشند و مسئولیت را به نیروهای منتقد یا نیروهای جوانتر یا نیروهای دیگر می‌سپارند .*

*ما شاهد این هستیم که این اتفاق در حزب توده نمی‌افتد . حداقل اگر آن بازهٔ زمانی را در نظر نگیریم ، می‌بینیم که سال سی و دو با سال پنجاه و هفت چندان توفیری نکرده . آقای **کیانوری** ، آقای **طبری** ، آقای **جوانشیر** ، **جودت** ، اینها همه هستند و حزب توده با اینکه آن انتقادات را می پذیرد - خودتان گفتید که آقای **کیانوری** همیشه می گفت که ما از موضعی باید برویم که انتقادات را بپذیریم . - چرا کنار نرفتند ؟ به طور کامل رهبری حزب را عوض نکردند و به دست نیروهای جوان‌تر نسپردند ؟ آیا شما این انتقاد را به ایشان کردید؟ خودشان چنین نظری داشتند؟ چنین بحث‌هایی انجام شد یا نه؟*

■ در رابطه با نکته ای که به آن اشاره شد باید گفت وقتی برای مسئولین کشوری مشکلی پیش می آید ، احیانا سوء استفاده مالی می‌شود یا مسئله خاص دیگری رخ می‌دهد، آن وزیر مربوطه استعفا می‌دهد. در احزاب معمولا انتقاد در ارگان‌ها مثل

کنگره یا پلنوم انجام می‌گیرد. و در آنجا طی انتخاباتی مسئولان بعدی تعیین می‌شوند . این شیوه در **حزب توده ایران** تعقیب شده است . حالا اگر شرکت‌کنندگان در آن ارگان‌ها ،مثلاً پلنوم چهارم و پلنوم‌های بعدی، باز مسئولین این چنینی را انتخاب می‌کنند ، این بیشتر مربوط به شرکت کنندگان در آن پلنوم هاست که با این نظرگاه عمل می‌کنند. من مسائل رابیشتراز این زاویه می بینم که چون در رهبری حزب ، تقریبا در تمام مدت حیاتش تا قبل از سال ۱۳۵۷، یا قدری عقب‌تر برویم سال‌های ۱۳۵۵ و ۵٦، یک فراکسیونیسمی وجود داشت که دو جناح یا دو نظرگاه و دو بینش را نمایندگی می‌کردند، انتقادات غالباً متوجه بخشی از رهبری بود و چون بخشی، بخش دیگر را متهم می‌کرد ، در جریان انتخاب ،هنگام برگزاری گردهمایی ها ، طبعاً سنگینی آراء متوجه کسانی می‌شد که تا حدودی خودشان را از آن ایرادات و انتقادات مبرا نشان می دادند.

آنچه که مورد ایراد ما بود، ابتدای کار و با رفقایمان در میان گذاشتیم. چرا که در حقیقت ما علاقه‌مند به ادامه فعالیت سیاسی در چارچوب همین حزب سیاسی ، یعنی **حزب توده ایران** بودیم. اما در عین حال از آنچه که سالیان دراز در خارج از کشور بر اینها گذشته بود، به دور بودیم و به طور طبیعی علاقه‌مند بودیم بدانیم که این کار اساسی ، یعنی انتقاد از آن اقداماتی که بایستی حتما به آن پرداخته می شد، چگونه انجام گرفته بود و چه آثار و نتایجی داشت و کسانی که بیش از همه ایرادات متوجهشان بوده چه وضعی پیدا کردند؟ اینان که بعد از سال‌ها مهاجرت طولانی اکنون به ایران بازگشته‌اند آیا همان کسانی هستند که در مظان انتقادات بودند ؟ و اگر بودند پس چرا هنوز هستند؟ یا عکس این قضیه بود؟

در واقع همین بود. گروهی که غالباً در بخش عمده حیات فعالیت سیاسی حزب در خارج از کشور مسئولیت‌های اصلی را داشتند ، در اکثریت و بیشتر همراه و همگام

دکتر **رادمنش**، **مرتضی یزدی** و ... بودند، گروهی که قبلا در ایران فراکسیون واحدی را تشکیل می دادند. منتها بعد از سال‌های آخر دورهٔ مهاجرت بود که تغییری ـ نه به عنوان افراد معین ، بلکه به مثابه مشیِ معین ـ در رهبری حزب ایجاد شد . حاملانِ آن مشیِ معین ، پیش از آن هم به عنوان یک گروه کم تعداد وجود داشتند، اما آرای پلنوم ها کمتر به آنها مسئولیت اساسی می سپرد.

اگر واقعاً تاریخ حزب را مطالعه کنید ، متوجه می شوید که مثلا در سراسر دههٔ چهل، تعدادی از رفقای رهبری ، منجمله رفیق ما دکتر **کیانوری** ، اصلاً مسئولیت نداشت و به دنبال تحصیلات خودش رفت.

□ *ولی سال ۱۳۳۲ هم آقای **کیانوری** تهران بود و آقای **ایرج اسکندری** و **رادمنش** و اینها خارج بودند.*

■ درست است. رفقایی که در تهران بودند طبعاً خطی را تعقیب می کردند که رهبری حزب تعیین می کرد .

□ ***ایرج اسکندری** در خاطراتش این را نمی گوید. می‌گوید که ما هر چه نامه می‌دادیم که آقا این چه وضعیتی است؟ درآنجا آنها کار خودشان را می کردند و زیاد با **ایرج** و ... ارتباط نداشتند .*

■ ایرج اسکندری در آن نوشته‌اش اشاره به اختلافاتی دارد که در رهبری حزب در داخل کشور بین دکتر **کیانوری** و **احمد قاسمی** از یک طرف ، و دکتر **مرتضی یزدی**، مهندس **عَلَوی** ، دکتر **بهرامی** و دکتر **جودت**، از طرف دیگر وجود داشت. آنها در اقلیت و اینها در اکثریت بودند و غالباً اختلافاتشان بالا می گرفت . وقتی که در

نامه‌هایی بازتاب می‌یافت — و فکر می‌کنم در تاریخ هم برخی از این نامه‌ها منعکس شده است — و به آنجاها کشیده می‌شد، آنها طبعاً جانب طرفی را می گرفتند که در گذشته همنظر بودند و ارتباطات ویژه هم با یکدیگر داشتند.

به گمان من ازمشکلات فراکسیونیسم این است که هر طرف خود را حق مطلق می‌داند. مسائلی پیش می‌آید که یک طرف درموضع صحیح قرار گرفته ولی رقیب، بیشتر به لحاظ رقابتی که با آن دارد، به مقابله با آن نظر بر می‌خیزد . هر وقت این بیماری در رهبری هر حزب به وجود بیاید، درست مثل یک غدهٔ چرکینی است که انرژی‌ها را تحلیل می‌برد. یعنی به جای پرداختن به مسائل اساسی، غالباً به موارد اختلاف می‌رسند.

اگر اسناد پلنوم های دورهٔ مهاجرت رفقای حزبی ما را بررسی کنید ،می بینید که هر بار به مسائل رهبری عطف می شود. یعنی همین اختلاف نظرهایی که موجود بود و تا این اواخر هم همچنان ادامه پیدا کرده بود؛ تا زمانی که بالاخره موجی در ایران شکل می‌گیرد ، پلنوم شانزدهم تشکیل و دکتر **کیانوری** دبیراول حزب می شود. اصلاً وضع به کلی تغییر می کند. به ویژه بعد از اینکه رفقا به تهران آمدند، با اینکه در ترکیب رفقایی که از مهاجرت بازگشتند کسانی بودند که در گذشته در امر فراکسیونیسم فعال بودند ولی اینک متعهد شده بودند که آن را به داخل منتقل نکنند. اما کسی که سال‌ها این چنین شیوه‌ای را داشته، گویی عادت ثانوی‌اش می شود.

اما رفقایی که در داخل بودند، چه ما شش نفر، چه رفیقمان **خاوری**، که ایشان هم ۱۴ سال زندان کشیده بود و همراه ما بیرون آمد، نظراتی از نوع نظرات ما داشتند . منتها نه با این ترکیب . به علت اینکه ما یک وجوه مشترک دیگر ی داشتیم. علاوه بر آن سالیان درازی که همه جا با هم بودیم، غالباً وقتی یکی از ما اظهار نظر می‌کردیم ،

درست مثل اینکه نظر بقیه را می‌گوییم. نه اینکه هماهنگی قبلی شده باشد، خودبه‌خود نظر آنها هم همین‌طور بود.

□ *یک برآیندی بیرون آمده بود.*

■ بله ، یک برآیندی ، واقعاً این طور بود. حتی می توانم برایتان مثال بزنم که وقتی سال‌های آخرزندان ما ساواک اقدام کرد تحبیبی از ما به عمل بیاورد، در زندان عادل آباد با من صحبت کرد، مواعیدی داد که جوابش را شنید. رد کردم. در اوین با یکی از رفقای ما و در وکیل آباد مشهد با یکی دیگر صحبت کرد؛ و حیرت کردند که حرف‌های اینها عجیب شبیه هم است! اصلا درست مثل اینکه قبلا با هم تبانی کرده اند که فردا این سؤال‌ها از آنها می شود، حالا این‌جور جواب می دهند!
خوب ما سال‌ها با هم فکر کرده و به نتایجی رسیده بودیم . هیچ قراری هم با هم نگذاشته بودیم. به نتایج مشترکی رسیده بودیم. درست است که هر کدام هویت خود و شیوهٔ استدلال خودمان را داشتیم، ولی اصل ،یگانه بود. در برخورد با ساواک و مزایا و وعده هایی که می‌داد ، معلوم بودکه ما چگونه برخورد خواهیم کرد و چه جوابی خواهیم داد.

□ *بعد از انقلاب هم همین حالت حفظ شده بود؟*

■ بله ، تقریبا همین حالت بود و در این زمینه نظراتی که ما با رفقا در میان گذاشتیم ، در واقع نظرات مشترکی بود. می‌توانست شدت و ضعف داشته باشد که نه به لحاظ بینش متفاوت ، بلکه بیشتر به لحاظ هویت شخصی و شخصیت فردی بود. یکی آرامتر، یکی قاطعتر، یکی سخت گیرتر، یکی با گذشت تر. اما خطوط ، خطوط کاملاً مشترک و واحدی بود و آنچه موجب شد که در چارچوب رهبری حزب به فعالیتمان

ادامه بدهیم، پاسخ‌های مناسبی بود که شنیدیم. تعهداتی بود که تعهدات رفیقانه بود. مسئله ـ به اصطلاح ـ خلاف گویی و تامین رضایت طرف نبود. ما به رفقایمان واقعاً اعتماد داشتیم. به خصوص اینکه وقتی عطفی به گذشته و موارد اختلافی که بین رفقا بوده می‌کردیم، می‌دیدیم که در واقع اینها کسانی بودند که غالباً انتقاد می کردند و بیشتر در معرض رفتارهای غیر منصفانه قرار می‌گرفتند.

□ *آقای **کیانوری** یعنی خودش را بری می دانست از جریانات ۲۸ مرداد؟ تقصیرها را می‌انداخت گردن **بهرامی** و ... می‌گفت اینها نمی‌گذاشتند ما کُنش خیلی مبارزه‌جویانه داشته باشیم؟ آیا در آن جریان مسئولیت را می پذیرفت ؟*

■ اساساً برخورد با مسئله ۲۸ مرداد یک وجه دیگری دارد. صحبت بر سر این نیست که عدم دخالت یا تحرک یا وارد اقدامات عملی شدن یا نشدنِ حزب متوجه این فرد یا آن فرد است. یک سیاست کلی اتخاذ و تحلیل و منطقی هم برایش ارائه شد.

البته همان زمان در تشکیلات افسران **حزب توده ایران** نظراتی بود و تمایل زیادی به اقدام عملی وجود داشت. رهبری حزب از اطلاعات بیشتری برخوردار بود . ما توان نظامی خودمان و پُست‌هایی را که می‌توانست آسیب‌های جدی به سران کودتا بزند، می‌دیدیم. نیروی نظامی ما آنچنان نبود که واقعاً قدرت نظامی کودتاچیان را درهم بشکنیم. امابه لحاظ اینکه سازمان مخفی بودیم و در نقاط حساس حضور داشتیم ، برای یک دوره‌ای می‌توانستیم کودتا را بی سر بکنیم ، تقریباً. مثلا **زاهدی** یا احیانا **باتمانقلیج** یا سرهنگ **آزموده** را می توانستیم از بین ببریم. برای یک مرحله‌ای کودتا گیج می‌شد. اما بعدها معلوم شد چقدر این کودتا ، پی داشته است!

بنابراین عدم رضایت و انتقادات نسبت به رهبری حزب و تصمیماتی که حزب در قبال کودتا گرفت، در سازمان نظامی جدی بود. اصلا برای سازمان نظامی قانع کننده

نبود و به همین علت بعد از کودتا تعلیمات نظامی همچنان تداوم پیدا کرد. کاری که به کلی عبث بود! درواقع بیشتر به لحاظ فشاری بود که سازمان نظامی برای این کار وارد می کرد. در شرایطی که کودتا و نیروهایش بر همه جا مسلط شده بود ، بردن عده‌ای مسئولین حزبی ، زیر نظر یک افسر ، به ارتفاعات بی بی شهربانو یا دره های البرز برای تعلیمات نظامی ، در حالی که همه جا ژاندارم‌ها مسلط بودند، جز بازداشت و دستگیر شدن رفقای ما هیچ پیامدی نداشت. مضافاً اینکه رفته رفته قانع شدیم به اینکه بدون همکاری نیروهای ملی ، ما هیچ کاری نمی‌توانیم بکنیم.

ببینید دوستان عزیز، دو روز قبل از کودتای ۲۸ مرداد، « نیروی سوم» و روزنامهٔ «شاهد» نوشتند که « کودتا ترفندی است که توده‌ای‌ها علم کرده‌اند. اینها خودشان می‌خواهند کودتا کنند . زیر لوای کودتای امپریالیستی ، کودتای دربار، خودشان می‌خواهند قدرت را از مصدق بگیرند. » حالا شما در نظر بگیرید که سازمان نظامی **حزب توده ایران** وارد عمل می شد، آیا واقعاً با موضعگیری دوستان ملی ما، پس از تهدیداتی که **هندرسون** به **مصدق** کرده بود، این اقدام حزب راه به جایی می برد؟

الان دیگر اسنادش فراوان است. یک دوره‌ای همه می‌گفتند حزب توده برای تبرئه و توجیه بی‌عملی خودش، این مطالب را مطرح می‌کند. اما امروز دیگر مشخص شده است که امریکا ، حتی در همسایگی ایران ، نیروی نظامی بسیج کرده بود تا اگر کودتا در اینجا به نتیجه نرسید، وارد عملیات بشوند. لشکرهایی از ایران ، منجمله تیپ کرمانشاه ، اصفهان و خوزستان ، آماده بودند که اگر کودتا موفق نشد، آنها وارد عملیات بشوند. قاعدتاً بایستی **مصدق** از اینکه چه می گذرد و چه صحبت‌هایی بین **هندرسون** و او گذشته ، اطلاعات بیشتری داشته باشد ؛ که بخشی از آن در تاریخ منعکس شده است .

پس از هشدارهای تلفنی که حزب در مورد خطر کودتا بـه **مصـدق** می‌دهـد ، روز ۲۷ مرداد **مصدق** از جانبی، توسط **خدابنده** به حزب توصیه می کند کـه «بزرگتـرین کمکی که شما می‌توانید بکنید این است که به همـهٔ افرادتـان دسـتور بدهیـد برونـد در خانه‌هایشان بنشینند! » یعنی درست آن موقعی که می‌خواهد کودتا بشود و لازم است که خیابان‌ها پر از مردم باشد، خیابان‌ها تخلیه بشود . و از آن طرف هم بـه فرمانـدار نظامی تهران دستور می‌دهد هر گونه تجمع سـرکوب بشـود! دلیـل ایـن موضـعگیری **مصدق** ، به دیدار **هندرسون** و نیز احیاناً بموقعیت طبقاتی او مربوط بود .

با اینکه نیروهـای عمـدهٔ حـزب بـه درون خانـه‌ها کشـیده شـده بـود، ولـی حـزب می‌دانست که این دستور **مصدق** با واقعیت منطبق نیست. بنابراین برای هشـدار دادن، یک سلسله میتینگ های موضعی برگزار می کرد. یعنی به جای اینکه ده یا بیست هزار نفر در یک گردهمایی جمع بشوند، پنجاه نفر مثلاً جلو سینما ایران جمع می‌شدند. یکی از چهارپایه بالا می رفت . یک مجال چند دقیقه‌ای . تا می گفت کودتا...نیروهای نظامی می‌ریختند و اینها به کوچه پس کوچه ها فرار می کردند. صـد متـر، دویسـت متـر آن طرف ترچند نفر دیگر می‌ایستادند و از این میتینگ های موضعی برپـا مـی کردنـد. در همین جریان ، نزدیک به ششصد نفر از کادرهای حزب بازداشت شـدند. یعنـی وقتـی که رقمی نظیر ششصد نفر کادر بازداشت می‌شوند ، ارتباطات یک حزب مخفی ،اصـلاً گسسته می‌شود !

علی‌ایّحال ، طرح انتقاداتی که ما داشتیم و نظراتـی کـه رفقـا داشـتند، بـا توجـه بـه وعده اینکه باز هم در جزواتی به این نقاط گرهـی ، کـه مـورد توجـه دیگـران هسـت ، پرداخته خواهد شد وهمچنین اعتمادی که ما نسبت به رفقایی که به ایران آمـده بودنـد داشتیم، موجب شد که ما همکاریمان را ادامه بدهیم.

۸۳/۸/۱۹

□ *آقای **عمویی**، سؤال‌ها پراکنده است .*

*وقتی که **جوانشیر** آمد ایران، مسئول تشکیلات بود و آمد پیوندها را بر قرار بکند، یک عده از قدیمی های حزب- البته چیز خاصی نیست و سندی هم وجود ندارد- می‌گفتند تا **جوانشیر** هست، ما نمی آییم عضو حزب بشویم! علت آن هم این است که او **روزبه** را گذاشت و در رفت !*

*حالا این مطلب درست است یا نه، می‌خواهم از شما بپرسم. آیا واقعا چنین تلقیی نسبت به **جوانشیر** وجود داشت؟ این تلقی منفی، که چون **جوانشیر** آمده ما نمی‌آییم؟*

■ این اتهام‌هایی که به رفیق **جوانشیر** می‌زنند، با واقعیت تطبیق نمی‌کند. من دقیقا این عبارت را هرگز نشنیده‌ام! ولی این اندیشه در میان بعضی از کادرهای قدیمی حزب بود که«ما این کسانی را که از مهاجرت آمده اند قبول نداریم، ما کسانی را قبول داریم که در ایران ماندند، یا در زندان بودند یا بیرون زندان مبارزه می‌کردند، حزب اینها هستند. آنها نیستند! »

منجمله، آقای **مومنی** هم همین صحبت را می‌کرد، در واقع با لحن خیلی موهنی می‌گفت «**طبری** که غول نیست! **کیا** که یک پشت هم انداز است! آن یکی....! » یک یک، از همه‌شان به عنوان کسانی که در سطوح نازلی هستند، نام می‌برد و خودش را خیلی خیلی برتر می‌دید! من به او گفتم : ببین **باقر**، اگر واقعا اصل ، مبارزه است باید رفت، اگر ایرادی هم هست ، باید رفت داخل، ایراد را بر طرف کرد. والّا «این باشد، آن نباشد، من باشم، خودمان بنشینیم حزب را تشکیل بدهیم... » خودمان چه کسی هستیم؟ دیگران هم ممکن است همین نظر را راجع به ما داشته باشند ! پس بیاییم یکجا با هم فعالیت بکنیم.

من داوری منصفانه را در **منصف** دیدم، وقتی رفتم با او صحبت و از او دعوت کردم، (مطابق رهنمودی که رهبری حزب داده بود که با کادرهای قدیمی بنشینید صحبت کنید، امکان فعالیت علنی حزب را بررسی کنید، یک یک به این رفقا مراجعه می‌کردم) **منصف** واقعا خیلی منصفانه داوری می‌کرد! می‌گفت: به نظر من حزب با راهکار فعالیت علنی و با شعاری که امکان فعالیت علنی را مقدور می‌سازد، مشی درستی انتخاب کرده است، اما صادقانه بگویم که من دیگر اهل کار نیستم! ولی تبریک می‌گویم که شما بعد از سالیان دراز که از زندان بیرون آمده‌اید، حالا آماده هستید که قدم بردارید و کار کنید. زنده باشید و خسته نباشید!

خوب، ببینید! رفیقی می‌گوید من دیگر نمی‌خواهم ادامه بدهم. حالا اینکه انگیزه‌اش دقیقا همانی است که می‌گوید و می‌گوید که حوصله‌اش را ندارد، یا واقعا در درون ، دلچرکینی‌هایی دارد که امکان همکاری با دیگران را به او نمی‌دهد؟ نمی دانم، ولی این جور برخورد می کند!

من اصلا نحوه برخورد **باقرمومنی** را نپسندیدم! یک نوع خود خواهی جدی در او دیدم که به نظر می‌رسید این بر خورد او بیشتر جنبه شخصی دارد. یک یک دارد مقایسه می‌کند: **طبری** غول نیست، **کیانوری** این طور است، **جوانشیر** آن طور است، **بهزادی** تا حدودی ... بهترین شخصیت حزب در طول تاریخش، دکتر **رادمنش** بوده است و هنوز هست ...!

آن هم با آن خطای عظیمی که **رادمنش** درباره **عباسعلی شهریاری** کرد! با اینکه هشدارهای جدی به او دادند که آقا، **شهریاری** حتی زمینهٔ آمدن مامورین ساواک را به خارج ، برای ترور شماها فراهم کرده است! و با این که شوروی‌ها آن مامور را گرفته بودند، او پیش شوروی‌ها این مسئله را اعتراف کرده بود، باز **رادمنش** جدی نگرفت! یا اینکه **شهریاری** در گزارشی که برای مسافرت رفقا **خاوری** و **حکمت** جو

فراهم کرده بود که «شرایط انقلابی در ایران به وجود آمده است و رفقا باید بیایند و به زودی انقلاب رخ می دهد » داشت زمینه فراهم می‌کرد که اینها را بکشاند لب مرز و بگیرند تحویلشان بدهند! همان بلایی که سر **تیمور بختیار** آوردند، سر اینها بیاورند.

☐ ***مومنی*** *بعد از مرگ دکتر* ***راد منش*** *درباره او نوشت: آن مرد تنها...*

■ «مرد تنها» ... بله ، به هر جهت یک چنین دیدارهایی، این زمینه را به دست می‌داد که قدیمی‌ها روی هم رفته نظر مساعدی نسبت به رفقایی که در مهاجرت بودند، نداشتند! چه آنهایی که اصلا اهل کار و مبارزه نبودند، چه برخی کسانی که می‌توانستند اهل مبارزه باشند . کما اینکه بعد از آن هم که حزب پا گرفت ، تعدادیشان آمدند.

نسبت به رفیقمان **جوانشیر** حساسیت‌هایی بود، ولی من به این شکل که «**روزبه** را گذاشت و رفت» نشنیدم! ولی شنیدم که وقتی **متقی** دستگیر شد، **جوانشیر** هم در همان خانه بود و **علی زیبایی**، **جوانشیر** را دید و به او گفت که «فردا می‌آیم اینجا و با تو صحبت می‌کنم. » **جوانشیر** منتظر فردا نشد، همان موقع تحت عنوان چای آوردن به اتاق دیگر رفت و از در زد بیرون و رفت. عده‌ای بر این عقیده هستند که در واقع ساواک **جوانشیر** را فرستاد خارج که به عنوان مامور اینها کار بکند!

یک چنین تردیدی برای پاره ای از رفقای قدیمی ما وجود داشت. اما من معتقدم که نه، واقعا **جوانشیر** زرنگی کرد و توانست خودش را از چنگ ساواک نجات بدهد و خیلی فعال کار کرد و هیچ قرینه‌ای هم وجود ندارد که نشان بدهد قدمی علیه حزب برداشته است. تا آخرین لحظه هم با صداقت کامل مبارزه کرد!

البته من خودم انتقادی نسبت به **جوانشیر** دارم. آن تهمتی که دیگران به او می‌زنند را ناشی از دشمنی و خصومت می‌بینم، اما گاه برخوردهای **جوانشیر** را به صورت تبعیت از رفیق **کیا** می‌دیدم! من اصلا نمی‌پسندیدم رفقایی که در سطح هیئت سیاسی هستند، وقتی که رفیق **کیا** یک صحبتی می‌کند، خیلی راحت نظرشان عوض بشود! طبعا من عقیده داشتم که حتی اگر در موردی ، نظر رفیق **کیا** درست است، باید با دلایل قانع کننده، آن را بپذیرد.

یک وقت هست که یک رفیق سادهٔ توده‌ای با اعتماد مطلقی که به حزب دارد، وقتی رهنمودی داده می‌شود چشم بسته می‌پذیرد و می‌رود! و از این بابت لطمه زیادی هم نصیب حزب نمی‌شود. اما یک وقت هست که رفیقی در سطح رهبری است ، آنجا این خرد جمعی، که این قدر به بزرگی و به نیکی از آن یاد می‌شود، ناشی از این است که ما همه نظراتمان را روی هم می‌ریزیم و حاصلش آن نظر صحیح و درست می‌شود. در مقابل من، هرکس که می‌خواهد باشد ، اگر استدلالش قانع کننده نباشد، به هیچ‌وجه نباید بپذیرم!

یک چنین روالی از گذشته در پاره‌ای از رفقای ما ریشه دار شده بود ؛ و خوب، بحث می‌شد ، اما من به خوبی می‌دیدم در هیئت سیاسی و هیئت دبیران ، پاره‌ای از رفقای ما، منجمله رفیقمان **جوانشیر** ، با تمام ظرفیت‌ها و توانایی‌های بالایی که واقعا داشت، زود پذیرای نظر رفیق **کیا** می‌شد.

□ *ایشان مسئول تشکیلات کل بودند؟*

■ بله

□ *از همان زمانِ پلنوم شانزدهم؟ یعنی وقتی به ایران آمدند، به عنوان مسئول*

■ نه ، در اینجا تقسیم کار شد . **جوانشیر** در واقع ابتدای کار هم به عنوان مسئول روزنامه «نامه مردم» تعیین شد. ولی در تقسیم کاری که در هیئت سیاسی انجام گرفت، تشخیص دادیم که **بهزادی** برای بخش مطبوعات و **جوانشیر** برای تشکیلات مناسب‌تر است. ⌊

۸۲/۱۲/۱۹ ⌉□ *به فروردین سال ۱۳۶۰ می‌رسیم، پلنوم هفدهم و اجلاس مشترکی که با فداییان داشتید. یکی از کارهایی که در این پلنوم انجام شد ، اخراج* ***ایرج اسکندری*** *بود، درست است؟*

■ پلنوم هفدهم ، پلنوم وسیع حزب بود که طی آن از کاندیدا کردن **ایرج اسکندری** برای عضویت در هیئت سیاسی خود داری شد و مسئله «اخراج» نبود! چون پیش از آن هیئت سیاسی ۱۸ نفر عضو داشت که یکی از آنها رفیق **ایرج اسکندری** بود . ولی ایشان شیوه های مغایر با مبانی حزبی در پیش گرفت که از مصاحبه با مجله «تهران مصور» شروع شد. بعد ازاینکه به توصیه حزب و موافقت خود رفیق **اسکندری** از ایران رفت، قرار بر این شد که در آلمان دموکراتیک به ترجمه بقیه «کاپیتال» بپردازد و به این ترتیب اقدام مفید و موثری انجام دهد که از **رفیق اسکندری** به خوبی بر می‌آمد. با توجه به تسلط بر اقتصاد و آشنایی با زبان آلمانی و کتاب «کاپیتال» که جلد اولش را هم خودش ترجمه کرده بود و اینکه کار مفید دیگری نمی توانست بکند ، با این قرار به آلمان رفت.

گزارشات متعددی از خارج به حزب می رسید که : **رفیق اسکندری** به اتریش می‌رود و در محافل گوناگونی که همه جور آدم هست ، می نشیند و صحبت هایی می‌کند که معمولا در حالت طبیعی نمی‌کند. بعضی می گویند مستی و راستی! در واقع

آن مواضعی که در ذهن خودش هست بیان می کند و حال آنکه به هر حال او عضو هیئت سیاسی است و وقتی در جایی در مورد یک مسئله سیاسی موضعگیری می‌کند، شنونده‌ها اظهارات او را به عنوان موضع **حزب توده ایران** تلقی می کنند.

یکی دو دفعه به رفیق **اسکندری** تذکر تشکیلاتی داده شد ولی ترک نشد. این بود که رفقا اصلا قبل از برگزاری پلنوم به این نتیجه رسیده بودند که این مسئولیت از رفیق **اسکندری** سلب بشود. و چون این مسئولیت را پلنوم به او داده بود، طبعا پلنوم هم باید پس بگیرد.

پلنوم هفدهم که برگزارشد، در میان کاندیداهایی که مطرح شدند، اسم رفیق **اسکندری** نبود. که از طرف شرکت کننده ها با استقبال عجیبی روبه‌رو شد! حتی کسانی موضوع اخراج از کمیته مرکزی را پیش کشیدند که هیئت سیاسی به شدت با این مطلب مخالفت کرد. ما نظرمان عبارت از این بود که اصولا پلنوم ، صلاحیت اخراج رفیق **اسکندری** را از کمیته مرکزی ندارد.چون کمیته مرکزی منتخب کنگره است و فقط کنگره می تواند سلب صلاحیت بکند. ممکن است بتوان تعلیق عضویت کرد، ولی ما این کار را درست نمی دانیم و فقط ایشان از هیئت سیاسی حذف می‌شود.

چون هیئت سیاسی متشکل از اعضای فعال کمیته مرکزی هستند و مرتب به هیئت دبیران جهت می‌دهند تا کارهای روزمرهٔ حزب را انجام بدهند یا احیانا به عنوان سخنگو، نظرات و مواضع حزب را تشریح بکنند، به همین علت بود که در پلنوم هفدهم، هیئت سیاسی و هیئت دبیران، دو نفر از اعضای هیئت سیاسی قبلی را در لیست کاندیداها منظور نکردند. یکی رفیق **اسکندری** بود ، دیگری رفیق **صفری**.

☐ *ما در بحثی که دربارهٔ این سه ساله فعالیت حزب داشتیم به نتایجی رسیدیم که از*

آن جمله انسجام تشکیلاتی و عدم انشعاب در حزب بود (در حالی‌که گروه‌های دیگر مداوم انشعاب می‌کردند) و این به نظر من به خاطر انسجام ایدئولوژیک ، پشتوانه کاری، پشتوانه «برادر بزرگ» و ... بود .

اما یک سری مسائل داخلی حزب بود که خیلی رونمای خوشی نداشت! مثلاً رقابت ***اسکندری*** *و* ***کیانوری*** *. کتاب جدیدی از* ***طبری*** *چاپ شده که تاریخ نوشتنش بهار سال ۳۶۰ است و در آن* ***اسکندری*** *را بسیار مورد حمله قرار داده و حتی تهمت‌های اخلاقی به او زده است! این در حالی است که مارکسیست‌ها که نباید تهمت‌های مذهبی به همدیگر بزنند و به نظر می‌رسد این عدم رعایت اخلاق ، به خاطر دشمنیی بوده که این دو طیف با هم داشتند؛ دو طیفی که یکی رهبری‌اش با دکتر* ***کیانوری*** *بوده و یکی با* ***ایرج اسکندری*** *. و عده‌ای هم ناراضی ... به هر حال رفتار دکتر* ***کیانوری*** *، رفتاری پراگماتیستی و شخصی شده بود.*

آیا غیر از ***ایرج*** *و دوستانش ، مقاومتی در قبال رفتار دکتر* ***کیانوری*** *انجام می‌شد؟ آیا فراکسیونی برای مهار «شخصی شدن» قدرت در داخل حزب شکل می‌گرفت؟*

■ در اصالت کتابی که به **طبری** منسوب شده است، تردید هست! رفیق **طبری** چنین منش و ادبیاتی نداشت. دیگر اینکه اصلا «شخصی شدن قدرت» در حزب وجود نداشت.

پرداختن به مقوله فراکسیونیسم، باند بازی، دسته بندی و... تا قبل از سال ۱۳۵۷ گاه در حزب بود! اسناد پلنوم‌های متعدد حزب، حتی تا پلنوم شانزدهم ، بیانگر این است که یکی از عمده ترین مسائل دستور کار پلنوم ها رسیدگی به امر اختلافات در رهبری حزب بوده است. از بدو تاسیس حزب این حالت دوگانه – یا حتی در درون این دوگانه هم باز یک نوع تقسیم بندی دیگر- وجود داشته . یک گروه **اردشیر آوانسیان** ، **عبدالصمد کامبخش**، **کیانوری** و **قدوه**، و طرف دیگر **رادمنش**، **یزدی**، **روستا**.

و ممکن بوده در گذر زمان احیانا نوعی جابه‌جایی‌ها یا گونه‌ای همنظری‌ها بین برخی از این افراد پیش می آمده، ولی در کلِ این دسته‌بندی و فراکسیونیسم و این روابط و این نگرش و ... تغییری ایجاد نمی شد!

اما به طور قطع به شما بگویم که بعد از انقلاب و پس از تجدید حیات علنی حزب در سال ۱۳۵۷ و ۵۸، چنین دسته بندی‌هایی در رهبری حزب نبود! اختلاف نظر بود، ولی دسته بندی نبود. مثلا به طور بارز، دو نفر از اعضای رهبری حزب ، **ایرج اسکندری** و **حمید صفری** ، نظرات متفاوتی با بقیه داشتند . البته در شکل کلی‌اش بقیه هم در مسائل دیگر اختلاف نظر پیدا می‌کردند، ولی چنین نبود که همیشه با هم اختلاف نظر داشته باشند. ممکن بود در پاره‌ای موارد ، مثلا آقای **کیانوری** یک نظر و رفیق ما **حجری** نظر دیگری داشته باشد. این در یک موردِ معین بود، نه اینکه اینها متعلق به دو نگرش متفاوت باشند. جای دیگری ممکن بود **حجری** و **کیانوری** یک نظر مشترک ، و **عمویی** و **شلتوکی** نظر دیگری داشته باشند. ولی همیشه در نتیجهٔ نهایی همنظر بودند. اما **ایرج** و **حمید صفری** اساسا موضعی متفاوت با سایر رفقای رهبری داشتند.

□ *موضعشان چی بود آقای **عمویی** ؟ لیبرال بودند؟*

■ **ایرج** لیبرال بود. **حمید صفری** از گذشته نگرش فرقوی داشت. در واقع اینها هنوز از عوارض فراکسیونیسم سالیان دراز دوران مهاجرت، خودشان را خلاص نکرده بودند. در آن روزگار مانده بودند. بقیه اعضای رهبری ، در واقع اعضای جوان رهبری بودند. اعضایی بودند که اصلا در این بازی‌ها نبودند، مطلقا! اختلاف نظر پیدا می کردند، جدی هم بود، روی نظراتشان می‌ایستادند. ولی روی این مسئله حساب باز نمی‌کردند که فردا هم برای روابطشان با همدیگر این را به حساب بگذارند.

من واقعا این را به جد می گویم، بعضی وقت‌ها اختلاف نظر من با رفیقمان **کیانوری** یا مثلا با رفیق **جوانشیر** چنان بالا می گرفت که گویی می‌خواهیم دعوا کنیم! ولی از جلسه که بیرون می آمدیم ، همان رفیقی بودیم که با هم بودیم. و اصلا به فکر این نبودیم که برویم که فلانی را ببینیم، او را همنظر خودمان بکنیم تا درجلسه آینده دو نفری مقابل آن یکی بایستیم! نه ، هر چه بود همان‌جا تمام می شد .

یادم می‌آید که رفیق ما **صفری** می‌خواست سفری به خارج بکند. آمد خصوصی با من صحبت کرد، که با آن همنظریی که در هیئت دبیران داشتیم، به کلی مغایر بود. من در اولین جلسه در هیئت دبیران مطرح کردم که «رفیق ما **صفری** نظراتی دارد که با من در میان گذاشته. من به ایشان پیشنهاد کردم که این را در هیئت دبیران مطرح بکند و حالا می خواهیم... » که **صفری** سرخ شد و گفت « نه ، نه ، آن یک صحبت خصوصی بود و جدی نبود و... » که **کیا** نگاهی به **جوانشیر** کرد و گفت« آدرس را عوضی رفته! **صفری** نمی‌دانت با این رفقا از این کارها نمی شود کرد! »

خوب ، واقعا ما در عمل ثابت کرده بودیم که اهل این بازی‌ها نیستیم و هر قدر هم که روابط رفیقانه با هرکدام از این رفقا داشته باشیم، با **کیا**، با **ایرج**، با **صفری**، با **جوانشیر** و... این اصلا ربطی به موضع رفیقی که در رهبری هست ندارد. خود به خود، به لحاظ خصوصیات اخلاقی، آدم‌ها ممکن است با یکی دیگر گرمتر باشند. این خیلی طبیعی است. ولی این هیچ نقشی در آن هماهنگی جمعی ندارد.

«رهبری جمعی» که همه آن را پذیرفته بودیم، یک اصل در رهبری است و هیچ چیز دیگر نباید در آن دخالت بکند. نظرات ـ هر چه هست- باید عنوان بشود و هر نظری که اکثریت رهبری گفت همه بپذیرند! هر کس می‌تواند نظر خودش را داشته باشد، ولی آنجا که به عنوان نمایندهٔ حزب صحبت می کند، باید نظر اکثریت رهبری را مطرح کند.

خوب، این توسط آن دو رفیق رعایت نمی شد، یکی **ایرج** ، یکی **حمید صفری** . و به علت زیر پا گذاشتن این اصل هم بود که در پلنوم هفدهم با پذیرش عام و اتفاق آرای اعضایی که شرکت کرده بودند ، این دو رفیق برای کاندیداتوری ملحوظ نشدند.

اصلا واقعیت این‌است که رفقای غیر رهبری، موضع خیلی تندتر ـ از جمله اخراج ـ نسبت به این رفقا داشتند و شاید اگر ما هم در این زمینه همنظر بودیم، برخی رفقا بدشان نمی‌آمد که چنین اقدامی انجام بگیرد! ولی ما به هیچ‌وجه نمی‌خواستیم این اصولیت را زیر پا بگذاریم و حتی تحت تاثیر هم موضع بودن، در این زمینه هم همراهی بکنیم. چون عقیده پیدا کرده بودیم که برخی از رفقا به «تسویه حساب» گرایش دارند، و ممکن است از موقعیت برتر کنونی در این جهت استفاده شود! ولی ما به این گونه مطالب تن نمی دادیم. به همین علت هم چنین حادثه‌ای رخ نداد.

□ *آیا **ایرج اسکندری** ، مثلا در تمام اتفاقات مقابل **کیا** می ایستاد ، به خاطر اینکه آن رقابت‌های دوران تبعید را داشتند؟*

■ نه ، نه. این جوری نبود. واقعیت این است که من ایرج را خیلی سلیم النفس دیدم! روی هم رفته روحیاتش را می پسندیدم. به همین علت هم مناسبات خیلی خوبی با ایرج داشتم. همان موقع هم که دچار آن اشتباه ـ مصاحبه با «تهران مصور»ـ شد، و دیگر دفتر نمی آمد ، برای گفتگو و رساندن پیغامش به رهبری حزب ، من را انتخاب کرد.

□ *بعد هم گفتند تکذیب کن!*

■ منتها واقعیت این است که من نسبت به اصالت پاره ای از مطالب ، در کتاب خاطرات **ایرج اسکندری**، به شدت تردید دارم! به نظر من **بابک امیرخسروی** و

آذرنور، در پیاده کردن نوارهای ضبط شدهٔ **ایرج** ، اعمال نظر کرده اند. **ایرج** اگر زنده بود به هیچوجه رضایت نمی داد که خاطراتش این جور دربیاید. بعضی جاهایش اصلا دروغ است. مطلق دروغ! یک جا از قول **ایرج** دربارهٔ مناسبات من و **کیا** می‌گوید که « بله، **عمویی** خیلی مورد علاقه **کیا** بود و **کیا** به **عمویی** خیلی امتیاز می‌داد و... حتی دختر **عمویی** را فرستاده بود مسکو! »

دختر من هشت ماهه بود که من رفتم زندان! ایرج امکان ندارد که چنین دروغی بگوید!

با شناختی که من از ایرج دارم، آدم استخوان‌داری بود. ولی برخی سعی کردند چهره‌اش را این طور جلوه بدهند! اصلا **ایرج** یک آدم وفادار به حزب بود. هنگام استعفا اشک می ریخت و می‌گفت «من همواره توده‌ای بوده‌ام و توده‌ای می‌میرم! فقط خواهش می‌کنم این استعفای من از هیئت سیاسی را شما ببر تا موافقت بکنند، چون ممکن است من دچار خطاهای دیگری بشوم. » یعنی روی آن ایمانش به حزبیتش، می خواست یک چنین مسئولیتی نداشته باشد!

ولی با کمال تاسف سابقه برخوردهایی که طی سالیان دراز اینها با هم داشتند ، وضعی را پیش آورده بود که آن نوع برخوردی که من با ایرج می کردم، **کیا** نمی‌کرد. من با نظراتش مخالف بودم ولی حالت دشمنی، هرگز! دوستش هم داشتم؛ با اینکه به همان شدت با نظرات **ایرج** در مصاحبه کردن با «تهران مصور» و در غیر اصولی عمل کردنش، مخالف بودم، شدیدا با موضعگیری **کیا** در مقابل او هم مخالف بودم. شاید شناخت او از **ایرج** دقیق‌تر بود و مخالفتش با او دلایل ریشه‌دارتری داشت . عملکرد **ایرج** پس از خروج از ایران ، صحت داوری **کیا** را ثابت می‌کرد .

مرتب در این مورد جلسه گذاشته می شد که عاقبت گفتیم «ما یک بار نشستیم و تصمیم گرفتیم، خود **ایرج** هم گفته هر پیشنهادی دارید بگویید تا من آن پیشنهاد را

عملی کنم. دیگر می خواهی یک نفر از این سالمتر برخورد بکند؟! رفقا باید تصمیم بگیرند. » بعد من گفتم رفیق **کیا**، شما در اروپا یک رشته اختلافاتی با هم داشتید و اینها پس ذهنتان هست. این اختلافات را هم که با ما در میان نگذاشتید، ولی در این گونه موارد بروز می‌کند. یا بیایید اول آن مسائلتان را با ما در میان بگذارید و تمامش بکنید یا اینکه در این گونه جاها دخالت ندهید! گفت نه ، نه، این مقدور نیست. نمی شود. چنین و چنان و ... گفتم «نه ، همین است. » بلند شدم و بیرون آمدم .

کیا بعد آمد و دست انداخت گردن من و گفت تو خودت می‌دانی چقدر عزیزی، چقدر... گفتم «خوب، هیچ ربطی به این بحث ما ندارد. من هم شما را دوست دارم و برایت احترام هم قائلم ، ولی به شدت با رفتارت مخالفم! این چه شکل برخورد کردنی است؟! **کیا** تو نظرت این است که ما رای به اخراج **ایرج** بدهیم. ما رای نمی دهیم. صریح بگویم ، نه فقط من، رفقای دیگرمان هم اهل این کار نیستند. ننشستیم با هم صحبت بکنیم، بلکه روحیاتشان را می شناسم. من می دانم **رضا** مثل من فکر می کند، **عباس** مثل من فکر می کند، **ذوالقدر** مثل من فکر می کند، **باقر** مثل من فکر می کند. اصلاچنین چیزی امکان ندارد! »

در زندان دورهٔ قبل ، دو نفر از کمونمان با هم درگیر شدند. در آن زمان **مفتخری** مائوئیست بود و **تیزابی** توده ای. ما در هیئت مدیره کمون از **مفتخری** حمایت و **تیزابی** را سرزنش کردیم. بعضی از بچه‌ها اصلا حیرت کردند که رفقای افسر ما چه جوری با مسائل برخورد می کنند ! باید **مفتخری** را از کمون بیرون می‌انداختند! گفتم اصلا چنین چیزی نیست. روال ما این گونه بوده. چون دقیقا تشخیص دادیم تقصیر با **تیزابی** بوده. وقتی تقصیر با **تیزابی** است، به علت اینکه او توده ای و آن یکی مائوئیست است ، ما بیاییم طرفِ مقصر را بگیریم؟ نه ، برای ما اصلا بودنمان در

حزب توده ایران برای این است که در جامعه ایران عدل باشد، انصاف باشد، درستی باشد. نه برای اینکه حزب توده همه کاره باشد.

ما در خود حزب هم همین نگرش را داشتیم.مثلا چقدر ما بر سر این اصطلاح که «پیکار»ی‌ها را نوکر امپریالیسم معرفی می کرد، مخالفت کردیم؟! گفتیم این طور نیست. کلی از این بچه ها در زندان بودند. از همان کسی که ما کتک می خوردیم ، آنها هم کتک می خوردند. هیچ وقت هم امکان ارتباط با امپریالیسم را نداشتند. مُخشان این طور استدلال کرده که این کار درست است، آن کار غلط است. البته ضد حزب اند. مگرچین ضد شوروی نبود؟ چه اتهاماتی که به اتحاد شوروی نمی بست! هیچ‌وقت هم نوکر امریکا نبود. گذشت، و تاریخ خیلی چیزها را روشن کرد.

آن رفقای ما با این شیوه، با این منش بار آمده بودند و ما طور دیگر بار آمده بودیم. یعنی زندگی این درس را به ما داده بود. یعنی همان موقع که ما «پیک ایران» را گوش می کردیم و از آن لذت هم می بردیم، اما رفتارمان، رفتار خودمان بود. تجربه زندگی به ما آموخته بود که دیگران نظرات خودشان را دارند. الزاما دیگری نباید «من» باشد. مادام که من نتوانستم قانعش بکنم، نظر خودش را دارد. و اگر نظر خودش را دارد، نباید به او تهمت بزنم. نباید به او برچسب بزنم. خودش است. من سعی می کنم آنی که هست بشناسمش، تا هر صفتی که به کار می برم ، صفت واقعی‌اش باشد. او طرفدار چیست؟ **مائو تسه دون**؟ اندیشه **مائو تسه دون** چه می‌گوید؟ چنین و چنان می گوید ومن مخالفش هستم. این منطق درستی است. اما اینکه بگوییم اینها نوکر امپریالیسم هستند، منطقی پشتش‌نیست.

چقدر ما در این زمینه با رفقایمان **بهزادی** و **جوانشیر** و... کلنجار داشتیم. از لحاظ نگرش و اندیشه، رفقای افسرمان هم همین‌طور فکر می کردند، ولی منش متفاوت داشتند. مثلا رفیق ما **ذوالقدر** اهل درگیری نبود. اصلا فقط می گفت نه، با

همین یک «نه» قضیه را حل می کرد. خصلتش این‌طور بود. یا رفیقمان **باقرزاده** اهل درگیری نبود. **رضا شلتوکی** - پسر خاله من- بیشتر از آنهای دیگر اهل درگیری بود. (برای مزاح می‌گویم: شاید کُردیت ما سبب می شد این جوری باشیم!) یا مثلا رفیق ما **کی‌منش** خیلی ملایم بود. پیروی خوبی داشت. یعنی هر آنچه که نظر حزب می شد، اصلا دیگر این ور و آن ور نداشت! به قول یکی از رفقایمان، رفیق **کی‌منش** همان توده‌ای سال ۱۳۲۵ است.

واقعیت این است که من چون در زندان طی سالیان متمادی اهل بحث و فحص با جریانات مختلف بودم ، این دیگر یکی ازخصوصیاتم شده بود و در درون رهبری حزب هم همین نوع برخورد را داشتم. این اصلا به معنی این نبود که من در یک موضع دیگری بودم ، بلکه علاقه‌مند بودم همه چیز شفاف بشود. همه چیز باز بشود. هیچ چیزی استخوان لای زخم نباشد. اگر احساس می کردم که فلان استدلال دارد می‌شود برای اینکه فلان مسئله پیش برود، سعی می کردم حتما موضوع باز بشود. در جریان مصاحبهٔ **رفیق اسکندری** هم دقیقا من احساس کردم پیگیری رفیق ما **کیا**، هدف دیگری را تعقیب می کند و به همین علت هم بازش کردم و با او در میان گذاشتم.

□ *چه نکته ای در آن مصاحبه، بیشترین انتقادات را به آقای **اسکندری** وارد کرد؟*

■ واقعیت این است که **ایرج** همیشه این نظرات را داشت. اصلا مسئله، آن مورد به‌خصوص نبود که فکر کنیم آن زمان او در مقابل مشی حزب ایستاده، اصلا چنین چیزی نیست. گذشته او هم نشان می دهد که اصولا **ایرج** نظرات ویژه خودش را

داشت. مثلا زمانی که از طرف ایران زمان شاه، در اواخر دهـه ۱۳۴۰ خورشـیدی، بـا حزب تماس گرفته می شود که به نحوی مسئله بازگشت حزب به ایران و فعالیت علنی و ... مطرح بشود، **ایرج** از این مسئله استقبال می‌کند.

□ *با **جهانگیر بهروز** هم اتفاقا این صحبت را می کند.*

■ بله. اصلا پیام آور این مطلب **بهروز** بوده. به هر حال این مسـئله در رهبـری حـزب خیلی صدا می کند. و این جریان درست همزمان با دریافت اطلاع دقیقی است مبنی بـر این که از طرف رئیس ساواک اروپا ، ماموری تعیین شده که **کیانوری** را ترور کند!

به هر حال رهبری حزب به کلی با این مطلب مخالفت مـی کنـد. چـرا کـه در واقـع حزب باید مواضعش را اینقدر ملایـم و ملایـم و ملایـم بکنـد تـا دیکتـاتوری آریـامهر بتواند **حزب توده ایران** را در ایران تحمل بکند! ببینید چه به روزگار حزب می‌آید!

یادم می‌آید من همان موقع در زندان شمارهٔ ٤ قصر بودم . یکی از دوسـتانی کـه از خارج آمده بود ، این جریان را با من در میان گذاشت که بله، زمزمه این هسـت کـه حزب بتواند در داخل فعالیت علنی بکند. گفتم «آن روزی است کـه مـن دیگـر تـوده ای نیستم.» گفت چه طور؟ گفتم خیلی روشـن اسـت. وقتـی در ایـن رژیـم شاهنشـاهی ، **حزب توده ایران** بتواند فعالیت علنی بکند، ببین چه خاکی بـه سـرش شـده؟! آن وقـت دیگر من افتخارم نیست که توده‌ای باشم. من حتما دیگر آن موقع توده‌ای نیستم.

خوب، **ایرج** با این نوع نظراتش ، این نوع مواضعش و به دلیل همان لیبرالیسمی که در مجموعه نظراتش بود، روابط گسترده‌ای با غیـر حزبی‌هـا داشـت. اگرچـه اینجـا و آنجا به نظر می‌رسد که مواضع **ایرج** درست بوده، مثلا در مورد سرنوشتی که بـرای دولت موقت پیش آمد یا سرنوشتی که برای حکومت دکتر **مصدق** پیش آمد، حداقل در

یکی دو مورد، صحت نظر **ایرج** به اثبات رسید. ولی نمی‌توان گفت پس در تمام موارد موضع **ایرج** درست بوده. نه، این طور نیست. البته تصادفا اولین کسی که در قبال دولت آقای دکتر **مصدق** موضع درست گرفت، **ایرج** بود. و انصافا باید بر آن صحه گذاشت. هر قدر هم کسی بخواهد **ایرج** را نفی کند، این سابقه تاریخی یک حقیقت محرز است و نباید نادیده اش گرفت.

کیا هم به نحوی می خواهد در این موضع مثبت سهیم شود. ولی این طور نیست. چون آن زمان در درون رهبری حزب ، مواضع **کیا** و **قاسمی** نزدیک به هم بود و اصلا در آن فراکسیونیسمی که وجود داشت، اینها غالبا با همدیگر بودند و این در حالی بود که **احمد قاسمی** برای مقابله با دولت دکتر **مصدق** سماجت می کرد! ولی اینکه بحث‌های سیاسی شان، واقعا موضعگیری‌شان در قبال دولت **مصدق** چگونه بود، من بی اطلاع هستم. خوب، هر کدامشان اظهاراتی می کنند، ولی آنچه که محرز و مسلم هست، یکی موضعگیری مثبت **ایرج** و دکتر **محمد حسین تمدن** عضو کمیتهٔ ایالتی تهران، نسبت به دولت دکتر **مصدق** و دیگری موضع دکتر **فروتن** است. اینها بارز است و تاثیر آن در کمیته ایالتی تهران و فشار کمیته ایالتی، بالاخره رهبری حزب را به این نگرش می‌رساند که موید این موضع باشد.

□ *چون ما به مسائل تشکیلاتی حزب علاقه‌مند هستیم ، می‌خواستیم ببینیم کـه آیـا هیئت رئیسه پلنوم ، اسم **ایرج اسکندری** را از لیست کاندیداها حذف کردند؟*

آیا هیئت رئیسه می‌تواند چنین کاری را انجام دهد و اگر موافقی وجود داشت ، چگونه می‌توانست آن را ابراز کند؟

■ کنگره، بزرگترین گردهمـایی حـزب اسـت، کـه در آن کادرهـا و مسـئولان حـزب و نمایندگان شعب و شهرستان‌ها و ... شرکت می‌کنند . پلنوم گردهمایی اعضـای کمیتـه مرکزی و گاه کادرها ، و در نتیجه محدودتر از کنگره است. از وظایف کنگره ، انتخاب اعضای کمیته مرکزی یا برکناری آنهاست. اگر در فاصله دو کنگره، اکثریـت رهبـری حزب عدم صلاحیت یک عضو کمیته مرکزی را اثبات بکند، هر چند پلنوم‌ها نمی‌تواننـد مسئولیت عضویت کمیته مرکزی‌اش را لغو بکنند ولی می توانند منجمـد بکننـد، تعلیـق بکنند. ولی پلنوم‌ها در مورد هیئت سیاسی و هیئت دبیران مـی تواننـد ایـن تصـمیم را اتخاذ کنند.

در پلنوم هفدهم، در وهله اول انتخاب مجدد هیئـت سیاسـی در دسـتور کـار بـود. کاندیداهایی مطرح شدند. ما هم لیستی دادیم و اعلام کردیم که رفقـا بـرای رای دادن ، هر نظر دیگری دارند می توانند اعمال کننـد. یـا بعضـی اسـامی ایـن لیسـت را حـذف می‌کنند یا اسامی دیگری می افزایند.

□ *باز گذاشته بودند، رد صلاحیت نبوده؟*

■ بله، باز گذاشتیم . یعنی به این ترتیب این لیست باز، ایـن امکـان را فـراهم کـرد کـه رفقای رای دهنده متوجه شدند ما نظر خوشی نسبت به **ایرج** و **حمید صفری** نـداریم. چیزی نگفتیم ، ولی وقتی در لیست پیشنهادی ما نیستند،خود به خود همه مـی فهمنـد.

ضمن آنکه از مدت‌ها قبل در این زمینه بحث فراوان بوده. این بود که اصلا به اتفاق آراء تایید کردند. حتی یک رای به نام رفیق **ایرج** نوشته نشد، حتی یک رای!

□ *رای گیری علنی بود؟*

■ بله. پلنوم هفدهم ، پلنوم وسیعی بود. چون علاوه براعضای کمیته مرکزی، کادرهای فعال حزب هم دعوت شده بودند. که اتفاقا از بین همان‌ها ما عده‌ای را به عنوان مشاور کمیته مرکزی انتخاب کردیم. چون به نظر ما واقعا باید به اعضای جوان و بچه‌هایی که در ایران کار و فعالیت کرده اند، مسئولیت سپرد. ما خیلی روی این مسئله اصرار داشتیم. مثلا فلان رفیق سالمند ما تجربیاتش ارزنده است، خوب از تجربه اش در یکی از شعبه‌ها استفاده بکنیم.

این عزیزان دانششان ، بینششان خیلی ارزشمند است ولی در کارهای روزمره نمی توانستند کار بکنند. آن دوندگی که ما می‌کردیم، در توان آنها نبود. من کارم در شعبه روابط عمومی بود، که به خودی خود این همه رفت و آمد داشت. ولی شعبه روابط بین الملل و شعبه بازرسی و رسیدگی هم بود. مع‌هذا گاه **جوانشیر** باز هم می‌گفت «رفیق **عمویی**، رشت فلان کار را داریم . رفیق **عمویی**، اهواز فلان گرفتاری را داریم. » و ما باید می رفتیم و این گره‌ها را باز می کردیم. چون در واقع رفقای کادرهای حزب بیشتر ما را می‌شناختند. یا در زندان با ما بودند یا با اسم و سابقه ما آشنایی داشتند. البته برای رفقایی که از خارج آمده بودند حرمت قائل بودند . اما گره‌ها را ما می توانستیم باز کنیم . مضافا اینکه تعدادی از اینها مثل رفیق **آگاهی** یا رفیق **بهرام دانش** واقعا سنشان به جایی رسیده بود که با دشواری کار می‌کردند. بالنتیجه ما در دعوت از برخی کادرهای جوانمان اصرار داشتیم و موقع رای گیری

هم برایشان تبلیغ کردیم و تعداد زیادی هم به عنوان مشاور کمیته مرکزی انتخاب شدند.

□ *پلنوم را چه کسی اداره می کرد؟*

■ جلسه پلنوم را دو نفر از رفقای هیئت سیاسی یا هیئت دبیران اداره می کردند که من یکی از آنها بودم. مدتی **مریم** ، زمانی **رضا** و گاهی **حجری** کنارم بود. یعنی نفر دوم مرتب عوض می شد ولی من ثابت بودم. در واقع جلسه پلنوم را من اداره می‌کردم. که این هم در زندان وبال گردنم شد :
وقتی مسئله شو تلویزیونی پیش آمد ، ماموریت اداره آن را برایم تعیین کردند. که گفتم من اصلا سابقه این کارها را ندارم. گفتند « پلنوم هفدهم را چه کسی اداره می‌کرد؟!» ⌊

۸

رهبری جمعی - تکروی

۸۲/۱۱/۱۵

□ *آقای **عمویی**، در مسیر پیوستن بخشی از زندانیان سیاسی به حزب ، نکته‌ای که برای من مبهم مانده این است که **فرخ نگهدار** و دوستانش اکثراً طرفدار خط **بیژن** بودند و خط دومی‌ها را که بحث تداوم نبرد مسلحانه را مطرح می‌کردند قبول نداشتند؛ و می‌دانیم که **بیژن جزنی** نسبت به اتحاد شوروی دید خیلی عاشقانه‌ای نداشت و نظرش این بود که چپ‌های ایران در عین دوستی و رفاقت با شوروی باید استقلال خودشان را نسبت به شوروی حفظ کنند . در حالی که **حزب توده ایران** روابط بسیار نزدیکی با شوروی داشت ؟*

آیا انتقادی از طرف رفقای سازمان به این روابط مطرح شد یا نه ، بحث‌ها فقط حول روابط چپ و جمهوری اسلامی پیش رفت ؟

■ البته حزب هم «دیدی عاشقانه!» نسبت به شوروی نداشت! تا آنجایی که به خاطرم می‌آید دوستان فدایی ما، خودشان نگرششان نسبت به اتحاد جماهیر شوروی دستخوش تحول شده بود. ما بحث چندانی نداشتیم. روی مسائل جهانی و جنبش‌های کمونیستی جهانی صحبت داشتیم، اما اینکه در زمینه چگونگی موضعگیری در قبال اتحاد شوروی و احیانا بازماندهٔ نگرش‌های گذشته جنبش چریکی نسبت به اتحاد شوروی، نیازی به اقناع آنها باشد، خیر. در خود سازمان فدایی یک چنین تحولاتی به وجود آمده بود. حتی تا آنجا که به خاطرم می‌آید مستقلا توسط سازمان کوشش‌هایی هم برای برقراری ارتباط با حزب کمونیست اتحاد شوروی انجام گرفته بود.

□ *با مخالفت‌های درونی مواجه نشده بود این مسئله؟ یعنی اعضاء به اندازهٔ قبل یا به اندازهٔ کسانی که با شما در ارتباط بودند ، قانع شده بودند؟*

■ چنین بازتابی نداشت. چون دوستان زیادی از بچه های فدایی داشتیم که بنا به توصیه خود حزب ، همچنان در سازمان مانده بودند ولی به هیچوجه گزارشی داده نشد دال بر اینکه از جانب بدنه یا دیگران، در قبال چنین موضعگیریی مقاومتی شده یا اگر شده ، احیانا نظرات منفرد و ... بوده.

شاید مثلا رفیقی از مرکزیتشان به نام **امیر** (امیر نام مستعارش بود) نسبت به تاریخچه حزب ایراد بیشتری می گرفت . به‌رغم اینکه از نظر خود حزب هم نقاط گرهی مانند ۲۸ مرداد، شرکت در کابینهٔ **قوام السلطنه**، نهضت ملی و .. مورد انتقاد بود و **امیر** هم به طور کلی موضع مثبتی نسبت به حزب داشت ولی دوباره به همان ایراداتی که قبلا مطرح شده بود، بازگشتی می کرد. ولی سرانجام همراهی می‌کرد و در روزنامهٔ «کار» با رفیق ما **دانش** ، حسبی همکاری می‌کرد .

من واقعا ترجیح می دادم که همان‌طور که این دوستانمان با طرح نظرات و ایراداتشان فضای گفتگوی سازنده ای را فراهم می کردند که به بحث می نشستیم و در پایان هم به نظر می رسید نتیجه بخش بوده ، دیگرانی هم که احیانا ایراداتی داشتند و این دوستان نمی‌توانستند قانعشان بکنند باید دعوت می شدند. ما هیچ منعی نمی‌دیدیم که هر یک از رفقای فدایی که مایل باشند در این اجلاس شرکت کنند. ولی در پایان منجر به شرکت من و آقای **کیانوری** در جلسات مرکزیتشان شد و در آن جمع هم ما با نظر مخالفی مواجه نشدیم. در واقع زمانی یک چنین برنامه ای به کار گرفته شد که در مجموع فدایی‌ها موضعشان مشابه حزب شده بود.

*□ آقای **عمویی** ، مسئله‌ای که شما راجع به ۲۸ مرداد تعریف کردید که وقتی بعد از ۲۸ مرداد با مسئولین حوزه‌های حزبی بحث می کردید، گاه می‌دیدید که نظر آن افراد شبیه نظر خود شماست، (نظر خودشان) ولی نظری که متعلق به حزب است ، انگار نظری نیست که قاعده حزب داشته باشد.* ۸۳/۲/۳

در سال ۶۰ ما شاهد این هستیم که انتقادات بسیار زیادی (از درون حزب یعنی خود حوزه‌ها) به سمت و سوهایی که حزب می‌گیرد وجود دارد!

*مثلا در مورد افغانستان ، وقتی آقای **کیانوری** به سؤالی در این زمینه جواب می‌دهد، یعنی اینکه دغدغه ای وجود دارد که به سؤال جواب می‌دهد؛ در مورد افغانستان خیلی‌ها می‌پرسیدند که چرا باید دفاع کرد، حتی خود شما هم پس از بازدیدتان ، نظرات منفی داشتید. ولی به خاطر حرف دکتر **کیانوری** نگفتید و آن مسئله را در مجموعه‌های حزبی خیلی مطرح نکردید .*

*آن پرسشی که در مورد افغانستان می‌پرسند، **دکتر کیانوری** جواب می‌دهد که «ببینید رفقا، ما در اردوگاهی هستیم که یک حزبی با نقشه‌ای به گستردگی جهان روبه‌روست و در مورد چیدن نیروها باید به گستره جهان فکر بکنیم؛ وقتی عملی انجام می‌دهد، ما در این رفتار ، در مقام قضاوت نیستیم و... » و چنین جواب‌هایی می‌دهد . که می‌توان به این، صفت «چپ اردوگاهی» داد.*

من فکر می کنم که این «چپ اردوگاهی» یک مقدار با سانترالیسم دموکراتیک متفاوت است. یعنی اینکه این در قسمت‌هایی دچار تناقض می‌شود! نیروهایی هستند که در قاعده حزب ، حتی در رهبری حزب ، مثل خود شما ، نسبت به قضیه ای انتقاد دارند ولی فقط به خاطر مصالح «چپ اردوگاهی» بیان نمی شود و حتی جهت‌گیری‌ها هم عریان نمی‌شود. شما این تباین را می‌بینید؟ این تنافر را می بینید؟

■ اگر خودمان را در فضای حزبی آن زمان قرار بدهیم ـ و این خیلی اهمیت دارد ـ بهتر داوری می‌کنیم. امروز وقتی صحبت از اتحاد شوروی می‌شود همگان به یاد **حیدر علی اف** و **اسلام کریم‌اف** و **شواردنادزه** و ... می‌افتند! خوب اتحاد شوروی برای ما این طور نبود ؛ اتحاد شوروی ، حزب کمونیست اتحاد شوروی ، یک حزب لنینی بود که انقلاب اکتبر را انجام داده و جنگ دوم جهانی را با پیروزی پشت سر گذاشته ، دشواری‌های اول انقلاب را رد کرده، دستاوردهای بزرگ داشته است و اصلا نمی دانیم درون آن چه خبر بوده است . به جایی رسیده که یکی از قدرت‌های

بزرگ دوگانه جهانی شده است که در مقابل امپریالیسم این طور دستاوردهای بـزرگ عرضه کرده و شیفتگی خاصی برای کمونیست‌های جهان، بـه ویـژه بـرای توده‌ای‌هـا ایجاد کرده است.

در برخوردهایی که با احزاب دیگر داشتم ، دیدم یک دسته احزاب هستندکه خیلی شیفته اتحاد شوروی هستند، به ویژه احزاب کشـورهای پیرامـونی و جهـان سـومی . اروپایی‌ها هم نسبت به اتحاد شوروی احساس احترام داشتند ولی همان نکتـه ای کـه تحت عنوان «اروکمونیسم» مطرح شد، دقیقا نشـانه ایـن بـود کـه یـک نوانس(تفـاوت ملایم) وجود دارد. حزب کمونیست فرانسه ، حزب کمونیست اسپانیا، حزب کمونیست ایتالیا، ورای آن تعلق اردوگاهی، ویژگی‌های خودشان را دارند.

اما چنین چیزی اینجاها وجود نداشت! جز حزب کمونیست هندوستان - در زمـان **لنین** در کمینترن - که ما شاهد بحث‌های پلمیکی بین رهبرانشان و اینهـا بـودیم؛ و تـا حدودی هم من در لبنان در صحبت‌هایی که با رفیق **ژرژحـاوی** داشـتیم ، شـاهد بـاز بودن حزب کمونیست آن بودم؛ ولی مثلاً با رفیق **بکتاش** از سوریه ، با رفیـق **عزیـز محمد از عراق** ، چنین نبود. نمی‌خواهم بگویم اینهـا مشـابه مـا بودنـد ، یـک مقـدار آن طرفتر بودند.

اگر در آن فضا قرار بگیریم ، مـی بینـیم مصـالح اتحـاد شـوروی ایجـاب کـرده و شرایط معینی بوده که به هر حال در افغانستان حضور نظـامی پیـدا کـرده اسـت. آن روز من بعد از اینکه رفتم و افغانستان را دیدم، صریحا گفتم این کار بـه ضـرر اتحـاد شوروی است، اصلا به ضرر اردوگاه است! ولی آن زمان جدی گرفته نشد. و نتیجتـا منِ طرفدارِ اردوگاه، طرفدار مارکسیسم - لنینیسم و یـک کمونیسـت،ترجیح مـی دهـم مقداری کوتاه بیایم!

امروز است که در نگرش کمونیستی، این ایده برجسته می‌شود که دموکراسی سوسیالیستی ، دموکراسی احزاب کمونیست، جزء جدایی ناپذیر از تئوری و ایدئولوژی آن است و باید حتما رعایت بشود! به ویژه از این نظر که نه فقط در دوران حرکت و فعالیت برای پیروزی سوسیالیسم، بلکه به ویژه زمانی‌که این پیروزی تحصیل شد، این دموکراسی اهمیت تعیین کننده دارد! در غیر این‌صورت بحث بر می گردد، در غیر این صورت سوسیالیسم ساخته نخواهد شد! چهار تا کارخانه درست می‌شود ، اما انسان جامعه سوسیالیستی نه! چون انسان سوسیالیستی است که سوسیالیسم را پدید می‌آورد ، آن نظام صرفاً روی کارخانه به وجود نمی آید! این خیلی اهمیت دارد! و این به نظر من تجربه‌ای است که بعد از فروپاشی ، تحصیل شده است.

□ *یعنی آن موقع واقعا مفهوم «سانترالیسم دموکراتیک» تبدیل شده بود به نوعی شیفتگی به شوروی! یعنی اینکه در درون حزب یک سری نظرات بالا می‌آید که شاید مخالف شوروی باشد ولی این روایت کاملا حذف می‌شود و آن روایت رسمی که از برادر بزرگ می‌آید پذیرفته می‌شود! آیا واقعا چنین چیزی بود؟ نمی خواهم منفی و مثبت آن را بگویم فقط اینکه واقعیتش...*

■ بخش دوم پرسش شما بی‌ربط است. ببینید اصطلاحی به نام «سوویتیسم» آن زمان مطرح بود که این را معادل «انترناسیونالیسم» می‌گرفتند و امروز ما می بینیم که این دو با هم تفاوت دارد.

خوب آن زمان هم کسانی بودند که به سوویتیسم ایراد می گرفتند، ولی ما اینها را در قالب نوعی «تروتسکیسم» یعنی بیماری ضد شوروی Anti Sovietism می‌دیدیم! البته الزاما به این معنا نیست که مقابل هم قرارش بدهیم؛ ولی این ها مترادف نیستند.

□ *گاهی اوقات می‌توانند همپوشانی داشته باشند.*

■ بله، لازم نیست آدم Antisovietic (ضدشوروی) باشد تا این دو تا را یکی نگیرد. ولی ما مسئله را آن طور می‌دیدیم.

□ *خوب ، شما که یک مدت با گروه **بیژن** و... در زندان با هم بودید؟ یعنی اول آنها را آوردند بند ۴ پیش شما ، بعد بردند بند۳ ، هیچ صحبت کردید؟ هیچ با خود **بیژن** وارد پلمیکی شدید؟*

■ با **بیژن** یک مذاکره خیلی کوتاه داشتیم. در آن چند ساعتی که پیش ما بود، فرصت کوتاهی بود که من سعی کردم از آن فرصت استفاده کنم، نمی‌دانستم اینها به زودی می‌روند! ولی همان اشتیاق اولیه، خیلی زود ما را به صحبت واداشت. ولی اصلا به مسائل بین المللی نرسید.

درباره خود مشی آنها صحبت کردیم و همه بحث روی این مسئله گره می خورد که «شما می‌گویید ما این کار را می‌کنیم ، بعد توده‌ای‌اش می‌کنیم! » آخر چطوری توده‌ای‌اش می‌کنید؟ راهکارتان چیست؟ خیلی خوب است اگر توده ای بشود. ولی چطور شما توده‌ای‌اش می‌کنید؟

□ *این نیروهای چپ مستقل ، چپ‌هایی که در عین حال که برای شوروی احترام زیادی قایل می‌شدند ، در عین حال به شیوه انترناسیونالیستی کار می کردند. می‌گفتند ما مشکلات خودمان را داریم و قرار نیست با شوروی گره بخوریم.*

■ بله، مثلا من با **عزیز سرمدی** و **عباس سورکی** که در عادل آباد بودیم، بیشتر توانستم صحبت کنم. اینها نگرششان به اتحاد شوروی خیلی مثبت بود اما، هیچ وقت سازمان فداییان عقیده نداشتند که با آنها پیوند بزنند. البته از گفته هایشان برمی‌آمد

که حسرت نوعی ارتباط حزب با شوروی را برای سازمان خودشان می‌خوردند، خیلی مشتاق این بودند که چنین رابطه ای را با اتحاد شوروی داشته باشند. کوشش‌هایی هم آغاز کرده بودند و این کوشش‌ها هم به ابتکار **بیژن** بود، چون **بیژن** به ارتباط با اتحاد شوروی و اصالت شوروی عمیقا اعتقاد داشت؛ ضمن اینکه نسبت به سیاست‌های اتحاد شوروی انتقاداتی داشت.

□ *آیا در این زمینه به نظر هم‌سنخ نمی‌رسیدند؟ یعنی از یک طرف نسبت به شوروی احساس دوستی و علاقه را دارید و از طرف دیگر به قول آن دوستان «سیاست نسبت به شوروی باید دوستانه باشد ولی مصالح خودمان نیز مطرح است و این را هم سابقه شوروی سر قضایای آذربایجان، فروش سلاح به شاه و... نشان داده است.»*
در حقیقت انتقاداتی که چپ‌های مستقل نسبت به شوروی داشتند ولی در عین حال رفاقت و برادریی هم در سخنانشان احساس می‌شد، آیا این قسمت بحث برای شما جذاب نبود؟

■ به کار بردن اصطلاح «چپ‌های مستقل» نشانگر آن است که شما **حزب توده ایران** را وابسته به اتحاد شوروی می‌دانید. یعنی شما بین «همبستگی» و «وابستگی» تفاوتی قائل نیستید! بگذریم.

به باور من فهم مارکسیسم نیاز به آموزش دارد، اما این دوستان هنوز مارکسیسم را آنچنان که هست، فرا نگرفته‌اند! تلقی ما این بود که کانون آموزش مارکسیسم - لنینیسم، الان همان مدرسه عالی حزبی در اتحاد شوروی است. و خیلی از رفقای ما هم در همانجا تحصیل کرده و مارکسیسم را فرا گرفته بودند. نه فقط در حزب ما بلکه اکثر قریب به اتفاق رهبران احزاب کمونیست دنیا دورانِ آموزش‌هایشان را در مسکو و در آن مکتب گذراندند. بالنتیجه، نه فقط آموزش‌ها بلکه دلبستگی‌ها و علایق هم موجب شده بود که یک چنین کانونی همواره مطمح نظرشان باشد.

خوب تجربه عملی هم که در برخورد با این دوستان فدایی‌مان، در اوایل دهه پنجاه در زندان رخ داد، نشان می‌داد که اینها بهره چندانی از آموزش‌های مارکسیسم ـ لنینیسم ندارند. عشقشان ،صداقتشان ، فداکاریشان اصلا خدشه‌ناپذیر بود. اما جز چند نفر ، که به گمان من مثلا **بیژن** در راسشان هست و تا حدودی **حسن ضیاء ظریفی** ـ کمتر با بچه‌های دیگرشان برخورد داشتم ـ ولی در مذاکراتی که با **عزیز سرمدی** داشتم، اصلا آگاهی چندانی در زمینه مبانی تئوریک نداشتند. جسارت و عشقشان اصلا حرف نداشت! ولی واقعا به عنوان یک مارکسیست-لنینیست نمی‌شد از کسانی نظیر عزیز یاد کرد.

اینها کسانی بودند که باید در این مکتب پیش می‌رفتند، علاقه‌مند بودند و باید یواش یواش آموزش پیدا می‌کردند. بالنتیجه وقتی که این کاستی تئوریک را در این دوستان می‌دیدیم، طبعا در نگرش آنها در مورد روابط بین الملل هم یک چنین کاستیی احساس می‌کردیم. یعنی نوعی ناسیونالیسم در نگرش سیاسی ـ ایدئولوژیکی در اینها احساس می‌کردیم.

□ *نوعی پس مانده خرده بورژوازیسم.*

■ کما اینکه غالبا هم سابقه کار در «جبهه ملی دوم» داشتند ؛ و جالب است که هم دوستان فدایی ما، هم بچه‌های «سازمان مجاهدین خلق»، همه کسانی هستند که در آن ایامی که فقط یک کانون برای فعالیت علنی علیه رژیم شاه وجود داشت،آن هم در آغاز دهه چهل،همه متاثر از حرکت ملی آن زمان بودند و وقتی که کاستی‌های این حرکت را احساس کردند، راه خودشان را در پیش گرفتند و جدا شدند.

حالا که راه خودشان را جدا کردند،آیا دیگر برخوردار از خصوصیات آن جبهه نیستند؟! ما فکر می‌کردیم هستند و فکر می‌کردیم هر کدام در مسیری که آغاز کرده‌اند و پیش می‌روند، به تدریج خالص می‌شوند.

به همین علت هم وقتی من با رفقای فدایی ، چه در زندان و چه پس از آن برخورد می‌کردم، وقتی روابط صمیمانه‌ای پیش می‌آمد و مثلا آنها به من علاقه‌مند می‌شدند و می‌گفتند «رفیق **عمویی**! تو اصلا مال ما هستی! » من می‌خندیدم و می‌گفتم «شما هم مال ما هستید، ما یکی هستیم! » چون واقعا باور داشتم به این سلامت و صداقتی که در اینها هست و می‌دیدم که اگر این مسیر را طی کنند، لاجرم توده‌ای خواهند بود! ▮

□ *یک سری انتقاداتی که در سطح روشنفکری مطرح می‌شد این بود که مثلاً ذهنیت بچه‌های فدایی استالینیستی است و درداخل خودشان رفتار دموکراتیکی ندارند و بحث و فحص زیادی درداخلشان صورت نمی‌گیرد . ولی به نظر می‌رسد که روابط حزب توده با «حزب مادر» باید ارث استالینیستی بیشتری به جای گذاشته باشد !*

حالا چگونه است که بعد از ۲۵ سال فداییان تکه تکه شدند و به هم تهمت می‌زنند ولی در مقایسه ، پس از ۲۵ سال شما حاضر نیستید بسیاری از اختلافات و مسائل را بیان کنید؟ و این برای من عجیب است!

به نظر من این نمی‌تواند به علت تقارب ایدئولوژیک باشد . نمی‌توانم درک کنم که بچه‌های فدایی هم همین ایدئولوژی را داشتند ولی نتوانستند با هم نه تنها کنار بیایند، بلکه حداقل با هم محترمانه برخورد کنند...!

■ نه با اصطلاح «استالینیسم» و «حزب مادر» موافق هستم، نه میراثی به نام «میراث استالینیسم» به **حزب توده ایران** منتقل شده بود.

درباره دوستان فدایی باید بگویم این ایدئولوژی در میانشان جا نیفتاده بود. آخر باید از آن منطق علمی‌اش برخوردار شده باشد. کسی یا گروهی ممکن است سال‌ها خودش را مارکسیست معرفی بکند ولی خیلی روی مارکسیسم کار نکرده باشد. همان

طور که اشاره کردم اینها عاشق مارکسیسم هستند ولی چند تا کتاب مارکسیستی خواندند؟ یا اگر خواندند چقدر روی آن کار کردند، بحث کردند و گوشه هایش را باز کردند ؟ این طور نیست.

ببینید من یک وقتی با یکی دو تا از این دوستان فدایی مان در زندان مواجه شدم . همان سال اولی که این بچه ها آمدند تازه حادثه سیاهکل رخ داده بود . وقتی که صحبت «رد تئوری بقا» شد و یکی از این بچه ها به استناد آن می خواست حرف مرا رد کند ، خواهش کردم که ابتدا من را از این نظریه آگاه کند که بدانم راجع به چه می‌خواهم بحث کنم . شاید خودم قبول کردم . اصلا بیخود با چی مخالفت بکنم ؟ این دوست عزیز ما بعد از کمی صحبت گفت «آقای **عمویی** حقیقتش درست یادم نیست! » من می‌خواستم به عنوان یک شاگرد واقعا یاد بگیرم . ولی چون دیگر نمی‌توانست سرسری آن مطالب را برای من بیان کند گفت یادم نیست. شما ببینید براساس یک چنین نگرشی می خواهد نظرات من را رد کند. مارکسیسم را هم مطالعه نکرده بودند.

دیگر اینکه اینها جوان بودند . جوانی خیلی تاثیر دارد . حزب کم جوان نداشت ولی آدم‌های پر تجربه هم زیاد داشت . حزب تجربه برخورد با **مصطفی فاتح** انگلیسی، با **خلیل ملکی** و انشعاب آنها و بعد هم با «سازمان انقلابی» را داشت . اینها تجربه های ارزشمندی بود و همین‌ها مقدار زیادی پختگی به وجود آورده بود که در برخورد با نظرات مخالف ، با منطق مواجه شود.

برانگیختگی هیچ مشکلی را حل نمی‌کند . بله شما ممکن است با پاره ای از نظرات من مخالفت بکنید. خوب من اول باید بفهمم ماهیت مخالفت شما چیست ؟ چه بسا من در پاره ای ازنظرات شما شریک باشم. آن زمان این پختگی در دوستان فدایی‌مان نبود. یواش یواش راه درازی را طی کردند تا شدند فدایی‌های امروز .

امروز وجوه دموکراتیک در بچه های فدایی قابل توجه شده. اما با این همه در مرکزشان نسبت به **فرخ** خیلی سختگیری می کنند . چون معتقد هستند که **فرخ** زیادی آن طرف افتاده . یعنی بعضی شان در مورد او حتی لفظ «لیبرال» به کار می برند. من **فرخ** را بچه خوش فکری می‌دانم؛ منتها خوش فکری‌اش زیادی ... نظیر آنچه که اخیرا **جمشید طاهری پور** در روزنامهٔ« کار» نوشته و اشاره کرده که: ما با **چه گوارا** و **کاسترو** و **ماریگلا** آغاز کردیم ، بعد به **لنین** رسیدیم ، بعد از **لنین** به دورانی رسیدیم که نیاز به سخن نو بود و سخن نوِ زمانهٔ نو هم «سوسیال دموکراسی» است .

من برایش پیغام دادم که آیا منظورت «سوسیالیسم دموکراتیک» است یا «سوسیال دموکراسی» ؟ اگر منظورت دومی است باید گفت «سوسیال دموکراسی» سال‌هاست که امتحانش را پس داده و به صورت یک نظام سیاسی مدافع سرمایه داری در آمده. منتها امروز با لعاب «دولت رفاه» و ... جلوه کرده ولی «سوسیالیسم دموکراتیک » ناشی از یک تجربه تاریخی هفتاد ساله است. سوسیالیسم واقعا موجودی بود که کاستی‌هایش به آنجا رساندش که فروپاشی رخ داد. تجربه تاریخی برای هواداران سوسیالیسم واقعی پدید آمد که بدانند عنصر دموکراسی از سوسیالیسم تفکیک ناپذیر است . هر سوسیالیستی به امر دموکراسی کم بها بدهد ، خود سوسیالیسم زیر علامت سؤال می رود. سرشت سوسیالیسم و دموکراسی واقعا با هم همخوان است.

درک آسیب‌های کم توجهی به دموکراسیِ سوسیالیستی، تجربه ارزنده‌ای برای مجموعهٔ جنبش کمونیستی جهانی است. فروپاشی اتحاد شوروی باعث لطمات بزرگ و پیامدهای خیلی دشواری شد و اساساً یک موقعیت استثنایی برتری برای امپریالیسم جهانی فراهم آورد، که بعد از فروپاشی هم می بینیم چه سیاستی را در

جهان در پیش گرفته! که این از آثار وتبعات نبودیک چنین نیروی به اصطلاح موازنه‌گر (کنتر پوان) دیگری است.

چون تا آنجایی که خاطره تاریخی‌ام اجازه می‌دهد، بیشتر احزاب کمونیست را گرفتار یک چنین کاستیی می‌دیدیم؛ یعنی «کم بها دادن به دموکراسی». احزاب کمونیست کشورهای اروپایی دقیقا به لحاظ شرایط ویژهٔ جامعه شان نسبتا دموکراتیک تر بودند ولی با این همه در آنجا هم این محدودیتهای نگرشی واقعا وجود داشت. گویی باید یک شوک وارد می شد که یادمان بیفتد.

ببینید دوستان عزیز! قبلا بحثی مطرح شد که چرا وقتی روزنامه «میزان» را توقیف کردند ما اعتراض نکردیم؟! واقعا باید ما اعتراض می کردیم . این نشانهٔ کمرنگ بودن عنصر دموکراسی در مجموعه جنبش کمونیستی ، منجمله در کشورهای سوسیالیستی است. این به نظر من یک تجربه تاریخی بسیار مهمی است! می‌توان با لیبرال‌ها مخالف بود ولی آنجایی که حقی ،حقی که متعلق به همه است، ضایع می‌شود باید صدای اعتراضت بلند شود.

□ *در درون حزب توده چگونه بود؟ آیا آن حالت غیردموکراتیک دیده می شد؟ .من بحث‌های داخلی را می‌خواهم بدانم ، چون برآیند بیرونی‌اش چندان دموکراتیک نبود ! مثلاً گفته می‌شد که «خوب شد میزان را بستند» و ...*

■ ببینید ! قبلا هم اشاره ای کردم ؛ در یک جامعه استبداد زده ، آدم‌های دموکرات کمتر پیدا می‌شوند. **حزب توده ایران** هم در یک محیط استبداد زده پایه گذاری شد و به وجود آمد. به رغم اندیشهٔ برتری که داشت ، با وجود تجربه سازمانیی که فراتر از گروه های دیگر داشت ، ولی به هر حال اعضایش آدم‌های همین جامعه بودند.

من همواره این جوامع را به باتلاقی تشبیه می کنم که افراد در مسیر پیشرفت با آن مواجه می شوند و برای این که به یک محیط پاک و سالمی برسند ناچار باید از آن بگذرند. عده ای اصلا جرئت نمی کنند در این باتلاق قدم بگذارند و در همان برهوت اولی می مانند و می پوسند و از بین می روند . عده ای این شجاعت را پیدا می‌کنند. عده‌ای ـ فقط شجاعت نیست – منطقا هم به اینجا می رسند که برای رسیدن به آن منطقهٔ سر سبز باید از اینجا گذشت . در این روند، امکان ندارد کسانی که از این لجنزار پر از کاستی‌های معین ، جان به در می برند پاکیزه بمانند . حتما آلودگی‌های این باتلاق را بر پاهایشان دارند. منتها عناصر آگاه می کوشند پس از رسیدن به منطقهٔ پاک ، این آلودگی‌ها را از خود بزدایند و از بین ببرند.

این اصل «کریتیک» و «اتو کریتیک» (انتقاد و انتقاد از خود) در واقع یکی از اصولی است که اگر درست رعایت شود ، آن وقت این آدم‌هایی که بر خاسته از جامعهٔ استبداد زده هستند، آرام آرام با نقد خودشان تکامل می یابند . واقعا اگر انتقاد فقط معطوف به کاستی‌های بیرونی باشد و به صورت انتقاد از خود در نیاید، هیچ تعالی در خود فرد به وجود نمی آید ، با توجه به اینکه قبول داریم به هر حال این شخص تربیت شدهٔ همین جامعه است و همین کاستی ها را به همراه خودش دارد.

شما اشاره کردید که حزب در درونش چگونه بود؟ واقعیت این است که ما هم همان آدم‌های جامعه مان بودیم.نهایتش فهمیده بودیم که این جامعه این ایرادات را دارد و ما هم آدم‌های پرورش یافتهٔ همین جامعه هستیم. با لنتیجه جزو برنامه های درونی حزب ، هر سه ماه یک بار جلسه انتقادی وجود داشت. این جلسات انتقاد، بسته به اینکه چقدر جدی تلقی بشود، می توانست بسیار مفید باشد . من به هیچ وجه ادعای این را ندارم که همهٔ برنامه‌های «انتقاد» و «انتقاد از خود»ی که در درون تشکیلات حزب به کار گرفته می شد کاملا دقیق و پاسخگوی نیازهای یک سازمان

حزبی مثل **حزب توده ایران** بود؛ اما به هر حال چیزی بود که نتایج چشمگیری هم از آن عاید می شد. طرف احساس می کرد سه ماه دیگر باید پاسخگوی کارش باشد ، پاسخگوی رفتارش باشد .

بعضی وقت‌ها در حالی‌که انتقادات جدی نسبت به فردی وجود داشت و خودش هم می دانست و باید روی آن تکیه می کرد، هنگام انتقاد از خود ، انتقادات سطحی را مطرح می‌کرد. مثلا در درون حزب، نسبت به یک رفیقی - که مهندس همدورهٔ من بود - انتقادات جدی وجود داشت که بارها به خودش هم گفته بودند و او هم وعده کرده بود که بر طرف بکند . این رفیق روز «انتقاد از خود» گفت که «رفقا من جدی به خودم انتقاد دارم که به جای اینکه راس ساعت فلان بیایم ، یک ثانیه دیرتر آمدم . » یکباره همه زدیم زیر خنده! رفیق عزیز آخر یک ثانیه چیست؟ این حرف‌ها کدام است؟... به هر حال بعضی وقت ها هم تبدیل به یک شوخی می شود. اما واقعا راهکارها و ابزار گوناگون، اگر درست به کار گرفته شود ، می توان نتایج ارزنده ای از آن گرفت.

یکی از اشکالات کارهای ما ، منجمله در حزب هم ، این است که برخی اصول به اندازه کافی جدی گرفته نمی شود . مثلا یکی همین اصل «سانترالیسم دموکراتیک» است. بعد از حوادثی که رخ داد و صحبت «چپ نو» و ... پیش آمد ، پاره ای در جهت نفی اصل «سانترالیسم دموکراتیک» سخن گفتند! من ، به حکم تجربه ، واقعا اعتقاد دارم اگر «سانترالیسم دموکراتیک» درست رعایت شود ، کار سازمانی هم سامان خودش را می یابد. و چگونگی رسیدن به یک نظر مشخص ، و بر پایه آن ، اتخاذ مشیِ معین با بهره گیری از همه ظرفیت‌ها و توانمندی‌های درون این سازمان معین ، ممکن می‌شود . به نظرات گوناگونی که رفقا دارند - صرف نظر از تعدادشان - به اندازهٔ کافی توجه و بها داده می شود. اینکه مسئله کمیتی یا رقمی، کیفیت را تعیین بکند چندان قابل اتکا نیست. واقعا ممکن است یک نفر نظری بدهد و پنج نفر نظر

دیگری داشته باشند ، ولی اگر به محتوای آن نظر دل داده و توجه شود،چه بسا هر پنج نفر آن را بپذیرند .

در گذشته کمتر به جنبه های کیفی نظرات و ایرادات و انتقادات بها داده می‌شده بالنتیجه «سانترالیسم دموکراتیک» تبدیل به «سانترالیسم بوروکراتیک» می گردید و آن وقت انتقاد سطحی کلیشه ای این می شد که «سانترالیسم دموکراتیک» را رهایش کنیم، این معنی ندارد! آخر آنی که داشتیم اصلاً «سانترالیسم دموکراتیک» نبود، «سانترالیسم بوروکراتیک» بود! بیاییم جنبه های دموکراتیکش رابها بدهیم ، آن وقت متوجه می شویم که چقدر ارزشمند است!

□ *ما شاهد هستیم بعد از انتقادات بنیادی **خروشچف** به **استالین** ، **برژنف** مقدار زیادی از این انتقادات را پس گرفت . و در کتاب «ازدیدار خویشتن» **طبری** هم ما نگرش **برژنفی** را می‌بینیم تا نگاه **خروشچفی** به **استالین** را...*

*یکی از کارهایی که **خروشچف** انجام داد روتاتیو (چرخشی) کردن شوراها بود. یعنی برنامه این بود که آدم حزبی بیش از دو بار نمی‌تواند کاندیدا شود یا این‌که در هر دوره‌ای ، نصف اعضای رهبری باید کنار گذاشته شوند .*

*در حزب توده چقدر این کار اتفاق می‌افتاد؟ چقدر گردش نخبگان وجود داشت و آن الیگارشی آهنین (به قول **میشلز**) را می‌شکست؟*

■ ببینید! **خروشچف** نقشی مخرب در حزب کمونیست شوروی داشت و زمینه به قدرت رسیدن **گورباچف** را فراهم کرد*. اما اندیشه چرخش مسئولان حزبی، با قوت هر چه تمام‌تر در این تجدید حیات حزب جایگاه خودش را پیدا کرده بود. اما هرگز حزب عمری پیدا نکرد که بتواند این اندیشه را به طور کامل به‌کار گیرد.

---

* در تایید نقش منفی **خروشچف**، به کتاب «خیانت به سوسیالیسم» **روجر کِی‌ران** – **توماس کِنی**، ترجمه **محمدعلی عمویی** مراجعه شود.

۸۳/۴/۱۶ ⌉ واقعیتش این است که ما هنوز به مرحله‌ای که مسئولینمان منتخب باشند نرسیده بودیم. از مسئولین حوزه گرفته تاکمیته‌ها همه برگمارده شده بودند. نهایتش ما در پلنوم هفدهم توانستیم یک پلنوم وسیعی را برگزار کنیم . معمولاً در پلنوم‌ها اعضای کمیتهٔ مرکزی شرکت و مسئولین بعدی را انتخاب می‌کنند. ولی ما پلنوم هفدهم را خیلی گسترده تر از اینکه اعضای کمیتهٔ مرکزی باشند برگزارکردیم. تقریباً بیشتر فعالان چشمگیر حزب را به پلنوم هفدهم دعوت کردیم.

□ *تقریباً شبیه کنگره؟*

■ تقریباً یک چنین حالتی داشت، منتها خود اینها منتخب نبودند و برگزیده شده بودند. می دانید، یک ظرافت خاصی در این مطلب هست که اگر مسئولین منتخب نباشند، آن خواست بدنهٔ حزب را نمایندگی نمی‌کنند ، خواست رده‌های بالاتر را نمایندگی می‌کنند. ممکن است که شما به درستی هم انتخاب کرده باشید، واقعاً برجسته‌ترین ، یعنی ذی صلاح ترین افراد و در نهایتِ علاقه‌مندی به کار حزبی را انتخاب کرده باشید ، اما آیا این الزاماً مورد اعتماد و مورد قبول آن پایینی هم هست؟

نباید حکم صادرکنیم که چون من سعی کردم بهترین را انتخاب بکنم، حتماً او هم قبول دارد. نه ، باید این شرایط فراهم بیایدکه خود او نمایندهٔ واقعی‌اش را انتخاب کند و چه بسا ترکیب قاعده آنچنان باشد که آن منتخبین ، ضعیف‌تر ازکسانی از آب در بیایندکه شما مورد نظرتان بوده، رهبری مورد نظرش بوده. و به گمان من این بیانگر واقعیت آن تشکیلات است. و هنر این است که باچنین ترکیبی شما این سفینه را در این دریای متلاطم هدایت کنید و پیش ببرید. خیلی اهمیت دارد بها دادن به آرای تودهٔ حزبی، و رعایت کردن خواست‌هایش!

می‌گویید رشد کافی ندارد؟ برنامه ریزی کنید.کلاس بگذارید،کوشش کنید! این ساده اندیشی وسهل گیری و ساده انگاری قضایا، ما را دچار یک تنبلی تشکیلاتی می‌کند . بهترین را پیدا بکنیم، خودمان بگذاریم آنجا! نه، بهترین ها را از میان آنها تربیت کنیم و بالا بیاوریم.

حاصلش این می‌شودکه آن دانشجوی تحصیل کردهٔ دانشگاهی که دسترسی به منابع دارد و مطالعه کرده، نمی‌آید بشود مسئول پنجاه تا نیرویی که هرکدامشان ده سال مبارزه کردند وکلی تجربه دارند و این دوست دانشجوی عزیز ما فقط مطالعه دارد! آری وقتی که بخواهد حرف بزند، این قدر قشنگ حرف می‌زند که می‌شود آقای **مازیار بهروز**! قشنگ تو نمدش خوابیده ، خوش هم بوده. نمی‌داند این کسی که درکمیته‌های حزب کارکرده ، امثال **هدایت‌الله معلم** است، رفیق **زارع** است که در فعالیت سندیکایی استخوان خرد کردند و حالا هم آمده اند در بخش کارگری. اینها جاسوس نیستند؛ اینها جاسوسی نمی‌کنند! اینها کار می‌کنند و واقعاً هم کار می کنند!

مطالعات **معلم** ، بدون تردید کمتر از **بابک امیرخسروی** بود. دانش تئوریک **زارع** به مراتب کمتراز مثلا **فرهاد فرجاد** بود؛ اینها وقتی که بحث می کردند، واقعاً غوغا می‌کردند، در پلمیک‌ها واقعاً استاد بودند، توانایی بالایی داشتند! اما آیا در جریان روند مبارزهٔ واقعی ، نمی‌گویم درشکنجه‌گاه‌ها، نه نه ، در ارتباط با تودهٔ مردم هم همین طور بودند؟!

همین آقای **فخرالدین حجازی** و **هادی غفاری** ریختند جلو دفترحزب ما و فریاد می‌زدند«حزب فقط حزب الله... »، باورکنید رنگ به صورت آقای **بابک امیرخسروی** نمانده بود! ولی **هدایت معلم** مرتب دخترها را می آورد وچیزهایی را که نباید به دست مهاجمین بیفتد، همراهشان جاسازی می‌کرد و می‌گفت «تو برو، تو از آنجا برو» و خودش همراهشان می رفت و از لابه لای جمعیت، اینها را رد می‌کرد و خودش

دوباره برمی گشت به دفتر. این فرد مبارز است! درست است ، کتاب تو مغزش نیست ولی معتقداتی را دارد و در چارچوب آن عمل می کندکه استخوان‌بندی کارتشکیلاتی را شکل می دهد و به وجود می آورد.

این به هیچ وجه به معنای آن نیست که من به مبانی تئوریک کم بها بدهم. آری ، تئوری راهنمای عمل است، ولی اگر تئوری فقط برای نمایش وادای سخنرانی باشد ، فقط به درد همان می‌خوردکه فلان جاشمایک میزگرد تشکیل بدهید، بنده بیایم آنجا و برای آقایان سخنرانی قشنگ بکنم، کسی که سخنران خوبی است ، صحبت‌های قشنگی می‌کند وفضای بسیار شیرینی هم برای همه فراهم می‌کند، اما آیا یک ماه به میان تودهٔ زحمتکشی که دارد کار می‌کند، فعالیت می‌کند و علاقه‌مند است که در چارچوب خواست‌های طبقاتی‌اش یک حرکتی بکند، رفته است؟آیا تحمل دو روز بحث کردن با این زحمتکش‌ها را دارد؟آیا آمادگی انتقال دادن آگاهی‌های خودش به این تودهٔ زحمتکش ، که درنهایت اوست که باید‌حرکت واین بند را پاره کند و این رهایی را عملی بکند، دارد؟ نه ، یکی ازمشکلات ما روشنفکرها این است که بیشتر با کتاب سروکار داریم وکمتر با انسان‌هایی که درباره شان این کتاب‌ها را نوشته‌اند. |

مثلا ما در دوره اخیر فقط چهار سال امکان فعالیت داشتیم! در همین چهار سال، نه فقط در پلنوم هفدهم افراد جدیدی آورده شد ، بلکه اندیشه جوانگرایی توانست بسیاری از رفقایمان را قانع بکند. بسیاری از رفقا مسن بودند ، ما ظاهرا آن موقع جزو مسن‌ها نبودیم و در نتیجه توانستیم آن رفقایی راکه از مهاجرت آمده بودند قانع کنیم به اینکه بچه‌هایی که خیلی سن زیادی هم ندارند ، مثلا بیست و سه چهار سالشان است ، می توانند مشاور کمیته مرکزی باشند و خون تازه ای در رگ‌های حزب جاری کنند . واقعا هم همین طور شد . توانستیم تعدادی از این رفقا را به جایگاه مشاورت کمیته مرکزی بکشانیم .

علاوه بر این، اصلا فکر یک تغییر جدی در رهبری حزب مطمح نظر بود و حتی رفقای شوروی هم چنین نظراتی داشتند. منتها بعدها به صورت غیر واقعی چنین نقل شده بود که «در دیداری که با **پاناماریوف** داشتیم ، **پاناماریوف** به رفیق **کیا** توصیه کرده که فلانی دبیر اول حزب شود! » هیچ وقت آنها یک چنین کارهایی نمی کنند! تازه، خود من آنجا حضور داشتم . اصلا آن بیچاره یک چنین حرفی نزد. حالا من نمی‌دانم این صحبت از کجا ریشه گرفته!

ولی این بحث بود که رفقا در نظر داشته باشند که کمیته مرکزی خیلی مسن است و ما لازم می بینیم این رفقا که خیلی هم تجربه دارند، همه بتوانند در شعب باشند . ما شعب مختلف داشتیم، شعبه سیاسی ، مطبوعاتی ، روابط عمومی ،خارجی، دهقانی، کارگری، پژوهش ، آموزش و ... همه این رفقا می توانستند در آن شعب حسابی کار کنند و جوان ترها بیایند که فعال‌اند، در محیط اند، با مردم تماس دارند .

به هر حال تعدادی از این رفقای ما خیلی سالخورده بودند . مثلا رفیق ما **جودت** سنش از هشتاد هم گذشته بود و اصلا نمی توانست در خیابان با چهار نفر تماس داشته باشد. ما وقتی که فرصت پیدا می‌کردیم، با بچه‌ها به کوه می‌رفتیم. یادش به خیر این رفیقمان **آگاهی** می گفت «واقعا رهبری حزب باید این طوری باشد!

واقعیت این است که صرف نظر از جنبه دموکراتیک، این گردش رهبری و گردش کادرها از خطرات بعدی هم جلوگیری می‌کند و نمی گذارد دسته بندی‌های منفی به وجود بیاید. حضور دراز مدت و ثابت یک مسئول می تواند سبب دلبستگی ها و هواداری های عاطفی و غیر منطقی اطرافیانش بشود و لاجرم بر بحث‌ها و تصمیم‌گیری‌های مهم تاثیر بگذارد و مانع بروز اندیشه ها و خلاقیت‌ها گردد. ولی با گردش مسئولان، توانایی‌های همه امکان بروز پیدا می کند.

این نگرش واقعا در حزب بود اما ما اصلا مجال این کار را پیدا نکردیم . این عمر ، کوتاه تر از آن بود که اصلا به آنجا برسیم که بتوانیم چنین کاری بکنیم .

۸۳/۲/۱۷ *□ آقای **عمویی** ، در مورد وضعیت دموکراسی حزبی سؤالی که پیش می‌آید این است که اگر انتقاداتی در قاعده وجود داشت، چطور به بالا می‌رسید و آیا در رأس هرم امکان داشت که با توجه به نظراتی که از پایین رسیده ،در سیاست‌های حزب تغییری ایجاد بشود؟*

■ خیلی کم.

□ آن موردی را که بوده می‌توانید ذکر کنید؟

■ انتقاداتی بود دربارهٔ تعیین پاره‌ای از مسئولین، نه اینکه آن مسئول معین صلاحیت ندارد، بلکه در خور این مسئولیت نیست. یا اینکه لحن و چگونگی برخوردش با مسائل خشک و... است.

در مورد سیاست‌های حزب هم انتقاداتی بود. یادم می آید درباره این پلمیکی(مباحثات) که نسبت به فدایی‌ها در روزنامه‌ها انجام می گرفت، انتقاد می‌کردند که « این زیاد درخور نیست، یک مقدار باید با نرمش بیشتر و از خود دانستنِ اینها باشد. بعضی جاها بیشتر حالت تندی و ... دارد. » که البته این انتقاد خیلی با نظر من نزدیک بود و به یاد می آورم در هیئت دبیران نگاه کردم به **جواد (جوانشیر)** و گفتم **جواد!** این بر می گردد به آن مقالاتی که تو درباره «چریک‌های فدایی خلق» می‌نویسی! گفت که آخر عمو جان! من که مثل تو در زندان با اینها یار غار نبودم، تو در اینجا پارتی آنها هستی! گفتم «من پارتی شان نیستم بلکه دقیقا اینها را می‌شناسم! من بسیاری از اینها را بیشتر از خیلی از رفقای خودمان می‌شناسم، چون با رفقای خودمان هیچ حشر و نشری نداشته‌ام، اما با آنها سال‌ها زندگی کرده‌ام! »

واقعا این موثر واقع شد و از آن به بعد مقالاتی که درباره آنها نوشته می‌شد و آن پلمیکی که بین حزب و فدایی‌ها بود، هر چه بیشتر ، روز به روز حالت دوستانه تر به خودش می گرفت .

انتقاد دیگری بود درباره همین مسئله «خط امامی» بودن... که یکی از مواردی که در هیئت سیاسی مطرح و منجر به این شد که این مسئله «خط مردمی و ضد امپریالیستی» بیشتر توضیح داده شود . همین انتقاد بود که «ما کجا خط امامی هستیم؟ آیا ما هم (نه شرقی ـ نه غربی) هستیم؟ یعنی حزب همه شعارهای جمهوری اسلامی را تایید می کند؟» که این انتقاد مورد توجه قرار گرفت و در هیئت دبیران این سؤال پیش آمد که آیا رفقای حزبی ما این طور فکر می کنند؟ آیا موضع حزب ما این هست؟ اگر نه ، پس معلوم می شود عملکرد درست نبوده است! چه در ارتباط با مقالاتی که «نامه مردم» نسبت به جمهوری اسلامی می‌نویسد ، که این برداشت را به رفقای ما می‌دهد که ما جمهوری اسلامی را از همه نظر قبول داریم! و چه این خط و خطوطی که توضیح داده شده ، به اندازه کافی توضیح داده نشده است. اگر قرار باشد که رفقای حزبی ما تلقی شان از موضع حزب این چنین باشد، آن وقت منتقدین ما، مخالفین ما چه برداشتی از ما دارند؟!

این انتقاد ها در هیئت دبیران مطرح شد و همین باعث شد که شعبه بازرسی و رسیدگی به وجود بیاید و در ضمن در نوشتن مقالات روزنامه ها دقت بیشتری انجام گرفت. ⌊

□ *یک بار در مورد آقای* ***کیانوری*** *بحث شد که تکروی‌های خاص خودشان را داشتند. جالب آنجاست که در کتاب «کژراهه» — که البته اصلاً کتاب مناسبی برای فاکت آوردن نیست — آمده که «پلنوم هفدهم (که بهار سال ۶۰ تشکیل شد) تمامی*

*کارهای حزب و کارهای رهبری را تائید کرد و کارهای رهبری را دربست قبول کرد و... » و **طبری** در انتقاد از خود! مطرح می‌کند که بحث‌هایی که در یک کنگره دموکراتیک خیلی طول می‌کشید ، خیلی سریع جمع شد و به تصویب رسید و این نشان می دهد که «مثلا» فضای حزب، فضای دموکراتیکی نبوده و فضایی داشته که از بالا تعیین می‌شده است!*

آیا شما این نگرش را در سران حزب می دیدید؟ یا آیا تمایلات دموکراتیکی وجود داشت ، مثل پیروی از آنچه که پلنوم کمیته مرکزی را ملتزم می‌کرد، یا گوش سپردن به انتقادات اعضای رتبه پایین یا ...؟

■ «کژراهه» منبع معتبری نیست. این نگرش دموکراتیک، در بخش محدودی بود که بیشتر بچه‌های ایران بودند. حزب فرصت پیدا نکرد این روند را به طور کامل در بدنه حزب نهادینه کند.

۸۳/۳/۱۹ موارد‌ی بود که اگر دقت بیشتری می کردیم جلو برخی چیزها را می‌گرفتیم و نگرفتیم. چرا ؟! واقعا وقتی که اقدام یکجانبه دبیر اول حزب مطرح می‌شود، پیگیری کافی نمی‌شود. در مورد گرفتن گروه «خادم» که یک گروه تروریستی بود و می‌خواست کار انفجاری انجام بدهد، بدون اینکه در هیئت دبیران و هیئت سیاسی مطرح بشود شخصا تصمیم می‌گیرد و از سازمان مخفی هیئتی ، گروهی را مامور می‌کند بروند و به شکلی مثل آدم ربایی ، یکی از آنان را بگیرند و ببرند در یک خانه مخفی و از او بازجویی بکنند و ضبط بگذارند و کسی مشابه او را هم اتاقش بکنند که اینها با هم صحبت بکنند و... آیا ما وظیفه داشتیم که چنین کاری بکنیم ؟! آیا **حزب توده ایران** اصلا ملزم بود چنین کاری بکند؟!

□ *جریانی که **مهدی پرتوی** در آن دستگیر شد؟*

■ همان روندی که منجر شد که مسئول سازمان مخفی ما همراه با چهار نفر دیگر دستگیر بشوند و به زندان بیفتند. که با تمهیدات گوناگون و کمک گرفتن از جماران و... ما اینها را بیرون بیاوریم!

ولی واقعیت این است که همین مورد ، سرنخ شناسایی آقای **پرتوی** شد . الان ما سند نداریم اما اینجا عقل چنین حکم می کند . عکس او را گرفتند ، شناسایی اش کردند، مسلما تعقیبش کردند ، آمد و رفت هایی که با رفقای مخفی ما داشته حتما شناسایی شده. اینکه به کجا کشیده ، یک روزی اسناد دقیق تر روشن خواهد کرد . ⌋

۸۳/۳/۲۶ ⌉ نمونه دیگر وقتی بود که اطلاعیهٔ ده مادهای دادستانی مطرح شد که ما به رفقایمان گفتیم سلاح‌هایشان را تحویل بدهند . مقدار زیادی هم سلاح تحویل داده شد. بگذریم از اینکه به توصیه رفیقمان **کیانوری** ، یک مقداری در سازمان مخفی انبار شده بود و بعدها که سازمان مخفی لو رفت ، آشکار شد .

در واقع یکی از مواردی که ما با **کیا** در زندان کلنجار داشتیم همین مسئله بود . گفتیم اقلا از ما سؤال می‌کردی . یکی وجه سیاسی قضیه است، یکی وجه فنی قضیه . وجه سیاسی اینکه با توجه به موضعی که اتخاذ کرده بودیم ، ما اسلحه‌ها را برای روز مبادا و مقابله با ضد انقلاب می‌خواستیم؛ ولی از نظر فنی، مگر اسلحه را این‌جوری نگهداری می‌کنند؟! یک مشت آهن قراضه توی دیوار قرار داده‌شده که فقط سندی برای زیر ضرب قرار دادن حزب است ، به هیچ درد دیگری هم نمی‌خورد .

اسلحه‌ای که انبار می‌کنند باید روغن زده شود ، در اسلحه خانه که نگهداری می‌شود ، هفته به هفته می‌برند تا سمبه کشیده شود و ... که زنگ نزند . اگر هم بخواهند در مخفیگاهی باشد ، باید از این گونی‌هایی که قیر پشتش هست استفاده کنند و انواع تمهیدات را به کار ببرند که قشنگ حفظ بشود و بتوانی توی دیواری ، زیر زمینی ، جایی پنهانش بکنی . اصولا باید طرف اسلحه دار باشد تا بتواند اسلحه را

مخفی نگه دارد ، بتواند حفظ کند تا که روزی به درد بخورد. و گرنه یک آهن پاره است . فقط مدرکی برای بالا بردن جرم است و به هیچ درد دیگری نمی‌خورد! افزون بر این ، این کار بر پایه تصمیمی فردی انجام گرفته و مغایر با اصل «رهبری جمعی» بود .]

۸۲/۱۱/۱ [یکی دیگر از موارد نقض رهبری جمعی توسط رفیقمان **کیانوری** ، وصل کردن نظامی‌ها به حزب ، بدون اطلاع ما بود .

ضمن تجلیل و تعریف از توانایی‌های رفیقمان **کیانوری**، متاسفانه او گاهی همین قدر که به نظرش می‌رسید انجام کاری ضروری است، عمل می کرد. بدون اینکه در ارگان مربوطه مطرح و نظرات سایر رفقا مشخص بشود و ضرورت انجام چنین کاری مورد تأیید رهبری حزب قرار بگیرد، ناگهان این کار انجام می‌گرفت و شما در مقابل عمل انجام شده قرار می‌گرفتید. بعضی موارد خیلی مهم نبود ، ولی گاهی خیلی خیلی مهم بود!

اصلا مسائل عمده و اساسی ،مثلا همین «مربوط کردن رفقای افسر و ایجاد یک سازمان نظامی» مگر می‌تواند بر اساس تصمیم یک نفر انجام بگیرد؟! حالا هر قدر مقام سازمانی اش هم بالا باشد. ممکن است برای توجیه امنیتی قضیه گفته شود که هرچه تعداد کمتری بدانند مطمئن تر است! ولی اصلا پذیرفته نیست و در سطح رهبری حزب حتما باید هیئت دبیران مطلع باشند. حتما باید هیئت سیاسی که سیاستگذار برنامه های حزب است ، اتخاذ تصمیم بکند. هیچ کس حق ندارد به تنهایی برای یک مجموعه تصمیم بگیرد.

کما اینکه در مورد مصاحبه‌هایی که انجام می‌گرفت ، در هیئت سیاسی تصمیم گرفته شد که هیچ مصاحبه‌ای بدون تأیید حداقل هیئت دبیران انجام نگیرد. معمولا مراجعاتی که برای مصاحبه می‌شد ، ما محول می‌کردیم به دبیر اول حزب . چون در

عین حال سخنگوی حزب ، دبیر اول حزب هم بود . این سبب شده بود که بدون اینکه ما واقف باشیم ، پاره‌ای مصاحبه‌ها انجام می گرفت .

ما تصمیم گرفتیم که مصاحبه ها با تأیید هیئت دبیران انجام بگیرد و دبیر اول هم خطوط اساسی اظهار نظرهایی را که می‌خواهد بکند به تأیید هیئت دبیران برساند. درست است که دبیر اول در خط اساسی و تعیین شده سیاست حزب هست ، ولی نوع سوأل‌هایی که مطرح می‌شود ، گاه ممکن است در چارچوب تعریف قبلی سیاست حزب نگنجد. یک اتفاق خاصی رخ داده ودر آن زمینه چه بسا هیئت دبیران اصلا صلاح ببیند که لازم نیست در قبال آن موضعگیری بشود. چون ما عمیقاً اعتقاد داشتیم بعضی وقت‌ها خودِ «سکوت» موضعگیری است. رفیق ما **کیانوری** اصرار بر این داشت که حتما ما در قبال هر رخدادی موضعگیری بکنیم. حال آنکه من شخصا از جمله کسانی بودم که اعتقاد داشتم که نه ، ضروری نیست.

□ *چرا ایشان این اعتقاد را داشت؟*

■ این مربوط به خصوصیات شخصی است تا تحلیل سیاسی. پاره ای از دوستان برای رفیق ما **کیانوری** یک عنصر ماجراجویی قائل بودند . من چنین نظری ندارم. اما همین عجول بودن برای اظهار نظر کردن و پرداختن به اقداماتی - احیاناً بدون کسب نظر رفقای هیئت دبیران - یعنی نادیده گرفتن اصل رهبری جمعی، یکی از خصوصیاتی بود که در پاره ای از عملکردهای رفیقمان **کیانوری** ، خودش را نشان می‌داد.

البته ما مواردی را هم داشتیم که این خصوصیت به نفع حزب تمام شده بود. یعنی اگر آنجا اتخاذ تصمیم نمی شد، «لحظه» ، از دست می رفت. این نمونه ها ، روشی را که لطماتش زیاد است ، موجه می کند . من به موارد سودمند ، پربها نمی دهم. این

موارد نادر است و چه بسا در آن لحظه ، ما بهای زیادی برایش قائلیم ، ولی اگر آن را در «روند» در نظر بگیریم، نشد هم نشد. چیزی هم عایدمان نشد مهم نیست. با وجود توانایی‌های **کیا** ، اما این شیوهٔ کار در موارد معینی می‌تواند بسیار مضر باشد و زیان اساسی بزند.

مورد دیگری که ما از این بابت واقعاً احساس غبن کردیم (و بعدها فرصتی دست داد ، منتها در زندان ، که بتوانم این مطلب را با رفیقمان **کیانوری** در میان بگذارم) در بارهٔ همین انشقاقی بود که بعد از موضعگیری «سازمان فداییان خلق ـ اکثریت» نسبت به حزب ، رخ داد . ⌋

۸۳/۸/۱۹ ⌉این تکروی‌هاست که واقعاً لطمه می‌زند... چقدر اهمیت دارد رعایت «رهبری جمعی» ، چقدر اهمیت دارد!

رفیق ما **حجری** ، یگانه وصیتش این بود که «رفقا ! به خاطر داشته باشید که اصل رهبری جمعی را مثل مردمک چشم حفظ بکنید!»

ببینید چقدر ما از تکروی لطمه خوردیم که «حفظ رهبری جمعی» وصیت یک رفیق پای اعداممان می‌شود؟! ⌋

من همان ابتدا گفتم که این روحیه در یک محیط دموکراتیک می‌تواند به وجود بیاید . اگر ما تجربهٔ زندگی ، تجربه زنده و ملموس از دموکراسی نکنیم و در این زمینه کوشا نباشیم ، اصلا آدم دموکراتی بار نمی‌آییم .

ببینید ما در زندان کمون داشتیم و در آن کمون‌ها سعی می کردیم نظرات بچه‌ها را رعایت کنیم. به علت سابقه مدیریتی که ما در ارتش داشتیم ، معمولا در انتخابات مجمع ، ما چند نفر را برای هیئت مدیره کمون انتخاب می کردند . ولی واقعا ما سعی می‌کردیم که برنامه ها توام با نظر خواهی از بچه‌ها باشد.

یکی از دلایل اینکه بعدها من به عنوان مسئول شعبهٔ روابط عمومی در حزب تعیین شدم ، نقشی بود که در طول سالیان دراز زندان ، از این بابت در هیئت مدیره‌ها داشتم . روابط را من باید بر قرار می کردم و چون مرتب هم نمی شد جلسه تشکیل داد ، من ناگزیر با هر کس جداگانه ، گاه ساعت‌ها گفتگو می کردم .

یک روحیهٔ نظرخواهی ،هماهنگ شدن و هماهنگ کردن در بچه های ما به وجود آمده بود . در این زمینه یکی از نمونه های بارزی که توجه من را جلب کرده بود ، رفیق **اسماعیل ذوالقدر** بود. او همواره اصرار داشت که بیهوده عضو کمیته مرکزی شده و به گمان او «این جوانانی که اطراف ما هستند و پنج شش سال هم هست که فعالیت کرده اند ،در سازمان مخفی حزب یا سازمان چریک های فدایی بوده اند و... الان تجربه شان بیشتر است و بهتر می توانند کار کنند . چرا باید به علت اینکه من ۲۵ سال زندان کشیده‌ام، این پست را به من بدهند ؟» اصرار داشتیم که «اسماعیل تو تجربه ات غوغاست! آخر خود ما که پا به پای تو این تجربیات را کردیم، بعضی وقت‌ها که پای حرف‌های تو می‌نشینیم کلی از نظرات تو استفاده می‌کنیم! » ولی او علاقهٔ عجیبی داشت که نسل جوان تر بیاید . می گفت «حالا که مجال کسب تجربه است، این امکان را به جوان‌ها بدهید، وقتی که وضع بحرانی بشود که دیگر نمی شود این کار را کرد .حالا باید این کار را کرد! »

خوب، این مثال را از این بابت زدم که یک چنین نگرشی وجود داشت، ولی من گاهی عکس آن را هم شاهد بودم. یعنی شاهد این بودم که به شکل مرموزی برای انتخاب شدن زمینه چینی می‌شود. این در واقع نه فقط دموکراتیک نیست ، بلکه توطئه گرانه است! که به صورت یک انتقاد جدی آن را با طرف در میان گذاشتیم. چون احتیاجی به این کارها نیست. خوب دوستان می نشینند و نظراتشان را می دهند و اگر هم موافق باشند رای می‌دهند. یک چنین عوارضی وجود دارد.

واقعیتش تا آنجایی که من اطلاع دارم در میان بچه های فدایی مان این مسئله خیلی جدی بود.حتی یک حالت رودررویی برای انتخاب شدن و ... وجود داشت. من به آنها خرده نمی گیرم ، برای اینکه جوان بودند، تجربه نداشتند و انتخاب شدن برای یک مقام یا پستی ، می تواند برایشان خیلی لذت بخش باشد. ولی در حزب اصلاً چنین چیزی جایز نیست! و وقتی نشانه هایی از این مسئله دیده شود باید به شدت با آن مقابله کنند. که خوشبختانه این دوران اخیر ـ منظورم همین چهار سال تجدید حیات حزب - خیلی از این بابت خوب بود و چنین گرایشات و چنین نگاه هایی نتوانست جایگاهی پیدا بکند .

۲۱/۰۱/۸۲ □ *ولی آقای **عمویی** آن کسانی که در آن ۲۵ سال در خارج بودند ، مسئله هژمونی دکتر **کیانوری** را در این اواخر (۵۶-۵۷) مطرح می‌کنند . شاید خیلی‌ها (مثل **ایرج**) دلشان می‌خواست همین نقش را ایفاء کنند و بشوند «پدر **کیا**» ... امّا جدا از رقابت‌ها و حرف‌های حسادت‌آمیز و نامربوط که این افراد در این رابطه می‌گویند ،به نظر می‌رسید که روند به سمتی بود که تا حد زیادی دکتر **کیانوری** حرف آخر ، حرف تمام کننده را می‌زد . آیا واقعاً این چنین بود؟*

■ به طور مطلق این طور نبود. مواردی بود که مقاومت می‌شد. واقعیت این است که من در بین دبیران **حزب توده ایران** هیچ کدامشان را به توانمندی **کیا** ندیدم! چه از لحاظ کار تشکیلاتی و چه از نظر تیزی و سرعت انتقال. انتقاداتی که به **کیانوری** وارد است شامل یک مقدار خروج از نظم تشکیلاتی می شود و به صورت تک روی‌هایی بروز می کند که برای یک فرد تشکیلاتی اصلاً سم مهلک است.

این خصیصه تک روی ، یک سازمان را به ناگهان در مقابل یک عمل انجام شده قرار می‌دهد. و بالنتیجه «اصل رهبری جمعی» که از جمله اصول معتبر یک سازمان سیاسی است ، به سادگی مخدوش می شود. پاره‌ای تصمیمات که اهمیت اساسی

برای سرنوشت یک سازمان سیاسی دارد اگر توسط یک نفر اتخاذ شود ، مشکل آفرین خواهد شد! چه بسا کوتاه بودن زمان یا ضیق وقت ، سبب شود که عجولانه تصمیم بگیرد و در آن زمینه عمل کند . یا اینکه احیاناً بر اساس مقداری خصوصیات و منش فردی، فکر کند اگر در جمع مطرح کند به تصویب نمی‌رسد ، و جمع را در مقابل عمل انجام شده قرار بدهد!

این امر به اعضای رهبری حق می‌دهد که به شدت اعتراض کنند و در مقابل چنین عملی بایستند. ولی کاری است که انجام گرفته. درست است که معترض می شوند و قول می گیرند که دیگر تکرار نشود، درست است که سرزنش و انتقاد می‌کنند ، اما آب ریخته دیگر باز نمی‌گردد.

برای **کیا** یک چنین انتقاداتی همواره وجود داشت. ولی بر آیند تصمیمات ، در مجموع در آن جهتی می رفت که نظر **کیا** بود . و آن حالتی که شما اشاره کردید ، صحت دارد و واقعا این طور است. یعنی تاثیراتی که رفیق **کیانوری** در اتخاذ تصمیمات در هیئت سیاسی داشت ، اصلاً غیر قابل انکار است.

□ *کسی از یک جلسه هیئت سیاسی خاطره‌ای را تعریف می‌کرد که: یکی از اعضا (سرهنگ سابق **حاتمی**) سؤالی را مطرح می‌کند که «رفیق **کیا** ! توضیح بده که چرا این قدر تشکیلات ما به هم ریخته است ؟» آقای **کیانوری** هم می‌گوید «من با بچه‌های (کار) یک مصاحبه‌ای دارم، پس از مصاحبه در خدمت شما خواهم بود . » بعد از مصاحبه دکتر **کیانوری** رو می‌کند به ایشان و می‌گوید «شما جوابتان را گرفتید؟» که **حاتمی** هم جواب می‌دهد بله !*

*وقتی چنین انتقاداتی با این شیوه بیان می‌شود و چنین جواب می‌گیرد ، چرا در بیرون منعکس نمی‌شود؟ چرا انشعاب اتفاق نمی‌افتد؟ **خلیل ملکی** هم انشعاب کرد ،نوکر امپریالیسم هم نبود ... چرا حداقل استیضاح نمی‌کردند؟ چرا دکتر **کیانوری** را از رأس*

*کار برکنار نمی‌کردند؟ ما می‌بینیم که **ایرج اسکندری** آن مصاحبه را انجام می‌دهد و چنان بلایی سرش می‌آید؟ با **ایرج اسکندری** ، شازده حزب توده ، با خصلت‌های اریستوکراتش ، با آن موضع از بالا یش ، چنان برخوردی می‌شد؟ ولی وقتی دکتر **کیانوری** مسئله خط امام را مطرح می‌کند ، شما و آن پنج افسر که آدم‌های صادقی بودند ، برای چیزی هم کیسه ندوخته بودند (هر کسی به سمت چپ می‌آمد می‌دانست که چپ مرغی است که در عروسی و عزا سرش را می‌برند!) پس چرا جلو دکتر **کیانوری** نایستادند؟ چرا نایستادید؟ چرا گذاشتید حزب به سمتی برود که حزب بشود **کیا** و **کیا** بشود حزب ... ؟*

■بخش نخست پرسش شما را تکذیب می‌کنم . بخش اول گفته‌هایتان استناد به روایتی به کلی دروغ است !

چه کسی از هیئت سیاسی خاطره می‌گوید؟

(سرهنگ سابق **حاتمی**) در جلسه هیئت سیاسی چه می‌کرده است؟!

در مورد بخش دیگر سخنانتان هم باید بگویم شما یک قیاسی کردید که مع‌الفارق است . باید اختلاف نظر به یک حد معینی برسد تا بشود **خلیل ملکی** که جدا می شود. شما در بارهٔ صداقت یا عدم صداقت صحبت می کنید ، من نسبت به مشیِ سیاسی ، جهت گیری‌ها و موضعگیری‌ها در قبال حوادثی که رخ می‌دهد حرف می‌زنم .

وقتی می بینیم آقای **خلیل ملکی** همکار دکتر **بقایی** می شود، سپس از او جدا می‌شود - در واقع نه اینکه خودش جدا بشود، به گفته **جلال آل احمد** ، **بقایی** خودش اینها را از دفتر «حزب زحمتکشان» بیرون می کند - بعد واسطه «جبههٔ ملی» با دربار می‌شود، همواره این سؤال برای انسان مطرح می شود که آقایان «جبهه ملی» امثال آقای **اللهیار صالح** ، **زیرک زاده**، دکتر **سنجابی** و ... مناسبات خیلی نزدیکتری با دربار داشتند تا **خلیل ملکی** که یک روزی توده ای بوده؛ یا الان هم به عنوان چپ از

او یاد می‌شود. چگونه است که او واسطه شاه و جبهه ملی می شود؟! اینها مسائلی است که به طور طبیعی جریانی را به انشعاب می کشاند .

یا انشعاب دیگری که با نام «سازمان انقلابی حزب توده» رخ داد. «سازمان انقلابی» نگرشی نسبت به حزب کمونیست چین پیدا کرده بود که به کلی متفاوت از نگرشی بود که **حزب توده ایران** داشت. یعنی در بین احزاب کمونیست ، موضوع چین و شوروی ، مسئله حاد موضعگیری‌ها بود. بنابراین وجود اختلاف نظر روی این یا آن موضع در میان اعضای رهبری حزب ،الزاما نباید به انشعاب کشیده بشود.

به نظر من، برخورد دموکراتیک در درون رهبری یا یک حزب ،ایجاب می کند که نظرات مخالف وجود داشته باشد و نظرات مخالف هم به صورت انتقاد مطرح بشود . این روند در حزب هم وجود داشت. حتی بعضی وقت‌ها در نهایت صمیمیت ، برخوردهای تندی هم می شد. ما خیلی شاهد این چیزها بودیم. گاه به قدری تند برخورد می شد که گویی الان دعوا می شود! بالاخره ما آدم‌های بالغی هستیم . در بحث‌ها پای حرفمان - اگر منطقی داشته باشد - می‌ایستیم و وقتی که به هر جهت قانع می‌شویم یا نمی‌شویم ، به پذیرش نظر اکثریت آن جلسه متعهد هستیم. بدین‌گونه سانترالیزم دموکراتیک شکل می‌گیرد.

بنابر این، با توجه به نقش ارزنده‌ای که رفیق **کیانوری** در ارائه موضع **حزب توده ایران** داشت، این عبارت شما مبنی بر اینکه «حزب بشود **کیا** و **کیا** بشود حزب»، به هیچ وجه درست نیست.

۹

سفرهای خارجی

سفر به اتحاد جماهیر شوروی

۸۳/۳/۱۹

□ *امروز ۱۹ خرداد سال ۱۳۸۳ است و جلسه دیگری از جلسات تاریخ شفاهی را با آقای* ***عمویی*** *برگزار می کنیم .*
آقای ***عمویی*** *! ما به سال ۱۳۶۰ رسیدیم . گذار از سال ۶۰ بسیار سخت است، چون یک نقطه عطف در تاریخ بعد از انقلاب ایران است... اما تا خرداد ۶۰ که حزب حضور علنی در جریانات دارد ، هنوز سؤال‌هایی هست که باید پرسیده شود...*
آقای ***عمویی*** *شما مسئول شعبه روابط بین الملل حزب هم بودید. چه سفرهای خارجیی در این چند ساله انجام شد و در این دعوتنامه‌ها چه جایگاهی به حزب داده شد؟ (مثلاً اگر یادتان باشد در دهه ۱۳۲۰ هم* ***ایرج اسکندری*** *و هم* ***یوسف افتخاری*** *به فدراسیون جهانی کارگران رفتند ولی* ***یوسف*** *را نپذیرفتند و حزب توده و شورای متحده به عنوان نماینده کارگران ایران پذیرفته شدند .) حزب توده در این بازه چه جایگاهی داشت ؟*

■ بله. متشکرم. من هم پاسخ دادن به پرسش های شما را که بخشی از تاریخ کشورمان است ، ادامه می دهم. به‌درستی اشاره کردید که من مسئولیت شعبه روابط بین الملل را داشتم ، این مزید بر مسئولیتی بود که من در شعبه روابط عمومی و شعبه بازرسی و رسیدگی داشتم . قبلا مسئولیت شعبه روابط بین الملل با رفیق ما **ایرج اسکندری** بود. بعد از مشکلاتی که برای ایشان پیش آمد و به پیشنهاد حزب از کشور مهاجرت کرد،این مسئولیت ،افزون بر مسئولیت هایی که در شعب دیگر داشتم، بر عهده من گذاشته شد.

همان طور که از اسمش پیداست ، شعبه روابط بین‌لملل ، ارتباط **حزب توده ایران** را با مجموعه جنبش کمونیستی جهانی، احزاب برادر، و از طریق شعبه‌های روابط بین الملل آن احزاب بر قرار می کرد. این روابط شامل ارائه تحلیل‌های مختلف درباره رویدادهای گوناگون کشور یا دعوت برای شرکت کردن در مراسمی به مناسبت‌های گوناگون، یا تبادل نظر درباره مسئله حادی که در کشور واحد یا به طور کلی در عرصه جهانی پیش می‌آمد بود.

اولین دعوتی که من در آن ذی سهم بودم، در پاییز سال ۱۳۵۸ به مناسبت جشن‌های انقلاب اکتبر ، همزمان با نیمه‌های آبان ماه بود. در این دعوت خواسته شده بود که در ترکیب هیئتی که از **حزب توده ایران** به این مراسم گسیل می‌شود از رفقای افسر قدیم، رفقایی که در زمان شاه مدت ۲۵ سال در زندان بودند، باشند. در هیئت سیاسی رفیق ما **کیانوری** و من را انتخاب کردند و ما به مسافرت رفتیم. البته مسافرت ما رسمی بود، علنی بود، قانونی بود. گذر نامه گرفتیم و از فرودگاه مهرآباد هم حرکت کردیم رفتیم.

□ *کس دیگری همراهتان نبود؟*

■ خیر رفیق ما **کیانوری** و من بودم. خوب نخستین بار بود که اساسا من به مسافرت خارج از کشور می‌رفتم، اگر زندان را خارج از کشور تلقی نکنیم! بله در فرودگاه مسکو دمای هوا ده درجه زیر صفر اعلام شد و رفیق ما **کیانوری** قبلاً به من توصیه کرده بود که «ممکن است آنجا سرد باشد ، گر چه الان آبان ماه است و هنوز زمستان نرسیده ولی آنجا سرد است ،با لباس گرم بیا.» من هم آن موقع هنوز لباس مرتبی نداشتم، نهایتش این بود که یک کت و شلوار فراهم کرده بودم. رفته بودم فروشگاه «بَرَک» یک پالتو گرفته بودم. پالتوهای آنها هم فانتزی است، در واقع

شیک است ولی گرمای چندانی ندارد. من فکر کردم این را روی کت و شلوارم می‌پوشم کفایت می کند. وقتی که از هواپیما پیاده شدیم، تونلی بود که ما را به سالنی هدایت می کرد. هیئتی از رفقای حزبی ما مقیم در مسکو و مسئول بخش خاورمیانهٔ روابط بین الملل حزب کمونیست شوروی به نام رفیق **سی‌مینکو** به استقبال ما آمده بودند.

□ *آن دوستان ایرانی چه کسانی بودند؟*

■ یکی **ابلوچ** ، دیگری **صارمی** و... یکی دیگر **ناصرانی** .

□ *چرا بر نگشته بودند ایران؟*

■ اینها با اجازه حزب آنجا بودند. ما در هر یک از این کشورها کسانی را داشتیم که در واقع شعبه حزب را در آنجا نگهداری می کردند و مسئولیت داشتند .کما اینکه در لایپزیک هم عینا دفتری داشتیم، در خود برلین همچنان وجود داشت. منتها نه به گستردگی گذشته، برای کارهایی که پیش می‌آمد حضور داشتند. کسانی که مسافرت می‌رفتند، راهنمایی‌هایی که بایستی انجام می گرفت و...

خوب من دیدم یکی از رفقایی که به استقبال آمده بود، بلافاصله پالتوی بسیار کلفتی از تنش درآورد و تن من کرد و گفت الان خشک می‌شوی! تو با هوای اینجا این‌جوری آمدی؟! یک کلاه پوستی داشت که آن را هم به سر من کرد. دستکشی هم در آورد دست من کرد. اصلا من هیئتم عوض شد! گفت «حالا تازه اعلام شده ده درجه زیر صفر ، حتما پایین تر از این می رود! » واقعا هم همین طور شد .

ما را در هتل اکتبر جا دادند . شیوه کار آنها هم اصولا این است که متناسب با موقعیت رده تشکیلاتی مهمانشان ، در هتل به او جا می دهند. مثلا از رفقای رهبری اگر کسی عضو کمیته مرکزی باشد ولی عضو هیئت سیاسی نباشد ، به عضو هیئت سیاسی جای مناسب تری می دهند. عضو هیئت سیاسی باشد عضو هیئت دبیران نباشد، به دبیر جای مناسب‌تری می دهند . عضو هیئت دبیران باشد دبیر اول نباشد، دبیر اول را یک مقدار جای مناسب تری می دهند. به همین علت هم دو اتاق به من و آقای **کیانوری** دادند. من خندیدم گفتم ما برای هفت هشت نفرمان یک اتاق هم کافی است ، حالا ما دونفریم خوب یک اتاق دو تخته به ما بدهند در آن زندگی می‌کنیم ! **کیا** خندید و گفت که نمی شود چیزی گفت . بایستی مقرراتشان را رعایت کنیم! ما هم رعایت کردیم. البته اتاق من و اتاق رفیق **کیانوری** خیلی فرق نداشت . فقط یک میز اضافه داشت که احیانا اگر مهمانی داشته باشد بنشیند پشت میزش . والا تشکیل می‌شد از یک اتاق و یک نیم اتاق که در آن تخت خواب بود و با یک پرده جدا می شد و این طرف ، میز و صندلی و یخچال و تلویزیون و تلفن و... قرار داشت.

آن شب را ما استراحت کردیم. فردا مراسم رژه میدان سرخ بود و مهمان‌ها به نسبت ـ شاید ـ موقعیت سیاسی ،اجتماعی و سوابقشان، به ترتیب در فواصل دورتر از جایگاه اصلی، ولی همه در صف اول قرار داشتند.

□ *یعنی از کشورهای مختلف در صف اول بودند؟ دبیر اول و مثلا روسای حزب؟*

■ بله. در خود جایگاه وسط ، رهبران حزب کمونیست شوروی بودند، آن موقع **برژنف** بود، بعد به ترتیب هیئت‌های نمایندگی احزاب کمونیست جهان قرار می‌گرفتند. ما خیلی از جایگاه دور نبودیم ، شاید مثلا سوم چهارم قرار گرفته بودیم. من و رفیق **کیانوری** جلو بودیم و پشت سرما هیئت نمایندگی حزب مقیم مسکو قرار داشتند.

□ *کنار کدام کشورها بودید یادتان هست؟*

■ یکی از هیئت‌های نمایندگی کشورهای اروپای شرقی بود.

□ *از مشاهیر کسی در آن صف بود که شما بشناسید؟*

■ نه. نه . خیلی شلوغ بود! دیگر اصلا مجال شناسایی نبود. من به خصوص چشمم خیلی روی چهره‌ها می‌گردید ولی اصلا آن عظمت مراسم به و صف نمی‌گنجید . آن نیرو و پرچم‌ها موج می‌زد ، اصلا چیز عجیبی بود! واقعا احساس خاصی به آدم دست می داد . آدم احساس می کرد سوسیالیسم ! و چه توانایی ، چه قدرتی !! دنیا مال این نظام هست و باید باشد . و واقعا عظمت را انسان احساس می کرد! هرگز من تصور نمی‌کردم کمتر از بیست سال دیگر ،این کشور با چنین سرنوشتی روبه رو بشود!

به هر جهت ، مراسم با شکوه تمام برگزار شد. واحدهایی از نیروهای ارتش سرخ رژه رفتند ، واحدهایی از طبقه کارگر آمدند رفتند ، واحدهایی از «کلخوز»ها و «ساوخوز»ها آمدند، حرکت کردند رفتند ، بخش‌هایی از زنان آمدند رفتند ، بخش‌هایی از «کامسومول» آمدند و رفتند ... و این همه شاید چیزی در حدود پنج، شش ساعت طول کشید . در این میان هوا شروع به باریدن کرد . برف همین طور به صورتمان می زد و هیچ کس تکان نمی خورد . و خود این هم به آن شکوه و عظمت افزوده بود! خوب مراسم جالبی بود!

من در مراسم مختلف جشن‌هایی که در دانشکده افسری خودمان برای شاه برگزار می شد بارها و بارها شرکت کرده بودم و به علت اینکه خودم هم خیلی نظامی بودم - به من می گفتند «آیین نامه متحرک» - غالبا به عنوان افسر واحد گارد تعیین

می‌شدم ، واحدی که جلو دانشکده ، وقتی شاه می‌آید، پیش فنگ و سلام بدهد و... وقتی آن شکوه و آن جلال و عظمت انبوه توده‌ای و بعد آن مضمون و محتوا و عشق و علاقه را دیدم، در مقایسه با این ادایی که اینجا در می‌آوردند آنچه که اینجا رخ می‌داد کاریکاتوری مضحک به نظر می رسید .

□ *خستگی زندان به در آمد!*

■ شاید منظورشان از دعوت چنین رفقایی هم همین بود. وقتی ما به هتل برگشتیم ، رفیقی به نام **بارانوف** آمد و او را به عنوان راهنما به من معرفی کردند که فارسی بلد بود و همان عصر، بعد از اینکه غذایی در سالن هتل اکتبر صرف شد ، مرا به جایی به نام «گوم» برد که در واقع در مقابل میدان سرخ و روبه‌روی کاخ کرملین بود. آن‌جا فروشگاه‌هایی است که رهبران حزب از آن خرید می کنند. من را بردند آنجا که چکمه‌ای ،دستکشی ، کلاهی داشته باشم. آنچه در برداشتم همه‌اش عاریه بود که آن رفیقمان به من داده بود که سرمای زمستان آنجا را بتوانم تحمل کنم. اگر چه هنوز زمستان نبود و سرمای پاییزه اش بود، ولی عجیب سرد شده بود و رفیق ما **کیانوری** خیلی نگران وضع من بود؛ می‌گفت «من از این سرماها خورده و تجربه کرده ام. مریض هم شده ام. ولی آشنایم،خودم را نگه می دارم. توفکر نکنی اینجا تهران یا نهایتش کرمانشاه است! خیلی سرد می شود ،مواظب سلامتی خودت باش! » خوب ما هم همواره با هم نبودیم، وقتی که این راهنما من را اینجا می برد ، یکی دیگر هم او را جای دیگری می برد .

□ *آقای **کیانوری** به شما می گفت کجا می رود؟*

■ بله. اتفاقا ما وقتی که می خواستیم ازهتل برویم ، گفت من امروز یک نشستی با رفقای خودمان درباره فعالیت‌هایشان و در عین حال ، بیان اینکه ما در تهران چه می‌کنیم و وضعمان به کجا رسیده ، دارم و فردا دیداری با رفقای حزب کمونیست شوروی خواهیم داشت .

□ *ببخشید ، شما برایتان سوال پیش نیامد که اینجایی که رهبران خرید می کنند...*

■ چرا من عمداً اشاره و از **بارانوف** سؤال کردم که اینجا محل خرید رهبران است ، شما چه جور خرید می کنید ؟ گفت ما اینجا اعتباری داریم و متناسب با اعتبارمان می‌توانیم خرید کنیم ، نه بیشتر. گفتم آیا دیگران هم می‌توانند از اینجا خرید کنند؟ یعنی شهروند شوروی که از اینجا می گذرد ، می‌تواند خرید کند؟ گفت نه ، اینجا به رهبران حزب اختصاص دارد . گفتم خوب شما فکر نمی کنید این یک مزیت ویژه است؟ گفت خوب شما خودتان می‌دانید که رهبران حزب وقتشان نمی‌رسد به اینکه بروند بگردند جای دیگری خرید بکنند، بنابراین باید محل مشخصی باشد و...

خوب من به ذهنم رسید که در واقع اجناسی که جای دیگر پیدا نمی‌شود اینجا پیدا می شود! ولی حقیقتش این را به او نگفتم . اما برای اینکه احساس کنم یک چنین وجه تمایزی وجود دارد ، این کافی بود . البته بعدها مشخص شد که چیزی فراتر از اینها هست . مسئله به خانه استراحت رفتن ، یک ماه استراحت در «سوچی» داشتن ، بله سواحل کریمه . البته این مسئله مرخصی رفتن ، یک رسم قانونمند در اتحاد شوروی بود . بعد هم در سایر کشورهای سوسیالیستی که همه نیروهای کار از این مزیت برخوردار بودند . اما جایی که برای استراحت می رفتند مشابه هم نبود. سوچی ظرفیت معینی دارد و همگان نمی توانند از آنجا استفاده کنند و در نتیجه کسانی استفاده می‌کنند که طبعا در موقعیت برتری هستند.

□ *آقای **کیانوری** یک جا گفته بود که وقتی مریم مریض هم بود ما را نمی‌فرستادند، ولی **احسان طبری** را مدام می‌فرستادند به سواحل کریمه . یعنی این رقابت‌ها در درون حزب مثلا به شما رسیده بود که حتی برای یک استراحت رفتن ، ممکن است بین آدم‌ها کدورت پیش بیاید یا نه؟*

■ منبع این نقل قول شما چیست؟ تا آنجایی که من اطلاع دارم، این طور نبود. به خصوص اینکه جایگاه رفیق ما **کیانوری** و **طبری** از نظر آنها خیلی متفاوت نبود . بالنتیجه چنین تمایزی ممکن بود مثلا بین **صارمی** و **طبری** قائل بشوند، که حتما بود، اما بین **کیانوری** و **طبری** نبود. مضافا اینکه اساسا نوبت فرستادنشان توسط حزب تعیین می‌شد.

□ *خوب همین رقابت‌ها در درون حزب برای این کارها نبود؟*

■ من دقیقا از این مطلب اطلاعی ندارم و ذکری هم به میان نیامد.

به هر حال بعد از صرف شام اطلاع پیدا کردیم که رفقا در نظر دارند برای آشنا کردن من با یکی از «ساوخوز»های حومه مسکو که دقیقا در حاشیه آن قوس «کورسک» بود ، فردا من را به آنجا ببرند. اگر تاریخ جنگ دوم جهانی را مطالعه کرده باشید ،آنجا برجی بود و نشانه‌هایی از این‌که آنجا آخرین بخشی بود که ارتش هیتلری توانست تا قوس بیاید و اولین شکستش را متحمل بشود.

□ *نبرد تانک‌ها.*

■ نبرد تانک‌ها حدود یک سال بعد رخ داد و شکست سهمگینی بر پیکر ارتش نازی وارد کرد.

این «ساوخوز» نزدیک همان قوس بود و فردا که می خواستند من را ببرند ، دیدم که علاوه بر من ، نماینده «حزب دموکراتیک خلق افغانستان» هم هست. شخصی به نام رفیق **جلیلی** که وزیر کشاورزی‌شان هم بود. منتها دوباره همان تشریفات را رعایت کردند ، یعنی من در یک اتومبیل و او در اتومبیل دیگر و جلو و عقب ماشین‌ها، موتورسوارها حرکت می کردند! یعنی یک تشریفات رسمی . درست مثل اینکه مسئول کشوری آنجاست. ما غالبا شاهد این هستیم که مهمانان دولتی رابا این گونه تشریفات می‌برند؛ ولی آنجا هیئت نمایندگان حزبی را هم عینا با همین شکل جا به جا می‌کردند.

من به **بارانوف** گفتم آیا نیازی به این کار هست؟ همه ما در یک ماشین می‌نشینیم می‌رویم. ماشین هم که ماشا الله بزرگ است ،همه جایمان می شود . من می‌نشینم و رفیق **جلیلی** هم بنشیند، شما هم بنشینید، آن رفیق مسئول حزبی مسکو هم بنشیند ، می‌رویم . خندید و گفت نه رفیق **عمویی** ،اینها جزو مقررات حزبی است و بایستی رعایت بشود .

□ *احساس من این بود که دقیقا آن خنده ای که شما به آن دوستمان **محمودی** داشتید که می‌گفت «برویم از زندان بیرون مشکلات شوروی را حل کنیم. » اینها هم احتمالا همین نگاه را به پیشنهاد شما داشتند...!*

■ قیاس شما درست نیست.

ما را به آن «ساوخوز» بردند و واقعا عجب جایی بود؟! از لحاظ مسکن ، خیلی خوب و متناسب با آنجا بود.هیچ کدامشان دو طبقه ، سه طبقه نبود. تمامش خانه‌های روستایی ، ولی خیلی تمیز ، با یک پوششی مثل همین شمال خود ما . یک سالن بزرگی داشت با وسائل پاناراما که در آن صحنه‌ای از «نبرد کورسک» به نمایش

گذاشته می‌شد و همراهش یک موزیک بسیار قوی پخش می‌شد . خیلی خیلی صحنه‌گیرایی بود! بعد از آن پذیرایی کردندو...

آنجا بحثی درباره چگونگی فضای فعالیت **حزب توده ایران** در گرفت و بعد هم از رفیق **جلیلی** خواسته شد که درباره «حزب دموکراتیک خلق افغانستان» صحبت کند . رفیق **جلیلی** گفت که «ما پایه‌های یک حزب کمونیست نیرومند را ریخته‌ایم . (این زمانی بود که هنوز **ببرک کارمل** نبود و **حفیظ‌الله امین** در رأس حکومت بود.) حزبی که همیشه اصولیت مارکسیستی‌اش دقیقا رعایت می‌شود . تا کسی مطالعات مارکسیستی‌اش به حد کفایت نرسیده باشد ، ما او را به عضویت حزب نمی پذیریم . یعنی باید کمونیست باشد که ما بپذیریمش . »

من گفتم که اگر به خاطر داشته باشیم ، اختلاف **لنین** و **مارتوف** بر سر عضویت در حزب بود و **لنین** اعتقاد داشت که برای عضویت کافی است فرد برنامه حزب را بپذیرد ، در یکی از ارگان‌های حزب به طور مرتب شرکت داشته باشد و چیزی به عنوان حق عضویت بپردازد. این نبود که قبلا کمونیست شده باشد . کمونیست شدن نیازمند یک سیر عمیق مطالعاتی است . در واقع در حزب کمونیست است که فرد با آموزش ها و پرورشی که می‌بیند، کمونیست می‌شود . برای کمونیست شدن ، هم به زمینه‌های مطالعاتی و به اصطلاح دانش مارکسیستی و دانش اجتماعی و هم به خصائص و روحیات کمونیستی و انسانی نیاز است . و مقدار معینی از این ویژگی‌ها در یک داوطلب عضویت وجود دارد.

□ *در عمل است که شکل می گیرد.*

■ در شرکت در حزب ، در اجرای مسئولیت‌هایی که به عهده‌اش گذاشته می شود ، در تداوم این امر و مواجه شدن با مشکلات و پی جوییِ راه‌های مناسب و راهکارهاست که یواش یواش فرد آبدیده می شود و می‌شود کمونیست !

گفت «خوب پس آن وقت نباید به این ترتیب اسمش حزب کمونیست باشد . » من رو به مسئول حزبی مسکو که آنجا حضور داشت و در واقع میزبان ما بود کردم، البته این‌ها همه ترجمه می‌شد.

□ *علنی بود یا اینکه نه دور یک میزی نشسته بودید.*

■ یک میز مستطیلی بود و همین طوری دورش نشسته بودیم . که از ایران من ، از افغانستان رفیق **جلیلی** و هر کدام با یک همراه ، و مسئول حزبی مسکو و دو سه نفر دیگر همراه او که اینها میزبانان ما از مسکو بودند . بعد خود «ساوخوز»ی‌ها مثلا رئیس و اعضای شورای آنجا هم بودند.

□ *ببخشید ، یعنی اینقدر نامفهوم بود ، زبانتان نا مشترک بود با آقای **جلیلی**؟*

■ نه. برگردان برای آنها بود . من و **جلیلی** با همدیگر راحت صحبت می‌کردیم. او یک کمی لهجه داشت ولی به اصطلاح از «پشتون»ها هم نبود، از «هزاره»ای‌ها بود که معمولا فارسی صحبت می کرد .

من رو کردم به مسئول حزبی مسکو و گفتم که خیلی خوشحال می شوم اگر شما به من بگویید در آستانه انقلاب اکتبر، ترکیب حزب بالشویک چگونه بود؟ پاسخ داد که ما کشیش هم در عضویت حزب بالشویک داشتیم. گفتم «کافی است! برای من کافی است ! » و این رفیق **جلیلی** ما مسئله را نگرفت .

من به رفیق **جلیلی** گفتم که لازم است ما صحبت مفصلی با هم داشته باشیم . برای اینکه صرف نظر از همسایگی افغانستان و ایران ،ما یک سلسله مسائل مشترک داریم و وجوه فراوانی در افغانستان هست که مثل محیطی است که ما کار می کنیم . ما الان در جمهوری اسلامی داریم کار می کنیم ، صرف نظر از اینکه یک حاکمیت مذهبی و روحانی دارد ، جامعه ما هم مردم مسلمان هستند ، اعتقادات مذهبی دارند و در این محیط است که این حزب کمونیست می خواهد کار بکند . اینکه در چنین شرایطی حزب کمونیست چگونه بایستی کار بکند ، چه ملاحظاتی را بایستی ملحوظ داشته باشد، بسیار پیچیده است. می تواند به صورت یک حزب، خیلی هم قرص، همه‌اش خودش باشد! ولی پیش نمی‌رود. اگر قرار است مردمی باشد ،اگر قرار است گسترش پیدا کند ،اگر قرار است اندیشه اش بتواند میان مردم برود ،مفهوم باشد ، لاجرم باید حرف زدنش با جامعه‌ای که مردمش این چنین مذهبی نیستند فرق داشته باشد. وافغانستان تا آنجایی که من می دانم به مراتب از ما متعصب تر هستند.

گفت که «اصولیت چنین حکم می کند . » گفتم حالا بگذارید با همدیگر صحبت بکنیم. آخر ما هم به این اصول پایبند هستیم و فکر می کنم که **حزب توده ایران** تجربه خیلی بیشتری نسبت به «حزب دموکراتیک خلق افغانستان» دارد.

قرار گذاشتیم از اینجا که مراجعت کردیم ، شب در هتل اکتبر که آنها هم ساکن بودند، بنشینیم و صحبت کنیم .

در طول برنامه گزارشاتی درباره چگونگی کار شورای «ساوخوز» ،چگونگی تقسیم کار و نشست‌هایشان دادند. اعضای ساده «ساوخوز» همه حق داشتند در آن جلسه عمومی شرکت بکنند و پس از گزارش کارهای شورا ،اگر نظراتی دارند ارائه بدهند. آنچه که بیان شد حول و حوش این مطلب بود . یعنی وظایف شوراها به عنوان نهاد دموکراتیکی که می‌تواند دموکراسی سوسیالیستی را تعمیم و گسترش بدهد.

یعنی پس از انقلاب اکتبر جوهره اندیشه **لنین** که گفت «این کشور باید کشور شوراها باشد! » و به این ترتیب اگر همه جا ، در تمام ابعاد گوناگون ، شوراها و حضور مستقیم مردم و تاثیری که می تواند در عملکرد این نهادها بگذارد عملی می شد، مسئله دموکراسی سوسیالیستی را امکان پذیر می کرد.

به هر جهت ،شب چنان خسته بودم که با لباس بر تخت خواب افتادم و چیزی نفهمیدم . یک وقت دیدم **کیا** بالای سرم است . گفت بی غیرت تو با رفیق **جلیلی** قرار داشتی امشب صحبت بکنی! گفتم آره ، آخ خیلی بد شد! گفت نه خیلی بد نشد . من رفتم نشستم حالش را هم جا آوردم! گفتم چه کردی ؟ گفت: هیچی، بحث زیادی با او نکردم ، آخر سر گفتم جمع کن این دستگاه را! اصلا شما چیزی از مارکسیسم نفهمیدید. بیخود دم از اصولیت کمونیستی می‌زنید. اصلا کدامتان کمونیست هستید؟ یک کمونیست قبل از هر چیز باید خودش و محیطش را بشناسد. تو در فضای مفروض می خواهی کار بکنی؟ مگردر خلاء می خواهی کار بکنی؟ تو با آدم‌هایی سروکار داری که این معتقدات را دارند، این سنت ها را دارند این عقب ماندگی ها را دارند. حالا می خواهی یک چیز نوی با اینها در میان بگذاری، به چه زبانی ؟ وقتی که به زبان افغانیِ خودت مارکسیسم را بلغور بکنی ، درست مثل اینکه داری روسی یا آلمانی برایش می خوانی. اصلا هیچی را نمی فهمد . از زندگی‌اش و از راه‌هایی که این زندگی می تواند ارتقا پیدا بکند بگو و برسانش به اختلاف طبقاتی و مبارزه طبقاتی و علت این عوارض . به این ترتیب مارکسیسم مشخص کرده که چگونه بایستی این عوارض بر طرف شود. شما این کار را نمی کنید . می خواهید از همان اول یک چوب خشک بیاید این وسط بگوید من کمونیست هستم!

به هر حال در واقع آن قرار نشستی که من با رفیق **جلیلی** داشتم به علت اینکه حالم چندان مساعد نبود ، رفیق ما **کیانوری** برگزار کرد و وقتی که من نتیجه این

مذاکره را از ایشان پرسیدم ، و با آن روحیه ای هم که من از رفیق **کیا** مـی شـناختم ، به نظر من حق مطلب را آنچنان که شایسته رفیق **جلیلی** بود، ادا کـرده بـود. اگـر چـه صحبت خیلی زیادی از چگونگی عملکرد این دوسـتانمان در افغانسـتان پـیش نیامـد . چون ظاهرا صحبت‌های رفیق **کیا** وضعی برای رفیق **جلیلی** به وجود آورده بـود کـه دیگر تمایلی برای مراجعه به ما پیدا نکرد! ولی به هر حال زمینه ای به دست ما آمد. البته اینها تغییر کردند و **حفیظ الله امین** رفت و **ببرک کارمل** آمد. اصلا مجموعه اینهـا اعم از خود **ببرک** یا ژنرال **نجیب** یا **کشتمند** که نخست وزیرشان بـود ، خیلـی خیلـی مشتاق دیدار رفقای ما حتی در سـطوح پـایین‌تر ،نـه دبیـر اول حـزب یـا دبیـر کمیتـه مرکزی‌اش، بودند! من بعدها اشاره خواهم کرد که چقـدر اینهـا حرمـت قائـل بودنـد و چقدر برای تداوم نشست و استفاده از تجربیات و رهنمـود خواسـتن و ... علاقـه منـد بودند.

به هر حال این هم برای ما تجربه ای بود. تصور مـن و رفیـق **کیـا** وقتـی بـا هـم صحبت می کردیم و بعد هم در هیئت سیاسی خودمان در میان می‌گذاشتیم ، این بـود که در افغانستان رفقایی که مسئولیت دارند ، یا شناخت صحیحی از جامعه خودشـان ندارند یا راه درستی را برای مواجه شدن با جامعـه ایـن چنینـی انتخـاب نکرده‌انـد. و حتی قرار بر این شد که پیامی از طرف حزب برای «حزب دموکراتیک خلق افغانستان» ارسال بشود و نگرانی هـای حـزب مـا را بـا ایشـان در میـان بگـذارد. بـه خصـوص خوشحال می شدیم اگـر رفقـا مـا را در جریـان محـیط افغانسـتان و جایگـاه «حـزب دموکراتیک خلق افغانستان» بگذارند. این چیزی بود که پس از مراجعت و گزارشی که به رفقا در این زمینه دادیم، در هیئت سیاسـی هم تصویب شد.

آن روز من را به گردش مسکو بردند. ایستگاه های مترو انصافا خیلی دیدنی بـود! کار معماری بزرگی انجام گرفتـه بـود! هـر ایسـتگاه زیبـاتر از آن یکـی؛ ایسـتگاه‌های

گوناگونش همه زیر زمین ، واقعا یک نمونه معماری با شکوه بود! من به یاد همان دوران **میکل آنژ** افتادم. بیان می کردند که در واقع این سبک «گوتیک» بیانگر عظمت و شکوه یک فرهنگ و تمدن است . این ایستگاه‌های متروی مسکو را واقعا مظهری از توانایی سوسیالیسم می دیدم که چه کار عظیمی را اینها انجام دادند! چقدر زیبا ،چقدر خوب! و به هر حال نظم مترو برای کسی که از بلبشوی تهران رفته آنجا ، دیدنی بود. واقعا چند ثانیه ای درها باز می‌شد ، می‌ریختند بیرون و سریع می رفتند تو و بسته می شد . کسی هم که جا می ماند زیاد نگران نبود، یک دقیقه بعد دوباره این روند تکرار می‌شد . بخش‌های زیادی از مسکو را با مترو گشتیم . بعد من را بردند به آن قسمت از مسکو که رود «مسکوا» جریان داشت. آنجا هم قایقی سوار شدیم و دستی به آب زدیم.

به هر جهت شب وقتی که مراجعت کردم ، مطلع شدم که قرار است ما با رفقای روابط عمومی حزب کمونیست اتحاد جماهیر شوروی دیداری داشته باشیم.

□ *احساستان چی بود وقتی می خواستید به آن جلسه بروید؟ به هر حال اینها همان کسانی بودند که سال‌ها به عنوان یک فرد حزبی ، چه آن موقعی که درکرمانشاه وچه آن موقعی که در تهران بودید ، وقتی که در مورد رفقای حزب کمونیست شوروی صحبت می شد ، یک حالت «حزب برادر بزرگ» برایتان داشت. وقتی می خواستید مواجه بشوید چه حسی داشتید؟*

■ باز هم همین احساس را داشتم . واقعیتش این هست که یک مقدار تجربه بیشتری کسب کرده بودم و «حزب برادر» از آن «فرازمینی» بودن برایم خارج شده بود. به ویژه در جریان اختلافات چین و شوروی ، حملاتی که رادیو مسکو به چین ، و رادیو پکن به شوروی می کرد و مطالبی که **خروشچف** درباره **استالین** مطرح می‌کرد و

آنچه که **مائو** درباره **خروشچف** و اتحاد شوروی می‌گفت، اینها همه خواه ناخواه یک سلسله پیامدهای نظری برای شنونده داشت.

کسانی از ما چینی شدند. از زندان هم که بیرون آمدند طرفدار چین و ضد شوروی و منجمله ضد حزب توده شدند. و حتی ضدیت شخصی با ما پیدا کردند و نمی‌خواستند دیگر سر به تنمان باشد .

کسانی مثل ما در لابه لای این جنگ لفظی که وجود داشت ، سعی می کردیم متناسب با منطق خودمان دید درستی پیدا کنیم . کم نبود آن جاهایی که از حرف‌های رادیو مسکو قانع نمی شدیم.

یعنی به این ترتیب ، این نبود که هر آنچه که از آن طرف گفته می‌شد برای ما تمام و کمال بود . این نسبیت دیگر جا افتاده بود. می‌تواند ایراداتی داشته باشد ، می‌تواند اشتباه داشته باشد . اساسا انسان جایزالخطاست . هر قدر هم نیت خوب داشته باشد، هر قدر هم آگاهی قابل توجهی داشته باشد ،امکان بر خطا رفتن همواره وجود دارد. بنابراین در نظرات رفقای شوروی هم می‌تواند اشتباهاتی وجود داشته باشد.

آنچه که مربوط به خودم ،شخص خودم و تجربه خودم است و تا امروز ادامه دارد این است که هر قدرزمان گذشته و با سوژه‌های جدیدی در عرصه مسائل اجتماعی، از جمله در عرصه روابط بین المللی احزاب کمونیست آشنا شدم و تجربه بیشتر کسب کردم ، بیشتر به این نسبیت اعتقاد پیدا کردم ، بیشتر به این عدم قطعیت و عدم حتمیت، ایمان پیدا کردم.

به هر حال، احزاب کمونیست در تحلیل نهایی، اختیار دار خود بودند. آنچه که غالبا موجب حقانیت و مشروعیت یک طرف بحث می شود، نه به علت این است که تمام حق آنجاست، نه، درست برعکس ، مقداری از حق این طرف و مقداری آن طرف

است . ولی به علت اینکه اینجا وزنش سنگین تر است ، این طرف مشروعیت پیدا می کند. و درست این است که آدم مجموعه را در نظر بگیرد و از هر کدام درست گزینش کند ، تا به طور نسبی ارزیابی درست‌تری داشته باشد . در این گزینش هم ، باز می شود اشتباه کرد، می‌شود مرتکب خطا شد .

به این ترتیب است که انسان به آنجا می‌رسد که همواره به خودش حق مطلق را نمی‌دهد. ضمن اینکه می رسد به جایی که به این نتیجه مشخص دست می یابدکه «درست این است. » و عمل می‌کند. یعنی وقتی می‌خواهد عمل کند، به چیزی عمل می‌کند که باور دارد درست است. حالا ممکن است که واقعا اشتباه هم کرده باشد، ولی رسیده به اینکه واقعا این درست است.

در روند زمان هر قدر معلومات ما بیشتر می شود زمینه کشف مجهولات دیگر فراهم می آید. ما در یک مقطع زمانی فکر می کنیم همه مسائل را حل کردیم ، با نتیجه‌ای که از اینجا می‌گیریم ، می‌رویم جلوتر می‌بینیم همین آگاهی ما کشف کرد که به فلان چیز هنوز پاسخ داده نشده. حالا کوشش می کنیم آن را پاسخ بدهیم. در روند پاسخ دادن به آن ، مسائل دیگری برای ما پیش می آید و این همچنان تداوم پیدا می‌کند .

□ *تضاد...*

■ ببینید دوستان عزیزمان! اینها بیانش ساده است و امروزه که خیلی چیزها روشن شده ساده تر است. به خاطر بسپارید که ما جوان‌های دهه بیست شمسی این مملکت بودیم که تازه از فضای خفقان **رضا خان** بیرون آمده بودیم. جامعه ای که اگر واژه «فرهنگ استعماری» از زبان یک دانش آموز در می‌آمد ،رئیس فرهنگش چنان برافروخته می شد که می‌گفت «غلط کن! این چه حرفی است می زنی ؟!» یعنی در این

حد جامعه بسته بود! یعنی در این حد فرهنگ نازل بود! و امروز شما باید شاکر باشید که چه تجربهٔ عظیمی را پشت سرتان دارید و جوانان امروز ما از چه گنجینه بزرگ فرهنگی برخوردارند که می‌توانند از آن استفاده کنند و برای راه درازی که در پیش دارند کاروان جدیدی را به راه بیندازند.

نقد رفقا ضروری است ،انتقاد از خود ضروری است! اما به خاطر داشته باشید باید توأم با انصاف باشد. اگر اشتباه می بینید ، اگر خطا می بینید، ببینید در چه فضایی انجام گرفته ،در چه موقعیتی و چه کارهایی قبل از آن انجام گرفته و این جوان یا این مرد که تازه قدم به این راه گذاشته با چه توشه‌ای راه افتاده. اینها همه به نظر من کمک می کند به ما که ضمن اینکه برای دیدن مسائل تیز باشیم و انتقاد بکنیم، در عین حال انصاف هم داشته باشیم که آدمها را محکوم نکنیم. ما با آدمها دعوا نداریم. اصلا این دانش زمان است، این فرهنگ زمان است، من پرورش یافته عصر معینی با مجموعه معلومات و دانش های آن زمان هستم . بالنتیجه فضائلم و رذائلم متناسب با آن است. خطاها و درستی‌هایم هم متناسب با آن است.

□ ***کسرایی*** *می گوید :*

من به راه آنچه دانش زمانه ام نموده ، می روم.
من به سوی دیدگان ناغنوده می روم.
تو به راه خویش می روی
من به راه توده می روم.

■ بله ! ما به آن دیدار رفتیم . خیلی برای من جالب بود!

قبل از رفتن ، ما را به همان غذا خوری هتل بردند که چیزی بخوریم . رفیق ما **سی‌مینکو** هم که کنار ما نشسته بود به روسی به **کیا** گفت «به رفیق **عمویی** بگو از این ماهی بخورد، آن را اختصاصی برای ایشان سفارش دادم چون اینها استثنایی

است. » وقتی **کیا** به من گفت ، دیدم یک ماهی کوچولو ، یک کمی بزرگتر از آن ماهی سرخی که توی آن تنگ است ، در یک نعلبکی آنجاست . گفت «این خیلی مقوی است ، خیلی مفید است! و این برای رفیق **عمویی** خیلی خوب است. » حالا این چی بود ، چه خاصیتی داشت...؟ او فکر می کرد ما این بیست و پنج ساله همه انرژیمان را از دست داده‌ایم ، حالا باید تقویت بشویم . پذیرایی بشویم. فقط هم برای من آورده بود.نه خودش ، نه **کیا**، هیچ کدام . من هم تشکر کردم .

از شما چه پنهان من خیلی هم اهل ماهی خوردن نبودم. من فقط در برازجان ماهی خور شدم والّا تا قبل از آن اصلا ماهی نمی‌خوردم . آن هم اجبار بود . چون گوشت وجود نداشت. فقط ماهی قباد و ماهی سرخو بود. ما بالاخره به ناچار خوردیم و خوردیم تا یواش یواش دیدیم نه ، ماهی چیز خوبی است.

من یک چنگال زدم زیرش و تکه کوچکی برداشتم. چنان هم بزرگ نبود که تکه‌اش کنم . همین طور گذاشتم دهنم ، دندان رویش گذاشتم . دیدم خام است. دلم داشت به‌هم می‌خورد . حالا همین طور با دست و پایی که ما می‌زدیم مقداری پایین رفت ، و یک مقداری هم در دستمالی که برداشتم تا دهانم را پاک کنم خالی کردم. بعد به **کیا** گفتم این چی بوداین رفیق **سی‌میننکو** به ما داد؟! گفت این خیلی معروف است ، خیلی هم گران است. کم هم هست. خیلی به تو عزت گذاشتند که ازاین برایت آوردند! گفتم این اصلا عزت خاله خرسه است! من هیچ خوشم نیامد،داشت دلم به هم می‌خورد!

ما رفتیم به ساختمان حزب کمونیست. آنجا غیر از رفیق **پاناماریوف** ، رفقای دیگری هم بودند که معرفی کردند. من **پاناماریوف** را از چهره شناختم . قبلا عکسش را دیده بودم ، او را بجا آوردم . خیلی خیلی گرم هم با من مواجه شد! بعد به روسی گفت که «به رسم ایرانی‌ها رفیق **عمویی** را می‌بوسم! » و دست انداخت گردنم و

روبوسی کرد . به **کیا** گفتم ما در فیلم ها دیده ایم که اینها خودشان هم روبوسی می‌کنند، به رسم ایرانی ها دیگر چیست؟!

به هر حال آن رفقای دیگر هم بودند ، منجمله **کارن بروتنس** که دو تا کتابش به فارسی ترجمه شد. سازمان جوانان حزب هم ترجمه‌اش کرد.

□ *شما روسی بلد بودید؟*

■ من روسی خوانده‌ام ولی خیلی بلد نیستم. نه می‌توانم حرف بزنم، نه خوب می‌فهمم. از لابه‌لای صحبتی که می‌شود فحوای مطالب به دستم می آید . یک سال تمام اوقاتم را صرف زبان روسی کردم ، به نحوی که آن کتاب‌های مقدماتی اش را تمام کردم. ولی چون حقیقتش برایم دشوار بود، ادامه ندادم. کتاب دانشگاه تهران را هم تمام کردم و دیگر به جایی رسید که کتابی بخوانم . در زندان کتاب روسی خاصی نبود . یک کتاب «قزاقان» **تولستوی** بود. بعد فهمیدم که این یک کتاب کلاسیک است.

□ *خیلی سنگین است!*

■ از صفحه اولش نتوانستم جلوتر بروم و تمام روز یک اسلاوار(فرهنگ زبان روسی) کنارم بود. برای همین یک صفحه ۱۰۰ تا ۱۵۰ لغت را به اسلاوار مراجعه کردم. آخر در زبان روسی تمام اسماء صرف می‌شود. اینکه در چه وجهی قرار بگیرد، فاعلی باشد ، مفعولی باشد ،اضافی باشد، مختومه‌های گوناگونی می گیرد. همه اینها را یاد گرفته بودم . خیلی زحمت کشیده بودم . اما یکدفعه برخورد کردم به افعال «ساورشنویت» و «نیساور شنویت» که مفهومش در جمله معلوم می‌شود . خیلی

دشوار بود ! همین یک صفحه سبب شد این کتاب‌ها را بردم گذاشتم در کتابخانه و دیگر به کتاب روسی نگاه نکردم.

□ *رفیق **کیا** بلد بود؟*

■ بله **کیا** بلد بود . به روانی فرانسه بلد نبود ولی خوب بود . آلمانی هم بلد بود ، انگلیسی هم یاد گرفته بود. انگلیسی را در زندان این دفعه یاد گرفت.

□ *زندان چه سودهایی که ندارد!*

■ ولی زبان دانِ ما **طبری** بود . **پورهرمزان** مترجم خوبی بود ، روسی را خیلی مسلط بود والحق من اصلا بعد از اینکه دیدم بعضی از ترجمه‌های **پورهرمزان** تجدید ترجمه شده، گفتم خیلی بی سلیقه بودند! واقعا نمی فهمند که بهتر از **پورهرمزان** نمی‌توانند ترجمه کنند!

به هر جهت ، خیلی گرم ما را پذیرا شدند . مرتب بیان می‌کردند: رفقای **حزب توده ایران** (تا واریش ، تاواریش) . نشستیم و **کیا** گزارشی از فعالیت حزب و مشکلاتی که در جامعه ایران با آن مواجه است ، موضعگیری حزب و دلایل حزب برای اتخاذ این موضعگیری و مواضعی که سایر نیروهای سیاسی دارند، ارائه داد.

□ *بیشترین مشکلاتی که آقای **کیانوری** با رفقای شوروی مطرح می کرد چی بود؟ عمده ترین چیزی که مثلا می‌گفت در این وضعیت این مشکل ماست؟*

■ **کیا** به این مطلب اشاره کرد که غیبت و عدم حضور علنی حزب طی چند دهه در ایران ، موجب شده که مردم ما ، جامعه ما با ادبیات سوسیالیستی و آن حال و هوایی

که قبل از کودتای ۲۸ مرداد در ایران پدید آمده بود خیلی بیگانه شدند. نه اینکه آن زمان خیلی آشنا بودند ، نه ! اصلا فرهنگ آن زمان خیلی پایین تر از این زمان بود ، اما زمینه شنیدن مطالب ، در دسترس قرار گرفتن روزنامه های چپ و اقبالی که این روزنامه‌ها با آن مواجه می‌شدند، این زمان محدودیت بیشتری دارد . منتها **کیا** اظهار امیدواری کرد و آمار ارائه داد که همین روزنامه مختصری که ما به عنوان ارگان حزب ارائه می‌دهیم ، هر قدر زمان می‌گذرد ، طالبین بیشتری پیدا می کند و این الزاما به این معنا نیست که اینها همه چپ‌اند؛ اتفاقا برعکس ، ما شاهد این هستیم که نیروهای غیر چپ، خیلی روزنامه «نامه مردم» را می‌خوانند. این هم یک واقعیت است. مثلا اطلاع داشتیم که مجاهدین اکیدا از خواندن «نامه مردم» منع شده اند ! این را به‌طور رسمی از طرفدارانشان خواسته بودند. بچه های فدایی جز مسئولینشان، بقیه «نامه مردم» را نمی‌خواندند.

□ *منع تشکیلاتی داشت یا نه؟*

■ نه نه ، بیشتر حالت به مسخره گرفتن بود . رفقای بالاترشان «نامه مردم» را به مسخره می گرفتند . هوادارها می‌گفتند اینها ارزش ندارد ، ما روزنامه «کار» را می‌خوانیم . تنها بعد از این که این پلمیک‌ها داشت به یک جاهایی می رسید ، یعنی آن زمانی که ما از طریق یک ارتباط خصوصی ، خودمان به یک جایی رسانده بودیم که آنها انتقاد می کردند به فلان مقاله «نامه مردم» ، ما به فلان نوشته‌ای در روزنامه «کار» انتقادی می‌کردیم و تحریریه‌های دو طرف در پی رابطه‌ای که ایجاد کرده بودیم ،اصولی را رعایت می کردند، آمار کاملا نشان می‌داد که مخاطبین ، بیشتر و بیشتر شده اند و رفقا ، به خصوص دانشجویانمان در دانشگاه تهران بیان می‌کردند که «نامه مردم» توسط هواداران فدایی‌ها خریداری می‌شود .

□ *آن موقع که رفته بودید، رفیق **کیا** برای انتشار «نامه مردم» چقدر آمار داد؟*

■ رقم را به یاد ندارم . نمی‌دانم آنجا چه آماری داد . ولی تا آنجایی که به یادم است یک زمانی صحبت از هشتاد ، نود هزار نسخه بود.

□ *آقای **کیانوری** ادعا می کند که نشریه «نوید» در روزهای آخر به ۲۳۰ هزار تا رسیده بود .*

■ بله این درست است ، این درست است ! به خاطر بسپارید که آن زمان «نوید» یگانه نشریه‌ای بود که می‌توانست این چنین پخش شود و یک چنین مطالبی داشته باشد و بالنتیجه خیلی خیلی خواهان داشت. همه جور خواهانی! شاید بیشترین خواهانش همین هواداران فدایی‌ها بودند .

پاناماریوف صحبتش را به دو قسمت تقسیم کرد ، یکی مربوط به خود حزب ، ترکیبش، کادرهایش ،رهبری‌اش ، کادر سازی و... . خوب این چیز تازه ای نبود؛ رسم فعالیت احزاب کمونیست، روند کادر سازی بود که از بین این کادرها طبعا مسئولین حزبی شکل می‌گیرند. ما هر چه سریعتر باید به روند انتخابی بودن مسئولین برسیم. متاسفانه تا پایان هم ما به این مرحله و جوانگرایی در رهبری حزب نرسیدیم!

□ *این تاکید را هم داشت؟*

■ مؤکد! و در قسمتی هم اشاره داشت به اینکه خیلی بجاست اگر رفقایی که دیگر سنشان زیاد است و به خصوص رفقایی که سال‌های زیادی از محیط ایران به دور بوده‌اند ، با رفقایی که در عملِ فعالیت سیاسی در ایران بودند و تجربیات برخورد با

نیروهای سیاسی این مملکت را داشتند جایگزین شوند . آنجا بود که اشاره گذرایی به ما که زندان بودیم کرد. یعنی مسئولیت‌ها اصلا متوجه این رفقا بشود.

که بعدها وقتی ما آمدیم ایران معلوم شد که **کیا** در سازمان مخفی گزارش بازتری ارائه داده بود . و حالا چه گفته بود که **پرتوی** در بازجویی‌هایش اشاره کرده بود که «قرار بوده **عمویی** دبیر اول حزب بشود! » اصلا من به خاطرم نمی آید که آنجا چنین صحبتی شده باشد.

□ *یعنی اشاره ای که **ایرج** دارد ، (حالا به نظر می‌آید تحریف شده باشد) در همان خاطراتش که گفته «اینها هم جذب شدند. **کیا** ، **عمویی** را برد مسکو تا برای دخترش تحصیلات جور بکند» و امثال این حرف‌ها . این نشان می‌دهد که **ایرج** هم یک بویی برده . انگار فهمیده که از طرف شوروی ها شما مثلا توصیه شده‌تربد!*

■ به طور طبیعی همه احزاب کونیست نسبت به هم دغدغه‌هایی دارند که مطرح می‌کنند و این با دستور یا توصیه به کلی متفاوت است. حالا اینکه **امیر خسروی** در خاطراتش آن جور می‌گوید یا **ایرج** چنان اشاره‌ای می‌کند ، چنین احساسی را همه رفقایمان داشتند که بهای بیشتری به ما داده می شود. حالا چه توسط خود رفقای مسئولی که در ایران هستند مثل **کیا** ، **جوانشیر** ، **بهزادی** و... چه رفقای خارجی هر وقت تماسی دارند . حتی رفقای ویتنامی که اینجا مهمان ما بودند، آمدند دفتر ما و اولین چیزی که گفتند این بود که آن رفقای افسر کجایند؟ گفتم ما خیلی رفقای افسر داریم . گفت نه ، آنهایی که زندان بودند. که ما رفتیم و خلاصه خیلی عزت گذاشتند . یعنی این سابقه ۲۵ سال زندان ما، به عنوان سوژه‌ای در احزاب برادر خیلی مطرح بود .

اما آنچه **پرتوی** در بازجویی عنوان کرد که «**عمویی** قرار بوده دبیر اول حزب بشود» آیا من درآوردی بود؟ آیا از جانب **کیا** در گزارشی که به سازمان مخفی داده بود، اشاره‌ای شده بود؟ من خودم شاهد بیان چنین مطلبی نبودم. اما کاملا متوجه بودم که در گفته‌های **پاناماریوف** مشهود بود که رفقایی که در زندان بودند ،رفقایی که در ایران فعالیت می‌کردند، به لحاظ آشنایی و تجربه‌ای که در برخورد با نیروهای دیگر سیاسی ایران دارند ، در رهبری نقش فعالی داشته باشند ،حضور بیشتری داشته باشند. مثلا او اشاره می کرد به اینکه اغلب رفقایی که در خارج بودند ، در بخش شرقی بودند، هیچ تماسی با غرب نداشتند و حال آنکه آنها برای رفقای حزبی ما که در غرب بودند ، اهمیت قائل بودند . یعنی معتقد بودند اینها در برخورد با نیروهای دیگر هستند.

راست می‌گفت . ما عملا می دیدیم مثلا همین **فرهاد فرجاد** ،یکی از بچه هایی که الان با **بابک امیر خسروی** هست، در بحث کردن در دانشگاه ، آتشپاره‌ای بود! اصلا مگر کسی از پس او بر می آمد ؟! اینقدر در کنفدراسیون تو سر آنها زده بود و از آنها کتک خورده بود که یک چیز دیگری شده بود . خوب خیلی فرق هست بین او و رفیقی که بیست سال در لایپزیک نشسته و مقاله‌ای نوشته . همین می‌شود که وقتی اینجا رای داده می‌شود که رفقا بیایید از ایران بروید! می‌گویند امکان ندارد که ما یک روز دیگر به مهاجرت برویم! چرا ؟! خاطره خوشی از آن ایام ندارند. می‌گویند که آدم در مهاجرت می‌پوسد! به خصوص اینکه در عرصه فعالیت نباشد. تازه اینها رفقایی بودند که در «پیک ایران» کار می کردند، مقاله می نوشتند،مقاله می خواندند ،چه رسد به آن رفقایی که دیگر در این ماموریت ها هم نبودند. اصلا من هر چه فکر می‌کنم نمی‌دانم آدم چه جوری می‌تواند دوام بیاورد؟! چرا اینها عصیان نکردند؟!

من به یاد **قبادی** افتادم . آن رفیق افسر شهربانی که آمد ایران و اعدام شد! هر کاری کردند به ایران بر نگردد ، نپذیرفت. رفقای شوروی گفتند که اگر از شوروی خسته شده ای ما تو را می فرستیم غرب . در درجه اول می‌فرستیم کشورهای سوسیالیستی . اگر نپسندیدی می فرستیمت ایتالیا ،فرانسه و آنجا زندگی‌ات را هم تامین می‌کنیم . گفت الّا بلّا من می‌خواهم بروم ایران . من می‌خواهم بروم آنجایی که رفقایم را اعدام کردند. می‌خواهم بروم به زندانی که الان رفقایم هستند . و آمد در همین زندان و اعدامش کردند!

خوب ببینید! این دیگر نهایتش بود! آن احساس دیگر نهایتش بود! بدون تردید آنهای دیگر هم یک چنین احساس‌هایی داشتند، منتها درجات مختلفی داشته . نمود بارزش موقعی است که برگشت مجدد مطرح می‌شود و هیچ کدام حاضر نیستند بروند! می‌گوید من می‌خواهم اینجا بمیرم! می‌گوید می‌گیرند؟ می‌کشند؟! بگذار اینجا بکشند.

من این را صرفا نه ناشی از به اصطلاح بدی محیط مهاجرت و اینکه با آنها بد رفتار می کردند می دانم، نه، این‌جوری من نمی‌بینم . چون تا آنجایی که من حدس می زنم و از گفته‌هایشان هم بر می‌آمد، همه به درجات گوناگون ، سالی یک بار می‌رفتند استراحت و این استراحت‌ها هم سواحل دریای سیاه در بلغارستان یا طرف شوروی بوده. نقاط خوش آب و هوا . و از امکاناتی هم برخوردار بودند که اگر خیلی بالا نبوده ولی خیلی پایین هم نبود و اینها هم آدم‌های متوقع که زندگی آنچنانی داشتند نبودند که به خاطر یک چنین چیزی از وضع آنجا ناراضی باشند. نه به نظر من ، از بی‌عملی، از آن چیزی که با گذر زمان آدم را می‌پوساند ناشی می‌شود.

اینها همه آدم‌های با انگیزه ای بودند که به این راه آمدند و همین انگیزه ها اینها را به انواع گرفتاری‌ها کشانده. از قیام خراسان گرفته تا آذربایجان ،کردستان عراق و...

می‌روی خارج به امید اینکه دوباره برگردی کار بکنی. ولی یکباره این زمان به چقدر برسد ؟! ما مهاجرینی از حوادث آذربایجان ، از سال ۱۳۲۵ داشتیم، بعد سال ۱۳۲۷ را داشتیم، کودتای ۲۸ مرداد سال ۱۳۳۲ را داشتیم...

□ *زمان **میرزا کوچک خان** هم داشتیم.*

■ قبلش هم بود ولی زمانِ مربوط به **حزب توده ایران** را گفتم. آن طرفش دیگر به حزب کمونیست و **سلطان‌زاده‌ها** و **کامران‌ها** و **سیروس بهرام‌ها** و... می‌رسد.

خوب به نظر من مسئله ممکن است اینجا و آنجا مربوط به عدم رضایت از مسئولین شوروی یا شرایط دشوار دوره های جنگ در آنجا باشد، ولی بیش از هر چیز ناشی از آن عدم فعالیت ، آن بی عملی و بیکار بودن، آن بیگانه شدن از خود است . اصلا در مهاجرت هیچ ، در همین فاز، اگر من در همین خانه بنشینم و کار نکنم، اصلا آن روز احساس می کنم پوچ شدم، عبثم ! فقط کتاب خواندن آدم را ارضاء نمی کند. آن موقع که می نشینی چهار تا جمله می نویسی، چهار تا جمله ترجمه می‌کنی ، می‌خوانی، عوضش می کنی، دو نفر می آیند اینجا می‌خوانند و می‌گویند «عمو من بروم یک کپی از این بردارم» و... به نظر من اینها انگیزه زندگی به آدم می دهد. به خصوص آن زمانی که آدم در ارتباط با انسان‌هاست. نه فقط با کاغذ و قلم ، گفتگوبا افراد، درگیری با مسائل روز ،آشنایی با روحیات افراد و... این به نظر من جوهر زنده و زندگی یک انسان مبارز است. ما به این شکل عادت کرده ایم و وقتی که این وجه زندگی از ما گرفته یا به نحوی سلب شود، آدم احساس مردگی می‌کند.

اشاره کردم به اینکه صحبت **بوریس پاناماریوف** از دو قسمت تشکیل می‌شد، بخشی مربوط به مسائل تشکیلاتی و کادرسازی ها و فراهم آوردن نیروی لازم در

بخش مسئولین حزبی و حتی فراتر از آن ، جوانگرایی در رهبری حزب بود. او خیلی علاقه‌مند بود که توسط حزب به آن دسته از نیروهایی که در جریان عمل روزمرهٔ محیط اجتماعی خودِ ایران بوده‌اند، بها داده شود. و احساس می شد که بیشتر نظر این است که رفقایی که بنا به دلایل گوناگون از جمله مهاجرت ، از فعالیت داخلی دور بودند ، بیشتر در کمیسیون‌ها فعالیت کنند. از دانش و تجربه اینها استفاده بشود؛ ولی در کار تشکیلاتی، در احراز موقعیت‌های پر مسئولیت، رفقایی که عمدتا در ارتباط با نیروهای مبارز ایران بودند- اعم از موافق یا مخالف – و تجربه ویژه ای را کسب کرده اند، می توانند کمک زیادی برای کار تشکیلاتی و پیشبرد فعالیت سیاسی باشند.

در بخش دیگر، **پاناماریوف** روی شعار «جبهه متحد خلق» خیلی تکیه می کرد و دقیقا همان چیزی بود که بعدها در یکی از «پرسش و پاسخ»های **کیانوری** در توضیح همین مسئله «جبهه متحد خلق» منعکس شد. و ترکیب این جبهه را علاوه بر **حزب توده ایران**، «سازمان فداییان خلق» ـ که آن موقع لفظ «چریک»ها را هم داشت ـ یعنی «سازمان چریک‌های فدایی خلق» و «سازمان مجاهدین خلق» ، علاوه بر اینها نیروهای ترقی خواه جنبش مسلمانان و جنبش اسلامی می‌دانست و اعتقاد بر این داشت که این واقعیت را بایستی ما مارکسیست‌ها به خاطر داشته باشیم که افزون بر مارکسیست‌ها در هر جامعه‌ای، نیروهای ترقی خواه دیگری وجود دارند که برخوردار از ایدئولوژی دیگری هستند و در مرحله‌ای از مبارزات که مسائل مبارزه با امپریالیسم و مبارزه برای جامعه دموکراتیک، یعنی در واقع یک «انقلاب دموکراتیک ملی» در کشور بخواهد انجام بگیرد، نادیده گرفتن این نیروها، کمونیست‌ها را از بسیاری از همرزمانی که در این مرحله می توانند همراه باشند، محروم می‌کند.

با توجه به جامعه ایران و آن جایگاهی که در حال حاضر مذهب دارد – قبل هم همین طور بوده ، ولی حالا نمود بیرونی پیدا کرده ـ و در واقع به صورت جمهوری

اسلامی تجسم پیدا کرده، مردم ایران مردم مذهبی هستند ولی الان این حالت مذهبی بودنشان یک بروز خیلی زیادی پیدا کرده ، به خاطر اینکه حکومت از همین قماش شده، تبلیغش این چنین می شود و به این عرصه میدان داده می‌شود، در این میدان نیروهای مارکسیست باید آن نیروهای ترقی خواهی که آن میان هستند پیدا کنند و زمینه را برای گسترش این جبهه با مشارکت آنها فراهم بکنند تا آن جبهه بتواند جبهه کار آمد و گسترده ای باشد.

در زمینه اتخاذ مواضع حزب نسبت به انقلاب و نسبت به جمهوری اسلامی ، **پاناماریوف** اعتقاد داشت بر اینکه موضع حزب کاملا درست بوده. گفت ما کاملا در جریان انتقاداتی هستیم که ازناحیه چپ متوجه **حزب توده ایران** می‌شود. ولی آن چپ را ما چپ ـ به اصطلاح- سالم نمی بینیم. نظرش بیشتر آن حملاتی بود که آن موقع از ناحیه «فدایی»ها ،«پیکاری» ها ،«رزمندگان» و حتی از ناحیه «سازمان انقلابی» که بعدا به صورت «رنجبران» در آمدند ، به حزب می شد. گفت انتقادات و حملاتی که اینها می کنند در واقع نشانه عدم شناختشان ، چه در مورد خود جنبش چپ و چه در مورد انقلاب ایران و ترکیب طبقاتی – اجتماعی این جنبش است .

شعار«اتحاد- انتقاد» یا «انتقاد- اتحاد» متناسب با شرایط معین ،شعار صحیحی است . مادام که حزب به این نتیجه نرسیده که «چرخش به راست» تکمیل شده و جناح راست جمهوری اسلامی همه قدرت ها را به چنگ گرفته و بالنتیجه راه گسترش دستاوردهای انقلاب به کلی مسدود شده، این شعار هنوز کارآمد است. ولی آن زمان که این چرخش کامل شد و تمام مواضع قدرت در دست نیروهای راست- اگر چه با چهره چپ و انقلابی- قرار گرفت، آن موقع دیگر این شعار «اتحاد و انتقاد» صحیح نیست، با واقعیت تطبیق نمی‌کند. چون شما با چه می خواهید اتحاد داشته باشید ؟ یک محمل عینی وجود ندارد که شما روی آن تبلیغ کنید، کار کنید.

البته آن موقع **پاناماریوف** به آن غلظت قضیه را نمی دید چون هنوز سال ۱۳۵۸ بود. هنوز سال‌های خوبی را در پیش داشتیم. سال شصت هنوز نیامده بود که شاهد این باشیم که چه خبر دارد می شود، چه اتفاقاتی می‌افتد؟!

□ *آقای **کیانوری** در آن صحبت با **پاناماریوف** در مورد شاخه مخفی و نظامی هم چیزی گزارش داد یا نه. گفت ما یک عده نظامی داریم؟ از او پرسیده شد که در قشرهای مختلف آیا نفوذ کرده‌اید یا نه؟*

■ گفتگوی رفیق **کیا** با **پاناماریوف**، گفتگوی دو رفیق کمونیست است، نه ارائه گزارش، آن هم گزارش مسائل درون سازمانی **حزب توده ایران**!

□ *کلا در آن جلسه با **پاناماریوف**، یا بعد از اینکه از جلسه آمدید، چیز دیگری که مطرح نشد.*

■ نخیر نخیر. معمولا تعارفاتی که درباره **حزب توده ایران** هست، مطرح می‌کرد. سابقه مبارزاتی‌اش، اینکه چه جایگاهی در جنبش کمونیستی دنیا دارد، به ویژه وجود یک حزب کمونیست و فعالیت‌هایش در ایران که یک کشور همسایه اتحاد جماهیر شوروی هست، خیلی حساسیت برانگیز است. مبارزه **حزب توده ایران** در ایران همسایه، با حزب کمونیست فرانسه‌ای که در غرب اروپاست، فرق دارد. یعنی در واقع داشت به ما می گفت که ما روی مسائل و سیاستگذاری‌های **حزب توده ایران** در ایران حساسیت داریم. این نکتهٔ قابل توجهی است!

□ *یا روی آن حساب می کنیم.*

■ دو وجه دارد، یکی جنبه های مثبتش برای ما خیلی اهمیت دارد و بها می دهیم و دیگر جنبه‌های منفی‌اش که اصلا به ما هم لطمه می‌زنند، تحریک آمیز نباشد توطئه‌گرانه نباشد.

*□ در همان جلسه بود که در مورد ۱۳ آبان رهنمودهایی دادند یا بعداً رفیق **کیا** به شما گفت که نظر رفقای شوروی چه بوده؟ شما قبلاً به ما گفته بودید وقتی برگشتید ایران ، رفیق **کیا** به شما گفت که نظر رفقای شوروی این است که از اشغال سفارت حمایت کنیم تا اتفاقی که برای سفارت آمریکا افتاد برای سفارت شوروی نیفتد! می‌خواهیم بدانیم این ماجرا در این جلسه عنوان شد یا ...؟*

■ من چنین مطلبی را به یاد ندارم، به گمانم نقل قول‌ها به صورت «توصیه از جانب رفقای شوروی» تحریف شده است. ولی اتفاقا رفقای شوروی خیلی نگران این مسئله بودند ! اولا به گروگان گرفتن را یک پدیده استثنایی قلمداد می کردند. تظاهرات علیه فلان سفارتخانه ، بارها در دنیا رخ داده بود. حتی رفتن و اشغال کردن و بیرون کردنشان در دنیا سابقه داشت...

□ رو کردن سندها هم سابقه داشت؟

■ بله این هم سابقه داشت. اما دیپلمات ها و کارمندان آنجا را به گروگان گرفتن! این بی‌سابقه بود! آن هم در رابطه با کشوری مثل ایران، در مقایسه با غولی مثل ایالات متحده ! اصلا داستان فیل و فنجان بود! در دنیا یک چنین اتفاقی رخ دادن خیلی چیز عجیبی بود ! شوروی ها حساب می کردند این کار علاوه بر اینکه کار بی سابقه‌ای هست ،به هیچ وجه از اینها بعید نیست که عینا این بازی را با شوروی در بیاورند .

□ *برای اینکه امریکا را راضی کنند وتعادلی ...*

■ «نه شرقی نه غربی» ! ضمن اینکه رفقای شوروی عمیقا اعتقاد داشتند که اینها ضد کمونیست‌اند . با وجود آن خصایص ضد امپریالیستی که اینقدر بروز می دادند، اما به شدت اینها ضد کمونیست هستند .

□ *شما خبرداشتید از این مسئله؟ یا همان موقع در همان جلسه فهمیدید که اشغال انجام شد؟*

■ ما در هواپیما مطلع شدیم. علی‌ایحال، خیلی نگران این مطلب بودند و طبعا یک چنین کاری را تایید نمی‌کردند . البته به ما می گفتند حزب باید خودش در قبال این مطلب موضع بگیرد.

□ *در صورتی که شما مخالف بودید فکر می کنم.*

■ می دانستیم این مثل هیزمی که به آتش این جنجال‌ها زده می‌شود، دودش به چشممان خواهد رفت. گرفتاری برایمان ایجاد خواهد کرد. ولی به هر حال وضعی پیش آمده بود که حزب نمی توانست خودش را کنار بکشد . به همین علت هم همان موقع از سوی حزب به من ماموریت داده شد که جلو سفارت سخنرانی بکنم.

□ *زنده یاد **خلخالی** می گفتند.*

■ واقعا ببینید چه جور در تاریخ ثبت می‌شود! همین دیروز این آقایان **رجایی** و **حیدری** مصاحبه‌ای با من داشتند ، بعد از صحبت‌هایمان آقای **حیدری** گفت «راستی آقای **عمویی** یک سؤال من دارم چرا این شعار مطرح شد؟ »چی بگویم به تو آقای

حیدری؟ گفتم «آقا من مخالف بودم و جلو آن را هم گرفتم». ولی خوب مثل حرفی است که از دهان آدم بیرون بیاید دیگر نمی شود برش گرداند.

□ *سؤال آخر را هم کوتاه می‌پرسم که شما هم خسته نشوید . از جلسه که آمدید بیرون ، با **کیا** که صحبت می کردید چه صحبتی شد ؟ مثبت بود جلسه یا...؟*

■ بله! به نظر ما مثبت بود. البته یک مقدار هم تحت تاثیر آن حرمتگذاری‌ها و تعریف‌ها و ... از **حزب توده ایران** بودیم که **حزب توده ایران** اصلا در خاورمیانه حزب تراز نوین است ، اشاره‌ای داشت به اینکه رفقای عراقی، سوری، یمنی و... مشتاق رهنمودهای حزب هستند ؛ بدون تردید **حزب توده ایران** به لحاظ اشرافی که نسبت به مسائل منطقه دارد می‌تواند کمک های زیادی بکند، دیدار با اینها به مجموعه جریان کمک می‌کند، شاید حزب بعد از عبور از مراحل نخستین -که خوب راست می‌گفت ما تازه مسئله سازماندهی خودمان مطرح بود - بپردازد به مسائل بیرونی، یعنی در روابط بین المللش بیشتر به این مسئله توجه کند و بین الملل برای **حزب توده ایران** عمدتا خاورمیانه است، عراق است ، سوریه است، یمن است . حتی به ترکیه و یونان هم اشاره می کرد، افغانستان که طبیعی است. مثلا در مورد افغانستان می گفت که رفقا به خاطر داشته باشید که رفقای افغانی در واقع توده ای اند و حزب مسئولیت سنگینی در قبال آنها دارد!

ما تازه دوروز و نصفی بود شده بودیم خودمان که حالا بایستی به یک چنین عرصه وسیعی بپردازیم! واقعا وقتی بیرون آمدیم **کیا** به من گفت عمو جان می‌بینی! رفقا واقعا انتظارات زیادی از حزب دارند. ما می توانیم جواب این مطالب را بدهیم؟ گفتم چرا که نه! ما اول خودمان را شکل بدهیم، به همه اینها باید بپردازیم. می‌توانیم! حتما می توانیم!

خوشحال بودیم ، واقعا خوشحال بودیم! چه از لحاظ اعتبار جهانی که حـزب دارد، یعنی از زبان یک فرد مسئول حزب کمونیست شـوروی ، موقعیـت حـزب را در درون احزاب کمونیست منطقه می شنیدیم، چه بعدا که خودم به سفر رفتم شاهد ایـن مطلـب بودم. در ارتباط با رفقای عراقی، در ارتباط با رفقـای سـوری ،یعنـی درسـت بـه نـام خودشان **عزیز محمد** ، **خالد بکتاش** ، **جورج حاوی** ، **حواتمه** و **حبش** و حتی **عرفـات** که واقعا چه می کرد! که بعد **حواتمه** به مـن گفـت از آن بازیگرهاسـت **عرفـات**! از آن بازیگرهاست!

به هر جهت برای ما این دیدار واقعا خیلی خوشـحال کننـده بـود! دیـدار را مثبـت ارزیابی کردیم. ایرادی از مشی حزب ، به صـورت انتقـادی در صـحبت‌های رفیقمـان **پاناماریوف** ندیدیم. اما در صحبتش اشاراتی دربـاره امـر کادرسـازی، جـوانگرایی و بالاتر کشیدن جوان‌ترها در رهبری حزب بـود. و همـین هـم شـد کـه مـا تعـداد قابـل توجهی از رفقای جوانمان را با پلنوم هفدهم سرانجام بالا کشاندیم و در همان‌جـا هـم به عضویت مشاور کمیته مرکزی رساندیمشان . خیلی‌ها اصـلا برایشـان حیـرت آور بود! و این نتیجهٔ بحث‌هایی بود که ما در هیئت سیاسـی انجـام دادیـم و رفقـا موافقـت کردند.

۱۰

سفر به شوروی و آلمان دموکراتیک

۸۳/۳/۲۶

*□ امروز ۲۶ خرداد ماه ۱۳۸۳ است. آقای **عمویی** ، خاطراتتان به آنجایی رسید که جلسه‌ای با **پاناماریوف** داشتید و صحبت‌هایی با دکتر **کیانوری** و اینکه در این دیدارها چه احساس مسئولیت سنگینی داشتید... روزهایی را که در شوروی بودید پی می‌گیریم .*

■ فکر می‌کنم در جلسه گذشته درباره دیداری که از یک «ساوخوز» به عمل آوردیم توضیح دادم . نکته جالبش، مذاکراتی بود که با رفیق **جلیلی** نماینده «حزب دموکراتیک خلق افغانستان» داشتیم و نظرات تندی که او داشت . بعد هم در شبی که من به دلیل خستگی استراحت کرده بودم ، آقای **کیانوری** رفته و با او صحبت کرده بود و فردای آن روز برای من توضیح داد که متاسفانه نظرات این رفقای افغانی ، خیلی به دور از واقعیات جوامع ماست ! در نحوه اتخاذ موضع **حزب تودهٔ ایران** در ایران ، با همه ظرافت‌هایش ، باز بعضی جاها احساس می‌شد که واقعیات درست در نظر گرفته نشده ، حالا در افغانستانی که از نقطه نظر جنبه‌های عقب ماندگی ، سنت‌گرایی و نقش مذهب در آنجا ، خیلی خیلی در اینگونه موارد از ایران غلیظ‌تر است ، آن وقت این آقایان ، رهبری حزب را به دست گرفته و می‌خواهند این چنین عمل بکنند ! و خیلی ضروری است که ما بتوانیم یک نشست رسمی با رفقای افغانی داشته باشیم تا شاید بتوانیم آنها را به چگونگی کار کمونیست‌ها در یک جامعهٔ آسیایی ، عقب مانده و مذهبی بیشتر واقف بکنیم.

در برنامه ، دیداری از آرامگاه **لنین** برای من گذاشته بودند . چون آقای **کیانوری** قبلا آمده و دیده بود، برای آنها این چیزها کهنه بود ولی برای من تازگی داشت و علاقه‌مند بودم . کسی به نام **بارانوف** که فارسی را خیلی خوب بلد بود مرا همراهی کرد و به میدان سرخ برد .

آرامگاه **لنین** که خودشان به آن «ماوزلی» می‌گویند، در میدان سرخ نرسیده به کاخ کرملین بود. خیلی بنای بزرگ و باشکوهی نیست ، اما خود فضایش فضایی است که واقعا انسان را می‌گیرد! عده زیادی مشتاقان دیدار **لنین** همه روزه از صبح صف می‌کشند و به نوبت از یک در وارد می‌شوند و از پله‌هایی بالا می‌روند که در یک سمت آن ، جسد مومیایی شده **لنین** درون یک محفظه شیشه‌ای قرار دارد . از بالای سر **لنین** دور می‌زنند ،از پله‌هایی پایین می‌روند و از در دیگری خارج می‌شوند که در واقع معبری است که پلاک‌های دیگر رهبران حزب کمونیست شوروی آنجاست .یعنی خاکسترشان در محفظه‌هایی است که بالای هر یک نام و سال تولد و سال در گذشتشان مشخص شده.

□ ***تروتسکی*** *که آنجا نیست؟*

■ خیر، **تروتسکی** آنجا نیست . اصلا گمان نمی‌کنم جسد **تروتسکی** در شوروی باشد.

□ *جسدش باید مکزیک باشد ، می‌خواستم ببینم پلاکش هست؟*

■ نخیر، نخیر. آن پلاک‌ها بر اساس وجود خاکسترهاست. از تعدادی از آنها به نسبت اهمیتشان نیم تنه‌ای هم هست اما همین طور که پیش می‌رود، فقط تبدیل به پلاک

می‌شود. آنجا چهره‌های زیادی وجود دارد؛ ولی چه دلیلی دارد که پلاکی از کسی باشد که آسیب‌های زیادی به روند پیشرفت انقلاب اکتبر زد؟!

□ *شما اصلاً وجود آرامگاه و آن مومیایی را یک چیز مذهبی ندیدید؟ یا اینکه خودتان هم در آن شور و جذبه شریک بودید؟*

■ چرا، فضا مرا هم گرفته بود، واقعیت این است. اصلا یک جاذبه ویژه‌ای دارد! حالا نمی‌دانم ما این را چگونه تعبیر کنیم؟ آیا این را یک چیز جادویی تلقی کنیم؟ آیا یک چیز عرفانی بگیریم؟ آیا یک چیز مذهبی بگیریم؟ نه، من هیچ‌یک از اینها نمی‌گیرم.

به نظرم انسان بر خوردار از عواطفی است که این عواطفش می‌تواند در لحظات معینی رقّت خاصی پیدا کند و با آن باورداشتی که نسبت به شخص **لنین** برای کمونیست‌هایی از نوع ما وجود داشت و دارد ،خواه ناخواه وقتی با جسد مومیایی و چهره‌اش مواجه می‌شویم بازتابی این‌چنین دارد . ما مقداری از آثارش را خوانده و مبنای معتقداتمان شده، راهمان را هم بر اساس این اندیشه‌ها تعیین کردیم و با همه دشواری‌هایش طی کردیم ،تحمل کردیم. حالا مواجه شدیم با خودش! من این را یک جنبه مذهبی تلقی نمی‌کنم. ولی فضایی ایجاد می‌شود که واقعا روی آدم خیلی تاثیر می‌گذارد ، خیلی زیاد !

اینکه از آرامگاه **لنین** و وجود جسد مومیایی شده‌اش در آنجا بهره‌برداری سوء می‌شود ، من چنین باوری ندارم؛ چون اصلا افراد،پیش از اینکه بیایند آنجا را ببینند ، همین احساسات را بیرون داشتند . شما نمی‌دانید این صفی که در میدان سرخ ، در انتظار رسیدن به‌آنجا بود طولش چقدر بود ! و وقتی من از **بارانوف** پرسیدم که آیا امروز روز خاصی است که اینطور است ؟ گفت نه، همه روزه اینطور است . فقط اهالی مسکو هم نیستند ، از جاهای دیگر هم برای این دیدار می‌آیند .

به هر جهت شاید برای کسانی چنین تعبیر بشود که این درواقع کعبه آمال کمونیست‌هاست.

اما بودنش و اینکه چه ضرری می‌زند ، ممکن است این اندیشه را به وجود بیاورد که نوعی «کیش شخصیت» را تقویت می‌کند . اما کسی که رفته ، دیگر از این کیش ، از این کولت cult نمی‌شود هیچ سوء استفاده‌ای کرد. مگر کسانی که بر سر کار باشند و از وجود چنین شخصیتی بخواهند بهره برداری ویژه‌ای بکنند . این دیگر بستگی به پتانسیل دموکراتیک آن حزب دارد که تا چه اندازه به اشخاص میدان بدهد که از این شخصیت‌ها بهره‌برداری کنند و افراد را تحت تاثیر قرار بدهند.

من فکر می‌کنم کمونیست‌ها چوب‌های خشک نیستند . کمونیست‌ها هم مثل همه انسان‌ها مجموعه‌ای از تعقل ـ که تفکر را ایجاد می‌کند ـ و عواطف و احساسات هستند.

مارکس عبارتی دارد که می‌گوید انسان هستی یگانه‌ای است که دارای دو وجه است ، وجه راسیونال (عقلانی) و وجه اموشنال (عاطفی) . تعادل این دو ، انسان متعادل را به وجود می‌آورد . هر کدام به دیگری بچربد این فرد دچار یک نقص است . اگر جنبه راسیونال بچربد تبدیل به خط‌کش محاسبه می‌شود ، همه چیز باید برایش دودوتا چهارتا باشد و در برخورد با بسیاری از مسائل انسانی ، بی‌تفاوت رد می‌شود . «به من مربوط هست یا نیست» اگر مربوط هست با محاسبه معین پاسخگوی آن مشکل خواهد بود ؛ اگر نیست از کنارش می‌گذرد ، هر چند که سرنوشت کسی در بین باشد . اگر وجه اموشنال مسلط باشد، در بسیاری از موارد اصلا تفکر و تعقلش حکم صادر نمی‌کند ، حتی اگر بکند احساساتش موجب می‌شود که فراتر و جلوتر از آن برود.

به هر جهت ، فکر می‌کنم این مطلب در کتـاب روانشناسـی اجتمـاعی مارکسیسـتی بود. نکته جالبی بود و من هم گاه با یک چنین حالاتی در بین دوستان خودمان مواجه شده‌ام . برخی رفقای خودمان یا کسانی که به هر جهت داعیه چپ بودن دارند ،گـاهی آنقدر در برخورد با مسائل اجتماعی خشک هستند که گویی در آنهـا هـیچ احسـاس و عاطفه‌ای وجود ندارد.

بگذریم از این مطلب. به هر حال نکته‌ای که در این دیدار یک ساعتهٔ آرامگـاه **لنـین** برای من جالب بود این بود که در مراجعت ، مواجه شدم با چند جـوان بلنـد بـالا ، بـا چهره‌های سـفید ، موهـای طلایی،گیتـار بـر دوش ، آدامـس در دهانشـان چلـق چلـق می‌زدند! من به **بارانوف** گفتم ظاهرا بازار توریسم اینجا گرم است ! خندیـد، گفـت نـه اینها جوانان خود ما هستند . گفتم پس چرا اینطوری ؟ با یک شـلوار جـین و این‌جـور جلف آدامس جویدن و ...؟!

حالا شاید من زیادی خشک بودم و نبایستی اینگونه داوری می‌داشتم. به هر حـال پرورش و آموخته‌های ما چنین بـود. مضـافا مـا تیپ‌هـایی هسـتیم کـه ایـام رهبـری **استالین** را پشت سر گذاشتیم، کادرهای **حزب تودهٔ ایران** بودیم و **حزب تودهٔ ایـران** هم در بین احزاب کمونیست دنیـا در دهـه ۱۳۲۰ خورشـیدی جـزو بـارزترین احـزاب طرفدار حزب کمونیست اتحاد شوروی و **استالین** بود.

گفتم پس چرا اینطور است ؟ گفت که این جوانان ما نمی‌دانند که پدرانشـان بـا چـه مشقاتی این شرایط را برایشان فراهم آورده‌اند! گفتم خوب چرا نمی‌دانند ؟ چـه کسـی مقصر است ؟ آیا تاریخشان را نمی‌دانند ؟ نمی‌دانند اتحاد جماهیر شوروی چگونه بـر پا شد و «کمسومول»، در رقـم میلیـونی بـه دعـوت حـزب لبیـک می‌گفـت و می‌رفـت سیبری و شاق‌ترین کارها را انجام می‌داد تا اتحاد جماهیر شوروی امروزی بـه‌وجود آمد؟! نمی‌دانند پس از انقلاب چه قحطی وحشتناکی در ایـن کشـور بـه‌وجود آمـد کـه

لنین مجبور شد سیاست نوین اقتصادی «نِپ» را اجرا بکند، که همین مبنای اختلاف در درون حزب شد؟ **بوخارین** از آن طرف، **لنین** از این طرف، **استالین** از آن طرف، **تروتسکی** از این طرف؟! داستان ترک «نپ» یا ادامهٔ «نپ»، مقوله بزرگی شده بود که چالش درونی حزب شد و منجر به اقدامات ناگزیر و زیاده‌روی‌هایی شد. خوب، اینها این موضوع‌ها را نمی‌دانند؟! چرا نمی‌دانند؟ چون بزرگترهایشان وظیفه‌شان را انجام ندادند؛ یادشان ندادند.

به هر حال این مطلب برای خود من یک لحظه جالب بود که آیا واقعا نبایستی با این مسائل جدی‌تر از این برخورد بشود ؟ آیا مثلا اینجا فقط رضایت یکی مثل من ، عضو **حزب تودهٔ ایران** ، با همه اشتیاقی که به مکتبش و اتحاد شوروی دارد کافی است؟ اینکه احیانا از دهان کسانی ایرادی می‌شنیدیم ، عیبی می‌شنیدیم ، واقعا برای ما اصلا باورکردنی نبود ، مگر امکان دارد ، اصلا مگر چنین چیزی امکان دارد ؟

خوب کسانی که از مهاجرت مراجعت کرده‌بودند، هرگز چیزی از کاستی ها بیان نکرده بودند. واقعا خیلی دلم می‌خواست کسانی که اطلاعات و وقوف بیشتری از عملکرد سوسیالیسمِ واقعا موجود داشتند با ما و رفقای حزب در میان می‌گذاشتند . نه اینکه بیایند مقاله بنویسند و معایب اتحاد شوروی را اعلام و روی آن تبلیغ کنند ، ما خواستار عَلَم کردن کاستی‌های اتحاد شوروی نبودیم ولی حداقل بدانیم و متوجه باشیم که چرا پس از این سال‌ها هنوز این چنین کاستی‌هایی وجود دارد . آن وقت می‌شود به عنوان یک چالش ، به بهترین شکل مطرح بشود.

اصلا این پلمیک بین احزاب می‌تواند زنده کننده خیلی چیزها باشد ، به جای اینکه ما فکر بکنیم فقط استفاده از تجربیات ارزندهٔ حزب کمونیست اتحاد شوروی، کافی است؛ چون موجب می‌شود که یواش یواش این عنصر در ذهن ما شکل بگیرد که هر چه حزب کمونیست اتحاد شوروی گفت ، درست است .

از جانبی می‌شود به این نتیجه رسید که چون کادرهای ورزیده ، باسابقه و منابع اطلاعاتی بیشتر و نظریه پردازان پخته تری دارد، منطقا بایستی نظریات و تحلیل‌هایی که ارائه می دهد بهتر باشد . ولی ما می‌دانیم هیچ وقت «حسن مطلق» ، «درستِ مطلق» وجود ندارد . همواره این مسائل نسبی است. یک عنصر خطا هم می‌تواند وجود داشته باشد . به اصطلاح خودمان «بشر جایزالخطاست» آنها هم بشرند،آنها هم می‌توانند گرفتار مسائل اخلاقی و احساسیِ ویژۀ خودشان بشوند ، می‌توانند گرفتار رفیق بازی و باند بازی بشوند. هیچ نمی‌شود آیه صادر کرد که نه ، چنین نمی‌شود .

ما تاریخ حزب کمونیست شوروی را که می‌خوانیم می‌بینیم **استالین** در مراسم سوگ در گذشت **لنین** ، جملات معینی را بیان می‌کند ، یک جا می‌گوید «ما کمونیست‌ها از سرشت ویژه‌ایم». خوب ببینید! به اعتباری ،جنگ دوم جهانی نشان داده بود که واقعا اینها با آنهای دیگر فرق دارند و چه جور جانبازی می‌کنند! شما کتاب «انسان واقعی» **الکسی مرسیف** را که می‌خوانید حیرت می‌کنید! مگر بشر اینقدر می‌تواند ظرفیتش بالا باشد؟ولی از جانب دیگر نه، ما از سرشت ویژه نیستیم ، ما هم مثل آدم‌های دیگرهستیم ، منتها معایب جامعه را تشخیص دادیم و راه برون رفت از این بحران هم چنین به نظرمان رسیده، لذا روی این کار می‌کنیم . زندگی امروزمان را برای فردای این جامعه حاضریم فدا کنیم .این تفاوت را داریم .

ولی «سرشت ویژه» یعنی آن معایبی که در انسان‌ها وجود دارد مطلقا در ما نیست، و حال آنکه هست . در میان ما هم دروغگویی هست ، در ما هم افراد جاه طلب هست ، ما هم آدم‌هایی داریم که دنبال فراکسیونیسم می‌روند. اینها چیزهایی است که تاریخ احزاب نشان می‌دهد. احزاب کمونیست یعنی آدم‌هایی که برای همه گونه جانبازی آماده شدند و عملا هم نشان دادند که چنین کردند . اما در عین حال مراحلی هم دیده شده که این نقایص بروز کرده و نمایان شده.

□ شما آن روند را اشاره می‌کنید که «چگونه فولاد آبدیده شد»؟

■ یک رشته چیزها کارهای تبلیغاتی است ، کارهای ترویجی است ، رفته رفته جنبه آموزشی و پرورشی علمی به خودش می‌گیرد . خوب مسلما مسائل پداگوژیک یک جایگاه ویژه‌ای دارد و در امر پرورش نسل‌ها بیشتر باید به آن توجه شود . ولی به هر حال ، این هشیاری هم باید وجود داشته باشد که از واقع بینی دور نشویم. اگر چشم دیدن واقعیات را داشته باشیم ، بالنتیجه معایب را هم می‌بینیم و برای از بین بردنش تلاش می‌کنیم. اگر نبینیم و یا جلو چشممان گرفته شود، فکر می‌کنیم وجود ندارند، بالنتیجه برنامه‌ای هم برای بر طرف کردنش نمی‌توانیم بگذاریم.
خوب برای خود من واقعا این سفر اتحاد شوروی خیلی ارزنده بود!

*□ **بارانوف** چه جوابی به شما داد ؟ چون هم آموزش و پرورش رسمی دست دولت بود و همه چیز .....*

■ هیچ ، هیچ جوابی نداشت! بله همه چیز دست دولت بود، برنامه‌ریزی ، اصلا برنامه‌ریزی کلان از سیر تا پیاز در برنامه‌ها ملحوظ می‌شد. و همان دستاوردهای ارزشمند و بزرگی که طی سال‌های پیروزی انقلاب داشت، موجب شد که آموزش و پرورش رایگان ، بهداشت رایگان ، مسکن تقریباً رایگان - با درصد ناچیزی از درآمد فرد - از بین رفتن بیسوادی و ... عملی شود. اینها واقعا مسائل مهمی است ! آدم آمارها را که در نظر می‌گیرد ،خیلی کارهای بزرگی انجام شده بود ! چرا به این یکی توجهی نشده بود ؟ آیا به ذهن کسی نرسید؟

به نظر من مشکلاتی که موجب شده بود انرژی حزب معطوف به یک سلسله مسائل و اختلاف نظر درونی بشود، سبب شد که یک رشته کارهایی که به هیچ وجه با دموکراسی سوسیالیستی همخوانی ندارد انجام بگیرد که به قیمت جان بسیاری افراد بی‌گناه تمام بشود ، که چه بسا کمونیست‌های مومنی هم بودند!

و همین است که نسلی با یک رشته روحیات ناقص و معیوب بار می‌آید! کما اینکه ما خودمان با همان روحیات بار آمده بودیم ، و همزمان با این مطلب ، بسیاری از رفقای ما هم اصلا پذیرای چنین چیزی نبودند . یعنی نمی‌پذیرفتند که این ایراد است ، می‌گفتند خوب کار زیادی شده و در قبال این همه دستاورد، این چیزی نیست . ولی به نظر من چیزی هست. چون لطمه خودش را بموقع می‌زند. مثل موریانه جامعه را می‌خورد.

□ *سال ۱۹۹۱ گروه موسیقی اسکورپیونز (عقرب) سفری به مسکو می‌کند و بر خرابه‌های سوسیالیسم آوازی را می‌خواند به نام «طوفان تغییر» در این نمایش تلویزیونی صحنه‌هایی از فروپاشی شوروی هم وجود دارد . لحظاتی که جوانان با شور و شوق چوب و الوار زیر تسمه‌های تانک‌ها می‌اندازند و* ***یلتسین*** *در حالی که با دست‌هایش علامت Victory را نشان می‌دهد ، از بین جوانان شادمان می‌گذرد!*

از آن طرف در زمانی که ***یلتسین*** *«دوما» را بمباران کرد و با* ***روتسکوی*** *و یارانش در پارلمان در حال جنگ بود ، مردم مسکو انگار که به تماشای یک تئاتر آمده بودند! حتماً در تلویزیون این صحنه را دیده‌اید...؟*

■ همین است، همین است ! من در یکی از مصاحبه هایم اتفاقا به نکته‌ای اشاره کردم ، گفتم ببینید چقدر مردم از نظام دور شده بودند که هیچ کس نیامد سینه سپر کند و از سوسیالیسمش دفاع کند ! آیا نمی‌فهمند **یلتسین** چه بلایی می‌خواهد سر این مملکت بیاورد؟! **گورباچف** با **یلتسین** کنار آمد ، شما بیست میلیون کمونیست این مملکت

چه کاره هستید ؟ مردمی که این نظام این‌همه چیز به شما داده؟ بعدها می‌فهمید که چه چیزهایی را از دست دادید ! امروز دارند می‌فهمند که بازار فحشاء ، کاسبی روی زنان دارد در دنیا انجام می‌گیرد !

□ *ساختمانی در دهکده‌ای در سیبری بوده که پول گازش را پرداخت نکرده بودند ، دولت سرمایه‌داری روسیه گازش را قطع می‌کند و اهالی آنجا از سرما یخ زدند ، ۲۰ نفر از آدم‌های مجتمع مسکونی کوچک از سرما یخ زدند ، باید قدر می‌دانستند! بعد از اینکه آن آرامگاه را دیدید کجا رفتید؟*

■ فردای آن روز ما دیداری از یک مدرسه حزبی داشتیم. ما تعدادی از رفقا را فرستاده بودیم که بروند آنجا و دوره مدرسه را بگذرانند.

□ *دوره مدرسه ، برای اعضای خارج شوروی سه ساله بود ؟*

■ من دقیقا نمی‌دانم ،تا آنجایی که می‌دانم . دو تا مدرسه هست ، یکی مقدماتی که یکساله است و یکی دوره عالی که سه ساله است . در واقع جنب کمیته مرکزی است . آن مدرسه عالی حزبی ، همان مدرسه‌ای است که رفقای ما ، **طبری** و ... دوره آن را گذرانده بودند. مدرسه دیگری با دوره یکساله است که در آن یک مقدار اقتصاد سیاسی و مقداری تاریخ و ... را می‌آموزند .

رفیق ما **کیانوری** علاقه‌مند بود این بچه‌های ما که آنجا هستند مرا ببینند. چون با دیدن من یک مقدار آن دلتنگی‌ها ، غم دوری از وطن و ... کم می‌شود و با انرژی بیشتری درسشان را می‌خوانند . و رفتیم آنجا و دیداری از بچه‌هایمان و معلم‌ها کردیم.

□ *چه کسانی از ایرانی‌ها آنجا بودند ؟*

■ چند نفر از بچه‌های حزبمان آنجا بودند که حزب آنها را فرستاده بود. بچه‌های سازمان مخفی بودند. من اصلاً نمی‌شناختمشان . الان هم اسمشان را به یاد نمی‌آورم. نمی‌خواستم هم بشناسمشان.

□ *به شما گفتند که آنها از شاخه مخفی هستند یا شما چون اسمشان را نمی‌دانستید فهمیدید؟*

■ من متوجه شدم . لزومی نداشت گفته بشود . مضافا اینکه اساسا شیوه کار اینطور بود. ما می‌دانستیم که اگر قرار باشد که کسی را به کلاس بفرستیم، از شاخه مخفی می‌فرستیم و آقای **کیانوری** گزارشش را هم به هیئت دبیران و هیئت سیاسی داده بود و در واقع مصوبه هیئت سیاسی بود که تعدادی از جوان‌هایمان را بفرستیم که آموزش ببینند . به هر حال اینها کادر آینده حزب هستند و بنابراین لازم است یک مقدار به مبانی تئوریک مجهز بشوند.

□ *آنجا چند نفر بودند؟*

■ تصور می‌کنم پنج یا شش نفر بودند. مشابه همین سؤال‌های شما را در دادگاه از من می‌کردند! و من برایشان جوابی نداشتم که چه کسانی بودند. باورشان نمی‌شد! ولی خوب واقعیت این بود که من نمی‌شناختمشان .

یک شب ما را به «بالشوی تئاتر» بردند. «بالشوی» یعنی بزرگ . خیلی شهرت جهانی دارد. «دریاچه قو» را اجرا می‌کردند . خیلی خیلی زیبا ، خیلی ، واقعا غوغایی بود!

یک شب در «کاخ کنگره‌ها» مهمان بودیم .کاخ کنگره‌ها یکی از سالن‌های معروف کرملین است . همان طور که از اسمش پیداست ، اجلاس‌های بزرگ معمولا در آنجا برگزار می‌شود.

این در واقع دعوتی بود که از جانب **برژنف** انجام گرفته بود . مهمانانی برای جشن‌های انقلاب دعوت شده و به مسکو آمده بودند و آن شب در کاخ کنگره‌ها شاهد هنرنمایی هنرمندان جمهوری‌های مختلف اتحاد شوروی بودند . هر کدام خاصِ خودشان هنرنمایی می‌کردند . قرقیزها ، تاجیک‌ها ، آذربایجانی‌ها ، گرجی‌ها ، اوکرائینی‌ها ، خود روس‌ها ، همه هم با لباس‌های ویژه خودشان و موسیقی خاص خودشان . خیلی شب مفرحی بود و با گروهی از شخصیت‌ها آشنا شدیم . سخنران آن شب **کرلینکو** یکی از دبیران کمیته مرکزی بود که گزارشی از فعالیت‌های حزب در اتحاد شوروی می‌داد . بیشتر جنبه تشریفاتی داشت ، چیز خاصی نبود.

□ *با کسانی که آشنا شدید، شخصیت‌های معروف جهانی بودند یا از احزاب کمونیست جهانی بودند یا از همین اتحاد جماهیر شوروی بودند؟*

■ نه ، ما آنجا عمدتا با همین رفقای اتحاد شوروی آشنا شدیم و یک دیداری با دبیر اول حزب کمونیست پاکستان داشتیم.

□ *اسمشان چه بود؟*

■ نمی‌دانم، از شرایط بسیار بسیار دشوار فعالیت در پاکستان صحبت می‌کرد و جالب بود ، غبطه می‌خوردبه شرایطی که ما در جمهوری اسلامی داشتیم!

□ *بعد که دیگر غبطه نمی‌خورد؟*

■ بله . یک رشته قرارهایی گذاشته شد کـه بتواننـد از امکانـات حـزب اسـتفاده کننـد ، خوب بعدها انجام هم شد .
از رفقای حزب کمونیست عراق که مراودات همیشگی داشتیم ، رفیق **عزیز محمد** بـود، که دیدار داشتیم.

□ *آن موقع در خود عراق حزب کمونیست ممنوع بود ؟*

■ بله، بله.

□ *حزب کمونیست از زمان **حسن البکر** ممنوع شد یا قبلش هم ممنوع بود؟*

■ حزب کمونیست عراق از بدو تاسیس (سال ۱۹۳٤) ممنـوع بـود؛ فقـط بعـد از سـال ۱۹۵۸ که **عبدالکریم قاسم** روی کار آمد مدتی آزاد بود؛ چون در یک جبهه متحـد ایـن انقلاب پیروز شد.

□ *انقلاب یا کودتا؟*

■ انقلاب بود؛ چون نیروهایی که عمل کردند، ...

□ *انقلابی عمل کردند؟*

■ بله و در چارچوب یک ائتلاف. حزب کمونیست بود ، حزب بعث بود ، «ناصـریون» که عارف‌ها پشتش بودند و ملّیون عراق کـه خـود **عبـدالکریم قاسـم** بـود و کردهـا ، «حـزب دمـوکرات کردسـتان عـراق» هـم بـود. ولـی همین‌کـه روی فشـار بعثی‌هـا ،

عبدالکریم قاسم به آن حقوقی که برای کردها توافق و در یک منشوری امضا شده بود، عمل نکرد و کردها از اتحاد بیرون رفتند، حزب کمونیست هم گفت ما اساس اتحاد مان بر پایه این مسئله است . حزب کمونیست هم از ائتلاف خارج شد . از ائتلاف که خارج شد ، دفاترش را تعطیل کردند . چند نماینده در کابینه به‌صورت مشاورین و وزرای **عبدالکریم قاسم** داشتند که آنها را هم اخراج کردند و حزب می‌رفت به طرف مخفی شدن ولی هنوز مخفی نبود. چون دوره **عبدالکریم قاسم** آنها را بازداشت و زندان نمی‌کردند، ولی آن اتحاد از بین رفته بود . در کودتای ۱۹۶۳ که بعثی‌ها کردند ، به علت همین مدت کوتاه علنیت ، کمونیست ها را قتل عام کردند!

□ *که در واقع دستور بود **دکتر رادمنش** هم کشته بشود؟*

■ بله، در همین ایام بود که **رادمنش** آمده بود عراق که بتواند با تهران ارتباط نزدیک داشته باشد.

□ *پس آن موقع ممنوع بودند. آیا در جایگاه طبقاتی پایگاهی داشتند؟ چون حزب توده این ادعا را داشت که مثلا درست است که ما با کارگران ارتباط نداریم ، ولی همیشه حقوق کارگران و حقوق رنجبران جامعه را مورد توجه قرار می‌دهیم و «رادیو پیک ایران» هم ، به اصطلاح، شنوندگانی محدود داشت که می‌توانست جذب خودش کند. وقتی رفیق **عزیز محمد** با شما صحبت می‌کرد، این حزب کمونیست جایگاهی در عراق داشت ؟ حداقل مثلا به‌صورت یک حزب مخفی ، شبکه مخفی بود؟*

■ بله، حزب کمونیست تا قبل از ۱۹۶۳ یک حزب سراسری بود ، چه در شمال عراق در کردستان ، چه در جنوب ، در قسمت عرب نشین، شبکه حزبی گسترده‌ای داشت . دایی زاده من - در واقع پسر برادر خوانده مادرم که در عراق بود - در زندان شاه

بودم که آمده بود ایران و می‌خواست چند صباحی در ایران باشد . **حسین** نامی که کمونیست بود ، عضو حزب کمونیست عراق بود . چون خودش نمی‌توانست به زندان بیاید ، با پیغام از برادرم خواستم از او بپرسد که شما چه کار می‌کنید ، وضعتان چطور است و ...؟ خیلی اظهار رضایت می‌کرد . می‌گفت حزب کمونیست در دوره **عبدالکریم قاسم** گسترش قابل توجهی پیدا کرد و این علنیت کمک زیادی کرد که حتی در بعضی شهرها که ما شبکه نداشتیم ، شبکه حزبی به وجود بیاوریم .

منتها ، در عین حال وقتی کودتای ۱۹۶۳ انجام گرفت این امر ، لطمه زیادی زد . فقط در بغداد ۴۰۰۰ نفر کشته شدند!

□ *چه وحشیگری؟!*

■ آخر شیوه کار خیلی خیلی عجیب بود! چیزی مشابه کاری بود که در اندونزی انجام دادند.

□ *با خانواده کشتند؟*

■ بله، یعنی بعثی‌ها می‌آمدند و خانه‌ها را علامت می‌گذاشتند ،بعد جوان‌های «حرس القومی» می‌آمدند و با مسلسل و رگبار قفل در را می‌شکستند و هر که جلوشان بود می‌کشتند. چند تا از رفقای عراقی فراری شده و آمده بودند ایران ، ساواک آنها را گرفت و آورد پهلوی ما. یکی که ما به او **کاک احمد** می‌گفتیم، ولی اسمش **محمد** بود ، کُرد بود... محافظ **سلام عادل** بود. می‌دانید که **سلام عادل** تغییر قیافه که می‌داد، با درشکه جابه‌جا می‌شد . نه اینکه در درشکه بنشیند ، خودش درشکه‌چی می‌شد و اگر احیانا رفیق دیگری هم بود به عنوان مسافر می‌نشست پشت و خودش به صورت

درشکه‌چی عمل می‌کرد . کـه هـر کـس می‌دیـد فکـر می‌کـرد ایـن درشـکه‌چی اسـت ، شناخته می‌شد به صورت درشکه‌چی .

این **کاک احمد** در خانه‌اش بوده کـه اینهـا آمـده و محاصـره‌کرده بودنـد . خـودش تعریف می‌کرد روی پشت بام بودم ، هر چی فکر کردم چه جوری بـروم ، راهـی پیـدا نمی‌کردم. از این قوطی‌های قهوه بود ، برداشتم و یـک مشـت ریـگ داخلـش ریخـتم و رفتم حاشیه آن طرف دیوار تکان دادم و انداختم پایین و پابرهنه و به سرعت رفتم از آن طرف پریدم پایین .

خلاصه ، از قوم «فیلی» بود، همین «فیلی»هـایی کـه نصفشـان طـرف کرمانشـاه و نصفشان طرف خانقین هستند. واقعا اینهـا از فجـایعی وحشـتناک تعریـف می‌کردنـد! جنازه **سلام عادل** را همین جور در خیابان‌های بغداد می‌کشیدند! همـان کـاری کـه در افغانستان با **نجیب** کردند!

□ *باز هم گلی به جمال شاهنشاه آریامهر!*

■ **محمدرضا پهلوی** هم از همان قماش بود!

در وقایع ۲۱ آذر ۱۳۲۵ از این اتفاقات در آذربایجـان رخ داد . نـه . ماشـاالله ، ماشـاالله همه ایشان به یک نحوی از این دسته گل‌ها به آب داده‌اند!

□ *بیست هزار نفر را کشتند!*

■ منتهـا بـا گذشـت ایـام یـک مقـدار شـیوه‌های متمدنانـه‌تری! را بـرای سـرکوب و مقابله‌کردن یاد می‌گیرند.

□ *شاید تمدن هم نوعی سرکوب باشد ، اگر سرمایه‌داری پیش ببرد!*

■ بله، به هر حال این سفر اتحاد شوروی خیلی خوب بود!

□ *همین بود یا این سفر هنوز ادامه دارد؟*

■ نخیر مدت بسیار کوتاهی بود . بعد از آن هم ما از سوی **کاسترو** دعوتی داشتیم که به هاوانا برویم .

□ *چه کسی این دعوت را ابلاغ کرد؟*

■ سفارت کوبا.

□ *در تهران این دعوت را کرد؟*

■ بله،بله در تهران . برنامه ما این بود که در مراسم اکتبر ، در سفر مسکو شرکت می‌کنیم ، دیدارهایمان را انجام می‌دهیم ، به آلمان دموکراتیک می‌رویم ، در آنجا با سفارت کوبا هماهنگ و از آنجا به طرف کوبا پرواز می‌کنیم.

□ *به آلمان دموکراتیک رفتید؟*

■ بله ، بعد از اتحاد شوروی ،سفری به آلمان دموکراتیک داشتیم. رفقای آلمانی خیلی خیلی گرم و خوب برخورد می‌کردند . در واقع آنجا ما خودمانی‌تر بودیم تا اتحاد شوروی . شاید به لحاظ اینکه سالیان دراز مرکز حزب در آلمان بود و آن موقع هم

در لایپزیک مرکز حزب همچنان دایر بود و رفقایی ماموریت داشتند که دفتر حزب را همچنان حفظ کنند ، آرشیو را نگهداری و ارتباطات مربوط به شعب حزب در کشورهای سوسیالیستی را بر قرار کنند ...

اصولا این سفر همه‌اش برای من تازگی داشت . چه بخش مربوط به اتحاد شوروی، چه بخش مربوط به آلمان دموکراتیک . یک سلسله دیدارهایی داشتیم که خارج از برنامه بود ، یعنی وقتی شنیده بودند که به اصطلاح یکی از افسران حزب آمده ، می‌خواستند دیدار کنند . ما فقط پنج سال افسر بودیم ولی یک عمر این لقب روی ما مانده!

بله ... به هر حال دوستان آلمانی محبت کردند و ما هم اشاره کردیم که فقط دیداری از رفقای دفتر خودمان می‌کنیم.آنجا رفیقی داشتیم که از سال‌های قبل خاطره‌ای از او داشتم . با هم در سازمان جوانان حزب فعالیت می‌کردیم . بعد من به ارتش رفتم و او یکی از کسانی بود که مرتب پیله می‌کرد که آقا چرا رفتی تو ارتش و... ؟ تا اینکه بالاخره مأیوس شد . رفت دانشکده فنی مهندس شد . در راه آهن کار می‌کرد . در یک اعتصاب و درگیری مجبور شد مخفی بشود . دیگر فعالیت مخفی کرد. یک بار من او را در خانه **روزبه** دیدم ، که **روزبه** پرده را کنار زد ، ناگهان ما دو تا با هم مواجه شدیم . من می‌دانستم که او حزبی است و فعالیت مخفی می‌کند ولی او نمی‌دانست منی که رفتم ارتش ، سر از کجا در آوردم! خیلی خیلی غافلگیر شد! **روزبه** خیلی خندید . بعد فهمیدم که به عنوان معاون **روزبه** در شعبه اطلاعات حزب کار می‌کند. آنجا اسم مستعارش عباس بود ، ولی اسم واقعی‌اش **کاظم** بود . **کاظم ندیم**. این **کاظم** با من هم مدرسه ولی یک سال جلوتر از من بود . منتها با من هم حوزه بود و در سازمان جوانان فعال بودیم . برادرش حسن که همکلاس من بود و پزشک شد، رئیس دانشکده بهداشت بود . عضوفعال نبود،هوادار بود . درهمین حد.

خوب ،دفتر حزب را در آنجا این رفیق ما **کاظم ندیم** اداره می‌کرد .

□ *چه کسانی آنجا بودند ؟ دفتر حزب در چند شهر بود یا فقط در لایپزیک بود؟*

■ خیر، دفتر حزب فقط در لایپزیک بود . پیش از اینکه رفقا از مهاجرت برگردند ، تقریبا در همه کشورهای سوسیالیستی شعبات حزب و رفقای حزب ما بودند . از جمله کسانی که اعضای کمیته مرکزی بودند و بعدا جزو هیئت سیاسی و هیئت دبیران شدند، در شهرهای مختلف آلمان دموکراتیک بودند. **منوچهر بهزادی** ، **جوانشیر** ، **جودت** ، **پور هرمزان** ، **دانش**، **هوشنگ ناظمی** که به نام **امیر نیک آیین** شهرت پیدا کرده ، **قائم پناه** ، **رفقا طبری** ، **مریم فیروز**، **کیا** ، **اسکندری**، **هدایت حاتمی** ،... تعداد کثیری بودند . همه اینها آنجا بودند . بعضی‌ها در اتحاد شوروی بودند مثل **رصدی** که مسئولیت شعبه حزب در اتحاد شوروی و همچنین ارتباط با رفقایی را که در آذربایجان بودند بر عهده داشت . بعضی دیگر در رومانی ، در بلغارستان و ... بودند . به خصوص آن زمانی که «رادیو پیک ایران» در بلغارستان مستقر شده بود ، رفقای تحریریه «مردم» و گویندگان رادیو پیک در بلغارستان مستقر بودند ولی مقالات در لایپزیک فراهم می‌شد ؛ چون در واقع دفتر و هیئت تحریریه در آنجا بود ، مقالات را آنجا فراهم می‌کردند و می‌فرستادند. در پراگ هم مجله «مسائل بین الملل» و «صلح و سوسیالیسم» فراهم می‌آمد . مجله‌ای بود که نمایندگان کلیه احزاب کمونیست ، مسائل مختلف جنبش جهانی کمونیستی را در آن منعکس می‌کردند و به زبان فارسی به صورت «مسائل بین الملل» در می‌آمد، که گاه مقالاتی از رفقای احزاب برادر بود و غالبا هم مقالات از آنِ خود رفقای حزبی بود.

□ *موقعی که شما تشریف بردید ،چه کسانی در لایپزیک بودند ؟*

■ آن موقع **کاظم ندیم** ، **شباویز** و **آشوت شهبازیان** بودند .

ما در واقع در آلمان کار خاصی نداشتیم ، جز اینکه مسیر ما برای پرواز به هاوانا بود . دیداری با رفقای کوبایی در سفارت کوبا در برلین داشتیم. دیدار خیلی خوبی بود ، آشنایی خیلی خیلی گرمی شد! رفیق دورگه سیه چرده‌ای بود ، با اسم‌های ما آشنا بود و چنان عواطفی نشان می‌داد و اشاره می‌کرد به آن روزهایی که رفیق **فیدل** و **چه** و خودش در «سییراماسترا» بودند و کارهای نظامی‌شان چه بود و ... می‌گفت وقتی ما می‌شنویم در **حزب تودهٔ ایران** رفقای افسر ما بودند ، به یاد آن رفقا و سییراماسترا می‌افتیم و ... ،گفتم ما متاسفانه سییراماسترا نداشتیم.

□ *سیاهکل داشتیم.*

■ خوب، با هاوانا تماسی گرفته شد ، رفقایی که دعوت کرده بودند، پیشنهاد دادند که «اگر مشکلی را که ما به نظرمان می‌رسد رفقا منطقی می‌دانند ، از پرواز به هاوانا خودداری کنند .» مشکلی را که مطرح کرده بودند این بود که در همان ایام واحدهای نظامی کوبا در آنگولا می‌جنگیدند ، چون کوبا به انترناسیونالیسم تکیه می‌کند - در خاطرات **چه** هم می‌بینید که خیلی خیلی روی این مسئله تکیه می‌شود که: ما در قبال مسائل همه کشورهای مختلف بین‌الملل وظایفی داریم و این جزو وظایف انترناسیونالیستی ماست... - این می‌تواند با توجه به پاره‌ای از حوادثی که در افغانستان روی داده و در کردستان و ترکمن صحرا توسط نیروهای چپ رخ داده ، و با توجه به سال‌های اول انقلاب ایران و اینکه **حزب تودهٔ ایران** روابط گسترده‌ای با همه جا منجمله کوبا دارد ، می‌تواند این توهم را برای جمهوری اسلامی به وجود

بیاورد که مبادا این دیدار از کوبا متوجه همکاری‌های آتی باشد که به امور انترناسیونالیستی و مسائلی از این قبیل گسترش پیدا کند.

البته **کیا** بلافاصله قانع شد و گفت که نظر رفقا درست است . من اشاره کردم که با توجه به موضعی که حزب دارد،از بدو انقلاب حزب با شعار معینی جلو آمده و چهره خاص خود را نشان داده ، با اینکه جریانات چپ دیگر مملکت مواضع دیگری داشته‌اند ، برای جمهوری اسلامی چنین تداخلی به‌وجود نیامده و آنها متوجه این تمایز شده‌اند . اگر نخواهند به این تمایز توجه کنند ، نشان می‌دهد که به عمد می‌خواهند این تمایز سیاسی را نادیده بگیرند ، والا ما هرگز دست به سلاح نبردیم ، ما در اقداماتی که در کردستان رخ داد هرگز شرکت نداشتیم ، حتی با رفقای فدایی‌مان با موضع انتقادی نسبت به مسائلی که در ترکمن صحرا رخ داد ، مواجه شدیم و این چیزی هم نیست که پنهان از نظر مسئولین جمهوری اسلامی باشد .

□ *شما فکر نکردید که در این رابطه ، کوبایی‌ها جمهوری اسلامی را به حزب توده ترجیح می‌دهند؟ خوب ، جمهوری اسلامی نفت دارد و می‌تواند به عنوان یک نیروی انقلابی کمکشان کند . نماینده **کاسترو** هم آمده بود ایران .*

■ مسئله روابط کشورهای سوسیالیستی با کشورهای دیگر ، از جمله کشوری مثل ایران ، یک ارجحیت خاصی دارد و در مذاکرات خصوصی هم ضرورت یک چنین چیزی را توضیح می‌دهند.

□ *بهانه دیگری را مطرح می‌کنند؟*

■ نظر رفقای کوبایی «بهانه» نبود؛ مثلا اشاره می‌شود که ممکن است خود حزب به لحاظ گستردگی و نزدیکی این روابط ، زیر فشار قرار بگیرد و... ولی نظر من این بود

که در صورتی حزب زمانی تحت فشار قرار می‌گیرد که مسئولین جمهوری اسلامی بخواهند این کار را با حزب بکنند و این یک بهانه‌جویی است . والا می‌دانند که حزب هیچ وقت در اقدامات مسلحانه کشور شرکت نکرده ، حتی آن زمانی که سلاح داشته! چون در جریان انقلاب یک مقدار اسلحه به دست آوردیم .

به هر حال آنجا صحبت من این بود که با توجه به موضعی که ما داریم ، جمهوری اسلامی می‌داند که ما با رفقای کوبایی برای اعزام نیروهای نظامی‌شان به ایران ، آنجا نرفتیم . اما این می‌تواند درست باشد که با توجه به اینکه نظامی‌های کوبا در آنگولا دارند می‌جنگند ، با توجه به اینکه بغل گوش ما در افغانستان مسئله پیش آمده ـ البته هنوز ارتش سرخ آنجا نرفته بود ـ به هر حال اینها حساسیت دارند . موضع حزب نسبت به افغانستان غیر از موضع جمهوری اسلامی است . ما حمایت کردیم و اینها محکوم کردند . اینها می‌تواند بهانه‌هایی باشد برای فشار آوردن به حزب .

و بالنتیجه ما هم نظر آن رفقا را تایید و از پرواز به طرف هاوانا خوداری کردیم.

□ *شما این برداشت خودتان را که «روابط کوبا با جمهوری اسلامی مهم‌تر از ما بوده» با آقای **کیانوری** مطرح کردید؟ یا اصلا چنین بحثی میان خودتان پیش آمد؟*

■ اینکه «روابط کوبا با جمهوری اسلامی مهم‌تر از ما بوده» برداشت من نیست! مسئله اصلا فراتر از این مورد کوبا بود . مسئله «رادیو پیک ایران» و سابقه‌ای که در آلمان دموکراتیک داشت و بعد از آنجا به بلغارستان منتقل شد ، بعد از بلغارستان هم حذفش کردند ،یکی از بحث‌هایی بود که ما با رفقا داشتیم.ضرورت تداوم برنامه‌های

«رادیو پیک ایران» در دهه پنجاه و به ویژه در آستانه این حوادث عظیمی که در کشورما داشت رخ می‌داد ، می‌توانست واقعا مبشر دستاورد بزرگی باشد !

پاسخگوی این مطلب ، یکی از رفقا، **جوانشیر** ، بود که توضیح می داد . من گفتم حقیقتا نبود رادیو پیک به جنبش چپ خیلی لطمه زد! در جریان این روزها و سال‌ها وجود چنین امکانی تعیین کننده بود. گفت «بله ، ما هم واقعا به این مطلب توجه داشتیم و خیلی کوشش کردیم که ادامه پیدا کند. خوب ، از پس **ژیوکف** (رئیس جمهور بلغارستان) بر نیامدیم. » با لفظ خیلی تندی هم از او یاد می‌کرد .گفت: روزی **پاناماریوف** مسافرتی به بلغارستان داشت و من رفتم پهلویش و از او خواستم که به رفقای بلغاری ، به **ژیوکف** توصیه کند که همچنان ایستگاه ما دایر باشد . رفت و آمد گفت که «متاسفانه موافقت نکردند . حتی ما به‌آنها گفتیم که کلیه هزینه پخش و وسایل و تجهیزاتش رااتحاد شوروی می‌پردازد ، معهذا **ژیوکف** گفت نه! ما تازه مناسباتمان با ایران خوب شده و ... »

بله ، واقعیت این است که این مشکل را همه کشورهای سوسیالیستی داشتند . رفقای ما از زمانی که مسئله دایر کردن یک چنین ایستگاه سخن پراکنی مطرح شد ، مورد توجهشان قرار گرفت و پیگیری کردند تا بالاخره دایر شد و ادامه پیدا کرد تا زمانی‌که متوقف شد . به همه کشورهای سوسیالیستی مراجعه کردند و از همه این تقاضا را کردند ولی نپذیرفتند .

□ *احتمالا رفیق بلغاری به خود **پاناماریوف** گفته که اگر مردی شوروی چرا خودش پخش نمی‌کند؟*

■ البته رفقای بلغاری چنین حرفی به **پاناماریوف** نمی‌زدند! اما «رادیو ملی» از شوروی برنامه پخش می‌کرد . هر وقت روابط حکومت ایران با شوروی تیره می‌شد ،

برنامه رادیو ملی خیلی انقلابی می‌شد! به یاد دارم که زمانی شاه مسافرتی به خارج کرد ،ما در زندان بودیم ، رادیو ملی آن شب داد سخن داد که «آی ایرانیان! شاه فراری شد ، عاقبت ظالم چنین است! مردم ایران کاخ و ... را اشغال می‌کنند و... » دو روز دیگر که شاه برگشت ، در برنامه‌اش می‌گفت «یکی نیست بپرسد که تو چرا فرار کردی ، چرا برگشتی ؟!» ما به این برنامه آنچنان می‌خندیدیم که آخر یعنی چه؟!

☐ *شاید برنامه طنز بوده؟*

■ به هر حال رفقای شوروی آن ایام «رادیو ملی» را برای چنین مبادلاتی حفظ کرده بودند ، ولی به هر جهت ، برای مناسباتشان با ایران اهمیت قائل می‌شدند و سایر کشورهای سوسیالیستی هم که تازه این مناسبات برایشان به‌وجود آمده بود ، برایش ارج قائل بودند . حال اینکه از قِبَل ایران سودی عایدشان می‌شد یا نه ، من دقیقا آماری ندارم . احتمالا بایستی قراردادهای اقتصادی ویژه‌ای بینشان بر قرار شده باشد که این‌ها به این مناسبات علاقه‌مند بودند! این یکی ،یکی هم رسمیت یافتنشان در جهان بود . هر قدر این ارتباطات دیپلماتیک‌شان گسترده‌تر می‌شد ، بیشتر در جهان رسمیت پیدا می‌کردند . اینها مسائلی بود که به هر جهت مورد توجه قرار می‌گرفت .
ما مدت زیادی آنجا نماندیم . در آلمان هم باز یک رشته برنامه‌های تفریحی مثل رفتن به تئاتر، موزه و... داشتیم. و در فاصله کوتاهی به ایران مراجعت کردیم . برای خود من این مسافرت مفید بود ، چه از نظر دقیق تر شدن نسبت به گذشته و شناختم از کشورهای سوسیالیستی و چه تفریحی که لاجرم در هر مسافرتی هست . آن هم مسافرتی این چنینی که به قول معروف پشت پرده آهنین هست! خوب سفر به کشورهای مختلف امکان پذیر است ولی رفتن به اتحاد شوروی ، شرکت در مراسم

جشن‌های انقلاب اکتبر ، رفتن به آلمان دموکراتیک ، دیدن دیوار برلین ، گذر از آن دیوار ـ چون یک نیمروزی هم به برلین غربی آمدیم ـ ....

□ *چه تفاوتی دیدید آقای **عمویی**؟*

■ اصلا تفاوت وحشتناک بود! یک ویترینی آن طرف واقعا برای خیره‌کردن چشم‌ها بود . اما همزمان ، اهالی برلین غربی از دیوار می‌گذشتند ، می‌آمدند این طرف ، اجناس روزمره‌خود را از اینجا می‌خریدند؛ پنیر، کره ، گوشت ، ... و می‌رفتند .

□ *به خاطر اینکه ارزانتر بود؟*

■ ارزانتر بود بله، شاید بعد از اینکه به ایران آمدیم ، ذهنم این را گرفت، که با **کیا** هم در میان گذاشتم، گفتم فکر نمی‌کنی این طبق برنامه انجام می‌گیرد؟ یعنی این محصولی که نسبتا ارزان در بازار برلین دارد عرضه می‌شود وقتی مشتری زیادتر این را ببرد آیا نسبت عرضه و تقاضا به هم نمی‌خورد ؟ آن وقت لاجرم آنها یا دچار کمبود می‌شوندیا مجبورند بهای آن را بالاتر ببرند.

کیا گفت: نه . اینها حواسشان جمع است و مراقب هستند . اینکه به چنین چیزی میدان می‌دهند، خود این یک امر تبلیغی است که با همه ثروتی که آلمان فدرال دارد و با همه شکوه و جلالی که برای برلین غربی به‌وجود آورده‌اند و به ویترین تبدیلش کرده‌اند ، مایحتاج روزمره مردم اینجا ارزانتر از آنجاست . اینها هم این را آگاهانه دارند انجام می‌دهند.

به نظر من رسید که منطقش غلط نیست ، چون اینها هم اگر می‌خواستند سختگیری کنند ، حاصلی نداشت . عبور از دیوار برلین کار آسانی نبود ، اینها هم باید از همان دروازه براندنبورگ می‌گذشتند .

به هر حال ما یک چنین سفری کردیم و اولین مسافرت خارجی من بود ، خاطره خوبی هم برای من به جا گذاشت . این مربوط به آبان سال ۱۳۵۸ بود.

11

سفر به فلسطین و لبنان

۸۳/۳/۲۶ □ *ادامه سفرهای خارجی شما را می‌شنویم.*

■ سفربعدی من در زمستان سال ۱۳۵۸ به دعوت «جبهه دموکراتیک خلق برای آزادی فلسطین» به رهبری **نایف حواتمه** بود.

یازدهمین سال مبارزه مسلحانه این دوستان فلسطینی ما بود و علاقه‌مند بودیم که یک هیئت کامل ببریم و فقط یک نفر نباشد. و همین کار را هم کردیم. از رهبری حزب من بودم، از شعبه کارگریمان یکی از رفقای کارگر بود.

من در ضمن صحبت‌های شما متوجه شدم که این تصور هست که ما اصلا بخش کارگری نداشتیم. این‌طور نیست! شاید بشود این‌طور این جمله را تصحیح کرد که به رغم اینکه این حزب، حزب طبقه کارگر است، اکثریتش کارگران نبودند. ولی بخش کارگریمان نسبتا خوب بود، فعال هم بودند.

□ *برای اینکه رفتار حزب پس از سال ۵۷ تفاوت‌های ماهوی با رفتار حزب در سال‌های ۱۳۲۰ داشت. این رفتار سال ۱۳۲۰ کاملا رویکرد کارگری داشت، آن «شورای متحد» و آن کارهایی که می‌کردند...*

■ البته این تفاوت «ماهوی» نیست. آن زمان اساسا درصد کارگری حزب بالاتر هم بود و حضور کارگرها خیلی چشمگیر بود. به ویژه به لحاظ وجود اتحادیه‌های کارگری که در «شورای متحده مرکزی کارگران» متمرکز شده بودند؛ در سطح کشور فراگیر بود، در شرکت نفت، در کارخانه‌های سیمان، در کارخانه‌های قند، در همه

اینجاها شعبات حزب فعال بودند و همراه با اتحادیه‌ها و «شورای متحده»، واقعا کار می‌کردند. ولی با این دوره فترت چندین و چند ساله و آغاز فعالیت مجدد علنی حزب از بعد از سال ۱۳۵۷ طبیعی بود که حزب نتواند آن حجم عظیم گذشته را داشته باشد.

به هر حال از شعبه کارگری رفیق کارگر ما **محمود روغنی** بود که الان در آلمان است . از بخش زنانمان رفیقمان **شهلا فرجاد*** ـ خواهر **فرجادها** ـ بود که حالا ایران است .

□ *سه تا بودند. مثل اینکه فرهاد الان آلمان است ، **مهرداد** کشته شد . **شهلا** هم ...؟*

■ **شهلا** هست ، پزشک است . در جریان پس از زلزله بم هم خیلی خیلی فعال بود و کارکرد . ایشان خیلی خانم خوب و علاقه‌مندی بود.

□ ***مریم فیروز** رئیس بخش زنان بود؟*

■ بله، بله و از شاخه جوانان هم **ژیلا سیاسی** بود.

آقای **ژیلا سیاسی**، با توجه به تسلطی که به زبان انگلیسی داشت، نقش مترجم گروه ما را ایفا می‌کرد.

□ *فعال کنفدراسیون؟*

---

* **شهلا فرجاد آزاد**، پزشک متعهد و آزادی خواه، ۱۶ تیر ۱۳۹۲ در ٦٥ سالگی، در پی بیماری سرطان درگذشت.

■ بله ، فعال کنفدراسیون . الان هم خارج است . خوب ، با این هیئت حرکت کردیم ، به دمشق وارد شدیم. در دمشق **حواتمه** از ما استقبال کرد و به یک هتل چند ستاره برد. بعد من به **حواتمه** گفتم آیا ضرورت دارد ما در هتل باشیم ؟ شما اینجا مقری جایی ندارید ؟ گفت چرا رفیق **عمویی** ولی آخر شما مهمان‌های ... خلاصه چنین و چنان . گفتم «فقط همین چند ساعتی که ما در هتل بودیم ، برایمان بس است ،برقی ما را ببرید به همان خانه‌های خودتان! مگر پولتان زیاد است؟ از کجا می‌خواهید هزینه بدهید ؟» که خوشبختانه صراحت من باعث شد که او هم راحت‌تر برخورد کند . پاشدیم آمدیم به یک خانه‌ای که خیلی هم خانه خوبی بود ، واقعا خوب!

گفتم رفیق **حواتمه** ما وقتی از زندان شاه بیرون آمدیم یکی از رفقایمان خانه‌ای به ما داد . ما درست همان کمون قدیم را آنجا برقرار کردیم، من و **حجری** و **شلتوکی** و **باقرزاده** و **ذوالقدر** و**کی‌منش** ، هر روز یکی از ما ، نخودی ، لوبیایی ، چیزی بار می‌گذاشتیم و برای کارها بیرون می‌رفتیم ، ظهر می‌آمدیم ، آن هم پخته بود. دو تا نان از کوچه می‌گرفتیم می‌نشستیم ناهار می‌خوردیم . روزی برادرزاده من آمد آنجا و دید گفت شما زندان را هم با خودتان بیرون آوردید؟!

گفتم بله. رفیق **حواتمه** ! ما زندگیمان این‌طور است، شما برای پذیرایی از ما مقید نباشید. ما خوشحالیم از اینکه در کنار برادرهایی هستیم که این جور جانانه برای هدف بزرگشان می‌جنگند، فداکاری می‌کنند! از نزدیک با کارهاتان، اردوگاه‌هاتان، سخنرانی‌هاتان و ... .

خوب ، این واقعا ما را به همدیگر خیلی نزدیک کرد ، گرچه این برخورد اولی بود که من با **حواتمه** داشتم . هیچ شناخت خاصی از همدیگر نداشتیم ، ولی همین صراحت کمک کرد که خیلی خیلی احساس نزدیکی و همفکری کنیم .

گروه **حواتمه** علاوه بر مقری که در دمشق داشتند ، عمده فعالیتشان در بیروت و در واقع در لبنان بود و عرصه رسوخ به داخل فلسطین از طریق جنوب لبنان بود که انجام می‌گرفت . در سوریه حکومت سوریه و **حافظ اسد** و... در این زمینه خیلی سختگیری می‌کردند! برای اینکه خودشان با مشکلی مواجه نشوند ،کمتر به فلسطینی‌ها اجازه می‌دادند که از آنجا برای انجام عملیات بروند و ... ولی در لبنان ، اگر چه دولت لبنان هم دلش می‌خواست این‌جور باشد ، ولی زورش نمی‌رسید . آنجا گروه‌های مختلف فلسطینی، جنبش آمل و حتی همین حزب اللهی هایی که تازه شکل گرفته بودند، حضور داشتند.

□ *«جنبش امل»؟*

■ بله، آن موقع تحت عنوان «جنبش امل» و «حزب الله» عمل می کردند . ولی من در لبنان یک ویژگی دیدم که **حواتمه** مرا به دیدن آن دعوت کرد و آن نرمش قابل توجهی بود که گروه‌های مختلف سیاسی ، با ایدئولوژی‌های گوناگون و نظرگاه‌های متفاوت نسبت به هم داشتند! خوب ، لبنان یک جنگ داخلی را پشت سر گذاشته بود ، آثار این جنگ را شما همه جای بیروت می‌دیدید و برای حفظ امنیت ، همه گروه‌ها مسلح بودند .

در هر محله‌ای شما در بیروت وارد می‌شدید ، درست مثل اینکه وارد یک کشور جداگانه و یک حکومت جداگانه‌ای شده‌اید. افراد مسلح هر محله بیانگر آنند که مثلا اینجا «املی»ها هستند. اینجا فلسطینی‌ها . ولی کدام فلسطینی‌ها ؟ این «جنبش خلق برای آزادی فلسطین» است و این «جنبش دموکراتیک برای آزادی فلسطین»، آن «جنبش الفتح» است و این «جنبش خلق» **جبرئیل** .

هر کدام جاهای خاص خودشـان بـا افـراد مسـلح خودشـان را داشـتند. و لاجـرم بعضی وقت‌ها ناگهان درگیری می‌شد. تق تق تق صدای تیر اندازی بلند می‌شـد . بعـد آتش بس می‌شد ، تمام می‌شد . وقتی که من شاهد این جریان بودم گفتم این‌جور کـار کردن خیلی دشوار است!

حواتمه ما را به روزی که اجلاسی در صیدا داشتند دعوت کرد .

□ *صور و صیدا؟*

■ بله، صور جنوبی‌تر است . صیدا بعد از بیروت است . یک سالن بزرگ بـا یـک میـز بیضی شکل خیلی بزرگ و دورش صندلی، و همه جور آدمی اینجا هسـت ، از عمامـه مشکی شـیعه ، تـا سـر بنـد خـال خـالی شـیطان پرسـت‌ها و فینـه سـرخ منگولـه دار افندی‌های سنی.

□ *تا کراواتی‌و ...؟*

■ بله، مسیحی‌های ارمنـی ، مسـیحی‌های آشـوری و نماینـدگان گروه‌هـای مختلـف فلسطینی ....

□ *مارونی...؟*

■ نه ، «مارونی» میانشان نبود ، صف مارونی‌ها از اینها جدا بود . به همـین علـت هـم در تقسیمی که بیروت شده بود ، آن طرف مارونی‌ها بودند، این طرف این جبههٔ ...

□ *آن مارونی‌ها بیشتر دولت را تشکیل می‌دادند؟*

■ **واقعا** برای من جالب بود! با این تنوع اندیشه و هدف و شیوه‌های مبارزه! نماینده حزب کمونیست، نماینده **ژرژ حاوی** هم آنجا نشسته بود . خیلی دیدنی بود ! اتفاقا اولین دیداری هم که با کمونیست‌های لبنان پیش آمد همان جا بود؛ که او مرا دید و **حواتمه** مرا معرفی کرد و دست داد و گفت چرا شما به دفتر ما نیامدید ؟ گفتم در برنامه‌ام هست که بیایم . گفت نه ، آخر شما باید به ما وارد بشوید! گفتم نه میزبان من **حواتمه** است ، من آنجا هستم ولی حتما پیش شما می‌آیم . اصلا کار داریم ، با هم صحبت داریم و ...

خوب، این «جبهه ترقی خواه پیشرو» که در لبنان توسط اینها و نماینده **ولید جنبلاط** تشکیل شده بود، واقعا برای من خیلی جالب بود!

□ ***جنبلاط*** *خانواده‌اند دیگر؟*

■ **کمال جنبلاط** بانی اصلی‌اش بود . خیلی هم مورد احترام همه بود! در همان سالن هم تنها عکسی که آنجا بود عکس **کمال جنبلاط** بود و این‌طور که من متوجه شدم، معتبرترین نیروی آنجا همین «دروزی»ها بودند ، همین نیروهای **جنبلاط** بودند. البته هر کدام برای خودشان نیرویی بودند ولی **جنبلاط** ظاهرا در بین لبنانی‌ها جایگاه ویژه‌ای داشت .

بخشی از برنامه‌های تنظیم شده توسط «جبهه دموکراتیک» ، رفتن به اردوگاه‌های فلسطینی ها و سخنرانی‌کردن برای فلسطینی‌های آنجا بود . خوب من عربی نمی‌دانستم ، فارسی صحبت می‌کردم ولی آنجا بودند کسانی که ترجمه می‌کردند .

اتفاقا در یکی از اردوگاه‌ها به نام «برج‌البراجنه» ، یک خانمی ترجمه صحبت‌های مرا به عهده گرفته بود . بعد از این که سخنرانی تمام شد گفت که من می‌خواهم بیایم

ایران . گفتم می‌خواهی بیایی چه کار کنی؟ گفت که آنجا حزب توده آزاد است، فعالیت می‌کند و ... من هم می‌خواهم بیایم عضو حزب توده بشوم . گفتم مگر تو فلسطینی نیستی؟ گفت چرا . گفتم «خوب تو باید در کنار فلسطینی‌ها باشی ، ایرانی در ایران کار می‌کند ، در ایران میلیون میلیون آدم هست . آگاه بشوند ، مبارزه می‌کنند برای خودِ مسائل ایران . فلسطینیان که برای تک نفرش نیاز دارند که همه وجود داشته باشند!» به گمانم می‌پنداشت شرایط فعالیت ما فراهم و آسان است.

به هر حال، بخش دیگر برنامه که برای ما گذاشته بودند ، دیدار با سایر گروه‌های فلسطینی بود. وقتی که **حواتمه** تلفنی به «جبهه خلق» رفیقمان **جورج حبش** اطلاع داد ، بلافاصله یک گروه را فرستاد که رفیق **عمویی** ظهر مهمان ماست . **حواتمه** به آنها گفت در برنامه هست که یک روز پهلوی شما بیاید ، اما بگذارید ما پذیرایی خودمان را بکنیم بعد تحویل شما بدهیم . که تلفنی با هم شروع کردند به صحبت کردن و **حواتمه** خندید . گفتم چی شده ، به چی می‌خندی ؟ گفت هیچی ، رفیق **حبش** می‌گوید اگر به زبان خوش نفرستید ما گروگانگیری می‌کنیم!

بله ، خلاصه گفتم برویم ، آنجا برویم. موافقت کردند و رفتیم پیش رفقای «جبهه خلق»، خیلی شبیه مرکز رفقای فدایی‌مان در خیابان میکده بود . اینجا عکس این شهدا، پوستر آن چریک تفنگ به دست ، آنجا هم عینا همین طور . من خندیدم و **حبش** علت خنده‌ام را پرسید . گفتم ، آری، مثل رفقای جوان خودما ، ولی شما دیگر جوان نیستیدها!

حواتمه به من گفته بود که رفیق **حبش** ، اولین مسافرتش را که به مسکو کرد ، مواضعش خیلی خیلی نزدیک شده. اصلا صریحادر نقد مواضع گذشته، مسئله فرودگاه «لود» را خودش نقد کرده (آنجا یک هواپیما را با مسافرانش منفجر کرده بودند) و پذیرفته که اگر مبارزه بر حق است ، باید با خود طرف‌های اصلی مبارزه

کرد و مبارزه جدی ما در خاک فلسطین و با خود نمایندگان نظام سرکوبگر صهیونیستی است. والّا باید پرهیز بکنیم !

حواتمه می‌گفت که **حبش** در همان مقاله‌اش مثال آورده بود که: در انفجار آن اتوبوس ، شاگردهای مدرسه چه گناهی کرده بودند؟ چه تاثیری اصولا می‌تواند در افکار عمومی بگذارد؟ و بهانه به دست مثلا اروپایی‌ها می‌دهد که بگویند اسرائیلی‌ها مظلوم واقع می‌شوند و ببینید اینها بچه‌هایشان را کشتند! ولی اگر شما واقعا با نظامی‌های آنها درگیر بشوید و تانکشان را منفجر کنید یا وقتی نظامی‌ها در کافه‌ای نشسته‌اند ، کوکتل بیندازید و ترور کنید ، این حق شماست! باید این کار را بکنید! بالاخره امکان ندارد آن وقت بتوانند علیه شما تبلیغ کنند که اینها دارند مردم بی‌گناه را می‌کشند!

خیلی صحبت‌های خوبی با **حبش** داشتیم . من از او پرسیدم که از رفقای فدایی ما چه خبری داری؟ ـ ما آن موقع هنوز مناسباتمان با رفقای فدایی‌مان نزدیک نشده بود و می‌خواستم از این فرصت استفاده کنم و **حبش** را برای برقراری ارتباطات بالا واسطه بکنم ـ که گفت ما مدت زیادی است که دیگر ارتباطی نداریم.

□ *از نظر آموزشی ارتباط داشتند....؟*

■ آن زمانی هم که این رفقا اینجا می‌آمدند مقدار خیلی کمی اسلحه با خودشان بردند، آموزش زیادی هم دیدند . گفت که **علی اکبر صفایی** و یکی دو نفر دیگر آنجا رفته‌اند. ولی بعد از آن ما دیگر ارتباطی با هم نداریم . خندید و گفت که مطمئنم خودتان با خودشان ارتباط بر قرار خواهید کرد و او هم شروع کرد به تعریف کردن که جوان‌های خیلی خوبی هستند و ...گفتم من خوب می‌شناسمشان ، با خیلی هاشان در زندان ، سال‌ها سرمان راکنار هم گذاشتیم و اطمینان دارم این آشنایی زمینه

مساعدی است برای اینکه بتوانیم حرف‌هایمان را با هم در میان بگذاریم و راه یگانه‌ای را پیدا کنیم .

خوب، فلسطینی‌ها یک نمایشگاهی داشتند که محصولاتشان را آنجا عرضه می‌کردند . کارهای دستی که کرده بودند ، نقاشی‌هایی که کشیده‌بودند ، عکس‌ها و ... **حواتمه** خواست که من برای افتتاح نمایشگاه بروم . وقتی که رفتیم ، قبل از اینکه وارد نمایشگاه بشویم ،اتومبیل **عرفات** آمد و **عرفات** پیاده شد . **حواتمه** به عربی چیزی به او گفت که من در میانش اسم خودم را شنیدم . «اهلاً، اهلاً » گویان بال می‌زد . آمد و دست انداخت گردن من و روبوسی کرد و مرتب مرا جلو می‌انداخت. آنها هم حرمت **عرفات** را حفظ می‌کردند . قیچی را آوردند .من دادم به **عرفات** ، **عرفات** داد به من. **حواتمه** آمد دست هر دوی ما را گرفت، با قیچی با همدیگر آن نوار را پاره کردیم . مرتب هم عکس می‌گرفتند و ما هم از غرفه‌های مختلف دیدن می‌کردیم .

تا بالاخره **عرفات** گفت خوب سهم ما؟! **حواتمه** گفت در برنامه هست ، رفیق **عمویی** حتما پهلوی شما می‌آید و خودش هم علاقه‌مند است دیداری با شما داشته باشد . و همین‌طور هم شد .

واقعیت این بود که من همه‌اش نگران دیدار با رفقای حزب کمونیست لبنان بودم و هر چه زودتر می‌خواستم به دیدار آنها بروم . چون در اولین برخورد در آن جلسه ، ما به نماینده آن حزب وعده دیدار دادیم ولی هنوز به آنها خبر نداده بودیم . حالا او رفته به **ژرژ حاوی** ، دبیر کل حزب کمونیست لبنان ، اطلاع داده و انتظار دارند که زودتر به دیدنشان برویم . به **حواتمه** گفتم که قرار بگذارد من با رفقای کمونیست دیداری داشته باشم . و همان روز عصر دیدار در دفتر مرکزی حزب انجام گرفت .

خوب، فعالیت‌های علنی و امکانات قابل ملاحظه داشتند . اصلا دفترشان حتی قابل مقایسه با آن زمانی نبود که ما توانسته بودیم تازه دفتر مهمی در خیابان ۱٦ آذر دایر کنیم ـ که بعدا گرفتندش ـ چون دفتر ما کوچک بود . یک دفتر عریض و طویل داشتند و معلوم بود که حزب واقعا دارای گستردگی قابل توجهی است که نیاز به چنین مرکزی دارد . و در عین حال آنجا هم نگهبانان مسلح و همه حواس جمع بودند .

ژرژحاوی از این آشنایی خیلی خوشحال شد! همان نماینده‌ای هم که در آن اجلاس شرکت کرده بود، از دبیران کمیته مرکزیشان بود. یک خانمی بود که او هم از دبیران کمیته مرکزیشان بود. سه چهار نفر بودند ، نشسته بودند . یک مقدار از ایران پرسیدند ما هم توضیح دادیم . بعد آنها از خودشان ،موقعیت حزب در آنجا و روابطی که با سازمان‌های دیگر دارند ، گفتند . سپس **ژرژحاوی** گفت که «علاوه بر این دیدار ، من یک دیدار خصوصی هم با رفیق **عمویی** باید داشته باشم. » چون در این دیدار ، همه هیئت نمایندگی حزب بودیم، گفتم بسیار خوب . پایان‌بخش این مطلب ، صرف میوه و شیرینی و ... بود.

بعد ما به اتاق دیگری رفتیم و به مذاکره نشستیم . از حزب کمونیست سوریه ، به‌خصوص از رفیق **بکتاش** گله مند بود . می‌گفت: رفیق **بکتاش** ، شرایطی را که حزب ما در آن کار می‌کند مورد توجه قرار نمی‌دهد . ما در واقع در یک جبهه کار می‌کنیم ، به معنای اخص کلمه هم هست ، یعنی در این جبهه همه شرکت کنندگان حقوق خودشان را دارند. و اگر نرمشی انجام می‌دهند ، به لحاظ حفظ این رابطه و اتخاذ یک سیاست واحد است . اما رفقا در سوریه ، با اینکه در واقع در یک جبهه هستند ، اما هرچه «حزب بعث» می‌گوید آنها باید انجام بدهند . در اینجا شما دفترمان ، رفقایمان را می‌بینید، علنی کار می کنیم ،در همه اجلاس‌های ائتلاف عمومی شرکت می‌کنیم ،

حقوق خودمان را داریم ، تندروی هم نمی‌کنیم ؛ اما می‌خواهیم ضمن حفظ این ارتباط گسترده ، حرف خودمان را بزنیم . ما می‌خواهیم این علنیت را حفظ کنیم . این ارتباطات برای پیشبرد نظراتمان به ما کمک می‌کند .

رفیق **بکتاش** به هیچ وجه با این شیوه کار ما موافقت نمی‌کند و حال آنکه جوهره فعالیت در لبنان طلب می‌کند که این‌چنین عمل بشود . گروه‌های فلسطینی یک رشته خواسته‌هایی دارند که ما از لحاظ آرمانی اهدافشان را تایید و دشمنانشان را محکوم می‌کنیم ،اما در عملیاتشان شرکت نداریم . در داخل لبنان همه تلاش ما این است که شرایط و بهانه‌ای مطرح نشود که مجددا اسرائیلی‌ها بیایند و همان گرفتاری‌های گذشته را به وجود بیاورند . به خصوص در تلاش هستیم که «جبهه ترقی‌خواه پیشرو»، با مارونی‌ها درگیری نظامی پیدا نکند ، اگر چه الان بیروت تقسیم شده ، آن طرف مال مارونی‌هاست و این‌طرف همگان هستند ، ما اعتقاد بر این داریم که نباید از این مرز گذشت . با مذاکره و صحبت ، با پیدا کردن نیروهای سالم تر در ارامنه ، باید مارونی‌ها را منزوی بکنیم.

که اتفاقا همین‌طور هم شد . بالاخره این سیاست برنده شد.

□ *یک چیزی شبیه سیاست حزب توده در قبال جمهوری اسلامی؟*

■ بله، همین طور است . بعد از من خواست و گفت که شما حتما دیداری با رفیق **بکتاش** خواهید داشت ، بیایید یک وساطتی بکنید . **حزب تودهٔ ایران** ، هم از نظر ما هم از نظر حزب کمونیست سوریه جایگاه والایی دارد . ما همگان خودمان را پرورش یافتگان مکتب حزب می‌دانیم. آموزه‌های رفیق **طبری** ، کتاب‌ها و ... برای ما خیلی ارزشمند است و...

به **ژرژ حاوی** گفتم که «مسلما من در مورد نظرات رفیق **بکتاش**، متناسب با شرایطی که در سوریه دارند، با خودش صحبت می‌کنم؛ اما از لحاظ این گلایه‌هایی که شما دارید، من تصور می‌کنم که باید از طرف حزبِ خودمان چنین ماموریتی داشته باشم. دیدارهایی که من با شما و با آنها خواهم داشت تشریفاتی است، ولی انجام یک چنین کاری رسمیت می‌خواهد و از طرف حزب بایستی به من ماموریت داده بشود. من با نظر موافق، پیشنهاد شما را با رهبری حزب در میان می‌گذارم و سعی می‌کنم با همین ماموریت برگردم و این وساطت را انجام بدهم.» قانع شد.

در بیروت من دیدارهای زیادی داشتم. به اردوگاه «دامور» رفتیم. اردوگاه بزرگی بود که عموما فلسطینی‌های چپ در آنجا بودند. بخش مهمی از «جبهه خلق» و بخش کمتری از «جبهه دموکراتیک خلق» آنجا بودند. میدان تیراندازی داشتند، جالب بود، کارگاه‌هایی داشتند که دختران و زنان فلسطینی آنجا برای مبارزان فلسطینی لباس می‌دوختند. چرخ‌های خیاطی ردیف بودند، مثلا پنجاه چرخ، و پنجاه زن هم آنجا نشسته‌اند (قرقرقرقر) دارند کار می‌کنند و لباس می‌دوزند. این کم از آن کاری که آنهای دیگر می‌کردند نبود. **حبش** تعریف می‌کرد و می‌گفت رفیق **عمویی**! اینها حتی در ساعت‌های استراحت معمولی هم دست به اضافه کاری می‌زنند، ما می‌رویم و اینها را از پشت چرخ بلند می‌کنیم که بروند ناهار بخورند! ولی یک برنامه هست که با اشتیاق پا می‌شوند. گفتم چیست؟ گفت «بردنشان به میدان تیر! به محض اینکه می‌گوییم برنامه تیراندازی است، همه می‌گذارند و برقی می‌آیند.» خوب یک سلسله آموزش‌های نظامی هم طبیعتا همراه با آن هست که نمونه‌هایی از آن را به ما نشان دادند، چگونگی خیز و خزیده و نشانه روی‌ها و ... ⌊

۸۳/۴/۹ □ *آقای **عمویی**! امروز نهم تیر ماه سال ۱۳۸۳ هست. شما در جلسه گذشته در مورد سفرتان به خاورمیانه صحبت کردید. دیدار با **نایف حواتمه** و **جرج حبش** و اینکه*

__جرج حبش__ شما را به اردوگاه فلسطینیان و کارگاهی که زنان مبارز در آن خیاطی می‌کردند برد و در مورد آنان اظهار کرد که هر وقت برای تیراندازی به آنان فرجه‌ای داده می‌شود به سرعت برمی‌خیزند و به میدان می‌آیند...

ما منتظر ادامه سخنان شما هستیم.

■ صرف نظر از منابع مالی که احیانا به صورت کمک از طرف کشورهای عربی ، عمدتا لیبی، عربستان سعودی، کویت، در اختیارشان گذاشته می‌شد ، مسئله تامین نیازمندی‌های مبارزان فلسطینی از جمله لباس، کفش، جوراب و... ، همه اقلامی هست که مقدار زیادی از این منابع را به خودش اختصاص می‌دهد، ولی این مبارزین ، صرف نظر از آن جانبازی‌هایی که در میدان نبرد ، در پیکار با دشمن صهیونیستی‌شان می‌کنند، ساعات فراغتشان - اگر بشود اسم فراغت را برایش گذاشت - باز صرف همین عرصه می شود ، منتها به شکل دیگری . همین دوختن لباس مبارزین که به تعداد همه آنها بایستی لباس فراهم بشود، کفش فراهم بشود و... چون عملیات نظامی می‌کنند، تمرین می‌کنند، در جریان تمرین ها فرسوده می شود ، از بین می رود ، مجددا باید تعویض بشود.

شما نمی‌دانید، دیدار از کارگاه خیاطی چقدر جالب بود! ردیف این چرخ‌های خیاطی در سه صف ، در واقع در سه ستون ، پشت سر هم این دخترها و زنان فلسطینی نشسته‌اند و کار می‌کنند و هر کدام می‌داند این لباس را به تن جوانش می‌کند که فردا می‌رود کشته می‌شود ولی با عشق و علاقه این کار را انجام می دهد!

ولی این دخترها، این خانم‌ها فقط کارشان خیاطی نیست . همان طور که به‌درستی شما اشاره کردید، اینها در برنامه‌های آموزش نظامی هم شرکت دارند ، به‌ویژه در تمرینات تیراندازی ، با شور و علاقه عجیبی اینها سالن کار را ترک می کنند و بلافاصله به اسلحه خانه که اتاق مجاور آن جاست، هدایت می شوند . هر کدامشان یک سلاح بر می‌دارند و راهی میدان تیر می‌شوند ، درست با همان نظم و انضباطی

که در یک واحد نظامی وجود دارد. چون می‌دانید یکی از محل‌هایی که مسئله انضباط بسیار بسیار دقیق رعایت می شود ، میدان تیراندازی است . و اینها با اشتیاق زیاد ، مطابق همان مقرراتی که هست ، صف به صف و به صف اول و پشت سنگرها می‌روند و به هدف‌ها تیراندازی می‌کنند. و واقعا چقدر هم مهارت پیدا می کنند!

البته آنجا به ما هم پیشنهاد کردند که شما هم تیراندازی کنید . من خندیدم و گفتم یک زمانی ما نظامی بودیم و حالا از آن ایام خیلی گذشته . **حواتمه** گفت ولی من فکر می کنم شما به تیراندازی علاقه مندی. گفتم بدون تردید! گفت «روحیه نشان می‌دهد.» سلاحی را به دست گرفتم و یک مقدار هم تیراندازی کردم و رگبار اول را خیلی ناشیانه زدم، یعنی چنان لوله سلاح خارج از کنترل من عمل کرد که یکباره همان جوری زمین را شیار زد! برگشتم به **حواتمه** گفتم که «آری، می دانم، تمرکز عصبی می‌خواهد ، می دانم نشانه روی آرامش می خواهد، اما از دوره‌ای که من این کار را می کردم خیلی زمان گذشته ، با این همه بار دوم را حتما بهتر رگبار می‌بندم! » و همان‌طور هم شد ، وقتی که تیراندازی کردم ، آن دور یک قوطی کنسرو گذاشته بودند ، رگبار اول اصلا آن حوالی هم پیدایش نشد ، چه برسد به اینکه به آن قوطی بخورد ولی در دومی جابه جایش کردم، یادم است رفت هوا! که **حواتمه** گفت رفیق **عمویی** ! معلوم است که نظامی هستی! گفتم نه ، نظامی بودم ، حالا دیگر سیاسی هستم.

به هر حال برای من این سفر فلسطین بسیار مفید بود،چه به لحاظ آشنایی با گروه‌های مختلف فلسطینی و نظرگاه‌هایشان ، چه از نظر زمانی که آنها درست در آستانه تحولات جدی قرار گرفته بودند. البته «جنبش دموکراتیک برای آزادی فلسطین» که **حواتمه** در راسش بود کاملا در یک موضع حزبی قرار داشت.

■ بله، مارکسیست ـ لنینیست بود. «جنبش خلق» که **حبش** در رأسش بود، عمدتا روی مواضع چریکی فکر می‌کرد . گر چه هر دو لاجرم مبارزه مسلحانه می‌کردند. شرایط مبارزات فلسطینی ، جز این هیچ راه دیگر را پیش پای اینها نمی گذاشت، اما سلسله اقداماتی که توسط «جنبش خلق» انجام می‌گرفت هرگز در «جبهه دموکراتیک» رخ نمی‌داد، مثلا انفجار یک هواپیما در فرودگاه، یا به گلوله بستن اتوبوس بچه‌های مدرسه و...

به تدریج جبهه‌ها و سازمان‌های اصیل فلسطینی ، این اقدامات را علیه غیر نظامیان ترک کردند. فقط اهداف نظامی را مطمح نظر قرار دادند، از قبیل حمله به پادگان‌ها یا اتوبوس حامل نظامیان یا رستورانی که پاتوق نظامیان بود. و **حبش** صریحا اعلام کرد که ما به این نتیجه رسیدیم که این اقدامات می تواند مورد سوء استفاده دشمنان ما قرار بگیرد ، ضمن اینکه انجام این گونه کارها هیچ گرهی هم از کار ما باز نمی‌کند و فقط دایره تبلیغات ضدفلسطینی را زیاد می‌کند؛ یک حقانیت کاذبی به صهیونیست‌ها می‌دهد که در دنیا بتوانند با این حامیان عظیم و رسانه‌های بسیار توانایی که دارند ، از این بهانه سوءاستفاده و جنبش خلق فلسطین را این جور ملکوک کنند!

با فلسطینی‌های دیگری هم آشنا شدم . از جمله شخصیتی بود که الان متاسفانه اسمش یادم نیست ، فردی بود که عضو حزب کمونیست فلسطین بود. مورد اعتماد همه فلسطینی ها بود، خودش هیچ گروهی نداشت اما مورد مشورت همه اینها قرار می گرفت .

دیدار با **عرفات** و رفتن به مقرشان و آشنایی با همکاران **عرفات** ، چگونگی همکاری و هماهنگی بین گروه‌های مارکسیستی فلسطینی و گروه‌های غیرمارکسیستی ، تجربه جدیدی برای من بود. برخی مثل **عرفات** بودند که خیلی جنبه مذهبی نداشتند ، حتی

پاره‌ای از همکارانشان هم سکولار بودند ، مثل **یاسر عبدربّه** . او مدتی در «جبهه دموکراتیک» بود بعد در «سازمان آزادی بخش فلسطین» انتخاب شد و بالاخره با الفتح و از معاونین او شد ، حتی بعداً در این دولت خودگردان هم اسمش را دیدم که وزیر اطلاعات شده بود. خیلی به همدیگر نزدیک بودیم. در «برج البراجنه»، یکی از اردوگاه‌های فلسطینی ، برای من سخنرانی گذاشته بودند، او هم سخنران فلسطینی آنجا بود. خیلی پر حرارت ، با صدای بلند سخن می‌گفت و نسبتا هم جوان بود، نسبت به آنهای دیگر.

به هر حال تجربه خوبی بود که واقعا وقتی اصالتی وجود داشته باشد ، چگونه می‌توانند برای یک هدف واحد ، با وجود شیوه‌ها و نگرش‌ها و حتی مبانی ایدئولوژیک متفاوت، همکاری کنند و این همکاری و هماهنگی می تواند ادامه پیدا کند .

ضمن اینکه در مذاکرات خصوصی که با هر یک از اینها داشتم ،گله مندی‌هایی هم از یکدیگر داشتند که جنبه شخصی نداشت ، گله‌مندی‌ها جنبه سیاستگذاری‌ها، مشی‌ها و روش‌ها و این چیزها بود. که انتظاراتی برای همکاری‌های بیشتر با هم داشتند ولی وقتی انطباقی با مشی طرف مقابل نداشت، لاجرم این انتظار برآورده نمی‌شد .

خوب، گروه‌های دیگری هم بودند که جنبه‌های مذهبی‌شان از **عرفات** و «الفتح» بیشتر بود، مثل **احمد جبرئیل** . آنها هم نیروهایی بودند که در واقع از «الفتح» انشعاب کرده بودند ولی بعد دیگر خودشان یک گروه مستقل را به وجود آورده بودند. من غالبا در اخباری که توسط رسانه‌های جمهوری اسلامی انتشار پیدا می‌کرد، اخبار مربوط به همین «الفتحِ» **احمد جبرئیل** را می‌شنیدم ، حالا اخیرا دیگر نمی‌شنوم، نمی‌دانم چه اتفاقی برایشان افتاده! آن زمانی که در واقع **عرفات** مغضوب جمهوری اسلامی ایران واقع شده بود، بیشتر از **احمد جبرئیل** مطالبی بیان می شد و این دقیقا

همان ارتباطات و پیوندها را می‌رساند . بعدها بود که داستان «حماس» و اینها مطرح شد ، آن موقع خبری از «حماس» و... نبود.

به هر حال اظهار علاقه کردند که من را در واقع تقریبا تا خط مقدم ببرند، ضمن اینکه پاره ای از این دوستان اظهار نگرانی می کردند که اسرائیلی‌ها با دوربین‌های بسیار قوی کنترل می‌کنند و ممکن است یکباره آسیبی برسانند. اما **حواتمه** معتقد بود که می‌شود تدابیری اندیشید که مانع از چنین چیزی شد. خوب ما از بیروت رفتیم صیدا و از صیدا رفتیم صور ، از صور رفتیم جلو ،دیگر آبادی نبود ، نزدیک‌های یک رودخانه ، گویا لیتانی ، خط مقدمی بود که رسما عملیات درگیری انجام می گرفت، خیلی کوشش داشتند که من این جور جبهه‌ای نایستم، غالبا رو به خود اینها بایستم، آنها آن طرف را نگاه کنند ، من این طرف بایستم. از این دوربین‌ها گذاشتند که آن مناطق دورتر را نشان می داد. آن زمان یک همکاری نسبی با «جنبش امل» داشتند، **نبیه بری** آن موقع فرماندهی «امل» را داشت .

ولی مزید بر این دیدارهایی که با این دوستان فلسطینی داشتم که واقعا بسیار خوشحال کننده بود ، خانه ها و اردوگاه های اینها واقعا خیلی خیلی انسان را متاثر می‌کرد ! اینها در شرایط بسیار دشواری زندگی می کردند! آن محله‌ای که من رفتم و اینها را دیدم ، اصلا نمی شد به آن خانه و زندگی گفت ! ظاهرا از یک کوچه‌ای می‌گذشتیم، این کوچه مشرف به آلونکی بود که آنجا شش هفت نفر ، یک مرد و یک زن با پنج شش تا بچه ، کل علائق مادی اینها یک چراغ ، یک پریموس شاید ، دو تا قابلمه، دو تا استکان بود، همین. این خانه و زندگی فلسطینی‌ها بود!

شرایط زندگی اینها خیلی متاثر کننده بود و حال آنکه عمده کمک هایی که به اینها می شد ، صرف هزینه‌های رزمی‌شان می‌کردند. اردوگاه عملیاتی‌شان ، سلاح‌هاشان، لباس‌هاشان، پوتین‌هاشان و... خیلی خیلی مرتب بود؛ ولی خانواده‌ها را نگاه

می‌کردی، یا مکانشان ،مسکنشان ، واقعا در یک فقر و مسکنت عجیبی بودند! اردوگاه‌هایی که رزمنده‌ها در آن بودند ، مثلا «دامور» یا «برج‌البراجنه» نسبتا مرتب بود، ولی آنجایی که خانواده‌هاشان زندگی می‌کردند ، اصلا فقر سراسرش را فرا گرفته بود !

و حقیقتا انسان فکر می کند که دولت‌های عربی ،به ویژه آنهایی که از منابع نفتی برخوردارند ، یک پا همکار خود اسرائیل هستند . به قدری اینها را محدود می‌کنند، ضعیف نگه می‌دارند ، اصلا هیچ یاری نمی دهند! که به گمان من این حمایتی هم که اینها از فلسطینی‌ها می‌کنند ، در واقع برای سر پا نگهداشتن اینها به عنوان یک عاملی در مقابل اسرائیل است که این باقی بماند ، محو نشود و یک توجیهی باشد برای اینکه خلق عرب یکباره متوجه خود روسای کشورهای خودشان نشوند!

به قول یکی از این دوستان فلسطینی ما ، در واقع اسرائیل همین دولت‌های عرب‌اند که مانع از این هستند که نیروهای مبارز خود کشورهای عربی شرایطی را فراهم کنند . والّا صد میلیون عرب چطور از پس این مختصر و یک قطعه زمین اسرائیل بر نمی‌آیند؟! و هر بار هم در جنگ شرکت کردند شکست خوردند! چون اینها با ملت‌هایشان بیگانه هستند . آن ارتشی که مثلا سوریه می‌برد با اسرائیل بجنگد، اصلا سوریه را کشور خودش ، ملک خودش ، مال خودش نمی داند. دولتش را دولت خودش نمی داند. با اولین فشنگ و اولین تیراندازی عقب نشینی می‌کند . و حال آنکه اسرائیلی آن طرف ، همه چیز آن سرزمین را مال خودش می داند و کلا هم برایش تبلیغ شده و کوشش هم شده که زندگی اش نسبتا مرفه باشد. در واقع حکومت های خود عرب نسبت به مردم عرب بیگانه اند، بنابراین آنها برای چی بجنگند، به خاطر کی بجنگند؟!

فلسطینی ها دردشان این بود واقعا! تا وقتی هم که این مشکلات در درون خود کشورهای عربی که حامی فلسطین هستند ، یعنی مسئله اصلی اینها حل نشود، مشکل فلسطین هم با حمایت اعراب حل شدنی نیست.

به هر جهت یک وجه ، دیدار با فلسطینی‌ها بود . ولی همان‌طور که در جلسه گذشته اشاره‌ای داشتم، از فرصتی استفاده کردم و دیدارهایی هم با رفقای احزاب کمونیست لبنان، سوریه، رفقای عراقی و رفقای یونانی که در آنجا بودند ، داشتم. خیلی خیلی دیدارهای ارزنده ای بود که همان جا عضو کمیته مرکزی حزب کمونیست یونان پیشنهاد کرد که اجلاس مشترکی بین احزاب کمونیست منطقه در یونان برگزار بشود. و قرار شد که ما این پیشنهاد را با حزب در میان بگذاریم و در صورت موافقت انجام بشود.

که البته این پیشنهاد در مراجعت من ، در هیئت سیاسی مطرح شد ولی برگزاری این نشست تایید نشد.

□ *چرا؟*

■ اشاره شد که اولا مسائل ما متفاوت است ، دوم اینکه یک چنین نشست‌های منطقه‌ای قاعدتا باید در چارچوب سیاست کلی جنبش کمونیستی باشد. یعنی مثلا اتحاد شوروی و ... هم در جریان این مطلب باشند. به هر دلیل ، رفقای شوروی هم با برگزاری این اجلاس موافق نبودند . فکر می‌کردند که حساسیت‌هایی را برای بعضی از احزابی که فعالیت علنی دارند ، منجمله **حزب توده ایران** ، برمی‌انگیزد.

□ *و ممکن است یک علت دیگر هم داشته باشد، مثل کمونیست های اروپایی کم کم ...*

■ یعنی مسئله «اورو کمونیسم» مطرح بشود؟

□ *یا مثلا کمونیسم مدیترانه‌ای . «مدی کمونیسم».*

■ واقعیت این است که نوع پایبندی احزابی مثل حزب کمونیست عراق ، حزب کمونیست سوریه، **حزب توده ایران** با مناسبات بسیار نزدیک با حزب کمونیست اتحاد شوروی ،فرق داشت با نوع مناسباتی که حزب کمونیست ایتالیا و فرانسه و احتمالا یونان داشت. یونان تا آن زمان هنوز مثل حزب کمونیست ایتالیا و فرانسه نشده بود ، اما لاجرم چون یک کشور اروپایی است و در احزاب کمونیست اروپا هم خیلی استخوان‌دار است ـ آن زمان معمولا در انتخابات ، بیست درصد آرا را از آن خودش می‌کرد ـ خیلی قابل توجه بود!

بله من حقیقتش با توجه به تجربیات حزب کمونیست یونان ـ چون می‌دانید که بعد از جنگ جهانی دوم ، یک درگیری مسلحانه داشتند....

□ *حکومت سرهنگ ها و کودتاها ...؟*

■ نه ، درگیری‌هایی با نیروهای دولتی در آستانه پایان جنگ دوم جهانی که تنها با فرود آمدن چتربازهای انگلیسی سرکوب شد .

وقتی این پیشنهاد توسط آن رفیق یونانی داده شد ، من بلافاصله استقبال کردم و با دید مثبت این را در رهبری حزب خودمان مطرح کردم ؛ ولی خوب ، به هر حال چون نسبت به سوابق روابط احزاب کمونیست با حزب کمونیست اتحاد شوروی آشنایی کمتری داشتم ، این بود که نظرم با آن چیزی که عنوان شد متفاوت بود. به هر حال نظر آن شد که «فعلا نشود» و نشد! اما برای خودم حقیقتا خیلی ارزنده بود!

واقعیت این است که با وجود آنکه رفیق ما **خالد بکتاش** ، از کمونیست‌های استخوان‌دار جنبش جهانی کمونیستی و رهبر بلامنازع کمونیست‌های سوریه و خیلی هم مورد احترام همه کمونیست‌های منطقه ، منجمله همین لبنان و عراق و غیره بود، ولی من نگرش **ژرژ حاوی** را بیشتر پسندیدم تا نگرش رفیق **بکتاش**.

□ *شما در آن سفر با رفیق بکتاش صحبت کردید یا اینکه سفر بعدی هم داشتید؟*

■ نخیر، همین سفر بود ، من سفر دیگری نداشتم.

□ *شما گفتید که با رفقای لبنانی هماهنگی داشتید که اظهار گلایه‌های حزب کمونیست لبنان را به حزب کمونیست سوریه برسانید و به اصطلاح سفیر حسن نیت باشید . آیا این کار را در همین سفر انجام دادید یا ...؟*

■ درست است، هر دو مطلبِ بیان شده مربوط به همین مسافرت است. من آنچه به رفیق **ژرژ حاوی** گفتم، اشاره داشتم به اینکه انجام این کار ، در واقع باید به صورت یک ماموریت از طرف حزب باشد ، ولی چون هم با شما دیدار دارم و نظرات شما را می‌شنوم ،هم با رفیق **بکتاش** دیدار خواهم داشت و نظراتش را خواهم شنید، شاید مناسب باشد که من به عنوان یکی از اعضای رهبری **حزب توده ایران** در یک مجالی، در یک فرصتی که با رفیق **بکتاش** صحبت می کنم، به عنوان نظرات شخصی خودم ، نه به عنوان انجام ماموریتی بین دو حزب برادر ، مطالبی را که شنیده‌ام در میان بگذارم ، احیانا تاثیراتی مفید داشته باشد.

واقعیت این است که من چگونگی کارکرد حزب کمونیست لبنان را خیلی بیشتر پسندیدم تا کارکرد حزب کمونیست سوریه . ظاهرا رفقای سوری ما در «جبهه ترقی‌خواه سوریه» با «حزب بعث سوری» در یک ائتلاف بودند ولی واقعیت این بود

که این ائتلاف، یک حضور صوری بود. هر آنچه «حزب بعث» می‌خواست، عمل می‌کرد. حتی رفقای ما را در سوریه ، در یک محدودیت‌های عجیبی قرار داده بود! مثلا اینها نباید در اتحادیه های کارگری کار بکنند! پس کجا باید کار بکنند ؟ یا مثلا نشریه رسمی و علنی نباید داشته باشند، می‌توانند نشریه درونی داشته باشند! آخر مگر می‌شود حزبی در ائتلاف با حزب دیگر و در حکومت باشد ولی اینقدر در محدودیت؟!

ولی در لبنان ، در واقع حزب کمونیست لبنان علنی بود، دفاتر وسیع و آمد و رفت آزادانه داشت . نیروی مسلح محافظ آنجا و روشش چقدر جالب بود که این حزب با داشتن این امکانات و محافظین مسلح ، بسیار روش ملایم و آرامی داشت. در «جبهه ترقی‌خواه»، صاحب یک کرسی بسیار بسیار معتبر بود. ولی آن طرف اصلا مثل یک حزب مخفی کار می کرد! مثلاً یکی دو اتومبیل عوض کردند تا ما را به خانه‌ای که رفیق **بکتاش** در آنجا بود ببرند.

□ *در دمشق بود؟*

■ بله در دمشق بود. حالا ما سر کوچه ای رسیدیم که باید از خیابان داخل کوچه برویم. راننده یک سوت زد، یکی دیگر هم از آن طرف سوت زد. ما از ماشین پیاده شدیم. یعنی دقیقا پنهانکاری‌هایی که یک سازمان سیاسی مخفی باید رعایت کند. به خانه ای وارد شدیم که اصلا قابل قیاس با مرکز کار **ژرژ حاوی** نبود. آنجا واقعا شکوهی داشت،اتاق های متعدد، دفاتر،کارمندان، ابزار و وسایلشان ! اینجا یک خانه محقر با دو تا اتاق که در یکی رفیق **بکتاش** هست ، در اتاق دیگر هم بچه‌هایی که محافظ و مراقبش هستند!

اینکه اساسا این خانه را برای دیدار من تعیین کرده بودند و جای معتبرتری داشتند یا اصلش این است ، هر کدامش که باشد، نشانهٔ میزان محدودیتی است که آنها در نظام بعث سوریه داشتند. حالا تازه حزب بعث سوریه داعیهٔ جناح چپ بودن داشتند! ما می دانستیم که جناح **حافظ اسد** به هیچ عنوان جناح چپ حزب بعث نبود، اینها جناح میانه رو بودند. جناح چپ **اکرم حورانی** و... بودند که در واقع بر علیه شان کودتا کردند!

□ *و حذف شدند؟*

■ بله حذف شدند. به هر جهت ، من از فرصت دیدار استفاده و اشاراتی کردم به اینکه، آنچه من در لبنان شاهد بودم ، ایجاب کرده که حزب کمونیستِ در آنجا ، در یک جبهه گسترده و وسیع کار بکند و جبهه به معنای واقعی کلمه هست ، یعنی رفقا حضور دارند. من در یک جلسه عمومی‌شان شرکت داشتم و واقعیت این است که از تعاملی که بین این جریانات بسیار متفاوت بر قرار است، تحت تاثیر قرار گرفتم! ولی ضرورت همکاری در یک کشور ، اتخاذ یک چنین سیاستی را کاملا به انسان ثابت می‌کند و من فکر می کنم رفقای لبنانی به درستی این ضرورت را کشف کرده‌اند و خیلی خوب هم دارند پیاده می کنند .

خوب، رفیق **بکتاش** اشاره کرد به اینکه «یک چیزی که کمونیست ها را تهدید می‌کند لیبرالیسم است و خیلی باید مراقب بود که کمونیست ها گرفتار این شیعه‌های لیبرالیست نشوند.» اسم نیاورد ولی من فهمیدم که او دارد می‌گوید لبنانی‌ها این جوری هستند.

□ *مارکسیست ـ لنینیست بود دیگر، با اتحاد شوروی ...*

■ بله، اینها هر دو با حزب کمونیست اتحاد شوروی در رابطهٔ خیلی نزدیک بودند. اصلا نمایندگانشان در آن اجلاسی که ما بودیم حضور داشتند. از کشورهای عربی ، نمایندگانِ همهٔ آنها بودند. حزب کمونیست اردن بود، حزب کمونیست فلسطین بود، از مصر آمده بودند ـ منتها به نام حزب کمونیست نیامده بودند ، یک نام دیگر مارکسیست لنینیستی داشتند ـ از سودان آمده بودند ـ چه تیپ‌های جالبی! ـ از همین عراق و سوریه و لبنان و... همه آمده بودند. همه ارتباطات خیلی نزدیک با حزب کمونیست اتحاد شوروی داشتند .

نمایندگان احزاب کمونیست اروپایی،فرانسه،ایتالیا ، یونان، اسپانیا هم همه بودند. اینکه لفظ «اورو کمونیست» مطرح می شد ، اصلا به این معنا نبود که آنها اصلا هیچ ارتباطی نداشتند، خیلی هم ارتباط نزدیکی داشتند ؛ منتها خیلی از آنها نظرات متناسب با کشورهای خودشان را داشتند.

واقعیت این است که وجود دموکراسی بورژوایی در کشورهایی مثل فرانسه ، ایتالیا،اسپانیا و... امکاناتی به این احزاب می دهد که یک رشته نظرات متناسب با آنجا برایشان به وجود می‌آید. مثلا در بیست و دومین کنگره حزب کمونیست اتحاد شوروی ، **خروشچف** یک رشته نظریات جدید ابراز کرد، از جمله «امکان گذر آرام» . بدون تردید این امکان گذر آرام برای کشورهایی مثل سوریه ، ایران ، لبنان و... نمی‌توانست مطرح بشود ! در کشوری مطرح است که روند انقلاب دموکراتیک را پشت سر گذاشته باشد و امکان ارتباط نزدیک اعضای حزب کمونیست با توده مردم و کاربرد همه ابتکارات باشد که نظرات مردم را جلب کند تا بتواند گذر آرامی را فراهم سازد. در کشوری که 'صلا هیچ تجربه دموکراسی را ندارد ، چگونه می‌تواند گذر آرامی وجود داشته باشد ؟ بی‌تردید نمی‌تواند باشد!

این جنبه و بحث‌های دیگری هم که در درون این احزاب در می‌گرفت، به نظر من چیزی بود که یواش یواش تحت عنوان «اورو کمونیسم» مطرح می شد. مثلا در حزب کمونیست فرانسه ، در نشریه «اومانتیه»، ارگان حزب کمونیست فرانسه، یک ستون برای انعکاس نظرات اقلیت ، اپوزیسیون درونی حزب ، منظور شده بود! چیزی که سابقه نداشت! و استدلال هم این بود که این عده‌ای که در اقلیت هستند ، تنها فرصت اینکه یک وقتی مطرح بشوند ، این است که بتوانند نظراتشان را ، حرفشان را با اکثریت در میان بگذارند؛ و این امکان‌پذیر نیست مگر اینکه از رسانه رسمی حزب ، این امکان اظهار نظر برایشان فراهم بشود. یعنی در واقع «فراکسیونیسم نظری» را جایز دانستند، «فراکسیونیسم تشکیلاتی» را محکوم کردند. یعنی نروند باند بازی کنند. این نرود یارگیری کند،آن نرود یارگیری کند،نروند خودشان جلسه تشکیل بدهند و... این فراکسیونیسمی است که پذیرفته نیست. آنها فراکسیونیسم نظری را پذیرفتند، یعنی امکان مطرح شدن نظرات به طور علنی فراهم بشود .

خوب ، در سانترالیسم دموکراتیک ، در واقع این مسئله به صورت فرمولی اعلام شده بود که اقلیت می‌تواند در ارگان‌های ذی صلاح ، نظرش را اعلام کند. ولی همین ، مقداری جای بحث دارد. ارگان ذی صلاح کجاست؟ اگر در جمع عده محدودی حرفش را بزنند، این حرف ها به گوش بقیه اعضای حزب نمی رسد ، مگر اینکه ارگانی ، نشریه ای داشته باشد که بتواند منعکس کند.

کاری که امروز «فداییان اکثریت» دارند انجام می دهند. البته اینها بیشتر به دلیل اینکه داشتند در معرض انشعاب قرار می گرفتند، یکی یکی کسانی جدا می‌شدند ، به نظر من هم خیلی عاقلانه کار کردند و این فضا را باز کردند که اگر کسانی نظراتی دارند ، در نشریه «کار» هم می توانند نظراتشان را منعکس کنند؛ و شد آن چیزی که امروز «کار» هست.

کسانی نظرات خودشان را عنوان می کنند، با نظرات مرکز هم اختلافات جدی دارد. من نظرات **جمشید طاهری‌پور** را در همین «کار» خواندم و حال آنکه نظر شورای مرکزیشان جز این است . **بهزاد کریمی** جور دیگری فکر می‌کند. یا نظراتی که **فرخ نگهدار** عنوان می کند، به خصوص بر سر همین مسئله «اتحاد جمهوری خواهان»، اصلا **بهزاد** و همفکرانش این نظریات را نداشتند و جز این فکر می‌کردند! ولی این امکان را به اینها می‌دهند که مطالبشان را منعکس کنند.

احزاب کمونیست عرب ، همان ارتباطاتی را که **حزب توده ایران** با حزب کمونیست اتحاد شوروی داشت، داشتند. و واقعا همان باورها را هم داشتند ؛ منتها با شرایط ویژه کشورهای خودشان . ما در کشورهای عربی هیچ حزب کمونیستی مثل حزب کمونیست لبنان ندیدیم. دقیقا شرایط ویژه لبنان سبب شده بود این امکان برای حزب کمونیست فراهم شود که حضور داشته باشد ، علنی کار کند و ارتباطات را با حرکات جبهه‌ای تامین کند.

□ *آقای **عمویی**، اتحاد شوروی با این حکومت‌هایی که احزاب کمونیست هم در آنها حضور داشتند، (چه در ائتلاف ، چه به صورت اپوزیسیون) خیلی روابط نزدیکی داشت، مثلا با حزب بعث سوریه یا عراق . چرا از این ارتباطات در راستای باز کردن فضا برای این احزاب یا دادن امکاناتی درخور ، استفاده نمی‌شد؟*

■ اساسا سوریه با اتحاد شوروی یک پیمان بیست ساله داشت که نه فقط تسلیحات مورد نیازش را بدهد، حتی امنیتش را هم تامین کند. ولی با کمال تاسف حزب بعث بسته تر از آن بود که به لحاظ این روابط ، امکان پیشرفتی به حزب کمونیست داده بشود. نگرش، نگرش بسیار انحصارطلبانه بود!

یادم می‌آید صحبت‌هایی که **محمدی گیلانی** با یکی از رفقای ما کرده بود . رفیق ما به او گفته بود که بالاخره ما با شوروی همسایه ایم و حزب توده هم مورد علاقه اتحاد شوروی است ، شما با توده‌ای ها یک مقدار خوب رفتار کنید تا مناسباتتان با اتحاد شوروی حفظ بشود .

گیلانی پاسخ داده بود «ما معتقد هستیم که می توانیم با شوروی روابط نزدیکی داشته باشیم بدون اینکه هیچ ارفاقی به حزب توده بکنیم! » به نظر من اینها تجربیاتی است که آنها در آن کشورها کسب کردند.

□ *شما به **خالد بکتاش** گفتید که این چه وضع رفتاری است که با شما می‌شود؟!*

■ خود او خیلی نگران این مناسبات بود و حتی از خشکی و انحصارطلبی بعثی‌ها می‌نالید و در عین حال می گفت چاره ای نداریم، ما ناچاریم به همین حداقل قانع باشیم.

□ *در مورد حزب کمونیست لبنان هم با او صحبت کردید؟*

■ من گله‌های آنها را مطرح نکردم ،اما شروع کردم به تعریف از روش و منش حزب کمونیست در لبنان و نظر خودم را بیان کردم که به گمان من حزب کمونیست لبنان دارد خیلی خوب عمل می کند ، مناسباتی که با سایر نیروهای ترقی‌خواه ، منجمله روابطی که با «دروزی»ها و **کمال جنبلاط** دارد، خیلی خیلی خوب است ! روابطی که با فلسطینی‌ها دارد، مثلا تنظیم مناسباتی که با آن بخش از فلسطینی های مارکسیست دارند ، جالب است!

واقعا ارتباط خیلی تنگاتنگ بین حزب کمونیست لبنان و «جنبش خلق» و «جبهه دموکراتیک» وجود دارد، خیلی نزدیک! و این برای من خیلی تعجب آور بود ! مطمئن بودم که حزب کمونیست سوریه چنین رابطه‌ای را با اردوگاه فلسطینی «یرموک» ندارد ، چرا که حزب بعث این اجازه را نمی‌دهد که گستردگی مناسباتی که آنها آنجا داشتند ، اینها اینجا داشته باشند.

□ *آقای **عمویی**، شما شباهتی بین وضعیت حزب توده و حزب کمونیست سوریه در رابطه با حکومت‌هایشان نمی‌بینید؟ دقیقاً پس از سال ۶۰ برای حزب توده همین اتفاق افتاد! مثلاً شما می‌توانستید نشریه داخلی داشته باشید ولی انتشارات نداشتید ، می‌توانستید ارتباطی داشته باشید، ولی اعضا را دستگیر می کردند و مورد آزار و اذیت قرار می دادند ...؟!*

■ آنچنان شباهتی نبود. ابتدای کار، امکاناتمان بیشتر بود، روزنامه ارگان داشتیم. من رفتم ارشاد اصلا مجوز روزنامه گرفتم!

□ *آقای **عمویی** ! سفر سوریه بود ، آخرین دیدارتان با **خالد بکتاش** بود فکر می‌کنم ، با **حافظ اسد** احیاناً دیداری نداشتید؟*

■ **خالد بکتاش** به من اطلاع داد که مسئولین حزب بعث اطلاع پیدا کرده اند که شما در منطقه هستید، از بیروت به دمشق آمده اید و اظهار علاقه کرده‌اند که نشستی با شما داشته باشند . من به رفیق **بکتاش** گفتم که من هیچ تمایلی ندارم با بعثی‌ها نشستی داشته باشم . گفت چرا؟ ما الان در یک جبهه ایم !گفتم با کمال تاسف آنها در این جبهه دست و بال شما را که سهل است، زبان شما را هم بسته‌اند ! من با این گروه انحصار طلبی که این رفتار را دارد گفتگو نمی‌کنم! یک وقت است که شما یک

حزب سیاسی در اپوزیسیون هستید و با شما این چنین رفتار می‌کنند ، که خیلی عجیب نیست ، حزب حاکم است و با نیروی مخالفش یک چنین رفتاری می‌کند، ولی شما متحد اینها هستید و به اصطلاح در شورای جبهه‌ای هم هستید ، و مع‌هذا برای مهمانتان مجبورید اینقدر پنهانکاری کنید و... نه من تمایلی ندارم . ما خیلی چیزها راجع به بعثی‌ها شنیده‌ایم ولی همین روش‌ها نشانهٔ روش‌های انحصارطلبانه فاشیستی است که خیلی با کسانی که در جای دیگر کار می کنند فرق ندارند!

و حقیقتش نپذیرفتم . **بکتاش** اصرار داشت که خوب است یک چنین دیداری باشد. بهانه کردم که یک تلفن گرام از تهران دارم و از من خواسته اند که هر چه زودتر حرکت کنم و این است که فرصت ماندن در دمشق ندارم.

بعدش هم در حقیقت، وقتی آمدم و با رفقای خودمان در میان گذاشتم ، همه تایید کردند که بسیار کار خوبی کردی ، اصلا ما با بعثی سنخیتی نداریم ! ما اینجا به ضرورت می‌رویم پیش **هاشمی رفسنجانی** و **بهشتی** صحبت کنیم، ضرورت‌ها مجبور کرده که ما برویم و بگوییم بچه‌های ما را **لاجوردی** می‌گیرد، می‌اندازد فلان جا . در عین حال ما پیشنهاد می‌کنیم فلان سیاستتان هم این جور باشد!

□ *القای ایدئولوژیک...!*

■ به هیچ وجه القای ایدئولوژیک نبود، ارائه راهکارهایی به سود منافع ملی ما بود. نکته‌ای که گفتنش شاید مناسب باشد این است که روزی **نایف حواتمه** به من گفت رفیق **عمویی**! امروز یک برنامه اختصاصی برای شما داریم . دوستانِ همراهتان نباید در این برنامه باشند. گفتم خوب خودتان می توانید ترتیب بدهید. وقتی سوار اتومبیل می‌شویم ، من در یک ماشین باشم ، آنها در ماشین دیگر . یک برنامه ویژه برای اینها بگذارید . مثلا آنها را ببرید در اردوگاهی ، سینمایی جایی و...

همین طور شد و ما رفتیم پشت تپه‌ای مشرف به بیروت، ساختمانی نسبتا بزرگ بود و تعداد کثیری از جوانان فلسطینی کادر «جبهه دموکراتیک برای آزادی فلسطین» اینجا در کلاس های مارکسیسم لنینیسم تحصیل می‌کردند. این چیزی بود که در هیچ یک از گروه های فلسطینی وجود نداشت.

چند مهمان دیگر غیر از من داشتند، سفیر چکاسلواکی بود ، سفیر کوبا بود ،سفیر یمن جنوبی بود و حامل پیام **عبدالفتاح اسماعیل** برای من بود. خوب، جایگاهی گذاشته بودند، ما مهمانان هم آنجا بودیم و فارغ التحصیل ها هم در صف میزهایشان نشسته بودند . برنامه‌ریزی کرده بودند که ما گواهینامه‌هایشان را بدهیم . سفیر چک اسلواکی گفت که اصلا این وظیفه را نباید به من بدهید ، چون اساسا این به رفقایی می‌خورد که مال منطقه هستند ، ما مال اروپا هستیم. من پیشنهاد کردم رفیق کوبایی‌مان این کار را بکند. او هم نپذیرفت و من را کاندیدا کرد، درست با همین زبان اسپانیولی می‌گفت که ترجمه می کردند ،گفت شما که در این آتش دارید می‌سوزید باید این کار را بکنید! به هر حال **حواتمه** هم گفت که نظرش به من بوده. من این کار را انجام دادم .

یکی یکی می‌آمدند و این گواهینامه ها را می دادیم ، با ما روبوسی می‌کردند. اول یک رفیقی آمد که فارسی بلد بود به نحوی که می‌توانست منظورش را ادا کند. اول به فارسی گفت که من بفهمم چه می‌گوید، بعد به عربی شروع کرد شرح حالی از من توضیح داد و گفت رفیق **عمویی** ایام زندانش ، ایام فعالیتش در **حزب توده ایران** این طور بوده، **حزب توده ایران** یک چنین حزبی است و سوابقش و مبارزاتش چنین بوده و مایه افتخار ماست که نماینده **حزبِ توده ایران**، مهمان ماست و گواهینامه شما را می‌دهد!

خوب من هم یک مقدار صحبت کردم که «پراتیک اجتماعی است که تعیین کننده میزان درک تئوری ما و تئوری راهنمای عمل انقلابی ماست! شما یک رشته مسائل نظری را اینجا فراگرفته‌اید ، ولی در عرصه عمل هست که میزان کارایی این آگاهی تئوریک نمایان می‌شود.» مقداری در این زمینه‌ها برایشان صحبت کردم و واقعا نگاه‌های اینها به قدری صمیمی ، به قدری نزدیک بود که اصلا درست مثل اینکه من بچه‌های سازمان جوانان حزب خودمان را می بینم، اینقدر صمیمیت! پدر سوخته‌ها به قدری قوی بودند و وقتی با من روبوسی می کردند چنان مرا می‌فشردند که یک بار به **حواتمه** گفتم من این استخوان‌ها را لازم دارم!

مناسبات خیلی نزدیک بین من و **حواتمه** به وجود آمد. خیلی خیلی نزدیک بود و از این برنامه‌ای که در این جبهه وجود دارد و آموزش‌هایی که داده می شود و واقعا راه دشواری که اینها در پیش گرفته‌اند ، خیلی خوشم آمد! ضمن اینکه تئوری وپراتیک را چنین تلفیق و هماهنگ کرده‌اند و کار می‌کنند خیلی اهمیت دارد!

یک جنبش انقلابی اگر روی تئوری کار نکند و فقط عمل زده بشود خیلی زود شکننده می شود. جانبازی‌های زیادی خواهد کرد اما به راه های خطا هم زیاد خواهد افتاد. و اما این آگاهی نظری باید برایش به عنوان راهنمای عمل باشد ، نه اینکه تبدیل بشود به ملا نقطی‌هایی که آقا اصول اینطور حکم می‌کند ، فروع اینطور حکم می‌کند، شما همین فردا باید یک اقدام درست و حسابی بکنی و ...

□ *تفسیر خلاق در واقع ...*

■ بله، ولی حیفم آمد که در مورد سفر فلسطین صحبت کرده باشم و اشاره‌ای به این جلسهٔ ویژه نکرده باشم. البته دو سخنرانی عمومی برای من گذاشتند . یکی در دمشق، یکی در بیروت . محلش هم هر دو در سینما بود، سالن بزرگی بود و...

□از طرف چه کسی گذاشته شد؟

■ از طرف همین فلسطینی‌ها گذاشته شد . در آنجا نمایندگان همه جریانات فلسطینی حضور داشتند. متاسفانه آنجا من شاهد اختلافات درونی اینها بودم که بازتابش در سخنرانی‌هایشان دیده می‌شد. **حواتمه** کنار من نشسته بود و برای من به انگلیسی توضیح می داد. سفیر لیبی در بیروت وقتی که درباره کمک های لیبی به فلسطینی‌ها صحبت می‌کرد ، اظهار کرد که ما متوجه شدیم این کمک‌ها منصفانه توزیع نمی‌شود. عمدتا این کمک‌ها را «جنبش فتح» از آنِ خودش می‌کند و بنابراین ما تصمیم گرفتیم که کمک‌هایمان را خودمان توزیع کنیم و مستقیما به بخش‌های مختلف اینها بدهیم. نماینده «فتح» بلند شد و خیلی تند صحبت کرد! و وقتی به **حواتمه** گفتم ، خندید ،گفت فراوان از این چیزها هست ، مشکل ما یکی دو تا نیست ولی با همه تندروی‌هایی که می‌کنند مجبورند همکاری هم بکنند ! این است که ما اصولا نگران این برخوردها نیستیم و واردش هم نمی‌شویم ، حل می‌شود .

در آنجا مجله‌ای بود که سخنرانی مرا در آن چاپ کرده بودند ، یک نسخه‌اش را هم به من داده بودند ، آوردم ایران ، در آرشیو حزب بود. البته اشاره‌ای هم در روزنامه خودمان شد که رفیق **عمویی** به دعوت فلان ، به فلسطین سفر کرده و وظایفی هم که به عهده رفیق ما بود به خوبی انجام گرفته و به ایران مراجعت کرده.

این دومین مسافرتی بود که من به خارج از کشور انجام داده بودم ،به نظرم مسافرت خیلی مثبتی بود؛ چه از نظر خودم ، چه از نظر روابط حزب با جنبش ترقی‌خواه و آزادیخواهی مثل جنبش فلسطین . در جنب آن هم دیدارهایی که با احزاب کمونیست و نمایندگان احزاب کمونیست دیگر داشتم و اشاره کردم که نماینده یمن جنوبی پیام **عبدالفتاح اسماعیل** را آورد که «در این چند روزی که شما در بیروت

هستید ، یک پرواز به عدن بکنید و یک سخنرانی در عدن انجام دهید و ما بلافاصله شما را بر می گردانیم ، فقط یک روز مهمان ما باشید.» عین همین پیام رفتن به عدن را من از **نایف حواتمه** دارم و حقیقتش عذر خواستم و گفتم که این موکول می‌شود به مراحل بعدی. من با یک ماموریت مشخص و دعوت مشخصی آمده‌ام اینجا و برای سفر به یمن نیازمند مشاوره با رفقای رهبری هستم. چون به هر حال یک رشته مسائل ویژهٔ منطقه در یمن هست که شما الان درگیر هستید.

چون **علی ناصر محمد** که رقیب **عبدالفتاح اسماعیل** بود ، او هم یک نیروی ترقی‌خواه بود اما **عبدالفتاح اسماعیل** و همراهانش رادیکال تر و در جناح چپ بودند. طرفداران **علی ناصر محمد** هم چپ بودند ، و قابل قیاس نبود با کسانی که در یمن شمالی بودند، آنها اصلا مرتجع بودند، راست بودند،او چپ بود. منتها قرار گرفتن در قالب‌های این عناصر ترقی‌خواه ، هنر ویژه‌ای لازم دارد که شاید در موارد معینی لزومی ندارد آدم خودش را درگیر این مسائل بکند، مگر اینکه ضروری باشد حتما شرکت بکند. مثل همین مسئله فلسطینی‌ها بود.

خوب مثلا یکی از تلاش های من این بود که هر چه بیشتر «جبهه خلق» و «جبهه دموکراتیک» را به همدیگر نزدیک بکنم و واقعا هم دیدم زمینه‌اش هم مساعد است و نیازی هم به توصیه من نیست. کمی با **حبش** صحبت کردم، یک مقدار با **حواتمه** ،بیشترش را با **حواتمه** ، گفتم «شماها باید بیشتر مایه بگذارید ، روابط نزدیک شما اصلا باید یک فرماندهی مشترک و عمومی به وجود بیاورد» و بعدا این کار را کردند و خیلی خیلی خبر خوبی بود! ضمن حفظ استقلال خودشان ، یک فرماندهی مشترک به وجود آوردند که هماهنگی هایی در جبهه ها انجام بدهد .

به هر حال عذر خواستم از دوستان یمنی و به **حواتمه** هم گفتم که مثل همان تقاضایی که **ژرژ حاوی** کرد ، مثل همان پیشنهادی که رفیق یونانی کرد، این موکول می‌شود به مراجعت من به ایران و طرح مسئله در رهبری حزب . من خودم پیشنهاد

را با نظر مثبت مطرح می‌کنم ، اگر تصویب شد، من سفر دیگری به منطقه می کنم و خودم به یمن می‌روم و خیلی علاقه‌مندم در آنجا **عبدالفتاح اسماعیل** و رفقای دیگر را ببینم. چشم! سخنرانی هم برایشان می‌کنم . اگرچه آنها سخنان مرا نمی‌فهمند ، چون من همه را فارسی خواهم گفت . مثل همان سخنرانی که در بیروت و در دمشق و در برج البراجنه کردم. گفت نه ، هستند کسانی که ترجمه کنند.

خوب ، مسافرت ،مسافرت خوبی بود . من در مراجعت ،وقتی گزارش این دیدار را با رفقا در میان گذاشتم خیلی مورد تایید شان قرار گرفت.

یادش به‌خیر! فلسطینی‌ها چه امید و آرزویی به انقلاب ایران بسته بودند؟! اصلا تصورشان این بود که رخداد ایران ، آغاز رهایی فلسطینی هاست! بله.

□ *خوب ، می توانست باشد. ساعت ۱۲:۳۰ است اگر اجازه بدهید ما دیگر قطع کنیم.*

۱۲

سفر به افغانستان

۸۳/۴/۱۶

□ *امروز شانزدهم تیرماه است و ما جلسه‌ای دیگر را در خدمت شما هستیم. شما از سفرهای خارجی قبل از سال ۱۳۶۰ به دو سفر اشاره کردید. قبلاً به ما گفته بودید که سفر دیگری هم داشتید که از طریق اتریش بوده. به کجا و چرا این مأموریت به شما محول شد؟*

■ بله، کاملا درست است . همان طور که قبلاً اشاره کرده بودم، من سه سفر خارجی داشتم، یک سفرکه اشاره کردم، در پاییز سال ۱۳۵۸ به دعوت حزب کمونیست اتحاد شوروی برای شرکت در جشن‌های انقلاب اکتبر بود که به اتفاق دکتر**کیانوری** رفته بودیم؛ ضمن اینکه دعوتی هم به هاوانا داشتیم که درآن مسافرت قراربود از آلمان دموکراتیک به هاوانا پرواز کنیم؛ که بنا به ملاحظاتی منتفی شد.

سفر دیگر این بود که دوستان فلسطینی ما، «جنبش دموکراتیک برای آزادی فلسطین» به رهبری **نایف حواتمه** ، دعوت کرده بودند. هیئتی از طرف حزب ، که من در رأسش بودم به لبنان رفتیم، به سوریه رفتیم، به اردوگاه‌های فلسطینی‌ها رفتیم که مجملش را قبلاً توضیح دادم. سفر بسیار مفید و مؤثری بود. دیدارهایی با رهبران و اعضای احزاب کمونیست لبنان، عراق، سوریه، یونان و با مبارزین یمن دموکراتیک داشتیم.

و سفر دیگری هم بود که به افغانستان انجام گرفت. مسئله افغانستان موضوع بسیارحساسی بود، چه ازلحاظ حزب ما و مناسبات ما با نیروهای ترقی‌خواه آنجا و چه همسایگی کشور افغانستان با ایران و حساسیت حوادثی که در آن کشور یا کشور ما رخ می‌دهد و تأثیر متقابلی که بر همدیگر می‌گذارند. پس از سقوط **داوود** وقایعی درآنجا رخ داده؛ **نورمحمدترکی** سرکار آمده و بعد **حفیظ‌الله امین** که طی

کودتایی برسرکارآمده بود؛ پس از آن باز حوادث به شکل دیگری گشت و **ببرک کارمل** وگروه «پرچم» زمام کار را در آنجا به دست گرفتند.

ضمن اینکه **حزب تودهٔ ایران** علاقه مند بود مطلع بشود که آنجا واقعاً چه خبر است! آیا این اطلاعی که ما دریافت کردیم، مبنی بر وحدت در درون «حزب دموکراتیک خلق افغانستان»، انجام گرفته؟ آیا مشکلات بین «خلق» و «پرچم» برطرف شده؟ آیا اینها توانسته اند راهکار مناسبی پیداکنند؟ مسئله دیگر ، نیازی بودکه آنها اعلام کرده بودندکه خیلی به مشاوره با **حزب تودهٔ ایران** احتیاج دارند؛ تا از تجربیات حزب بهره بگیرند.

□ *طی صحبتی که با رفیق* ***جلیلی*** *داشتید، این پیشنهاد داده شد ، یا بعداً این پیشنهاد داده شد؟*

■ نخیر، رفیق **جلیلی** زمانی بودکه **حفیظ‌الله‌امین** در رأس کار بود وطبعاً در آن زمان ما نمی‌توانستیم هیئتی را به افغانستان بفرستیم ؛ چون درآن زمان اساساً این گروه **حفیظ‌الله‌امین** ، نظر خوشی نسبت به حزب نداشت. حالا بعداً توضیح خواهم داد و در همان بحث هایی هم که ما در مسکو با وزیر کشاورزی افغانستان داشتیم، به‌خوبی محرز بود که مواضع ما به کلی متفاوت است. و حداقل می‌شود بگویم که آنها گرفتار یک چپ روی وحشتناکی بودند ! همان‌طور که قبلاً توضیح دادم ، اصلاً معتقد بود که هنگام عضوگیری ، طرف باید یک کمونیست تمام عیار باشد تا به عضویت «حزب خلق» در بیاید.کجا این باید کمونیست شده باشد؟ آموزش هایش را کجا دیده باشد؟ مارکسیسم را ازکجا یاد گرفته باشد؟ درکدام کلاس شرکت کرده باشد؟!

به هرجهت، خیر، این پیشنهاد در ایران بود و مناسبت ویژه‌ای هم پیش آمده بود؛ چون اجلاس هواداران صلح درکابل برگزار می شد و از همهٔ کشورهای جهان منجمله

ایران، هیئتی برای شرکت در این اجلاس انتخاب وفرستاده می‌شدند. از ایران هم آقای **محمود اعتمادزاده** که در رأس «هواداران صلح ایران» بود، با هیئتی حرکت کردند و رفتند افغانستان و در مراجعتشان هم در مطبوعات منعکس شد، حتی جزوه‌ای هم منتشر کردند.

□ *این کی بود آقای **عمویی**؟ چه سالی؟*

■ این مربوط به سال ۱۳۵۹ است. تابستان ۵۹.

□ *مستقیم و آزاد رفتند؟*

■ بله بله شخصاً. این که چگونه رفتند، من دقیقاً نمی دانم ولی علنی رفتند. حالا چگونه و از چه مسیری رفتند، به گمانم آزاد رفته باشند.

درست در همین زمان در هیئت دبیران ما بحثی درگرفت که درست است که از طرف «جمعیت هواداران صلح»، هیئتی برای اجلاس هواداران صلح جهانی شرکت کرده اند، ولی خیلی خوب است که ما تحت این عنوان هیئتی را به آنجا بفرستیم که به مسائل مورد علاقهٔ حزب هم بپردازد. چون مذاکرات در چارچوب صلح، صحبت‌هایی است که در این اجلاس‌ها روشن است، تلاش برای برقراری صلح، کمک به نقاط جنگ‌زده و منجمله افغانستان که جنگ است و... اما یک سلسله مسائل دیگری مورد علاقهٔ حزب بودکه اصلا اطلاع پیدا کند که کار تشکیلاتی «حزب دموکراتیک خلق» چگونه است؟ این افتراق بسیار عمیقی که بین «خلق» و «پرچم» بود چگونه برطرف شده؟ این گروه جدیدی که الآن رهبری را در افغانستان به دست گرفته‌اند، چگونه انسان‌هایی هستند؟ و یک رشته اطلاعات دست اول از همان محل.

خوب ، رفقا باز من را برای رفتن به این مسافرت انتخاب کردند. قرار شد که یک هیئت سه نفره در این مسافرت شرکت داشته باشند. در راس هیئت من باشم و دو نفر دیگر، رفقا **فروغیان** و **کیومرث زرشناس** باشند.

اقداماتی برای گرفتن گذرنامه و... انجام گرفت؛ منتها از آنجایی که جمهوری اسلامی حساسیت عجیبی نسبت به افغانستان و حوادثی که در آنجا رخ داده بود داشت، ما مطمئن بودیم که از مسیر مستقیم نمی‌توانیم برویم. در نتیجه تصمیم بر این شد که از طریق اتریش، از اتریش به آلمان دموکراتیک ، از آلمان دموکراتیک به اتحاد شوروی و از اتحاد شوروی به کابل ، این کار را انجام دهیم.

□ *عذر می‌خواهم! اما آقایان **فروغیان** و **زرشناس** برچه مبنایی انتخاب شدند؟ شما مسئول روابط عمومی و شعبهٔ بین‌الملل بودید اما **کیومرث** مسئول شاخهٔ جوانان بود یا آقای **فروغیان**...؟*

■ آقای **فروغیان** یکی از افراد عضو شعبهٔ بازرسی ورسیدگی بود. اما فعالیت تجاری هم داشت، یعنی در تجارتخانه‌ای که حزب توسط **فروغیان** و **رصدی** و **موسوی** زده بود ، معاملات تجاری انجام می‌دادند و در واقع یک سلسله کارهای انتفاعی می‌کردند که امکانات مالی حزب یک مقداری قوی بشود. اینها تخفیف‌هایی از کشورهای سوسیالیستی می‌گرفتند. مثلا مقدار زیادی چوب می‌خریدند. از یک کشور مقدار زیادی آهن گرفته بودند که اتفاقا جنگ شد و همه در خرمشهر از بین رفت و متضرر شدند!

خانوادهٔ **فروغیان** در اتحادشوروی بود. از رفقایی بودکه درجریانات آذرماه سال ۱۳۲۵ به مهاجرت رفته و سال ۱۳۵۸ مراجعت کرد، ولی خانواده‌اش همچنان در

اتحاد شوروی بود و مدت‌ها همراه با رفیق ما **رصدی** ، مسئولیت شعبهٔ حزب را در اتحادشوروی داشتند.

□ *اینکه می‌گویند ایشان عامل «کا.گ. ب» بوده ، آیا درست است؟ یا اینکه به هرحال روابط نزدیکی وجود داشته است؟*

■ ببینید ، اصولاً به نظر من اینکه بیان می‌کنند فلان کس عضو «کا.گ.ب» است، اصلاً مسئله نادرستی است. اما سالیان درازی که این رفقا در اتحاد شوروی بودند، من حدس می‌زنم، نه به عنوان اطلاعات، حدس می‌زنم که قاعدتاً می‌بایستی روابط نزدیکی با ادارهٔ امنیت داخلی اتحاد شوروی پیدا کرده باشند. چون به هرحال هر نیروی خارجی که در داخل اتحاد شوروی باشد، قبل از هر چیز دستگاه امنیتی آن کشور نظارت مستقیم روی آنها اعمال می‌کند. و برای اینکه روی فرد فرد آنها بتواند این نظارت را اعمال بکند ، قاعدتاً باید با مسئولین آنها یک ارتباطات ویژه‌ای پیدا بکند؛ اطلاعاتی را از اینها دریافت بکند، گزارش‌هایی را از اینها بگیرد، چگونگی آمد و رفت‌های اینها را بداند.

می‌دانید ، در کشورهایی مثل شوروی، به خصوص اتحاد شوروی، آمد و رفت‌ها آن زمان محدودیت‌هایی داشت وحساسیت‌هایی که دستگاه امنیتی شوروی، نسبت به آمدورفت‌های گوناگون داشت، طبعاً ایجاب می‌کرد با کسانی که به عنوان مهاجر آنجا هستند و یکجا هم نمی‌نشینند و دائماً در نقل و انتقال هستند، رابطهٔ ویژه‌ای برقرار شود، تا اولاً اطمینان صددرصد به اینها پیدا شود و از اعتماد کامل برخوردار باشد ؛ ثانیاً بدانند اینها چه کار می‌کنند و کجا می‌روند ؛ و بنابراین گزارش‌هایی ازآنها بگیرد. این امر لاجرم نزدیکی ویژه‌ای را به وجود می‌آورد. آشنایی‌های خاصی را به وجود

می‌آورد. من شخصاً اعتقاد دارم که **فروغیان** از یک چنین شخصیت‌هایی بوده، دارای یک چنین ویژگی بوده...

*□ سال ۶۱ هم فکرمی کنم رفقای شوروی خیلی تاکید داشتندکه **فروغیان** حتماً باید فراری داده شود! و از سمت مرز فراری‌اش دادند.*

■ مضمون پرسش، چندان دوستانه نیست! آنها فراری ندادند. رفقای شوروی یادداشتی را فرستادند که زنده یاد **فم تفرشی** آورد. دراین یادداشت خواسته بودند که رفیق **کیانوری** هرچه زودتر به دیدار حزب برادر برود. بافوریت هم این کار انجام بگیرد ـ قبلا هم من اشاره کردم ـ درهیئت دبیران و حتی هیئت سیاسی، مسئله به اینجا ختم شدکه رفقا احساس می کنندکه حتماً دبیر اول حزب باید از ایران خارج بشود. و وقتی که چنین حساسیتی مورد توجه ما قرارگرفت، فکرکردیم **فروغیان** که بیشتر در این ارتباطات بوده ، زودترخارج بشود.

ازآن‌جایی که مسئولیت **کیانوری** فراتر از آن بودکه بلافاصله برود، باید حتماً در هیئت دبیران و هیئت سیاسی روی این مسئله بحث بشود، تصویب بشود، نظراتی گفته بشود؛ ولی **فروغیان** کافی بود به روابط بین‌الملل اطلاع می‌داد وراهش را می‌گرفت و می‌رفت.

و همین طور هم شد. تقریباً شاید دو روز قبل از اینکه ضربهٔ اول بر حزب وارد شود، (یعنی ۱۷ بهمن سال ۱۳۶۱ این اتفاق افتاد) شاید او پانزدهم بودکه عازم رفتن شد و از مرز سرخس هم خارج شد.که اتفاقاً در همان ایام دختر رفیق ما **جوانشیر** هم که در مسکو تحصیل می‌کرد و برای دیدار خانواده‌اش به ایران آمده و مدتی بود نمی‌توانست برود، همان موقع تصمیم گرفته شدکه **فروغیان** که می رود، **سوسن** را هم با خودش ببرد. **جوانشیر** هم همراه اینها تا لب مرزرفته بود. وقتی که مطمئن

می‌شودکه **فروغیان** و دخترش به سلامت از مرزگذشتند، برمی گردد. در بازگشتش ضربه به حزب واردشده بود و...

□ *برای همین دستگیر نشد؟*

■ نه، به خانه اش نرفت، تلفنی با خانه تماس گرفت که به او ندا دادند و منزل نرفت. بدین ترتیب جزوکسانی بودکه در نوبت دوم دستگیر شد.

□ *حالا ، ازنظر خودتان ، علت اینکه **فروغیان** انتخاب شد چی بود؟ یعنی اینکه مثلاً خودتان یا خیلی کسان دیگری بودند که درروابط عمومی و روابط بین الملل و ... فعال بودند؟ چرا باید **فروغیان** انتخاب می‌شد؟*

■ به نظرمن **فروغیان** دارای ارتباطاتی بارفقای شوروی بوده.

□ *برای همین باید به این سفر می‌آمد؟*

■ حالا بعدها این مشخص می‌شود. خوب، برای من خیلی طبیعی بود که یک هیئتی باشند، و این هیئت هم بالاخره انتخاب می شوند، **فروغیان** هم نباشد، خوب زید باشد، فلان باشد. خیلی بعد هست که بر من محرز می‌شود که امری ، ورای آن بخشی که مأموریت حزبی من بود، هم در این سفر گنجانده شده بود، بدون اطلاع من! و این چیزی بود که مشخص می کند که چرا **فروغیان** و نه کس دیگری؟!

مقدمات سفر انجام گرفت و به سفارت اتریش هم مراجعه و ویزا گرفته شد. روزی که ما به فرودگاه رفتیم ، گذرنامه‌های من و **فروغیان** آمده بود، ولی گذرنامهٔ **کیومرث زرشناس** نیامده بود. اشاره کردند که ممکن است مشابهت اسمی باشد؛

ایشان باید برود نخست‌وزیری و ببیند مشکل چه بوده که نیامده! خوب ما دیگر نمی‌توانستیم سفر را به تأخیر بیندازیم ، به همین علت هم من و **فروغیان** حرکت کردیم و **زرشناس** ماند.

کوتاه مدتی در اتریش توقف کردیم، نه به مناسبت کار، بلکه بیشتر به علت علاقه‌ای که رفقای خودمان در اتریش داشتند که با من دیداری داشته باشند. بعد از سال‌ها که فقط اسمی شنیده بودند، حالا نزدیکشان بودم. آمده بودند فرودگاه، از آن طبقه بالا، اصلاً پرپر می‌زدند؛ واقعاً با یک حالتی عواطف و احساس نشان می‌دادند که عجیب بود!

□ *دقیقاً تاریخش کی بود؟*

■ تاریخش به مرداد ماه سال ۱۳۵۹ می‌خورد.

□ *پس هنوزجنگ شروع نشده بود.*

■ بله. از اتریش پرواز کردیم و رفتیم به آلمان دموکراتیک. **فروغیان** خیلی به این مقررات و چگونگی رفت وآمدها و گذشتن از آن و گذشتن از دروازۀ براندنبورگ و ... آشنا بود. منتظرمان بودند وخیلی خیلی با حرمت ما را جابه‌جا کردند و بردند به خانۀ مهمانان که به آن می گویند «گاس هال».

به هرجهت پاره ای ازرفقای قدیمی ما آنجا بودند، منجمله رفیقی که سالیان سال همکلاس من بود - مهندس **ندیم** که آنجا معروف به عباس بود - یا **شباویز** ، بازیگر تئاتر یا **آشوت شهبازیان**. اینها کادرهایی بودند که آنجا ماندگار بودند. و با اجازۀ حزب مانده بودند برای این که دفتر حزب را در آنجا اداره کنند و به هرحال آرشیو

حزب هم درآنجا نگهداری می‌شد. ما توقف کوتاهی درآلمان داشتیم و پروازکردیم به مسکو.

در مسکو در هتلی مستقرشدیم و مسئول حزبی قسمت ایران، افغانستان، عراق و ... ـ آقای **سی‌مینکو** ـ به دیدارمن آمد.

□ *در هتل، دوباره آن طبقه بندی که قبلاً گفته بودید رعایت شده بود؟*

■ بله، به شدت، به شدت! من همه اش علاقه مند بودم که من و **فروغیان** در یک اتاق باشیم؛ نمی پذیرفتند. حتماً عضو هیئت سیاسی بایستی اتاقش فلان باشد وعضو کمیتهٔ مرکزی باید این چنین باشد. و درست دو طبقه، من یک طبقه بالاتربودم و او یک طبقه پایین تربود. ولی تمام مدت **فروغیان** پهلوی من بود.

سی‌مینکو چون قبلاً همدیگر را دیده و آشنا شده بودیم، خیلی از دیدار مجدد اظهار خوشحالی می‌کرد. و به من گفت رفیق **عمویی** ! ما خیلی علاقه‌مندیم که شما با یک دید- لفظ «انتقادی »را به کار نبرد ، لفظی بیانگر اینکه بسیارریز بین باشی نسبت به مسائل، جزییات از زیر نظرت نگذرد. یک چنین چیزی - خیلی علاقه مندیم که...،

البته من گفتم تاآنجایی که من اطلاع دارم رفقا نیروی فراوانی در افغانستان دارند، ارتش سرخ در آنجاست و... گفت نه ، به هرحال شما مشابهت‌های اجتماعی ـ سیاسی که درایران و در افغانستان هست و...،

خوب حرکت کردیم به ازبکستان، در تاشکند توقف کوتاهی داشتیم و از تاشکند پروازکردیم به کابل.

□ *در تاشکند بچه های ایرانی را که آنجا مقیم بودند ندیدید؟*

■ نخیرندیدیم. اصلا من احساس کردم ـ و واقعیتش هم این بود ـ که برنامه این است که هیچ کس نباید از این سفرمطلع بشود، حتی رفقای ایرانی ما هم در خود ایران ، تقریباً جز محدودهٔ هیئت دبیران کسی اطلاع پیدا نمی کرد. درآلمان هم در این سفر ، جز عباس یعنی **ندیم** ، هیچ یک از رفقایمان که آنجا بودند، حتی **آشوت** و **شباویز** و رفیق دیگرمان که همواره آنجا بود، هیچ کدام نبایستی مطلع می‌شدند و نشدند.

در فرودگاه کابل ما با آقای **اعتمادزاده** و همراهانشان مواجه شدیم که داشتند مراجعت می‌کردند . حقیقتش این ناخواسته بود، ما نمی‌خواستیم این دیدار انجام بگیرد، ولی خوب انجام گرفت. چون داشتند می‌رفتند که با هواپیما پرواز کنند، دیگر مجال زیادی نشد که صحبت کنیم. و همین، فقط همدیگر را دیدیم و روبوسی و خداحافظی کردیم.

من را به خانه‌ای بردند که گفتند این قبلاً استراحتگاه **ظاهرشاه** بوده و به مهمانسرای حزب تبدیل شده بود. ازکسانی که می آیند و عضوکمیتهٔ مرکزی از هرحزب کمونیستی هستند یا مهمانان دولتی فلان دولت هستند، در آنجا از ایشان پذیرایی می‌کنند. برای من جالب بودکه اینها هم همان بازی عضو هیئت سیاسی چه جور باشد و... را در می‌آورند!

بله، خوب، تا عصر استراحتی کردم و بعد گفتندکه رفیق **کارمل** منتظرشماست. من را به ساختمان رییس جمهوربردند. این دیدار بدون حضور **فروغیان** بود و قرار بودکه این اولین دیدار، خیلی خصوصی باشد، بین خود ما دو نفر . وقتی که من وارد شدم و به در اتاق **ببرک کارمل** رسیدم، یک فرد محافظ روس آنجا ایستاده بود. البته لباس شخصی تنش بود، ولی کاملاً معلوم بود که نظامی است، یا به هرحال ازکارکنان ادارهٔ مرکزی امنیتی است. پایش را به هم کوبید! کاملاً معلوم بودکه منتظر آمدن من

بوده. و اشاره کرد «پاژالستا»، ببخشید، بفرمایید! من هم رفتم تو و برای اولین بار **کارمل** را دیدم.

طبیعی است که خیلی پراحساس و گرم و همراه با روبوسی و...و در عین حال خیلی خودمانی برخورد کرد که «خیلی خوشحالیم و... ما سال‌ها با اسم های شما زندگی کردیم و... » و تعارفاتی که متداول است و بیان اینکه «رفیق **عمویی** ، ما یک برنامهٔ متراکمی برای شما گذاشتیم. شما دیدارهایی هم با فرماندهان نظامی ما، هم با روسای امنیتی ما و هم با مسئولین حزبی ما دارید. طبعاً خیلی خسته کننده است ولی ما می‌خواهیم از زبان شما با ایرادات خودمان آشنا بشویم. »

گفتم تا آن‌جایی که از عهده‌ام بربیاید چشم! حتماً. اما پیشاپیش بگویم که یک چیزی خیلی تو ذوق من زد و این ، محافظ در اتاق شما بود! شما یک افغان مورد اعتمادتان ندارید که اینجا محافظ دراتاقتان باشد؟ وحتماً باید یک روس اینجا باشد؟! خندید و گفت که ما الآن همه چیزمان دست روس‌هاست!

□ *جالب است که به شما اعتماد کرد و این حرف را زد! چون احتمالاً این یک حرف انتقادی بودکه زد.*

■ من خیلی لحن انتقادی درآن احساس نکردم. بیشتراحساس کردم که در واقع می‌گوید «مارهین منت آنها هستیم» که هیچ هم برای من خوشایند نبود! در واقع می‌گوید اگر آنها نبودند، ما اینجا چنین چیزی نبودیم! و به گمان من هم راست بود. اصل مطلب و دقیقاً جان مطلب همین بود و به واقع همه جا ارتش سرخ بود، همه جا مأمورین اتحاد شوروی بودند.

از فردای آن روز دیدارهای من آغازشد. قسمت امنیتی هر روز صبح می‌آمدند و موقعیت‌های نظامی و درگیری‌های استان‌های گوناگون را از روی نقشهٔ نظامی به من

نشان می‌دادند. هر جاکه درگیری‌ها شدیدتر بود، ستاره‌های سرخ بیشتری آنجا خورده بود.کاملاً نشان می دادکه به ویژه نواحی جلال آباد، یعنی هر قدر به طرف مرز پاکستان می رفتید و به شرق افغانستان نزدیک می شدید، آنجا درگیری‌ها بیشتر بود. معلوم بودکه این مجاهدین عمدتاً از طرف پاکستان حمایت می شوند. در قسمت‌های مزارشریف و... تک وتوک بود ، بیشتر حالت خرابکاری بود تا نبرد پیگیر. آنجاها پاک شده بود، تمیز شده بود. اطراف کابل نسبتاًکم بود. ولی نزدیک‌های پنجشیر خیلی شلوغ بود، کاملاً معلوم بودکه موقعیت آنها خیلی قوی است.

این چند روزی که من آنجا بودم، در واقع ساعت اول کار صبح‌ها همین دیدار با مسئولین امنیتی بود که آنها را ژنرال **نجیب** می‌فرستاد پهلوی من که گزارش کارها و عملیاتشان را ارائه می دادند. بقیهٔ روز ما بحث زیادی ، نه دربارهٔ عملیات نظامی بلکه دربارهٔ چگونگی رفتار در قبال کارهایی که در دورهٔ **حفیظ الله امین** در شهرها و روستاها رخ داده بود، داشتیم. ظاهراً این طورکه گزارش‌های این دوستان حکایت می‌کرد، نسبت به روستایی‌ها خیلی بیرحمانه رفتار کرده بودند!

به خصوص می‌دانید جامعهٔ افغانستان یک جامعهٔ بسیار سنتی است و **امین** که مبنای اصلی اختلافش با «حزب پرچم»، به اصطلاح غیرانقلابی بودن پرچمی‌ها بود، برای اثبات انقلابیگری خودش، خشونت وحشتناکی را اعمال می‌کرد که آغازگرش مبارزات ضد مذهبی بود.

این طور که گزارش‌های این آقایان حکایت می‌کرد، آنها تقریباً همهٔ روحانیون روستاهای افغانستان را قتل عام کرده وکشته بودند! من در دیدار بعدی که با **ببرک کارمل** داشتم گفتم، «احساس می‌کنم که یک حساسیت ویژه‌ای همچنان بین بقایای «خلق» و «پرچم» باقی مانده. چون گزارش‌هایی که عرضه می‌شود ، بیشترخصمانه است تا افشاگرانه. مگر ممکن است همهٔ روحانیون را قتل عام کرده باشند؟!» گفت ما

گزارش‌هایی داریم که اظهار می شودکه روستاییان برای اقامهٔ نماز جماعت کسی را ندارند که ... گفتم «آنکه فرقی نمی کند، حتماً روحانی نباید باشد. ظاهراً اسلام حکم می کندکه کسی که عادل باشد ، می تواند امام جماعت باشد. یکی ازاینها می تواند جلو بایستد و بقیه پشت سرش نماز بخوانند ، مشکلی پیش نمی آید» که **ببرک کارمل** گفت رفیق **عمویی** ! شما به فقه اسلام هم واردید!

خوب، تنها اینجا نبود. واقعیت این است که خیلی زود برایم روشن شد که مسئله وحدت در«حزب دموکراتیک خلق افغانستان» یک امر صوری است. آن افراد و مواضعشان در قالب همان «خلق» و «پرچم» همچنان وجود داشت . منتها، چون الآن «پرچم» دست بالا را داشت، «خلق»ی‌ها از یک موضع انفعالی با مسئله مواجه می‌شدند. این به ویژه وقتی که با مسئولین تشکیلاتی «حزب دموکراتیک خلق» جلسه داشتم، آشکار شد.

دو حزب «خلق» و «پرچم» وحدت کرده و «حزب دموکراتیک خلق» را تشکیل داده بودند و در بخش تشکیلاتی‌شان، **محمدزهیری**، و **نورمحمدنور** ، هر دو مسئولین تشکیلاتی «حزب دموکراتیک خلق» بودند و ظاهراً برای اینکه وحدت را به نمایش بگذارند، هر دو مسئولیت تشکیلات را عهده‌دار بودند!

ما در هیچ سازمان وحزبی نداریم که دو نفر مسئولیت تشکیلات را به عهده داشته باشند! اما در صحبت‌هایی که انجام می‌گرفت، هر دو نهایت شادمانی و رضایتمندی را از اینکه این وحدت انجام گرفته بیان می‌کردند! اما در لابه لای همین ابراز رضایت، دقیقاً شما می‌توانستید پیدا کنید که اینها دارند چه می‌گویند؟

نورمحمدنورکه مال «پرچم» بود می‌گفت که این دوستان «خلق» ما خیلی به انقلاب افغانستان لطمه زدند، واقعاًکار ما خیلی خیلی دشوارشده، اگر این مدتی که دوستان «خلق» ما دررأس کار بودند، این کارها را نمی کردند، امکان نداشت این

گرفتاری های کنونی را داشته باشیم که روستایی ها این قدر از ما فاصله بگیرند! فقط این کشتارها و این چپ روی‌هایی که اینها کردند، ما را با این مشکل مواجه کرد. ولی خوب، خوشبختیم که بالاخره توانستیم به وحدت برسیم و اختلافات را برطرف کنیم!

حالا **محمدزهیری** می‌خواست صحبت کند: واقعیتش این است که رفیق **عمویی**! ما مرتکب اشتباهات بزرگی شدیم و امیدوارم که برای مقابله با آن اشتباهات، رفقای «پرچم» حالت انتقامجویی پیدا نکرده باشند!

یعنی کاملاً احساس می‌کردم که دارد می‌گوید توصیه کنیدکه مبادا مارا تصفیه کنند! مبادا مارا بکشند! و او هم اظهارخوشحالی می کرد از اینکه چنین وحدتی به وجودآمده! اصلاً ترجیع بند کلام اینهاحول همین مطلب بود. او از موضع حکومت و سرزنش خلقی ها، و این از موضع یک گروه منفعلی که حالا می ترسند مبادا بلایی به سرشان بیاید!

که من آنجاگفتم رفقا واقعیت این است که شما راه درازی راطی کرده اید، ولی به نظرم قسمت بیشترش باقی است، در پیش است. شما در ذهنیتتان هنوز «خلق»اید و «پرچم»اید. شما خیلی چیزها را برای خودتان حل نکرده‌اید! اصلاً مسئله تقابل شما بایکدیگر نیست؛ نگرشتان نسبت به مسائل اجتماعی است. آیا آن ، برای دوستان خلقی ماحل شده؟ آیا برای دوستان پرچمی ما مسئله وحدت ، موضوعیت واقعی دارد؟ یا اینکه می خواهند زمام کارها به دست رفقای «پرچم» قرار بگیرد؟!

خوب، فقط مانده بودکه اینها قسم بخورندکه این وحدت واقعی است! ولی من گفتم نه! من می‌بینم که در ذهنتان، درگفتارتان، در چگونگی برخوردها، کاملاً یک چنین چیزی معلوم است! یعنی من به خوبی می بینم که احساس عدم امنیت وجوددارد!

☐ *شما خیلی از موضع بالا با آنها صحبت می‌کردید؟*

■ بله، واقعیت این است! یعنی اینها پذیرا بودند.حالا من عین جملاتی راکه اینها بیان می کردند، می‌گویم. در نشست فردا که مهمان آقای رئیس‌جمهور بودیم، **ببرک کارمل** و **سلطان‌علی کشتمند**، نخست‌وزیر ، و چند نفر از وزرایشان آنجا بودند. رفیقمان **فروغیان** هم بود . **کارمل** شروع به صحبت کرد که ما خودمان را نمایندهٔ **حزب تودهٔ ایران** در افغانستان می‌دانیم. ما معتقدیم که شعبه‌ای از **حزب تودهٔ ایران** در افغانستان به حکومت رسیده!

□ *انترناسیونالیستی فکرمی‌کردند یا تعارف بود؟*

■ نه، واقعیتش این بود که اینها اصلاً خودشان را شاگردان **حزب تودهٔ ایران** می‌دانستند و به درستی هم همین طوراست! اینها اساساً قبل از این هم که به حکومت برسند، آموزش هایشان توسط رفقای ما که قبل از انقلاب ایران در مهاجرت بودند، انجام می گرفت. مقالات **طبری** را دقیق می‌شناختند، نشریات و روزنامه‌های حزب را می‌خواندند. و بعد اظهار می داشتندکه در دوران **حفیظ الله امین**، حتی یک نسخه از مطبوعات حزب به دست رفقای آنجا نیفتاده بود! تمامش انبار شده بود! می‌گفت وقتی که ما حکومت را به دست گرفتیم، انبار را بازکردیم، تمامش توی انبارها باقی مانده و پوسیده بود!

یعنی ظاهرا **حفیظ الله امین** دارای نوعی نگرش مائوئیستی بوده! ولی آنها عمیقاً به این اعتقاد داشتندکه او ماموریت از CIA داشت و این چپ روی‌هایش هم برای ایجاد نفرت وحساسیت نسبت به مارکسیسم ، دریک جامعهٔ سنتی این چنینی بوده که بگوید اصلاً مارکسیسم یعنی این! و یک معرفی بسیار بسیار خطرناک از مارکسیسم در بین جامعه افغان به وجود آوردند!

در سخنرانی اش اظهار می کرد که «ما احساس می‌کنیم که حتی از حد معمول و متعارف هم بایستی بیشتر انعطاف نشان بدهیم. » و این آن چیزی است که بعدها در روش ژنرال **نجیب** نمایان شد. یعنی هرقدر زمان می‌گذشت، اینها بیشتر احساس می‌کردند که باید انعطافشان بیشتر بشود، تا آن خاطره را ازبین ببرند و بگویندکه بابا! مارکسیست ها آن نیستند ؛ آن مأمور امریکا بود و باید این کار را می‌کرد!

شبی مرا به سینما بردند و برای نشان دادن اینکه فقط برای رقابت وخصومت با **حفیظ الله امین** نیست که **ببرک** این مطالب را بیان می کند ، فیلمی از مراسمی نشان دادند. رژه‌ای بود و مراسمی، و **حفیظ الله امین** و **ببرک کارمل** ، هر دو معاونین **نورمحمد ترکی** هم آنجا بودند. واحدها رژه می‌رفتند و آغاز کار ، **حفیظ الله امین** آمد و خم شد و دست **نورمحمدترکی** را بوسید.

ببرک می‌گفت که با همین کارها سعی می‌کرد نظر **نورمحمدترکی** را به خودش جلب کند و در واقع هم او را به صورت معاون اولش انتخاب کرده بود. داستان‌های زیادی دربارۀ چگونگی عملکرد **حفیظ‌الله‌امین** و اینکه سرانجام هم منجر به بازداشت اینها می‌شود و همۀ اینها را به زندان می‌اندازد و اطلاع می رسد که قصد داشتند همۀ پرچمی‌هایی راکه درزندان هستند اعدام بکنند!

این طورکه **ببرک کارمل** اظهارمی‌کرد، اگررفقای شوروی وارتش سرخ نمی‌رسیدند، حالا نوبت قتل عام چپ بود! آنها قتل عام قبلی‌شان را نسبت به روسای قبایل و مذهبی هاکرده بودند وحالا می‌خواستند تصفیۀ درونی را انجام بدهند. و همۀ اینها، همۀ افراد اساسی‌شان در چنگ آنها بودند! **سلطان‌علی کشتمند** ، همین **نجیب** ، همین **ببرک**، برادر **ببرک** که مسئول روابط عمومی‌شان بود، خیلی جوان، فعال و واقعاً شخصیت جالبی بود ! قرائن دلالت براین می‌کرد که آنچه از **حفیظ الله امین** می‌گویند، واقعاً هم این‌طور بوده.

اما برای من بیشتر او مطرح نبود، بلکه در واقع این مطرح بودکه «پرچم» چه کار می‌کند؟ پرچم در روند تلاش برای وحدت چه کارهایی کرده؟که به گمان من خیلی کار سطحی انجام گرفته بود. و این را صریحاً هم به رفقا گفتم. منتها صحبت اصلی‌ام را درآخرین دیدار خصوصی که با **ببرک کارمل** داشتم بیان کردم.

بله، واقعیت این است که آن مقدار خرابکاری که گروه **حفیظ الله امین** انجام داده بودند، خوب باید انجام می‌دادند، کار آنها همین بود! اینکه گروه «پرچم»، که در واقع برای تجدید حیات «حزب دموکراتیک خلق افغانستان» تلاش‌هایی را آغازکرده بود و مدعی بود که به این وحدت رسیده، چه کارکرده؟ چه اقداماتی کرده؟ و اساس صحبت‌هایی هم که من با مسئولان تشکیلاتی این حزب داشتم، در واقع حول همین مطلب می گشت.

سازماندهی هایشان در چارچوب همان سازماندهی سنتی وکلاسیک احزاب کمونیست بود، از قاعده ای تشکیل می شد و مسئولین نواحی بود و بالاخره کمیته‌های شهرها و سرانجام به کمیتهٔ مرکزی‌شان منجر می‌شد. اما اینکه واقعاً تعیین این مسئولین در چارچوب اساسنامه ای است که معمولاً در این احزاب مطرح می‌شود و ضرورت منتخب بودن هرمسئول از ناحیهٔ کسانی که او مسئولیتشان را برعهده دارد، یعنی از لحاظ دانش و منش مورد پذیرش آن افراد هست که به مسئولیتش رای دادند و ... هر سلسله مراتب به همین شکل؟

خوب ، پیدا بود که گزینش‌ها بیشتر زیر نظر مسئول بالاتر انجام گرفته تا انتخاب افراد قاعده. و این بدون تردید منجر می شود به اینکه وابستگان ، آن کسانی که نزدیک‌تر هستند، آن کسانی همنظرتر هستند و متعلق به فراکسیون معینی هستند، مطرح بشوند. و این لاجرم نمی‌گذاشت آنچه به نام وحدت مورد توجه است ، عملی شود.

از جمله نکاتی که من بعدها به این دوستان یا همان شب در جمعشان درمیان گذاشتم، مسئله کار نظری رفقابود. معتقد بودم که به هرحال در عرصهٔ پراتیک اجتماعی ، شما الآن در حکومت هستید، در فرهنگ و صنعت و تجارت و کشاورزی و دامداری و همهٔ اینها باید مرتب کارکنید و در چارچوب یک نظام معینی باید این کار انجام بگیرد. آیا از لحاظ نظری کاری انجام گرفته که این مسئولینی که می‌خواهند این وظایف را عهده دار بشوند، پایبندی‌های نظری داشته باشند و درآن چارچوب عمل کنند؟

همین جا بود که به من پیشنهاد شد که « رفیق **عمویی** ! شما بمانید اینجا و به **فروغیان** هم توصیه کنید که وقتی برگشتند ایران به رفقا توصیه کنند که یک تعداد کادر برای ما بفرستند. » خندیدم وگفتم حزبی که چند دهه اصلاً موجودیت مؤثری در ایران نداشته و حالا یک فرصت کوتاهی دست داده، تعدادی از رفقایمان ازخارج، تعدادی از زندان آمده‌اند، تعدادانگشت شماری هم مخفی بودند، اصلاً مجال اینکه کارمعینی بکنند نداشتند، جز اینکه از لحاظ امنیتی خودشان راحفظ کنند، یک اعلامیه بدهند، یک نامه بدهند و... تازه آغازکار ماست ، ما خودمان الآن احتیاج مبرم به تک تک رفقایمان برای کار در ایران داریم. امیدوار باشیم ما در یک موقعیتی قرار بگیریم که حالت تثبیت شده‌ای درکشورخودمان پیدا کنیم؛ خود ما برسیم به مرحله‌ای که بتوانیم اساسنامه‌مان را اجراکنیم.

□ *آیا در افغانستان حزبی که بسیار دور از محیط عمل می‌کند و بسیار ذهنی شده و ... بود؟*

■ من حقیقتش اصولا این سطحشان را چندان مطلوب ندیم، چه آن بخش روشنفکری‌اش که به هیچ وجه در قیاس با رفقای ما نمی‌توان گفت که در این سطح

بودند، و چه اصولا دربدنهٔ حزبشان. اظهار علاقه کردم که رفقای مسئول تشکیلات ،چند جلسه من رابه قاعدهٔ حزب ببرند. آگاهی رفقای حزبی آنجا چندان عمیق نبود. مثلا یک عشق ـ چه بگویم ـ شیفتگی رمانتیکی نسبت به **حزب تودهٔ ایران** درسطوح مختلف «حزب دموکراتیک خلق افغانستان» بود. از رفیق **طبری** یاد می‌کردند. تقریبا شناخته شده‌ترین فرد **حزب تودهٔ ایران** درآنجا رفیق **طبری** بود ، ولی هیچ چیز در مورد این حزب نمی‌دانستند.کشته مرده‌اش بودند! وقتی که دربارهٔ خود جامعهٔ افغانستان ، دربارهٔ وظایفی که یک فرد حزبی در قبال مردم و محیط کارش دارد حرف می‌زدند، خیلی سطحی اظهار نظر می‌کردند.

البته مشابه این سطحی بودن را خود ما هم باآن مواجه شده‌ایم، نه اینکه من بخواهم فقط آنها را نفی کنم. جوامع ما متاسفانه جوامع عقب مانده‌ای است! و این عقب‌ماندگی یک فقر همه جانبه‌ای را به وجود آورده که چه فقر سیاسی ، فقر اجتماعی، فقر اقتصادی، فقر فرهنگی ، همهٔ اینها دست به دست هم داده و جلوه‌های بارزاین عقب‌اندگی راتشکیل می دهند. منتها ایران برخوردار از یک فرهنگ نسبتا غنی است که حاملین آن خیلی انگشت شمارنیستند. بخش متوسط و میانهٔ این مملکت واقعا کثیرالعده است و بخش روشنفکری‌اش هم نسبتا سابقهٔ دراز مدتی درکسب این آگاهی وارائهٔ این آگاهی با ابعاد محدودتر و محدودتر دارد.

ولی افغانستان خیر. باکمال تاسف درآنجا اولاً خود روشنفکرهایش هم خیلی نتوانستند پیش بروند، البته تک وتوک چرا،خیلی هم خوب، اما انگشت شمارند. از راس هرم که شماپایین می‌آیید خیلی افت می‌کند، خیلی خیلی افت می‌کند. چگونه شما الآن بااین افغان‌های موجود در ایران برخورد می‌کنید ، تک و توک کسانی میانشان پیدا می‌شوند. مثل سرایدار یکی از رفقای ماکه لیسانس فلسفه بود! من نشستم با او به صحبت کردن، دیدم عجب آدم فهمیده‌ای است، ولی سرایدار است.که از آن موقع به

دوستان درآن مجتمع سفارش کردم «هوای او را داشته باشید. این مرد پشت میزنشین است!» ولی کم هستند؛ اینها واقعا کم هستند.

دربخش قاعدهٔ حزبشان، یک حالت آمریتی بین مسئول حوزه واعضاء بود،که گویی با آن لحن خشن افغان ، که خیلی زمخت به نظر می‌رسید ، می‌خواست الفبای کار تشکیلاتی رابه زور به اینها یاد بدهد.آن رفاقتی که معمولا در ارتباط با اعضای حوزه باید باشد، من درآن قاعده ندیدم.

به هرحال این دیدارهایی که من درمدت کوتاهی که آنجابودم داشتم، صرف نظر از جنبه‌های جزئی اینجا و آنجا ، یک ایدهٔ کلی به من داد. من قبل ازرفتن به افغانستان، مؤید موضع حزبمان ، در مورد آنچه که درافغانستان رخ داده ، بودم ، ولی بعد از دیدار از افغانستان و شرکت دراین جلسات وداشتن بحث به این نتیجه رسیدم که چپ در افغانستان در گذر از نخستین مراحل ، پیشاپیش به یاری یک عامل بیرونی ، به جریان حاکمی تبدیل شده که به هیچ وجه ، نه زمینهٔ اجتماعی موجود و نه توانایی رهبران و حاکمان، پاسخگوی نیازهای روز جامعه نیست.

خوب من واقعا تحت تاثیر محبت‌ها و نزدیکی‌هایی که رهبران افغانستان در آن موقع داشتند قرار گرفتم. شخصیتی مثل **سلطان علی کشتمند** واقعا انسان بسیار شریفی بود. یا همین ژنرال **نجیب**. **کشتمند** شبی در منزلش ما را مهمان کرد.منزل بسیار بسیار فقیرانه‌ای بود. خانه‌ای بود که مرا به یاد خانه‌ای انداخت که ماخودمان درکرمانشاه درلب عاشوران داشتیم که پله می خورد پایین می‌رفت وکف آن سنگفرش بود. منظورم این سنگ‌های تراشیده نیست، قلوه قلوه سنگ و وسطش یک حوض گرد کوچکی بود. حیاط، حیاط خیلی کوچکی بود و هر وقت هم سیلاب می‌آمد، این خانه پرمی شدازآب. ما را با نردبام از آنجا به پشت بام‌های دیگر می‌بردند. من وقتی واردخانهٔ **سلطان علی کشتمند** شدم، درست به یاد همان خانهٔ حقیر لب

«**آبشوران**» کرمانشاه خودمان افتادم. کنار حوض یک فرش پهن کرده بودند و یک چراغ لامپا روشن بود.

من نمی‌دانم مسئله برق آنجا چگونه بود؟آیابه لحاظ مسئله امنیتی عمدا خاموش می‌کردند، یا اینکه طوری بود که نوبت خاموشی آنجابودوانرژی به اندازهٔ کافی نبود که برقِ مدام داشته باشند!

به هرحال لب هره‌ای یک چراغ لامپا کنار حوض گذاشته شده بود. **کشتمند** و **ببرک کارمل** و برادر **ببرک** هم آنجا بودند. که ما را آوردندآنجا . پا شدند و ما همان‌جا روی فرش نشستیم. **سلطان علی کشتمند** رو کرد به **ببرک کارمل** وگفت که ببین فصل گرماست، رفیق **عمویی** رادراین فصل ، در مرداد ماه آوردید و مرتب هم برنامه برایش گذاشته می‌شود. من می‌ترسم که بیمارش بکنیم و بیمار به تهران برش گردانیم. **ببرک کارمل** گفت، خوب برش نمی‌گردانیم، نگهش می‌داریم! **سلطان علی** خندید و گفت«نه، منظورم این بود که فردا رفقا برنامه‌ای برایش نگذارند. » یک جایی هست ـ اسمی برد که من یادم نیست ـ حومهٔ کابل، ظاهرا جای خوش آب و هوایی هست. گفت رفیق **عمویی** را رفقا ببرند آنجا ، روز را در آنجا بگذراند که اقلا از کابل یک هوای خوبی هم استشمام کرده باشد.

در همان موقع زنگ زدند، **نجیب** آمد. سلام سلام سلام و یک مقدار ابتدای صحبتش گزارشی ارائه داد دربارهٔ حوادثی که اینجا و آنجا رخ داده که خیلی خیلی عمیق نیست و درگیری ساده بوده و اشاره کرد که مسئولین فرداصبح گزارش این حوادث رابه نظررفیق **عمویی** می‌رسانند. بعد **ببرک** گفت که بناشد فرداهم برنامهٔ رفیق **عمویی** رفتن به حومهٔ کابل باشد. وقتی **نجیب** شنید گفت«نه ، چه کسی سلامتی او را تضمین می کند؟من که تضمین نمی‌کنم.درکابل من کاملاً تضمین می‌کنم ، ولی آنجا برود ، من تضمین نمی‌کنم! دربارهٔ رفتن رفقای خودمان به آنجا برای هواخوری،

می‌خواهند بروند، بروند. قشنگ هم هست. خوب است. هرجای کابل این خبرها می‌تواند باشد. امنیت... ولی ما مهمانی داریم که امنیتش باید صددرصد تامین شود ! و در آنجا من امنیت را صددرصد تضمین نمی‌کنم. »

درنتیجه این برنامه به هم خورد. **نجیب** خیلی احساس مسئولیت می‌کرد. خیلی انسان دقیقی بود و از لحاظ مناسباتشان هم واقعا خیلی خوشم آمد! خیلی خیلی دوستانه و رفیقانه بود واقعا. مثلا وقتی که **نورمحمدنور** و **محمد زهیری** مذاکراتی دربارهٔ مسائل تشکیلاتی حزب داشتند، با همهٔ نزدیکیی که نسبت به هم نشان می‌دادند، من دقیقا احساس می کردم که زیراین ظاهر خیلی رفیقانه ،صمیمیت وجود ندارد! نگرانی وجوددارد! چرا که مواضع ویژه‌ای سبب می‌شود که اینها از هم دور باشند؛ یا گذشته‌شان هنوز نتوانسته فراموش بشود که اینها احساس یگانگی کنند. ولی این دو،سه نفر- حالاآیا به علت اینکه هرسه متعلق به «پرچم» بودند یا اصولا منششان خیلی بی‌تکلف بود- اصلا حالت رهبران یک جامعه را نداشتند و خیلی خیلی خودمانی بودند؛ تا آنجا که **ببرک کارمل** موقع شام گفت که من شنیده‌ام رفقا درتهران به شما می‌گویند «عموجان»اجازه می‌دهید ماهم بگوییم عموجان؟ گفتم «البته من که تعیین نکرده‌ام، هرکس خودش تعیین می‌کند. » این طوری بودند واقعا، این قدر نزدیک و خودمانی!

به هرحال چندجا ما را برای دیدن بردندکه رفقای شوروی، چک اسلواکی، لهستان، حتی مغولستان خارجی ، کمک‌هایی به اینها کرده بودند که جنبهٔ نمادین داشت. مثلا برای اینها یک انستیتوی تکنولوژی به وجود آورده بودندکه درآنجا، چه بنای آن وچه ماشین‌آلاتی که آنجا بود، همه را آلمان دموکراتیک داده بود.

یک محله را لهستانی‌ها با معماری خاص خودشان ساخته بودند ، کوچه‌بندی‌هایش و...که درکابل کاملا متمایز بود. خیلی خیلی محلهٔ قشنگی بود. با این

آجرهای بهمنی هم درست کرده بودند ، خیلی قشنگ بود! یعنی رعایت سنت شرقی راکرده بودند، ضمن اینکه مصالح خاصی را به کار گرفته بودند.

یک انستیتوی علوم اجتماعی بود که از جانب شوروی‌ها ساخته شده بود وسالن واتاق‌های متعدد و آمفی تئاتر و...داشت. واشاره کردندبه اینکه حتی رفقای مغولستان هم، چون ما عمدتا روی دامداری کار می کنیم و درآمد عمدهٔ افغانستان ازهمین دامداری و صدور گوشت و مواد لبنی است و آنها تخصص پیدا کرده‌اند، چون آنها هم روی دام کار می‌کنند، تعدادی کارشناس وانواعی از دام برای ما فرستاده‌اند و در جاهایی، دامداری‌هایی مطابق روش خودشان ساخته‌اند.

که دیگر ما را نبردند تا دامداریشان را ببینیم؛ ولی چنین توضیحاتی دادند. خیلی شاکر بودند ازکمک‌هایی که کشورهای سوسیالیستی به آنهاکرده بودند.خوب درموردشوروی که اصلا موجودیت خودشان رارهین آن می‌دانستند.

□ *شما اتحاد این دو را ناشی از فشار اتحاد شوروی نمی‌دیدید؟ این اتحاد، اتحاد صوری بودکه تاکید می شد؟*

■ کوششی برای یگانگی بود، نه فشار اتحاد شوروی.

ساقط کردن حکومت **حفیظ الله امین**، توسط شوروی‌ها انجام گرفت. این نبود که«پرچم»علیه **حفیظ الله امین** کودتایی کرد؛ بلکه درواقع تمام مسئولین «پرچم» درزندان ودرآستانهٔ اعدام بودند وشوروی‌ها بموقع اقدام کردند واینها را نجات دادند.

اما به گمان من ، باقی ماندن ارتش سرخ درافغانستان، بیش ازاینکه به سود جنبش انقلابی افغانستان باشد، به ضررش بود! حالا صرف نظر از تاثیرات منفی که روی خود ارتش سرخ، نامش و آوازه‌اش می‌گذاشت، به عنوان یک ارتش اشغالگر ممکن بود تبلیغاتی علیه آن بشود.

واقعیت این است که در «حزب خلق» یا گروه خلق اگر عناصر بالایش در گذشته احیانا وابستگی‌های معیّنی داشتند، کسانی که دربدنه بودند یک دسته نیروهای چپ ولی افراطی بودند. خوب اینها باید آموزش می دیدند. اینها همین جوری به علت اینکه **حفیظ الله امین** نامی ، رفیق **جلیلی** نامی در رأسشان بودند ،یک رشته چیزها به آنها آموزش داده بودند واینها در آن موضع قرارگرفته بودند. جالب اینجا بود که مائوئیست هم نبودند! مثلا اینها هم طرفدار شوروی بودند اما...

□ *چپ روی کودکانه.*

■ چپ روی کودکانه ! وقتی که رفیق **جلیلی** گفت «معیار پذیرش عضوازنظرمااین است که طرف کمونیست باشد، مارکسیسم ـ لنینیسم راقشنگ بداند! » من به اوگفتم که داوطلب عضویت این را ازکجابداند؟ازلحاظ تاریخی،آن موقع که **لنین** شرط عضویت رادرحزب سوسیال دموکراسی خودش در کنگرۀ دوم مطرح کرد، اختلاف پیش آمد. مثلا **مارتوف** نظردیگری داشت. ولی **لنین** گفت که این سه شرط را باید داشته باشد: مرتب شرکت کند،برنامه را قبول داشته باشد و مبلغی هم به عنوان حق عضویت بدهد که پیوند خودش را با سازمان بداند. و بعد در حزب آموزش‌ها را ببیند. «ایسکرا» به دستش می‌رسد، می‌خواند، فلان کتاب را می‌خواند، کم کم فرا می‌گیرد. به همین علت هم مراحل سمپاتیزانی (هواداری) راطی می‌کند. مراحل آزمایشی راطی می‌کند تا به مرحلۀ عضویت می‌رسد.

این مراحل برای چیست؟ برای گذراندن همۀ این سلسله مراتب است. و حالا اینجا از اول چنین سخت گرفته بودند و عملکردشان هم آن جور حاد و تند و چپ روانۀ احمقانه بود! خوب ، عناصری که آنجا هستند، در داخل این مجموعه افرادی هستندکه

برای کارکردن و با یک باورهایی آمده‌اند و باید اینها را تربیت کرد. مضافاً اینکه همان نگرش حزب واحد در یک کشور ...

در واقع آنچه که من بایستی در افغانستان می دیدم ، دیدم. و مذاکراتی هم که باید انجام می‌دادم ، انجام داده بودم . و آن نظر نهایی راهم که بایستی پیدا بکنم، بر اساس همین دیدارها و صحبت‌ها پیداکرده بودم.آخرین دیدار در دفتر **ببرک کارمل** ، خصوصی بین من و او انجام گرفت و همان طورکه ازمن خواسته بودکه هرچه نظرم بود با او در میان بگذارم، درمیان گذاشتم. در درجهٔ اول گفتم :

به نظر من این وحدتی که شما برآن تکیه می‌کنید درواقع یک وحدت صوری است، بدون اینکه آن مبانی اساسی عقیدتی شما یکسان شده باشد.آن حساسیت‌هایی که نسبت به هم داشتید، به گمان من هنوز وجود دارد. یک نگرانی عمده‌ای بین خلقی‌ها وجود دارد که در آینده در انتظار یک تصفیه هستندکه این تصفیه ـ حتی از صحبت‌هایشان احساس می‌شد ـ نه تنها اخراج ازحزب ، بلکه می‌تواند حتی تصفیه‌های فیزیکی باشد! چون ظاهرا در افغانستان این گونه مسائل خیلی سابقه دارد.

بعد اصولا حزب درجامعهٔ افغانستان به گمان من جایگاه خیلی خیلی محدودی دارد.آن جورکه من نقشهٔ افغانستان رادیدم،این انفجارها و عدم آرامش‌ها ادامه دارد. طی این مدت دولت هنوز نتوانسته در بخش اعظم افغانستان این آرامش را به وجود بیاورد. درشهرها موفق بوده ولی در روستاها موفق نبوده و با توجه به اینکه درصد قابل توجهی از افغانستان را روستا تشکیل می‌دهد و جمعیت شهرنشین درصد ناچیزی راتشکیل می دهد،یعنی شما نتوانستید اکثریت را با خودتان همراه بکنید. و راه علاج این شده که ارتش سرخ بیاید شما را نگه دارد.که به گمان من این خودش زهر وحشتناکی است ! مردم افغانستان باید به این باور برسندکه خودشان روی پای خودشان هستند.

واقعا اگر مردم کشوری خودشان تعیین کنندهٔ سرنوشت خودشان نشوند، و آگاهی‌شان به آن درجه نرسدکه بهترین و پیشرفته‌ترین شکل اقتصادی- اجتماعی ، نظام اجتماعی راخودشان تعیین کنند، هیچ نیرویی نمی‌تواند آن را برایشان خلق کند. و به عکس اگر کوششی دراین راستا بشود، مقاومت ویژه‌ای را در آن جامعه به‌وجود می‌آورد که حتی مسائل منطقی را هم پذیرا نخواهد بود! و این چیزی بود که در افغانستان به وجودآمده بود.

چرا این گروه‌های مختلف مجاهد، این دسته آن دسته ، توانستند در این جامعه این جور ریشه‌دار بشوند؟ و حال آنکه واقعا در شهرها کارهای خوبی انجام گرفته بود. اینها آغازگر فعالیتشان در روستاها با یک سلسله خشونت‌های بیجا و غیرضروری همراه شده بود. جامعه‌ای که برای یک چنین تحولی آماده نبود . واقعاً مثل یک میوهٔ نارسی که به زور حرارت بخواهید برسانیدش! اصلا طعم خوبی نخواهد داشت ، خوش طعم نخواهد بود.

در مجموع، چه درباره کاستی‌های تشکیلاتی خود «حزب دموکراتیک خلق افغانستان» ، چه حضور ارتش سرخ در آنجا و آثار تبعی آن، چه برای هویت مستقل کشوری به نام افغانستان، چه برای خود ارتش سرخ ، من انجام هرگونه کاری را خارج از مصالح یک ملت، تحت عنوان «انترناسیونالیسم» یک مقدار دور شدن از ماهیت واقعی انترناسیونالیسم می‌دانم.

درجنبش کمونیستی جهانی چنین برداشت اشتباهی بی‌سابقه نیست. اگرچه شکل بارزش را در افغانستان می‌بینید. اصولا در رابطهٔ خود احزاب چپ هم ما شاهد یک چنین بینشی بوده‌ایم. من درحزب خودمان هم شاهدیک چنین بحثی بوده‌ام که شاید بعدا به این مسئله بپردازیم.

خوب، مسافرت من پایان گرفت. از همان مسیری که رفته بودم مراجعت کردم. درشبی که در هتل اکتبر مسکو توقف داشتم، **سی‌میننکو** مجددابه دیدار من آمد، نظرم را خواست، وقتی که به ذکر پاره‌ای کاستی‌های آنجا پرداختم، ـ البته باآن تفصیلی که برای **ببرک کارمل** دربارهٔ «حزب دموکراتیک خلق افغانستان» صحبت کردم، برای **سی‌میننکو** صحبت نکردم ـ گفتم به نظر من نه وحدت ، وحدت واقعی است و نه حزب آنجا در موقعیت مسلط یک حزب حاکم است! در واقع این حزب را شما آنجا نگه داشته‌اید و من حضور شما را در آنجا، هم به ضرر اتحاد شوروی، هم به ضررانقلاب افغانستان می‌دانم!

اینجا بودکه **سی‌میننکو** یکباره گفت «دیگر ما وارد این بخش نمی‌شویم. » درواقع یعنی شما دیگر وارد نشوید!! من لبخندی زدم وگفتم «به نظر می‌رسد که من به همین علت این سفر را انجام دادم! »

خوب برای من هیچ خوشایند نبود!

□ *رفتار* ***سی مینکو؟***

■ اصلا این نوع رابطه. ما پذیرای این نوع روابط نیستیم. هرگز، هرگز!

دردیداری که به اتفاق **کیانوری** ، خیلی خیلی دوستانه و رفیقانه ، با **پاناماریوف** داشتیم، هیچ صحبتی این چنین نبود که «این مقدار می‌شود گفت ، آن مقدار نمی‌شود گفت» یعنی «این مقداراجازه دارید،آن مقدار اجازه ندارید!» ما با کسب اجازهٔ کسی این روابط را برقرار نمی‌کنیم. حداقل نگرش ما نسبت به روابط بین‌المللی، انترناسیونالیسم، روابط رفیقانهٔ احزاب ، این چنین بوده و باورمان این چنین بود.

من استنباطم این شد که احتمالا در گذشته رفقای ما، رفقای حزبی ما در مهاجرت به خدمات این رفقا نیاز داشتند، در نتیجه اینها ـ نه اینکه این سیاستِ شعبهٔ بین‌المللی

حزب کمونیست اتحاد شوروی است ـ بلکه این کارمندها در خودشان دیده‌اندکه این جورحالت آمریت و... پیدا و رفتار بکنند.

من برداشت خودم این بود. وقتی هم آمدم ، بعدها با رفیقمان **کیانوری** درمیان گذاشتم و صریحا به رفیق **کیانوری** گفتم من از این اشاره‌ای که **سی‌مینکو** کرد، هیچ خوشم نیامد! آیاواقعاشمااین گونه روابط را با این‌ها دارید؟اگر این است ، مورد اعتراض است! **حزب تودهٔ ایران** استقلال خودش را دارد، موقعیت خودش را دارد ، درچارچوب خانوادهٔ بزرگ احزاب برادر است.حزب کمونیست اتحاد شوروی بدون تردید حزب بزرگ برادرماست. «بزرگ» به علت اینکه تجربیاتش زیاد است ، نگرش وسیع‌تری دارد؛ گلوبال(جهانی). اصلا چون درعرصهٔ جهانی عمل می‌کند و اطلاعات بیشتری کسب می‌کند، طبعا تحلیل‌هایش دقیق‌تر و متکی به اطلاعات بیشتر است، در این حد. نه اینکه...به هرحال ما برای کشور خودمان، منافع ملی خودمان، رهایی زحمتکشان کشور خودمان مبارزه و از تجربیات جهانی حزب کمونیست اتحاد شوروی استفاده می‌کنیم.

گفت«بله بله،رفیق **عمویی** ، حتما این طور است! ولی مطمئن باش **سی‌مینکو** منظورش این نبوده. او هم رفیق خوبی است و... » به هرحال از او دفاع کرد.

حالا من به ضرس قاطع نمی‌گویم **سی‌مینکو** حتما نظرش این طور بود و برداشت من صحیح است؛ شاید یک مقدار به علت اینکه ما نظامیانی که سال‌ها در سازمان نظامی **حزب تودهٔ ایران** بودیم، و روحیهٔ ویژه‌ای داشتیم و بعد هم در حزب، پس از اینکه در رهبری حزب قرار گرفتیم، واقعا زیاد رعایتمان را می‌کردند، به نظراتمان توجه کافی می کردند، یک حالتی پیش آمده که فکر کردم او از یک موضع برتری خواسته یک چنین چیزی را بیان کند.

علی‌ایّحال برداشت من این طور بود، واکنش ایشان هم همین طور بود. وارد بحث جزییات دیگر نشدم و خوب خیلی اظهار تشکر کرد از اینکه یک چنین سفر دشواری را شما متحمل شدید و ما هم بهره گرفتیم و استفاده کردیم، از کانال‌های دیگر هم دربارهٔ مسافرت شما به افغانستان ،به ما گزارش‌هایی خواهد رسید.

طبعا افراد خودشان هم آنجا، چه رفقای افغان و چه عوامل خود اتحاد شوروی که آنجا بودند، دربارهٔ این صحبت‌ها گزارش خواهند داد.

من درشوروی کوتاه ماندم و از همان مسیرآلمان دموکراتیک به اتفاق **فروغیان** به ایران آمدیم. فردایی که رفتم دفترحزب،تلفنی زنگ زدم به رفیق **کیا** که خوب جلسهٔ هیئت سیاسی راتشکیل بدهیدکه من گزارش سفر را ارائه بدهم . رفیق **کیا** گفت احتیاجی نیست رفیق **عمویی**! **فروغیان** آمده و جریان مسافرتتان و...را به من گفته، نیازی نیست. گفتم که خوب تعدادی جلسات بوده که فروغیان حضورنداشته،مضافا اینکه رفقای هیئت سیاسی بایستی ازاین مطلب مطلع بشوند. گفت «نه نه ، آن چیزی که لازم بود ، **فروغیان** به من گفت، دیگر لزومی ندارد. » من هم حقیقتش راحت از روی قضیه گذشتم!